国际传媒前沿研究报告译丛
黄晓新　刘建华　/主　编

CANADIAN MEDIA RESEARCH:
NETWORK, CULTURE AND TECHNOLOGY (8TH EDITION)

加拿大传媒研究

网络、文化与技术（第八版）

〔加〕迈克·加什尔
〔加〕戴维·斯金纳　/著
〔加〕罗兰·洛里默

杨小红　/译

中国书籍出版社
China Book Press

图书在版编目（CIP）数据

加拿大传媒研究：网络、文化与技术 / (加) 迈克·加什尔, (加) 戴维·斯金纳, (加) 罗兰·洛里默著；杨小红译. -- 北京：中国书籍出版社，2023.8
书名原文：Mass Communication in Canada (Eighth Edition)
ISBN 978-7-5068-9377-0

Ⅰ.①加… Ⅱ.①迈… ②戴… ③罗… ④杨… Ⅲ.①传播媒介—研究—加拿大 Ⅳ.①G219.711

中国国家版本馆CIP数据核字(2023)第060182号

著作权版权登记号/图字01-2019-4440

加拿大传媒研究：网络、文化与技术

[加]迈克·加什尔　[加]戴维·斯金纳　[加]罗兰·洛里默 著　杨小红 译

责任编辑	王　淼
责任印制	孙马飞　马　芝
封面设计	春天·书装工作室
出版发行	中国书籍出版社
地　　址	北京市丰台区三路居路97号（邮编：100073）
电　　话	（010）52257143（总编室）　（010）52257140（发行部）
电子邮箱	eo@chinabp.com.cn
经　　销	全国新华书店
印　　刷	三河市富华印刷包装有限公司
开　　本	710毫米×1000毫米　1/16
字　　数	348千字
印　　张	29.25
版　　次	2023年8月第1版
印　　次	2023年8月第1次印刷
书　　号	ISBN 978-7-5068-9377-0
定　　价	96.00元

版权所有　翻印必究

国际传媒前沿研究报告译丛（8卷本）
编辑委员会

学术顾问： 胡百精　喻国明　周蔚华　魏玉山　张晓明　孙月沐
　　　　　梁鸿鹰　林如鹏　方立新　喻　阳　于殿利　杨　谷
　　　　　王　青　贺梦依　隋　岩　熊澄宇　邓逸群　谢宗贵
　　　　　武宝瑞　高自龙　施春生　林丽颖　张　坤　韦　路
　　　　　（排名不分先后）

主　　编： 黄晓新　刘建华

编　　委： 刘向鸿　李　淼　师力斌　孙佩怡　康　宏　杨驰原
　　　　　张文飞　董　时　刘一煊　赵丽芳　卢剑锋　王卉莲
　　　　　黄逸秋　李　游　王　珺　遆　薇　王　莹　杭丽芳
　　　　　刘　盼　李文竹　洪化清　黄　菲　罗亚星　任　蕾
　　　　　穆　平　曾　锋　吴超霞　邹　波　苏唯玮　汪剑影
　　　　　潘睿明　傅　烨　肖　蕊　杨青山　杨雨晴　黄欣钰
　　　　　邱江宁　周华北　林梦昕　王梓航　韩国梁　史长城
　　　　　牛　超　薛　创　庞　元　王　淼　朱　琳
　　　　　（排名不分先后）

出品单位： 中国新闻出版研究院传媒研究所

著者简介

迈克·加什尔,加拿大蒙特利尔康考迪亚大学新闻学系教授,曾从事记者及报刊杂志的编辑工作。戴维·斯金纳,加拿大多伦多大学传播学系副教授,主要研究领域为传播政治经济学、媒介政策、非传统媒介以及社区媒介。罗兰·洛里默,加拿大温哥华西蒙·弗雷泽大学传播学院教授。

译者简介

杨小红,澳大利亚墨尔本莫纳什大学硕士毕业,曾在出版外贸公司及出版社从事图书进出口及编辑工作。现在驻华使馆文化处工作,业余从事有关新闻出版方面的翻译研究工作。

译丛前言

传播是人类与生俱来的行为，人类社会的不断发展带动传媒技术的不断变革与传媒形态的不断创新。传媒的进化发展反作用于人类社会，发挥社会监督、协调沟通、经济推动与娱乐润滑的作用，促进人类社会的不断进步。

加拿大著名传播学者麦克卢汉的"媒介即信息"认为，媒介所刊载的内容并不重要，重要的是媒介本身，一种媒介其实是一个时代一个社会文明发展水平的标志，它所承载的"时代标志性信息"是辽阔的、永恒的。一部文明史，其实质就是人类使用传播媒介的历史，也是传媒从简单到复杂的发展历史。

媒介发展史其实就是媒介技术变革史，正是因为造纸技术、印刷技术、电子技术、数字技术、网络技术、移动技术、人工智能等新技术的出现，人类传播从口耳相传走向窄众传播、大众传播，又从大众传播走到分众传播、精准传播，一切皆媒介、人人皆传播成为现实，世界也就成为名副其实的"地球村"。

进入21世纪以来，由于互联网特别是移动网络和数字技术的发展和普及，带来新的传媒革命，重构社会生态。党中央审时度势、高度重视、周密部署，2013年我国开启传统媒体与新兴媒体融合发展的步伐。经过10年来各方面的共同努力，我国传媒融合发展取得显著成效，相当多的主流融媒体机构已经成型，融媒体传播能力已经具备，融媒体内容生产提质增效，主流舆论阵地得到稳固，媒体融合加快向纵深发展，并正在构建"全媒体传播体系"。在这个过程中，我们需要了解掌握国外媒体的融合现状、发展道路和趋势，学习借鉴国外媒体融合发展、建设的经验教训，为我所用，进一步攻坚克难。

中国传媒业作为文化产业的核心组成部分，在我国政治经济文化社会生活中发挥着信息传播、人际沟通、休闲娱乐和舆论引导、社会治理的功能，具有举足轻重的地位。国际传播能力也在不断提高，在国际传媒舞台上获得了一定的地位。但是，与纽约时报（The New York Time）、新闻集团（News Corporation）等国际传媒大鳄相比，我们的传播实力与国际地位还远远不足不够，在掌握国际话语权上还有较大的努力空间。

2022年10月16日，习近平总书记在党的二十大报告中指出，要"加强全媒体传播体系建设，塑造主流舆论新格局"，"增强中华文明传播力影响力。坚守中华文化立场……讲好中国故事、传播好中国声音，展现可信、可爱、可敬的中国形象。……推动中华文化更好走向世界"。要落实这一指示，夯实国际传播基础，增强中国软实力，提升国际话语权，我们既要利用国内政策与资源优势，也要了解国际先进传媒业的运作规律、基本格局和受众状况，知己知彼，才能把中华文化推向世界。

有鉴于此，我们组织编译出版了"国际传媒前沿研究报告"丛书。理论是灰色的，而实践之树常青。与以往的新闻传播理论著作译介相比，本套译丛更强调传媒发展实践，着重译介西方发达国家最新传媒发展态势的前沿研究报告，以鲜活的案例和有可操作性的做法，以及比较科学的理论总结，为中国传媒业提供切实可行的参照与抓手，加快走向世界的步伐，加快国内媒体与国际媒体的创新合作和"无缝对接"，加快建设国际一流媒体，为推动建设人类命运共同体作出贡献。

本译丛共 8 本，分别为《新媒体与社会》（美国）、《加拿大传媒研究：网络、文化与技术》（加拿大）、《传媒产业研究》（英国）、《德国传媒体系：结构、市场、管理》（德国）、《新视听经济学》（法国）、《俄罗斯传媒体系》（俄罗斯）、《澳大利亚的传媒与传播学》（澳大利亚）、《韩国传媒治理》（韩国）。

感谢中国新闻出版研究院，感谢业界、学界与政界的所有领导和师友，感谢本译丛版权方和相关机构的大力支持，感谢在外文转译为中文过程中立下汗马功劳的所有朋友们的努力、帮助和奉献，感谢中国书籍出版社的真诚付出。

由于水平和时间所限，译丛一定存在这样或那样的缺失和不足，望读者、专家不吝赐教。

黄晓新　刘建华

二〇二三年八月八日

以时空观民族观形质观深化文明交流互鉴[1]

（代序）

2022年10月16日，习近平总书记在党的二十大报告中指出，"增强中华文明传播力影响力。坚守中华文化立场……讲好中国故事、传播好中国声音，展现可信、可爱、可敬的中国形象。……深化文明交流互鉴，推动中华文化更好走向世界"[2]。中华文化影响力的提升和更好走向世界的一个重要基础就是世界文明的交流互鉴。他山之石可以攻玉，我们对其他优秀文明成果有了全面和深入的了解，可以借鉴其好的经验与做法，促进文化事业和文化产业繁荣发展，为国内外提供更多优秀文化产品，实现健康持续的文明交流互鉴。文化贸易是世界文明交流互鉴的一个非常有效的手段。对外文化贸易既包括文化产品的输出，也包括文化产品的输入，是输出与输入双向一体的过程。对于中华民族文化而言，兼容并蓄是其五千年惯以形成的品格，她对世界文化一直秉持开放借鉴的态度。要彰显中华文化在世界民族之林的应有位置，不仅需要输出我们的文化产品，而且也要输入世界优秀文化，以更好地发展中华民族文化，建设社会主义文化强国，增强中

---

[1] 本文作者刘建华，原载于《南海学刊》2022年11月第6期。
[2] 习近平.高举中国特色社会主义伟大旗帜为全面建设社会主义现代化国家而团结奋斗[EB/OL].新华社官方账号 https://baijiahao.baidu.com/s?id=1747667408886218643&wfr=spider&for=pc./2022-10-26/.

国国家文化软实力，提升中华文化国际影响力。输入世界文化的指导方针与基本原则就是文化扬弃，要对世界各民族文化进行抛弃、保留、发扬和提高。抛弃消极因素，利用积极成分，为中华民族文化发展到新的阶段做出贡献。本文以此为切入点，从时空观、民族观、形质观三个层面来研究分析文化产品输入的文化扬弃问题，力图为政府与贸易主体提供理论性的框架路线与实践性的方法指导，使世界优秀文化为我所用，"发展面向现代化、面向世界、面向未来的，民族的科学的大众的社会主义文化"。①

一、时空观与文化扬弃

对外文化贸易中，作为产品输入国，中国引进文化产品的指导思想与方法论就是文化扬弃。毛泽东指出，继承、批判与创新是文化扬弃的本质。毛泽东的文化扬弃理论的基本内涵是："以马克思主义文化观为指导，尊重文化发展的否定之否定规律，从中国革命和建设的需要出发，批判地继承中外历史文化的成果，从而创造性地建设有中国特色的无产阶级新文化。"② 在具体文化实践中，毛泽东提出了文化扬弃的两条总原则，"一是坚持马克思主义文化观的指导，二是坚持从中国的具体情况出发，坚持为人民服务的方向"③。在这两条总原则下，要灵活机动地对中外文化进行继承、批判与创新。"历史上

---

① 习近平. 高举中国特色社会主义伟大旗帜为全面建设社会主义现代化国家而团结奋斗[EB/OL]. 新华社官方账号 https://baijiahao.baidu.com/s?id=1747667408886218643&wfr=spider&for=pc./2022-10/26/.
② 常乐. 论毛泽东的"文化扬弃论"[J]. 哲学研究，1994（2）：4.
③ 常乐. 论毛泽东的"文化扬弃论"[J]. 哲学研究，1994（2）：6.

的许多文化遗产却并没有这种可以截然分割的具体形态，而是好坏相参、利害糅杂的有机统一体。"[1]对于国外文化的扬弃，毛泽东作了一个形象的比喻，"一切外国的东西，如同我们对于食品一样，必须经过自己的口腔咀嚼和胃肠运动，送进唾液胃液肠液，把它分解为精华和糟粕两部分，然后排泄其糟粕，吸收其精华，才能对我们的身体有益"[2]。

在对外文化贸易的实践中，文化输入是一个非常复杂而又需要大智慧与大战略的把关过程，它涉及本国消费者文化需求满足与本国文化价值观主体地位问题。在马克思主义的时空观理论中，时空的本质就是社会时空观，或者说是实践时空观。"实践是人的实践，社会也是人的社会，正是人通过长期的物质生产活动和人类之间的相互交往活动，才形成了人类社会和人类社会历史，世界历史无非是人通过人的劳动而诞生的历史"[3]。所谓实践时间，是指人类实践活动的持续性。所谓实践空间，是指实践运动的广延性。它包括地理空间与关系空间。前者是指以实体形式存在的地理环境，表现为人们进行生产、生活、科学研究和从事各种活动须臾不可缺少的场所。后者是交往空间，是人们实践活动中结成的经济、政治、文化生活等日常的和非日常的交往关系。实践空间是衡量人类对自然的占有规模以及人类社会联系和发展程度的特殊尺度。

每个时代有一定的文化产品，每个地理空间与关系空间也有一定的文化产品，它们有着各自的本质与特征。随着交通技术与信息技术

---

[1] 常乐.论毛泽东的"文化扬弃论"[J].哲学研究，1994（2）：3.
[2] 常乐.论毛泽东的"文化扬弃论"[J].哲学研究，1994（2）：5.
[3] 黄小云等.论马克思时空观的实践维度[J].文史博览，2006（12）：33.

的发展，全球化成为现实，各国之间经济、文化、社会的联系与交往日益密切。中国在大力输出自己文化产品的同时，也在努力引进有益于本国经济、政治、文化、社会与生态文明建设的国外文化产品。而世界各国由于地理上的区隔及基于此的改造自然与社会的过程不同，其文化产品也是千姿百态，不同历史时期与不同区位的文化产品必然有其不同于中国文化实践的特征，也不一定都适合中国的文化消费需求。因此，只有对国外文化产品的时间结构与空间结构有准确的了解与把握，才能真正实现文化扬弃的产品输入。

1. 时间结构

关于文化产品的时间结构，我们可以从三个层面来进行分析。一是人类历史层面，二是产品时效层面，三是消费时长层面。

人类历史层面是指不同历史发展阶段的文化产品结构问题。对于不同的输入国来说，对不同时间段的文化产品的需求种类与数量是不同的。关于人类历史的划分，没有一个固定的标准。对于人类发展史上文化产品的时间划分，我们借用美国历史学家斯塔夫里阿诺斯在其著作《全球通史》中的划分标准，分为古典文明时期（公元500年之前）、中世纪文明期（公元500—1500年）、西方崛起文明期（公元1500—1763年）、西方优势文明期（公元1763—1914年）、现代文明期（1914年后）、当代文明期。

我们所说的文化贸易具体是指精神文化的贸易。精神文化又包括几个层面，一是指公益性的承载人类永恒价值的文化，一是指供大众消费娱乐的文化。从以上六个时间段来说，古典文明、中世纪文明、西方崛起与优势文明时期的文化，大多是指那种具有人类永恒价值的文化，主要指精英高雅文化，当然也包括一些民间通俗文化。现代科学技术飞速发展，传播技术不断改进以后，印刷、复制、传播、阅读等变得日益简单与普及，大众文化随之诞生。大众文化产品实质是当前国际文化贸易的主要内容。因为大众文化既能承载精英高雅文化内容，也能承载民间通俗文化内容，并在此基础上，创造出为当代大众所欢迎的文化产品。即使是芭蕾、歌剧等高雅文化内容，也能通过大众生产与传播手段，成为受众喜闻乐见的产品形式。从这个意义上来说，现代文明与当代文明期的文化，实质上主要是指以传媒产品为核心的大众文化产品。

因此，对于中国来说，在输入国外文化产品时，应当注意其历史时间结构。既要输入当代时尚的、先进的文化产品，又要考虑输入其古典文明期、中世纪文明期、西方崛起与优势文明期的精英高雅文化。这些文化具有永恒的人类价值，对于开启中国人的智慧、转换中国人的思维方式，具有巨大的借鉴作用。

产品时效层面是指文化产品的时效性结构问题。时效性是指信息的新旧程度、行情最新动态和进展。对于文化产品来说，我们根据其时间耐久的程度，可以分为即时性文化产品、一般性文化产品与恒久性文化产品。

即时性文化产品对时效性的要求最高，需要即时生产、即时传播、即时接受，一旦时过境迁，该文化产品就没有多大意义了。随着现代传播科技手段的发展，人们对信息时效性的需求将有增无减，永无止境。信息化时代，市场竞争日益激烈的时代，谁最早获得信息，谁将拥有决定胜负的主导权。如同商业竞争者们所说，当下不是大鱼吃小鱼的时代，而是快鱼吃慢鱼的时代。商业竞争如此，日常生活也是如此。人们不再满足于最近、昨天、上午等时间上的信息获得，他们需要了解今时今刻、即时即刻乃至将时将刻的信息，需要了解正在发生与将要发生的信息。但凡是提供这方面服务的传媒产品，必然受到欢迎。从另一个角度来说，如果某个媒体提供的新闻信息不能及时传播给受众，那将毫无意义。

即时性的文化产品主要是指提供新闻信息的大众传媒，诸如报纸、电视、互联网等，当下主要是指微博、微信、移动客户端等新媒体产品。对于中国来说，输入即时性的文化产品主要应该是指电视与互联网媒体。尤其是在网络社会与数字化时代，中国受众对世界各地发生的新闻需要有即时的了解，才能了解自己所处的环境，从而做出各种正确判断与决策。而广播、电视、互联网、微博、微信、移动客户端等，是人们即时掌握国外信息的主要手段。所以，中国必须选择与输入适宜的互联网新媒体及广播电视产品，以满足国内受众的文化需求。

一般性的文化产品是指在短期内或者近期内传播并有效消费的产品，也就是说，这类文化产品的时间跨度稍长，处在恒久性文化产品与即时性文化产品之间。这类文化产品具有当代时尚前卫的形式，是针对当代人的文化消费心理与需求而设计生产的，内容具有当下性，可以在一段时间（如一周、一个月、一年）之内有效传播并消费。当然，这个一段时间不具永恒性，过了一定的时间段，就有可能失去市场，难以为受众所接受。

通常而言，畅销书、音乐、广告、影视剧、演艺、动漫游戏、部分可视艺术（设计、工艺、书画）等，都属于一般性文化产品，它们的传播与消费可以持续一段时间，一两年之内不会过时。比如畅销书，一般拥有一年时间的市场。当然,时间不会太长,试想,十年前的畅销书,现在可能没有多少人愿意去看。流行音乐也是如此,今天的人们恐怕不会有太多人去听几年前甚至几十年前的流行音乐,有些流行音乐也许过几个月就没人去听了。广告、影视、动漫游戏等也是如此,我们不能总是把国外很多年前的电影引进来,因为影视剧还是具有一定的时代性,广告也是根据市场主体某个时段的营销计划而设计的,公司隔一段时间就更换广告深刻说明了这一点。部分工艺与书画作品也不一定具有恒久传播与消费价值,随着时代的变化,人们的消费偏好也会有所变化。譬如,书画领域的范曾热、启功热等,就说明了这一点。

恒久性的文化产品是指此类产品具有永恒价值,没有时效性,不论在什么时代都具有传播与消费价值。这类文化产品主要是指经典文学作品、音乐、工艺与书画艺术等。对于这些文化产品来说,输入者有充裕的时间去甄别去选择,根据本国消费者实际情况与思想意识形态指向,引进适销对路的文化产品。

文化产品的消费时长层面是指受众消费文化产品耗时多少的问题。文化产品是体验性的消费产品,是一种时间性产品。这就要求消费者必须对一个文化产品完整消费后,才能获得其价值,也才能知道是否满足其消费需求,也决定了消费者对此类产品的再购买。因此,把握消费者的消费时间观念就极为重要。消费者对文化产品耗时的接受程度是多元复杂的,不同职业、不同性别、不同年龄、不同民族的消费者,对同一类型文化产品的耗时长短定然不一。譬如电影,有些消费者可能喜欢 1 个小时之内时长的,有些消费者可能喜欢 1—2 个小时时长的,有些消费者可能喜欢 2—3 个小时时长的,当然,电影作为按小时计量消费的文化产品，绝不会达到四五个小时，这已超过了所有消费者的极限。因此，必须根据不同消费者的消费时间偏好，输入不同时长的电影。对于中国观众来说，目前比较喜欢的是长达近3小时的好莱坞大片，1小时左右的电影并不受其欢迎。在浅阅读时代，人们的眼球资源的确不够分配，也应运出现了读图书籍、短视频与微电影等，这就需要文化产品输入者进行及时把握与调整了。

所以，对于中国而言，文化产品输入者应该对不同人口统计特征的消费者进行深入研究分析，针对不同的消费时间偏好及其发展变化趋势，准确引进不同时长的国际文化产品。影视剧、歌舞演艺、图书等文化产品，尤其受消费时长的影响，而这些产品又是国际文化贸易的主要对象，因此，有必要对这些文化产品做出详细分析与区隔，进行分门别类的引进。

2. 空间结构

文化产品的空间结构包括地理空间与关系空间两个层面。

从地理空间来看，2019年，根据商务部服贸司负责人的介绍，"从国别和地区看，中国文化产品对东盟、欧盟出口增长较快，分别增长47.4%、18.9%；对'一带一路'沿线国家出口增长24.9%；对美出口下降6.3%"[1]。根据商务部一位新闻发言人的介绍，"2017年，美国、中国香港、荷兰、英国和日本为中国文化产品进出口前五大市场，合计占比为55.9%，我国与'一带一路'沿线国家进出口额达176.2亿

---

[1] 数据来源于中国新闻网，https://baijiahao.baidu.com/s?id=1661399484447253162&wfr=spider&for=pc，2021-8-20.

美元，同比增长 18.5%，占比提高 1.3 个百分点至 18.1%，与金砖国家进出口额 43 亿美元，同比增长 48%。文化产品出口 881.9 亿美元，同比增长 12.4%；进口 89.3 亿美元，同比下降 7.6%。顺差 792.6 亿美元，规模较去年同期扩大 15.2%"①。从更早的时间 2012 年来看，中国引进的文化产品分布情况如下②：我国文化产品进口国家的地理分布都是美洲、欧洲、亚洲、大洋洲的分布格局，几乎没有非洲国家的文化产品。从国家个数来看，排名前 15 的进口国中，欧洲国家最多，核心文化产品国家中有 6 个，占 40%；亚洲国家与地区居次，有 5 个，占 33.3%；美洲国家排第三，有 3 个，占 20%；大洋洲只有澳大利亚，非洲国家缺位。从进口金额来看，欧美国家份额最大，2012 年 1 月份核心文化产品进口额为 1902.9 万美元，占排名前 15 的国家总额 3821.7 万美元的一半；亚洲国家与地区 1896.9 万美元，几乎占据另外一半份额。也就是说，从空间结构来说，中国文化产品进口国主要是欧美国家与亚洲国家，各占据半壁江山。欧美国家主要集中在经济发达资本主义国家，亚洲国家与地区主要集中在日本、韩国与中国台湾及香港地区。值得一提的是，近几年中国与"一带一路"沿线国家和地区的对外文化贸易规模逐步扩大。

这个地理空间结构存在较大的非均衡，欧美国家主要是英美等老牌资本主义国家，应该要兼及对东欧及南美洲一些国家文化产品的进口。亚洲方面，主要是日本、韩国、中国香港、中国台湾等东亚国家

---

① 数据来源于中国产业信息研究网，http://www.china1baogao.com/data/20180209/1578390.html，2021-8-20.

② 数据来源于商务部服务贸易司，《2012 年 1 月我国核心文化产品进出口情况简析》，中国商务部 http://www.mofcom.gov.cn/aarticle/difang/yunnan/201204/20120408067456.html，2012-4-19.

与地区,而东南亚、西亚与中亚(如印度、泰国、埃及)等国家,虽然在"一带一路"建设倡议下各个指标有所提高,但尚需加大文化产品进口力度。至于非洲国家,也应该有一定的文化产品进口计划,以加强中国与非洲国家的文化交流与互动,从而更好地促进中华文化在非洲国家的影响力。

从关系空间来看,凡是与中国建立外交关系,或者有政治、经济、文化与社会其中之一交往关系的国家与地区,在理论上都应该与中国有文化贸易关系,既包括中国文化产品的输出,也包括中国对这些国家与地区文化产品的输入。只有坚持这种开放与公平的文化交流立场,才能真正使中华文化在世界上有着独立而不可替代的地位,成为公平与正义的代言人,拥有不可小视的话语权,为人类文明的发展与进步做出应有的贡献。

3. 时空文化产品的扬弃

文化产品因其时间性与空间性,结构繁杂多元,中国输入国际文化产品时,应该坚持均衡与适时的文化扬弃策略。

所谓均衡策略,是指文化产品空间结构的合理安排。既要按照先进性原则,大力引进发达国家,特别是西方发达资本主义国家的先进文化。这些文化产品蕴含着人类发展的最前沿思潮与科技创新,对中国文化的发展,对中国人民思维方式的转变,对中国人民知识结构的改善,对中国经济、政治、文化、社会与生态文明的进步,具有巨大的促进作用,应该大力引进。同时,我们又要按照均衡与公平原则,对凡是与中国有经济、政治、文化、社会交往关系的国家,进行一定的文化输入。要在文化没有优劣的理念指导下，对五大洲各个国家的文化产品进行适量而科学的引进。这不仅仅是为了让中国人民了解这些东道国的文化，更重要的是树立中国坚持文化平等交流的大国形象，消解世界各国对中国崛起称霸全球的误会，使中国文化获得更多国际受众的了解与认可，为中华民族文化在世界民族之林中争得应有地位。

所谓适时策略，主要是指对时间文化产品的合理安排与引进。要科学地对国际文化产品按照人类历史层面、产品时效层面、消费时长层面进行分类引进，要在对本国消费者进行深入科学的调研基础上，适时引进不同时间特性的文化产品。从人类历史层面来看，我们不仅要引进现当代的大众文化产品，而且也要引进古典文明时期、中世纪文明时期、西方崛起文明时期与西方优势文明时期各个国家的经典作品，如欧洲文艺复兴时期的哲学与文艺作品、古埃及与古印度的经典文艺与宗教作品。从产品时效层面来看，我们应对国际文化产品的即时性、一般性与恒久性进行区隔，针对本国消费者时间偏好进行适销对路的产品引进。从消费时长来看，要具体把握国内消费者的时间弹性，认清不同国家消费者在文化产品耗时容忍度上的差异，在此基础上，对不同时长的文化产品进行有效引进。

二、民族观与文化扬弃

本文所说的民族文化产品，是指从价值观与思维方式视角来审视的文化产品，也就是说，这些文化产品代表着一个民族的核心价值观与思想意识形态，是一个民族国家合法性存在的前提。从这个意义上来看，作为文化产品引进者，我们必须对某个民族文化产品持辩证的态度,既要认识到该民族文化是该民族国家合法性存在所必不可少的东西,是维系该民族团结、发挥凝聚力与创新力作用的精神性东西;又要清醒地知道,对于自己国家来说,该民族文化产品不一定有其合理之处与存在价值,有些甚至对自己国家文化价值观与思想意识形态的维系起着消解作用。因此,我们需要对某个民族文化产品进行审慎对待与科学分析,需要输入者具有高远的智慧与精准的把关能力,一是尽量输入民族精粹成分占优势的文化产品;二是在两者难以分开的情况下,引进时要对国内消费者进行一定的国际文化鉴赏素养教育,使消费者自己能主动区分并吸收该民族文化精粹,抛弃文化糟粕。

1. 民族精粹与糟粕

首先,我们需要界定何为民族精粹与民族糟粕。所谓民族精粹,是指在某个民族文化中,维系该民族凝聚力、激发其创新力的反映特定价值观与思想意识形态的文化成分。所谓民族糟粕,是指存在于民族文化中,宣传封建迷信霸权,压制个性创造,忽视人本、民主与科学精神的文化成分。在世界各国民族文化中,既存在那种崇尚个性、尊重人本、主张科学民主的文化,也必然存在不同样式的文化糟粕。

其次,我们需要界定民族精粹与民族糟粕的表现形态。对于民族精粹的表现形态,就中国而言,可以从优秀传统文化、主流意识形态文化与先进文化三个层面进行剖析。优秀传统文化主要是指在中华五千年文明历史中,中国劳动人民在改造自然与社会的实践中所形成的民族文化精粹,包括:普适性的科学文化,如四大发明、地动仪等;精英文化,如诸子百家的学说,尤其是儒家的仁爱谦和文化,历代文人墨客对生活与社会感悟的优秀文学作品（李白、白居易诗歌，四大名著等）；民间文化，如各种民间文学，流传于老百姓生活中的风俗与习惯等。就国际文化而言，主要包括优秀传统文化、科学技术文化等。譬如西方文化，其民族精粹就是其科学、民主、人本精神与丰富的科学技术发明，当然，也包括西方历史上哲人大师的作品，如柏拉图、亚里士多德、康德、莎士比亚、贝多芬、凡·高、韦伯等人的著作。科学家们的理论著述与实践发明等，也是其民族文化精粹，需要吸收利用。当下来看，西方民族文化精粹与糟粕交错在一起，其糟粕具有很大的隐蔽性，往往以娱乐的形式，打着人本、民主、科学的旗号，大肆进入世界各国，特别是对发展中国家来说，往往被这些"普世性"文化所迷惑，在享受其文化精华的同时，不知不觉也为其糟粕所俘虏，对本民族文化价值观与思想意识形态构成巨大威胁。例如，我们在享受好莱坞电影、迪士尼文化、麦当劳文化的同时，也被美国文化中的个人主义、拜金主义所影响。具体而言，当下世界各国文化精粹与文化糟粕交错在一起的表现形态就是以娱乐为主的大众文化产品，包括报纸期刊、影视剧、动漫游戏、广告、流行音乐、畅销书、文化旅游、互联网、新媒体等。相对而言，高雅艺术如歌舞剧、经典作家图书、可视艺术（绘画）、经典音乐等，则侧重于表现一个民族文化中的精华内容。

最后，我们需要厘清民族精粹与民族糟粕的作用与影响。对于文化产品输入国来说，引进的文化产品优劣，直接影响到该民族的文化价值观与思想意识形态，影响一个国家的凝聚力与创造力，甚至影响一个社会的动荡与政权的更迭。东欧剧变与苏联解体，使西方国家认识到，比军队大炮更有力更隐蔽的武器应该是文化，于是，硬实力之争转变为软实力之争。经济全球化与文化全球化背景下,各民族国家不能独立于国际文化交流之外。实际上,国际文化交流也的确能够促进一个民族国家经济社会的发展,能够给本国人民带来更多福利。但是,文化毕竟是一个民族国家合法性存在的前提,倘若一个国家的民族文化全然被他国文化所代替,则这个民族国家也就丧失了存在的合法性了。更严重的是,西方经济发达国家,对于和自己政治制度不同的国家抱有敌意,一些政客总是希望通过对别国的控制来攫取更多的利益,形成民族国家之间的不公与非正义。因此,他们有意无意把所谓的普世文化掺杂在各种形式的文化产品中,以达到和平演变、不战而屈人之兵的成效。鉴于此,文化产品输入国应该深切认识各国文化精粹的促进作用与文化糟粕的破坏性,以审慎的态度、科学的方法、高瞻的智慧、宽大的胸怀、自信的立场,引进国际文化产品,有效利用并提升其文化精粹的促进作用,排除并解构文化糟粕的破坏作用。

2. 民族文化产品的扬弃

要有效利用民族文化精粹并解构民族文化糟粕,就要采取毛泽东所说的"吸取精华、去其糟粕"的文化扬弃原则。要做到此,需要从以下三方面入手。

第一,从市场主体来说,需要其兼顾社会效益与经济效益,做一个具有民族发展责任的企业。在对民族文化产品的扬弃过程中,涉及价值观与思想意识形态的一致与冲突问题,关乎整个国家的民族价值观与主流意识形态的形成与传承问题。对外文化贸易中,作为以利润最大化追求为目标的市场主体,偏重对经济效益的考虑定然会多些,这也是无可厚非的。对于具有巨大市场价值的国际文化产品，市场主体必然积极引进，以规避投资风险，寻求利益最大化。然而，民族价值观与主流思想意识形态的维系是所有中国人都应尽的责任与义务。作为中华大家庭中的一员，市场主体在具体的文化贸易执行过程中，也应该有这种责任意识与义务担当，社会效益的维系也必然成为其引进国际文化产品的一个首要度量因素。

第二，从消费者来说，需要具有古为今用、洋为中用的思想境界，做一个有民族荣辱感的主人翁。国际文化产品到达消费者手中时，已经是一个精神产品的接受过程。消费者在体验性消费后，获得的是精神上的收益。精神文化产品的消费过程，不仅能给消费者带来精神性的快感，也会加深、改变或破坏消费者已有的价值观与思想意识形态。如果某种文化产品所承载的文化价值观与思想意识形态与消费者既有的价值观和思想意识形态存在相同或呼应之处，则会强化与加深这些价值观与思想意识形态。如果是相反或者有所偏差，则有可能对消费者既有的价值观与意识形态产生冲击，或者偏离，或者破坏，或者改变。因此，作为消费者，必须有一定的国际文化产品鉴赏能力，要具有"古为今用、洋为中用"的思想境界，以一种中华民族文化主人翁的姿态，对国际民族文化产品进行抛弃、保留、发扬和提高，吸收其有利文化成分。

第三，从政府监管者来说，需要其制定科学有效的民族精粹与糟粕的鉴别框架体系，做一个有民族振兴使命感的主导者。国际民族文化产品，有着不同于普适性的科学技术文化产品或纯粹性娱乐文化产品的本质特征，它所蕴含的价值观与思想意识形态对消费者个体和民族国家的作用并不相一致。同样的文化产品，对消费者个体来说，提供的可能是正向精神福利,但对民族国家来说,也许是负向精神福利。譬如,消费者在消费好莱坞电影时,美国式的叙事方式与高科技技术手段,的确让消费者享受到了正向精神福利,但隐含在影片中的美国价值观与思想意识形态会潜移默化地影响消费者的价值观与思想意识形态,这对一个民族国家而言,具有巨大的威胁,是一种负向精神福利。因此,作为监管者的政府管理部门,必须成为国际文化产品输入过程中的主导者,才能确保文化产品给消费者个体与民族国家提供最大化的正向福利。基本做法是:首先,政府监管者要明确本国涉及价值观与思想意识形态的文化构成。其次,在文化产品的输入实践中,政府部门要制定一个详细的文化产品引进指导方案,对普适性的科学技术文化、纯粹娱乐性文化与价值观和思想意识形态文化进行区分,分门别类。最后,政府部门要构建民族文化产品社会效益评估指标体系,综合评估给输入国带来的正向社会效益与负向作用,做出是否引进的决策。

三、形质观与文化扬弃

形质是普遍地当作一个词语来进行理解的,字典上的解释有肉体、躯壳,外形、外表,才具,气质,形制,形式等。在中国书画艺术中,形质与意象相对应。在建筑、文学等艺术创作中,有形质与意的呼应及渗透问题。中国太极中,也有形质与神意的说法,即以形取意,以意象形。在西方,有一个形质学派,该学派起源于1890—1900年间,由布伦塔诺的弟子厄棱费尔和麦农创立,他们接受了布伦塔诺的思想,将布伦塔诺的意动心理学具体运用到形 (form)、形质 (form-quality) 的形成，认为形、形质的形成既不是感觉的复合，也不是马赫所说形式是一种独立的存在，而是由于意动，才使形、形质呈现出来。形质学派的初衷是对元素主义进行批驳。他们自称发现了一种新元素，并由注重形质而研究复型，后又由复型的分析发现倾向于意动的探讨。形质学派一方面发展了马赫的感觉理论，另一方面又为格式塔心理学派提供了一套完整的形质的概念与理论根据。在知觉理论上，形质学派是由元素主义向格式塔心理学过渡的桥梁。

通过以上关于形质的解释与分析，我们不是想把某种理论简单拿过来分析文化产品，而是力图汲取其中的养料，结合文化贸易实践，分析在引进国际文化产品时，如何在形质上进行评判，以输入适宜的国际文化产品。不论是书画艺术、太极拳，还是西方的形质学派，他们都注重一种事物形式与内涵的完美结合。在中国艺术理论领域，形质偏重于指外形、形态，指人们能观看得到的外在形象。西方的形质学派认为，外形的形成，有赖于意动，这实际上是指事物内涵对人们知觉上的刺激，在内涵意动的驱动下，事物的形质才得以呈现。英文单词 form-quality，就是形式与才质的复合体，这说明了形式与才质交错结合的必要性及它们对于消费者知觉刺激上的必要性。对于文化产品来说，只有美的形态与优的才质的完整结合体，才能值得我们去引进，才能值得本国受众去消费，才能对本国文化创新发展发挥积极有效的作用。

其实，形质一词既包含了外形之义，也兼具才质之指。我们更应该把它作为一个短语来理解，即通常所说的文质彬彬，指的是文采与质量都非常好。对于文化贸易实践来说，我们也应该引进"形质彬彬"的国际文化产品。出于研究上的方便，我们从产品类型与产品才质两个方面分别分析国际文化产品的特征。

1. 产品类型

如果按照两分法，我们可以把文化产品分成有形的与无形的两种。前者是指文化产品实体，后者指的就是版权。文化产品实体包括由产品输出国生产的新闻、报刊、图书、音像、广播影视、广告、动漫游戏、演艺歌舞、可视艺术（工艺品、书画等）、互联网、新媒体等。版权即著作权，是指文学、艺术、科学作品的作者对其作品享有的权利（包括财产权、人身权）。版权是知识产权的一种类型，它是由自然科学、社会科学以及文学、音乐、戏剧、绘画、雕塑、摄影和电影摄影等方面的作品组成。

在国际文化贸易中，既有图书、影视剧、音像制品、绘画、工艺品等实物的贸易，如各种图书博览会、电影节、文化旅游等，也包括关于此类文化产品的版权贸易。在智能技术、移动技术、数字技术与网络技术时代，全媒体的产生，可以使不同媒体形态的内容同时在不同类型媒体上进行传播与消费，媒介介质的边界得以消失，这为版权贸易创造了更加有利的条件，版权贸易是将来文化贸易的主体形式。

从具体的形态来看，国际文化产品的类型主要包括核心文化产品、外围文化产品与相关文化产品三大层次。在当下的对外文化贸易实践中，中国主要侧重输入世界各国优秀的核心文化产品与外围文化产品，这类产品对于文化价值观与思想意识形态的维系起着重大作用，影响一国凝聚力的形成，决定一国文化软实力的强弱，对于一国文化创造力与影响力具有巨大的促进或破坏作用。

国家统计局和中宣部共同编辑的《中国文化及相关产业统计年鉴.2020》数据显示,2019年我国文化及相关产业进出口总额为1114.5亿美元,出口额为998.9亿美元,进口额为115.7亿美元,顺差为883.2亿美元。贸易顺差的扩大,一方面说明了我国文化实力在不断增强,文化产品获得了国际市场的认可;另一方面,也显示了我国在对国外文化产品的引进力度上还有不足。作为一个经济实力全球排名第二的大国,要建成文化强国,除了让自己的文化产品走出去,还应该把世界优秀文化产品引进来,只有在与全人类优秀文化产品的交流互动中,借鉴吸取其精华和优点,才能不断生产出更优秀的文化产品,真正成为有全球影响力的文化强国。反观当下文化进口现状,还是有较大的提升空间。有关数据显示,"2019年我国文化进口方面,图书、报纸期刊、音像制品及电子出版物为16.5亿美元,其他出版物为4.5亿美元,工艺美术品及收藏品为36.8亿美元,文化用品为23.9亿美元,游艺器材及娱乐用品为11.1亿美元,文化专用设备为38.4亿美元"[1]。纵观中国核心文化产品的引进情况,总体来说,类型日益多样,新闻出版、图书、期刊、电子出版物、广电影视等都包括其中,引进数量、金额与版权数也在不断增加。但是,问题也很明显,一是引进总量偏小,二是仅限于图书、期刊、电影的引进,并且主要是图书的引进,包括实体图书与版权的引进。近年来在文化产品引进工作上有了提升,如电影方面,2012年,中国在原本每年引进20部美国电影的基础上增加了14部IMAX或3D电影,中国观众看到了更多的美国电影。近年来,随着国产片的壮大,进口片票房所占份额在不

---

[1] 国家统计局社会科技和文化产业统计司,中宣部文化体制改革和发展办公室编.中国文化及相关产业统计年鉴.2020[M].北京:中国统计出版社,2020:245.

断压缩，2018 年为 35% 左右，进口片包括美国片、印度片、日本片、法国片等，但贡献份额最大的还是美国片。

在文化产品引进上，我们还需要在产品类型上多下功夫，既要引进那些优秀的为我国受众所喜闻乐见的产品，又要考虑不同民族国家不同类型文化的独特性，引进丰富多元的文化产品。

2. 产品才质

产品才质主要是指引进的文化产品的质量。ISO8402 对质量的定义是：反映实体满足明确或隐含需要能力的特性总和。ISO9000 对质量的定义是：一组固有特性满足要求的程度。美国著名的质量管理专家朱兰（J.M.Juran）博士从顾客的角度出发，提出了产品质量就是产品的适用性。即产品在使用时能成功地满足用户需要的程度。适用性恰如其分地表达了质量的内涵。这一定义突出使用要求和满足程度两个重点。对于文化产品来说，其质量的内涵极为复杂。一般来说，文化产品分为社会客体与精神客体两个方面。作为社会客体，主要体现为物质形态、设计、包装等方面。消费者对其的使用要求主要落在美观、舒适、简便等方面，并因人、因时、因地、因民族而不同。虽然复杂多元，但基本的使用要求与一般工商产品并没有太大差异，只要紧扣产品性能、经济特性、服务特性、环境特性与心理特性等同几个方面的满足即可，其追求的是性能、成本、数量、交货期、服务等因素的最佳组合。

对于文化产品的精神客体来说，其质量要求与满足非常难以把握。由于文化产品的精神属性与符号特征，生产者总是以一定的规则与方式把意义编码进去，因此消费者必须具备与生产者共通的文化空间，才能进行准确的解码，不然，就会发生霍尔所说的偏向解读与反向解读。即使是优秀的文化产品，在输入国消费者看来，也就一文不值，遭到唾弃。对引进文化产品精神客体的才质判断是：在使用要求方面，主要包括信息获得、娱乐休闲、思想情操陶冶、良好价值观塑造、思想意识形态强化等。在满足程度方面，对于消费者个体而言，主要是信息获得的及时性、身心放松、精神世界的净化、良好道德的培养、良好的售后服务等；对于民族国家而言，主要偏重于文化价值观与统治阶级意识形态的维系与强化。如果引进的文化产品对一国价值观与思想意识形态构成威胁甚至破坏，在输出国或其他国家看来非常优秀的文化产品，也有可能被输入国视作文化糟粕与文化垃圾。

要之，对于文化产品的才质要求问题，会因个人、因民族、因国家、因环境的不同而不同，没有"普世性"的大一统文化产品，是否为优秀产品，需要以动态的视角去评判，尽可能获得一个综合性的最佳组合。当然，文化产品质量的判断还是有一个基本标准的，首先是形态适宜，其次是产品特性、功能、价格、成本、服务等有一个最佳组合，最后是其给民族国家与消费者个体可能带来的精神福利的最优综合得分。

3. 形质文化产品的扬弃

对于此类文化产品的引进，首先，我们坚持"形质彬彬"的扬弃方略。要综合判断文化产品的类型及其对民族国家与消费者个体可能带来的满足，再进行抛弃、保留、发扬和提高。既不能投消费者所好，仅限于单一类型文化产品的引进，譬如，我们不能因为浅阅读时代、消费碎片化时代的特征，一味引进视听媒介产品，而应该着眼于不同类型文化产品的合理结构加以引进。同时，我们也不能投某个管理组织所好，只引进有利于其价值观与思想意识形态维系并强化的文化产品，而应该考虑综合引进反映全人类先进文化与时尚文化的各种类型文化产品，哪怕是承载美国霸权思想的好莱坞电影与麦当劳文化，我们也要进行一定比例的引进。

其次，引进者需要熟悉本国消费者个体与民族国家对不同类型或者同一类型甚至同一种文化产品的使用要求，进行分门别类的合理引进。这就要求引进者做大量细致的调研工作，要不厌其烦地监测市场消费要求的动态变化，随时调整引进计划，尤其重要的是，对引进产品的类型与才质要具有高远的前瞻性，最大化避免不当文化产品对市场主体、国家与消费者个体造成的破坏与损失。

最后，引进者要对文化产品持有整合满足需求的理念，不要固守于单个因素的极致化追求，要整合文化产品各个因素给消费者个体与民族国家带来的最佳效应，以决定是否引进。

目 录

第一章 领域的界定 / 1
概述 / 1
处于日新月异传播世界中的媒介 / 2
回到未来 / 4
媒介与技术：美丽新世界？ / 8
我们的研究方法 / 11
什么是传播？部分定义和模式 / 12
关于大众、大众受众以及大众传播 / 16
媒介、大众媒介及新媒介 / 21
融合 / 23
大众媒介的范围 / 25

第二章 传播：社会与文化形态 / 41
概述 / 41
社会、文化和媒介 / 41
媒介的社会角色 / 45
媒介和社会形态 / 52
技术和社会变革 / 66

第三章　媒介：历史及加拿大背景　/　71

概述 / 71

媒介和西方社会的欧洲根源 / 71

工业革命，传播及社会形态 / 75

现代媒介的发端：报纸或"新闻报刊" / 78

关于媒介的各种观点 / 80

大众媒介与加拿大现实：历史及架构 / 89

第四章　媒介内容：探究意义的生成　/　105

概述 / 105

表现与意义 / 105

表现的互文性、多义性和不确定性 / 107

作为社会理论的传播理论 / 110

编码—解码模式 / 111

能动与结构：传播研究中的关注重点 / 115

有关媒介内容研究的观点 / 117

文学批评 / 118

话语分析 / 124

第五章　媒介与受众　/　143

概述 / 143

有关受众的观点正在发生改变 / 144

语境中获取意义：文化、媒介、受众 / 148

行业受众研究 / 170

转变和消失的观众：机会与风险 / 178

第六章　传播技术与社会：理论与实践　/　181

概述 / 181

有关技术的观点 / 182

有关技术的思考 / 185

技术与西方社会 / 190

互联网与数字化 / 197

技术变革：成本收益分析 / 203

第七章　公共政策的制定　/　217

概述 / 217

回到未来 / 220

加拿大公众在制定公共政策中的的作用 / 223

艾尔德委员会，1929 年 / 224

梅西—莱韦斯克委员会，1949—1951 / 229

福勒委员会，1956—1957 / 235

阿佩尔鲍姆—赫伯特委员会，1981—1982 / 239

重新评估加拿大传播政策 / 243

第八章　传播政策：分领域论述　/　247

概述 / 247

电信 / 251

广播 / 255

音乐录制 / 263

电影 / 266

新媒介 / 272

出版 / 274

邮政服务 / 282

第九章 所有权与媒介经济 / 285

概述 / 285

媒介经济的特性 / 288

满足需求和愿望 / 291

组织架构 / 295

公有制 / 301

私有制 / 305

媒介私有制的影响 / 308

新劳工问题 / 311

媒介民主化 / 314

第十章 作为内容生产者的新闻记者 / 317

概述 / 317

新闻作为内容生产 / 318

新闻的理想 / 324

新闻作为文本实践 / 332

作为社会文化组织的新闻业 / 335

管制新闻的法律因素 / 341

新闻生产的经济因素 / 346

新闻业的未来 / 351

第十一章　全球化　/　357

概述 / 357

界定术语 / 358

大众媒介作为全球化的工具 / 365

全球信息贸易 / 371

全球化理论 / 376

新的世界信息与传播秩序 / 383

从"新的世界信息和传播秩序"到"信息社会世界峰会" / 386

地域观念的改变 / 390

第十二章　数字时代的大众传播　/　397

概述 / 397

媒介的变化特征 / 398

传播与民主 / 401

内容与受众 / 404

媒介和传播的社会维度 / 408

问题与政策走向 / 416

转变经济趋向 / 421

文化产品的"自由"市场？ / 427

第一章　领域的界定

概述

媒介是我们当今世界的中心。从手机到"脸书",从电视到博客,从报纸到卫星电视,从"推特"到"谷歌",媒介和传播系统都是我们认识世界并协调我们行动的核心。本书将介绍有关媒介和传播的研究成果,以及它们与更上一级的社会制度和社会进程的关系。我们将探究媒介和传播的历史,它们与构成我们生活各个方面的各种不同因素和过程的交织方式,以及它们如何决定或塑造我们的世界观和经验。

我们将在本章中探讨以上主题及观点,意在呈现传播技术性质的演变,探究媒介和传播系统如何成为维系和运转我们社会的核心,审视其引导我们面对世界的方式。传统媒介、新媒介以及社交媒介均被解释为大众传播的不同形式。我们对相关术语加以界定,如:"传播""大众传播"以及"融合",并且对传播过程的两种模式进行研究。当你通读过本书,了解我们对大众传播领域的探索,这些概念及模型最终将为读者建立起对这个领域理解的基础。最后,为了拓展关于媒介的理论视角,将其作为社会和文化形式加以论述,本章进而概述和探讨大众媒介和传播的一些主要维度。

处于日新月异传播世界中的媒介

作为个体，媒介是我们以各种方式认识和理解世界的核心。正如以赛亚·伯林所言：它们是"经验普遍性的体现"（西尔弗斯通，1999：2）。媒介涉及我们生活中几乎所有方面，规划职业、接受教育、评价政治和政府、搜寻爱听的歌曲、应聘工作、选购衣服、安排约会、决定吃什么和去哪里买、付账单以及找住所。媒介决定了我们需要和想要什么，为什么我们会在意这些，甚至我们究竟是谁。它们将我们的注意力聚焦在世界上，把我们拖进其中，使我们陷入一些经过巧妙拼凑的事件和情境。从大洋深处的海沟到火山内部，从左邻右舍到月球和火星表面，媒介带着我们穿越空间的界限。它们也带我们突破时间的局限，"实"时展现当前新闻和事件。媒介对时间局限的打破还体现在我们对生活中事物的体认上。

统计数据表明，在我们的生活中媒介无处不在。根据2013年的调查，加拿大人每周平均花36个小时看电视或上网，花17.5个小时听广播，同一个时间段内，每10个人中有8个人阅读一份以上的报纸，我们每天平均有9.9个小时接触科技产品，使用电视、计算机、平板电脑、移动电话等等（加拿大杂志联盟，2013：9）。加拿大人每月平均上网时间为41.3小时，大大超过世界平均水平的24.6小时。

传播媒介不仅是我们个人生活中的重要因素，也是我们社会更大规模组织和运行的核心。它们帮助加拿大人了解本国文化的理念，并加深对其的理解。从枫叶到冰球，再到医疗保健以及其他维度，它们创造了本尼迪克特·安德森所谓的"想象的共同体"，并且构建了我们对于加拿大的观念以及对于作为加拿大人的身份认同。媒介是各级政府（联邦、省、市政府）与居民和公民沟通的主要渠道（这也许让你感到吃惊，政府居然是这个国家里最大的独立广告客户）。媒介是企业发展客户与沟通客户的主要途径。媒介在全球化中也起了关键作用，它们是掌控世界经济，全球商品和服务流通的核心工具，比如生产调配中心在中国，市场却在加拿大。媒介向民众介绍不同的文化，并使移民能够与原籍国保持联系。通过大面积地报道全球政治经济新闻，媒介还形成一种全球文化意识；有大型体育赛事，如奥运会和足球世界杯；有全球关注的悲剧事件，如马来西亚航空公司370航班以及海地和日本的地震。媒介同样有助于提高我们面对日益迫近的环境灾难的责任意识，如全球变暖。在这个严重媒介化的世界里，个人或国家举动的意义可以跨越整个地球。"放眼全球，脚踏实地"已经变为新的普遍适用的座右铭，而媒介则使其得以实现。

在不到25年之前，互联网还仅仅是科学家和研究者的领地。如今它和较为传统的媒介，如广播、电影、报纸以及图书出版、音频录制（音乐）一样是重要的产业。尽管一些作者认为，互联网的新媒介正在淘汰旧媒介，但是互联网并未完全替代这些传统媒介产业，而是吸纳它们并作为另一种载体服务于它们。十年前，从Napster和海盗湾（Pirate Bay）网站上下载音乐被认为意味着音乐产业的寿终正寝。但是，产业的调整以及像iTunes这样具有高人气和高收入的网站都表明该行业仍富有活力。尽管博客和公民新闻一度被认为将取代报刊以及传统的新闻来源，当今社交媒介上的博主和写手发布和传递的新闻大多数取材于那些传统媒介。同样，奈飞公司（Netflix）和苹果电视（Apple TV）的服务说明，曾经认为将被网络节目替代的电视节目和电视网正寻求网络传播的新途径。

当然，相比于传统媒介，互联网的确提供了更多的内容。通过融合计算机的运算和传输能力，新媒介平台和公司，如谷歌、推特、脸书、Instagram、YouTube 以及维基百科开创了观察和认识世界的新方式，扩展了人际关系和社交网络，并且使曾经是被动的媒介消费者变为媒介内容的制作者。尤查·本科勒（2006：2）指出，这种新的信息环境被寄予众多的期许，"作为个人自由的维度；作为更好的民主参与平台；作为一种培养更具批判性和反思性文化的介质；并且，在一个日益信息依赖的全球经济中，作为人类普遍发展取得进步的机制"。如下文所述，尽管实现这些期许的道路漫长，但重塑这些为信息环境提供形式和关注点，并为媒介提供支撑的机构和组织而付出的努力正在不间断地进行着。

回到未来

我们很容易被卷入新媒介的浪潮之中，迎合拓展范围的广度和传播的速度，并且忘掉互联网仅仅是两百年来许多重要电子媒介发明中的一项。这些新媒介引领了各种形态的社会变革，并且，在某种情况下，淘汰了旧媒介，而它们也同样曾被视为革命性的和世界性的变革。

电报作为世界上第一个电子传播模式，是最具"革命性"的传播媒介之一。正如詹姆斯·凯瑞（1989：201）所说："或许有关电报最为重要的事实，是它第一次可以有效地将传播从运送中区别出来。"信件和其他通信形式不再需要马匹和骑手、信鸽或是船只进行实物的运送，取而代之的是信息能够"以光速"（电子传播速度）跨越广袤地域。这一发明激发了其他变革，如标准时区的采用和现代市场的形成。

第一章 领域的界定

毫无疑义，电报是一项"透过时间收缩空间"的重要技术。也就是说，在同等空间完成具体任务的时间被缩减。从前花费数周甚至数月才能送达的邮件，电报几分钟就能送达。大可不必通过马背驮送订单，人们可以在温哥华和多伦多之间发送一条简短的电讯，确认像木材或铁矿石这些原材料的供求现状，并将原料从地处工业化边缘的材料产地运输到加拿大中部核心地区的工厂。同样，蒙特利尔发往哈利法克斯的一份电报可以将像炉灶或家具等制成品运往遥远的边陲。电报技术也有助于行使对疆域的政治控制。远方殖民地的暴乱和对社会不满的消息会迅即传达到中央政府，军队可以闻讯而动有效地镇压骚乱。就像今天互联网和社交网站似乎缩小了友人和同事之间的距离，电报缩短了在一定距离之外完成或协调行动的时间，世界因此而变小了。

但是，电报并非凭空发明，从高塔旗语到烽火台信号，的确有很多先例可循，尽管这些方法易受恶劣天气和自然危害的影响而效果不彰。作为重要的传播媒介，电报的发明和应用也不是一夜之间完成的。电报技术背后的原理形成于18世纪初期，到1750年前后，电报系统的设想被形诸文字。尽管从1800年开始，人们就多次尝试架设电报线，但直到19世纪30年代，第一批电报机才被成功地投入使用，而且一直到了19世纪50年代才相对普及，此时距离该技术最初开始构想已经过去整整一个世纪了。

电话和无线广播技术的发展和应用遵循了类似的轨迹，例如，电话的概念极大地依靠之前诸如话筒之类的发明。而且我们今天知道，在电话和无线广播实际上被开发用于广泛的商业用途之前，一系列以电子手段通过有线或无线传输语音信息的各种专利申请已提交多年。

当电话和无线广播被广泛应用时，它们均被视为收缩空间的发明，电话起初被当作一种商业工具在市场上推销，并且用于帮助调配商品和服务的销售。像电报一样，电话被看作是拉近企业和它们客户之间距离的一种手段，因为销售人员可以使用电话联系客户，而客户能够打电话给供应商订购产品。值得一提的是，在电话出现之前，生活在萨斯喀彻温省大草原的人们只能写信给多伦多的伊顿百货公司，订购从衣服到家居锅碗壶盆等所有物品，然后需要数周甚至数月的时间等待处理订单并发运货物。随着电话的广泛使用，大部分这样的等待时间被节省掉了。

如第三章《媒介：历史及加拿大背景》所述，从另一个方面说，由于具有传播思想理念的倾向，人们认为无线广播能够在民众中间制造共同看法、共同理解，或者一种共识。1927年夏天，加拿大国家广播电台首次播音，在随后7月1日加拿大国庆60周年的讲话中，麦肯齐·金总理谈到如何通过技术让人们收听到来自渥太华的讲话并了解有关政府的其他事务，从而使加拿大人民结合在一起。如此一来，他认为人们会更加有兴趣，并更多地参与国家事务。他说道：

> 7月1日这一天，清晨、午后和晚间，整个加拿大在当下形成了单一的集合体，在同一个声音感召下休戚与共……迄今为止，渥太华对大多数加拿大人来说似乎还很遥远，对于成千上万的国人来说，这不过是一个地名而已。但是，从今往后，每个加拿大人都会和国会山执锤者一同肃立聆听圣歌。难道我们不能预言，当讲话一出口就传遍整个自治领，其结果是公共事务将引起更为普遍的关注，每个公民更加热心于我们共同的福祉。（维尔，1965：38）

第一章　领域的界定

由此看来，我们可以发现为什么本尼迪克特·安德森（1983）认为传播技术是有助于造就民族国家"想象的共同体"的核心。

20世纪30年代到40年代，无线电广播成为新闻和娱乐的主要提供者之一。全国上下各家各户的客厅里，全家人晚饭后围坐在收音机旁，收听广播剧、体育赛事以及各种新闻。无论是来自各地的还是全国性的播音，广播都带着人们更加"靠近"遥远的事件和情境，人们由此产生了交集。陌生人在学校、工作场所、公共汽车上或咖啡店里相遇时，似乎也并不那么陌生，因为发现他们在为同一个冰球队欢呼，为广播里的同一个笑话而开怀大笑，并且对当地政府和联邦政府所发生的政治事件有着同样的关注。

如同电报和无线电广播一样，电视也扩展和加深了社会的联系。1969年，电视播出了人类首次登月的画面，创造了将观众连接到地球以外地域的历史。就像所有新的传播技术一样，电视从发明到广泛应用也经历了一段时期。电视最早出现在20世纪20年代中期，但在加拿大，直到50年代，收音机才被电视机从客厅的中心位置排挤出去。

随着电视的到来，一些人认为广播即将过时而且了无前景。不过，伴随新技术的发展，收音机的体积从大箱子变身为小盒子，可以被安装在小轿车的仪表盘上，或者塞进上衣的口袋里。广播以这种面貌获得了新生命，成为第一批移动电子媒介中的一员。在这个过程中，广播很大程度上从前台走到后台，因为人们开始边听广播边从事其他活动，比如开车前往另一个地方，上班时忙着手头上的工作，或者在家里做着家务。

有线电视，也称作同轴缆线电视，20世纪40年代末到50年代初，最早出现在美国的各个城市。同轴缆线可以比普通铜线传输更多信息，因而用来向那些空中信号被建筑物和自然障碍屏蔽的地区传送多频道电视节目。

到了60年代后期，人们开始发现了缆线的传输能力可作为新闻信息服务的途径，类似于今天的互联网。这些大量连接生活的方式预示着"连线城市"的到来。我们在随后几章中将论述，这些计划的核心是基于缆线连接的交互式电视，并且在整个70年代，一些国家着手尝试建造以电子传播为日常生活基本结构中心的社区，这些国家包括加拿大、美国、日本、法国、德国以及英国。尽管如此，直到20世纪90年代，随着个人电脑、数字化信息以及互联网的广泛应用，连线城市最初的愿景才真正开始得以实现。

通过简单的历史回顾，我们可以看到，传播媒介的发展变化是一个持续的过程。每一次电子传播技术的进步都是建立在此前的基础之上，而且从很多方面来说，都是不断地改进由电报建立起来的关系。通过帮助人们扩展活动范围，并且减少在异地完成某些工作和行动所花费的单位时间，媒介通过时间收缩了空间。比如，在网上订购图书而不必前往书店；通过互联网选修课程免除往返校园课堂的时间；或者与朋友家人视频聊天代替长途旅行去看望他们。随着媒介发生了改变，它们在我们的生活中无处不在，帮助我们形成对大千世界的所见、所思及所为。媒介在我们生活中引发的这些变化究竟是好是坏，却也是众说纷纭。

媒介与技术：美丽新世界？

新媒介和传播技术的推动者往往为媒介的发展展示出一幅格外乐

观或"乌托邦"的景象。他们声称传播技术不断开发出更多的资讯和休闲选择。从新闻到娱乐节目，不管是通过电影、音乐、电子游戏，还是通过像Hulu、奈飞和iTunes网址，媒介不但为消费者提供了越来越多的消费选择，当移动技术受到顾客青睐时，他们在任何场所都能够获得日益增加的服务。"谷歌图书"致力于将所有以往出版的书籍免费电子化。数字传播系统还提供种类越来越多可用而方便的消费产品。由此看来，获得教育和政府服务的效果应该会更显著。人们可以上网订购食品、衣物、住所、宠物以及性服务，所有的需求和愿望只要敲击几下键盘就能得到满足。

但是现实还远不止如此！人们常常认为新媒介将在全球范围内引领真正的参与制民主。网络上信息的易得性使得人们能够轻易地了解那些影响他们生活的问题。他们可以与那些有权势的机构和人士争辩，告知政府或公司他们对相关问题或产品的意见。他们可以形成并传达他们自己的观点，技术也为表决众多的问题提供了机会。一般来说，这赋予了一个国家或一个社会真正的民主，因为每个人都清楚和了解那些对他们有影响的问题，并且有能力为自己发声。

不过，另有一些人在评价新媒介技术时就没有那么乐观了。他们声称传播系统的设计基于营利动机或市场原则，首先服务于所有者和投资人而非公民。例如，因为新的（和旧的）商业传播企业从广告商那里取得收益，它们首先服务于那些广告商的需要。其结果是只有那些可以为广告商带来利润的媒介产品方能够存在。私营媒介公司的广播电台或电视台，报社，或互联网服务供应商，其从事经营活动只是为自己和股东赚钱，并非充任公共服务职能。如果他们也能够承担一些公共服务或提供一些公益固然更好，但这绝非他们的初衷。

正如英国媒介学者和文化批评家雷蒙德·威廉姆斯曾经指出,在这种媒介系统中,只要能够谋利,人们可以自由地发表自己的言论。凡是不符合赢利逻辑的理念和观点统统都被排斥和忽略掉了。这些观点包括对消费者生活方式缺陷的警示或者涉及贫困、文化及少数族裔的问题。

媒介所有者还希望以最少的金钱投入吸引到尽可能多的受众。在加拿大,这还导致出现了特定的后果。你或许会发现,除了加拿大广播公司(CBC),体育和新闻节目之外,各家电视台很少播放加拿大节目。为什么会有这种情况?是因为加拿大人做不出好的电视节目吗?果真这样的话,为什么如此之多的美国电视节目都选在加拿大拍摄?事实并非如此,就像我们将在随后几章中所述,问题不在于加拿大人拍不出好电视,而是因为美国节目出售给加拿大各广播公司的价格只相当于其制作成本的一小部分,并且这个价格也仅相当于制作或购买加拿大节目成本的一小部分。换句话说,美国的演艺节目能够力压加拿大节目,并非因为加拿大人喜欢或是选择这样的媒介内容,实在是因为媒介公司使用美国节目比采用加拿大节目更赚钱。

个人隐私是另一个重要问题(见第六章)。在如此高度媒介化的世界里,人们不断地分享有关他们的个人信息。无论是在社交网站或是在博客上,我们与朋友及同事分享观点、照片和经历,或者参加网上调查,注册各种登录信息以及提交申请,而各类公司和各级政府借此记录或是追踪我们的网上活动。我们的举动和偏好不断被监控,并且往往被广告商、父母、学校、保险公司、政府情报机构以及警察部门所掌握。其结果是,有人垃圾邮件广告泛滥成灾,有人被学校除名,有人上不了医疗保险,有人甚至被追诉刑责。

还有另一个问题就是能否获得媒介（见第六章、第八章）。毋庸置疑，媒介正在成为我们社会的生命线，使用媒介的重要性不仅在于满足个人需求，而且在于其教育功能以及个人权利的实现。但是，并非每个人都能使用媒介。在我们的城市中，相当数量的家庭和个人买不起最新的电脑，无法负担网络服务费用。在全国的一些小城镇、加拿大的北方各地和乡村地区，甚至连拨号上网服务都没有，更谈不上我们许多人认为是理所当然的高速网络。在世界上许多发展中国家甚至电话服务都是一种奢侈的消费。数字鸿沟是媒介决策者当今所面临的重要问题之一。

究竟媒介是服务于公共目的，抑或仅仅是投资者的利益核心？技术是有助于造就一个更加美好，更加平等的世界，还是扩大数字鸿沟？就更广泛的意义而言，贫富之间的分化会不会更加严重？从根本上讲，传播领域正在发生的巨大变化到底意味着什么？我们是否渐渐陷入了一个完全商业化的社会，以至于无法区别弥足珍贵和毫无价值的概念，还是我们正逐步发展成为一个更为平等、自由、公开和公正的社会？

我们将会发现，对于这些以及类似问题并没有简单明了的答案。

我们的研究方法

本书从一个"批判的"视角来研究媒介和传播学。这里，所谓"批判"一词并非是针对媒介过度商业化，或是对电视及互联网上出现太多暴力内容的现象。更确切地说，我们把握一个"批判的视角"，旨在辩证地看待媒介影响我们对世界认知的方式。

媒介在我们的身份建构以及发展我们的追求上究竟起何作用？它

们如何贯穿于我们对自己生活和工作场所的认识？在政治进程中它们起了什么作用？那些电视情景喜剧、推升人气的明星秀，以及其他看似无伤大雅的节目仅仅是"消遣娱乐"，还是对我们的生活另有影响或冲击？什么人拥有媒介的所有权重要吗？媒介上的广告是如何对我们产生影响的？媒介在经济中发挥什么作用？在全球化过程中又如何呢？换言之，媒介为谁的利益服务？它们在建立和保持社会关系，特别是财富和权利关系上扮演什么角色？这些都是我们在这本书中所要探讨的问题，我们的目的是要探索媒介和传播在我们社会和我们生活中所起的核心作用。

但要了解媒介和传播系统介入我们生活的方式，我们必须先了解我们研究的对象本身是什么。

什么是传播？部分定义和模式

当我们开始探究传播领域的时候，我们需要考虑所研究的对象究竟是什么。本节中，我们对部分术语加以界定，并介绍其中一些模型，以帮助我们了解传播过程。

基本来说，传播是一种在两个人或更多人之间产生共同点的行为。传播是人们的实际作为，是社会行为的一种形式，它意味着两个人或更多人参与产生，或者收发，或者诠释某个信息或观念的一个过程，这个过程可以从多方位考虑。

香农—韦弗传播模式

最早对传播过程进行思考的模式之一，是由效力于美国贝尔实验室的通信工程师克劳德·香农和沃伦·韦弗于1949年提出的。香农和韦弗的数学通信模式（或传输通信模式）涉及信息收发过程的基本技术特征。在香农—韦弗模式中，见图1-1，一个人作为编码者或"信息源"，将意念转换成文字构成一条信息（例如："你在做什么呢？"），然后这条信息通过特定的渠道或媒介，比如电子邮件、音频留言或短信发出。在接收端，解码者根据发出的符码接收并转换信号，构成有意义的内容。解码者可以随后通过使编码者知悉其已经收到该信息给编码者以反馈。通过回复信息使解码者变成编码者（比如，回答："学习呢。"）。

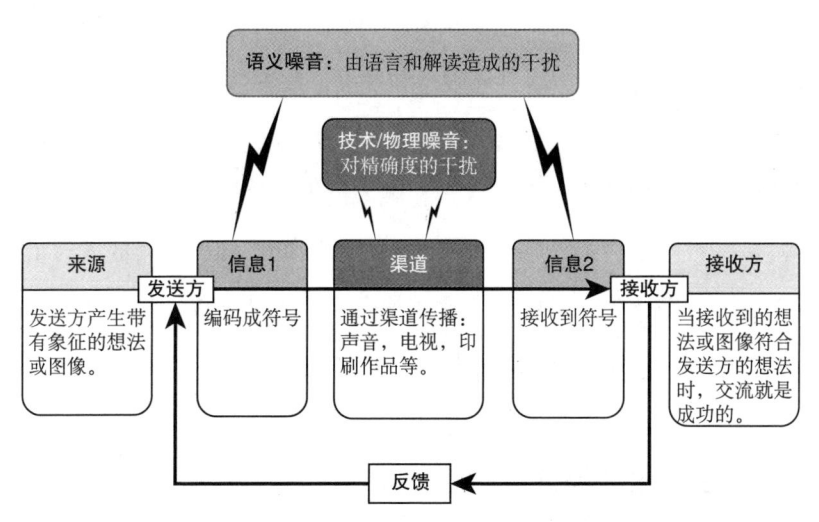

图1-1　香农和韦弗的数学交流模型（1949）

来源：伊利诺伊大学董事会版权所有1949/1998，经作者和伊利诺伊大学出版社许可使用。

对人为信息传输的任何干扰都被称之为"噪声"。噪声可以是大音量的背景声，使得信息难以听清；或是浓重陌生的口音；或是电话线静电干扰；甚或是电子邮件或短信的拼写错误。

这一模式的优点在于它的简洁性。传播过程被分成一些非常基本的要素。这种区分对工程师和技术人员来说毫无问题，他们讲究的是信息的保真度以及像移动电话和网络电话（VoIP）之类的传输技术。这种模式如此简化了传播过程，对研究者和社会科学家以及其他关注传播社会属性的人士来说多少有些问题。事实上，除了噪声，这个模型也没有考虑到传播的广泛社会背景。

因此批评者认为，尽管这种模式有助于确定复杂的传播过程中各种要素，但它过于简单化了。传播是一个社交过程，我们凭借广泛的社会经验，利用意念、符号和技术构成信息。语言、文化及媒介形式等因素形成了构建和诠释信息的社会背景，其不仅仅用以限定和明确我们赋予信息的含义，而且还限定和明确了我们生成何种信息。例如，不存在两种不同的语言以相同的方式看待世界。每一种语言都会使讲话者处于以微妙差别的方式认知和融入世界的境地。同样，一个人在年龄、受教育程度、性别、种族或族裔方面的不同，都会使人对世界的体验和理解产生细微区别。这些社会性的差别不仅影响传播发生的方式，而且它们还可以决定传播是否能够发生。

传播的社会模式

关于传播的社会属性可见图1-2。这一模式强调贯穿于传播过程的社会和媒介相关的可变因素。产生信息表达方式的社会大环境或氛围被称为"编码语境"。在另一端,"解码语境"代表着解码者对编码信息进行识别的观念和理解。这些庞大参照标准的性质是意义生成及传播交互作用理论的主题,我们将在第四章和第五章中对其进行探讨。由此看来,成功的传播总是依赖于发送者和接受者在传播过程及(或)话题上拥有一些共同的观念或见解,尤其是语言和经历。

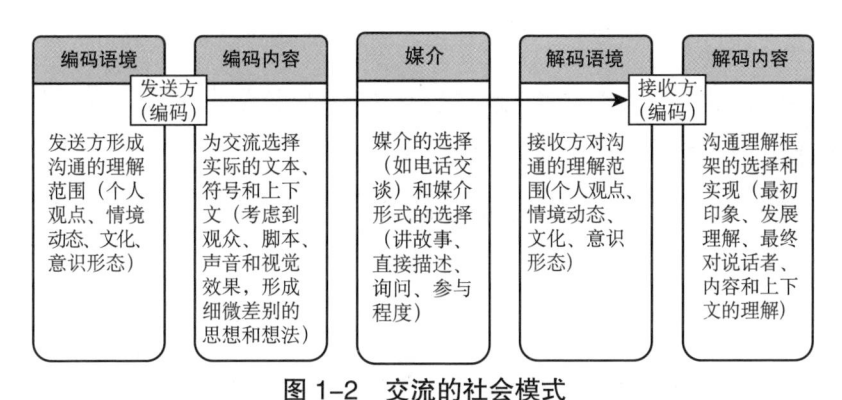

编码语境	编码内容	媒介	解码语境	解码内容
发送方（编码）				接收方（编码）
发送方形成沟通的理解范围（个人观点、情境动态、文化、意识形态）	为交流选择实际的文本、符号和上下文（考虑到观众、脚本、声音和视觉效果，形成细微差别的思想和想法）	媒介的选择（如电话交谈）和媒介形式的选择（讲故事、直接描述、询问、参与程度）	接收方对沟通的理解范围（个人观点、情境动态、文化、意识形态）	沟通理解框架的选择和实现（最初印象、发展理解，最终对说话者、内容和上下文的理解）

图 1-2 交流的社会模式

正如约翰·达拉姆·彼得斯（1999：14）指出："倘若对象的含义只存在于思想或观念里而未能付诸言辞,那么没有什么能够保证思想和思想之间可以成功地跨越距离产生共鸣。"譬如,如果给出 a-p-p-l-e 这些字母,你会联想到红色（或绿色）多汁水果的模样。可是 p-o-m-a 这些字母不会对你产生同样效果,除非你说加泰罗尼亚语。因此我们可以看到使用同一种语言是进行有效传播的重要条件。但是,即便说相同语言也未必有一致的理解。比如"爱情"和"幸福"这些字眼对于不同的人群其含义相差甚远。

不过由此看来,传播过程不仅受限于发送者和接受者的社会语境,并且因传播媒介而有所差异。比如,尝试传播同一个意念,把它变为文字和绘成图画并不相同。同一个新闻事件,报纸上的文字稿和电视上的报道也不一样,他们各自都提供了该新闻题材不同方面的信息。

同样，小说原著有别于电影的改编。媒介在编码过程中通过倾向某种特定结构传输信息，并且为了解码，通过使某些特定因素产生主导作用进一步传输信息。电视侧重影像；文字侧重线性关系和逻辑；口头演讲侧重社会语境、肢体语言以及语音语调。

社交模式认为，传播受限于并取决于一些共同的社会因素和空间。从这个角度看，传播是一种文化形式，一种将理念、价值和世界观紧密编织成硕大整体的社会实践。传播究竟如何依赖于庞大社会背景是我们在每一章中都要谈及的问题。

基于这些考虑，我们将传播界定为"由两个或更多人共通信息或观点的行为"。

关于大众、大众受众以及大众传播

关于传播中的修饰语"大众的"，字典定义往往取其意"大规模的"，用于大批观众、大规模行动或大量屠杀等。于是乎"大众传播"意指"大规模传播"。亦可指针对大批人，或者是大量不同信息被传送和接收的传播形式。不过，"大众传播"可以另有其意。

我们将在第三章和第四章中发现，当媒介受众生活在工业化社会的背景下时，"大众"一词的通常用法有时是基于其感知特征而言。作为18和19世纪工业化的结果，许多欧洲人，某种程度上也包括许多北美人，告别了传统乡村生活方式，移居到工厂所在地的都市和城镇。然而，新的生活方式充满了各种问题。抛开了一个传统的、领主制的、农业的生活方式（这种生活方式本身因社会价值、风俗习惯和紧密关系而被赋予形态和功能），在新的工业化背景下的人们，被一

第一章 领域的界定

些研究者视为一个"既没有乡土联系,也没有亲情纽带,分崩离析,互不相干的独立个体的"集合体(奥沙利文等人,1983:131)。早期的社会理论学者称,鉴于大众社会内部缺少共同拥有的传统社会价值,这些个体相当脆弱,尤其是面对:"1)极权主义思想意识及其宣传;2)大众媒介(在这一时期主要是由报纸、新兴的电影和电台构成)的影响(奥沙利文等人,1983:131)。"直到20世纪早期,这种观点一直对传播理论的发展产生强烈影响。因此,"大众传播"一词有时带有这样的意味,即大规模传播形式的受众是不成熟的,并且容易被操纵。不过,正如奥沙利文等人随后指出的那样,"群氓社会理论的真实性已经被历史证据所否定",但当今学界仍然存在这样的思路。

约翰·汤普森(1995:24)指出,把"大众"的概念当作"大量"是值得有所保留的:

> 这让人联想起由成千上万,甚至数以百万的个体构成大批受众的景象。对于当今一些最受欢迎的报纸、电影和电视节目等一些媒介产品而言,或许这种景象是名副其实的。但对于过去或现在的大多数媒介产品而言却是名不副实……大众传播重要之处不在于有多少具体数量的个体(或特定的人口比例)接收到媒介产品,而在于媒介产品基本上能够提供给大多数受众。

随着普通人家都能收到上百个电视频道,通过互联网也可以获得其他各种形式的资讯和娱乐,数以千万计的大量观众同时观看某一档特别节目变得越来越罕见。尽管事实上某些媒介活动和节目仍有大量观众,比如奥林匹克运动会、足球世界杯以及奥斯卡颁奖典礼等节目。如今为小众服务的媒介收费逐渐减少,比如播放高尔夫球、烹饪、纪录片和特定体裁电影的专业频道节目。

尽管如此，正如接下来所讨论的，即便某些媒介产品的观众数量不多，但并不意味着没有更多大量观众加入观看这些节目。比如，人们通常在 YouTube 上观看视频，或者独自一人，或者与一两个朋友观看。不过，这些单独的观看活动往往会累加为成千上万的大量观众，人数甚至达到数百万。传统媒介的观众，也有同样的情形。比如，观众会以不同方式观看同一部电影：去影院，租影片，有线频道点播，网上下载，使用智能手机或其他移动设备，打开专业频道，或者在普通电视频道上观看。尽管每一部分观众可能相对较少，但合并在一起就形成了大批或大量观众。

大众传播

"大众传播"历来都是用以形容借助于大型传统公司化媒介进行的传播活动，比如，主流电影、大型日报以及广播。奥沙利文和他的同事将"大众传播"提炼为：

> 大众传播是向一个不确定的受众提供休闲娱乐和信息的实践及结果。它依赖于法人出资的，工业化生产的，国家监管的，高科技的，由私人消费的商品，这些商品来自现代化的印刷、影视、音像和广播媒介。（奥沙利文，1983：131）

这个定义在互联网、智能手机、MP3 播放器、谷歌、脸书以及博客发展起来之前就已经拟就，当然，我们也知道时代和技术都已经发生了变化。

第一章　领域的界定

始于20世纪90年代中期，当互联网开始被公众所接纳，人与人之间大范围传播活动的可能性迅速扩展。忽然间，只要能连接上电子邮件，向一个地址发一封电子邮件到世界上任何一个地方都成为可能，即时传输而且基本免费，省去了送邮递、拍电报和发传真所有的环节和费用。传统的通过邮局邮寄信件的限制和困难都消失了，不再需要信纸、信封、邮票、信箱和取信。不会出现分拣和处理的人为错误，没必要进行空中、陆地和海上的邮递，以及再分拣和送递。取而代之的是，在键盘上飞快地打出几行字，按一下"发送"就大功告成了。

技术一个接着一个加入了早期因特网文本交换协议，以至到了90年代末，任何数字文件，文本、音频、图像都可以在计算机之间交换。到2000年，每个人都有可能建立起联通全球的网站，只要下一点功夫，花上略超过一台电脑的费用，加上一些软件就能够上网。到了2005年，博客增加至数以百万，维基技术习以为常。再到2006年，第二代互联网概念被推广用来描述如交互式网上应用这类的发明。今天，像推特、脸书、领英以及其他许多网上社交媒介及网络服务，将我们淹没在网络化人际关系的复杂圈套中。

尽管互联网当初是作为一种人与人之间的沟通方式，但随着互联网和数字技术的成功及其在商界和其他社会组织中日益广泛的应用，网络已成为人与人之间大规模的通信系统以及一个分散的播放或发布系统。互联网迅速演化成大范围的交互式传播系统，使得加拿大人和许多其他国家的人们能够几乎毫不费力地创建内容，并可以借助如今无处不在的搜索引擎提供给世界以便利。这些林林总总和持续不断的发展已经从根本上改变了大众传播的性质。

因此，从我们现有的观点看，传统的大众传播定义是不全面的。

如今，将"大众传播"直接当作"大范围的信息传输和转换"更便于理解，而不管其中可能涉及何种特定的媒介。这样的定义涉及三个方面或组织形态（洛里默，2002）：

1. "大众传播是大量信息和娱乐的产生和扩散"。通过印刷、影视、音像、广播、视听以及互联网技术或公开演出等向大量受众提供信息和娱乐产品，并用于私人和公共消费。某种情况下（例如广播，还有程度略轻一些的印刷），大众传播受国家监管。无线广播、电视、报纸、电影、杂志、图书、录制和演奏的音乐以及广告等就是一些实例。

2. 第二种形态是作为工作或休闲的一部分，供众多社会成员的更大参与。"大众传播是信息和娱乐的分散产生和广泛获取"。这种传播有时是法人出资的，有时是工业化生产的，并且往往是为小众量身定做的。由众多的个体、组织和机构承担，很少有国家的监管。内容包括了网站、播客、博客、印刷、电影、音像、广播和公开演出。

3. 大众传播的第三种形态强调交互作用为其定义属性。"大众传播是针对一定数量接收者的交互式信息（或消息或情报）交换"。这种交互作用包含通过公众接触大众媒介和媒介渠道而产生个人及团体间的信息交换。这种形式的大众传播包含着相互连接的，或是"网络化的"各种人群，以及包括有如"推特"和"脸书"之类应用的日益增长的交互作用。它包含了广泛的技术，诸如电话、计算机、平板电脑，以及更大范围的移动设备。当传统媒介更加适应交互关系及其特征时，媒介类型之间的区别也就被打破了。

大众传播的这个三段论定义（在一体论定义里，大众传播是在大范围里传输并转换语义），将传统媒介定位为一种大众传播的形态，而不是核心的主要形态。它确定了现今媒介交互和分散作用的重要性，并且阐释了查德威克（2013）所谓媒介和媒介系统的"混杂性"，即当旧媒介融入新的技术与实践，媒介和媒介系统混合及变化的性质。

媒介、大众媒介及新媒介

介质是"传递信息的某种载体"。比如，语言是介质，图画、照片、乐器同样也是介质。任何传达含义和信息的载体或物体均可被认为是传播介质。媒介是介质的复合形式。

我们要特别留意与大众传播或大众媒介有关联的媒介，大众媒介"是进行大众传播的手段"。奥沙利文等人（1983：130）通过列出清单来定义大众媒介："通常理解为报纸、杂志、电影、电视、无线广播以及广告。有时也包括图书出版（特别是畅销小说）和音乐（流行乐行业）。"这里只关注构成传统媒介的较大机构或组织。不过，在技术革新和我们大众传播三段论定义的语境下，不同类型的媒介涉入大众传播，范围大大超过了传统的电视、广播和电影，如今也包括了各种服务和产品，如互联网、各类网站以及移动电话等等。

值得注意的是大众传播可以同时涉及许多不同种类的媒介。比如，如果我们在 YouTube 上观看某人唱歌的视频，涉及的媒介有：唱歌所用的语言；歌唱者的声音；如果使用配器，所用的乐器；视频本身；还有互联网。

如此看来，大众媒介可以被看作是在大范围内传递信息的"任何种类"的载体，因而可能也包括诸如建筑、雕像、硬币、横幅标语、彩绘玻璃窗等任何能够触及大量民众的传播载体。这些大众媒介形式涉及与众多社会成员联系的机构。不过，尽管有许多这类的传播媒介，我们却往往不将它们称为媒介，因为相对于为民众提供居所、纪念历史、充当交换介质等等而言，它们的传播功能是次要的。

所谓"新媒介"于 20 世纪 90 年代中期异军突起，新媒介与传统大众媒介的不同之处在于，它们不注重集中的常态化生产以及大量散播。相反，它们将各种条件化整为零创制和发布媒介信息。任何数量的人群，只要配备有合适的应用软件，相关技能并且能够上网，就可以制作新的媒介内容。尽管各行其是，但这些媒介仍然鼓励广泛参与，并且在某些情况下，在信息生产和交换中推进持续的参与。恰如亨利·詹金斯所言，新媒介正在创建一种"参与性文化"，替代更为传统的"被动的媒介看客行为"。换言之，新媒介是"大范围信息产生和交换（即传播）中，为促进广泛参与（或交互作用）而设计的技术、应用和机构"。智能手机摄像头、电子邮件、共享文件夹、短信、博客、维基程序、网站、社交媒介，所有这些以及其他更多的载体构成了新媒介。

新媒介为媒介生产和交换带来全新性能的同时，它们也拓展了传统大众媒介的范围和功能。比如，网站和网上传输对报刊变得越来越重要。图书销售和发行如今往往采用网上电子方式，并且在平板电脑、计算机以及智能手机上阅读电子图书。音乐越来越多是以 MP3 技术在网上推广和发行，而不是 CD 光盘、录音带或是黑胶唱片。一些传统媒介通过由受众提供新闻和其他媒介内容来不断吸纳新媒介加入其经营活动。这种给媒介形式带来的结合或"融合"是当今媒介环境的一个典型特征。

第一章 领域的界定

融合

过去几十年里，作为科技发明、基本政策的改变和大规模企业兼并的成果，媒介面貌已十分迅速地改观。差不多近十年来，"融合"一词变为时髦的术语，其最初是借以形容各种先前互不相干的传播技术和媒介之间的合并或结合。

从最基本的层面上讲，用于存储、接入和传输信息的技术，势必造成计算机和传输技术的融合，从而建立起信息通信技术或ICT。例如，以往照片拍摄在胶片上并洗印出来，影像录制在磁带上，音乐靠录音带或黑胶唱片发行。但在短短几十年间，电子数字技术就颠覆性地将上述三者全部改变。以前记录在不同媒介形式上的内容，现在可以转换成1和0的二进制语言进行处理和传输，并且通过互联网在计算机上解读出来。声音、影像、数据以及其他传播媒介的"技术融合"是新媒介的核心，并且这种变化在近几十年来一直掌控影响着媒介产业。

我们在本书的第三（七至十章）和第四部分（十一、十二章）会论述媒介技术伴随着政府法规和媒介产业结构的变化而改变。为了在不断变化的环境中努力取得竞争优势，曾经因技术和监管的不同而在各自产业和领域里经营的公司进行了重组。在这种背景下，"公司的融合"导致媒介大公司将资金投向各种不同类型的媒介而日益发展。有鉴于不久之前，电视、广播、有线系统以及报纸还被看作是相当不同的行业，如今像加拿大贝尔集团和罗杰斯通信公司这样的大公司，已遍及多种媒介，如广播电台和电视台、杂志、有线系统、无线电话以及宽带公司。同样，魁北克人媒体集团经营报纸、电视台、有线系统、杂志、有线和无线电话业务以及音乐/影像/图书零售商店。

融合也改变了我们理解和参与媒介及媒介活动的方式。当新媒介的交互式特性与传统媒介融合时，观众能够直接参与到像《加拿大最强大脑》或《好声音》这类节目的结局，他们可以投票决定哪一个参赛者能够继续留在节目里。在另一边，节目制作人也正在努力通过"跨媒介叙事"的技巧建立观众群。于是，故事在多个平台上展开，如出现在智能手机或平板电脑这类所谓第二屏上，提供有关电视播放情节的线索或额外的信息（加拿大广播公司，2013）。

新媒介和传统媒介的融合也让受众直接参与创作或者重新合成媒介产品。就这一点而言，版权问题评论家劳伦斯·莱斯格（2008：29—33）认为，数字技术产生了他认为的所谓更大参与度的"解读/撰写"或称"R/W 文化"。从这个角度看，在交互式媒介之前，观众与媒介内容只是一种被动的读取关系，或称为 RO 关系。现在，配备有全新数字媒介工具，人们对媒介具有一种解读加撰写的能动性，或 RW 关系，并且有能力重新合成或者创作媒介产品，不管它是完全的原创，还是以流行文化的作品为蓝本。

节目制作人有时候并不欢迎这种参与。比如像《幸存者》这样的实景真人秀节目，新媒介使忠实的观众在电视网播放下期节目之前，就能够追踪并透露出节目的结果，因而搅了系列节目制片人的局。系列电影如《星球大战》和《哈利·波特》的一些影迷，利用电影中的人物和背景自己撰写故事情节。此举陷入了"草根艺术家……与商业媒介制作人的冲突，而后者打算对他们的知识产权行使更大的控制权"（詹金斯，2006：21）。

但受众迷们模仿原创作品内容制作的媒介产品，并不总是被媒介大公司所排斥。正如乔尔·伊斯特伍德（2014）指出："唱片行业从

YouTube 上播放的乐迷制作的音乐混搭，唇同步对口型假唱以及模仿演唱上赚取了比官方音乐视频更多的钱……与其要求取缔侵犯版权的视频，唱片公司不如选择在播放视频之前和播放期间投送广告，就可以从视频观看量中赚到钱。"不过，从这些视频产生的收入流向了对歌曲拥有版权的公司，而不是制作视频的乐迷。

新媒介网络化的特征也有助于催生一种新的政治文化，我们将在第二章和第三章中论述，使用电子邮件及"脸书"和"推特"这些社交媒介平台，世界各国的活动人士能够向政府施加压力，以改变不合民意的法律或法规，在某些情形下，甚至会带来政府的更迭（列伍罗沃，2011）。

总之，从许多不同的方面看，融合以及大量产生的交互式媒介技术是当今媒介环境的一个主要特征。

大众媒介的范围

在后面的章节中我们将会探讨，大众媒介是我们文化（我们生活方式）不可分割的一部分。通过媒介所累积的各种映像、理念和价值观深深地交织在我们认识和融入世界的方式之中。本节对上述这些观念进行概括，并基于英国媒介研究者丹尼斯·麦奎尔的研究成果，探讨大量社会机构、社会体制以及社会过程潜移默化地影响媒介某些方面的方式。人们可以将大众媒介和新媒介理解为由下列方面构成：

1. 一系列特定的活动；
2. 涉及"具体的技术配置"；
3. 由特定的所有权形式构成；

4. 在"某些法律、法规和惯例"下进行；

5. 由"扮演某种角色的个人和组织"实施；

6. 同时传递"信息、娱乐、图像及文字"；

7. 针对社会成员或处于其中。

我们将逐一探究上述这些方面。

一系列特定的活动

从诸如香农和韦弗传播数学模式的技术观点上看，就其传播形式与作用而言，大众传播指的是一系列的特定活动。以新闻广播为例，一个新闻机构使用一种装置，比如一只话筒，将某个记者的声音转为信号。这个信号或是以玻璃纤维中的光束，或是以电线或同轴缆线中的电子脉冲运动，传导连接到一个运营公司，比如一个互联网服务供应商、电话公司，或有线电视公司，该公司再将这个信号发送给世界。在接收端，一种装置，如一台计算机、电视或收音机将信号解码并复原为播发者的声音。新媒介在这个过程中可能涉及范围更广的硬件和软件，但总的来说，内容传输是一种有别于其他社会活动的存在。传播的社会模式，以其对社会背景的专注，使"一系列特定的活动"的观点有了多个层次。它强调香农和韦弗所重视的传输功能（从某处或某人向另一处或另一人的意义转移），但也融入了大量的社会理念、价值观和社会行为，以及积极主动创建信息的传播者本身，从而提供了对世界的独特观点和认识。譬如，新闻节目不仅告知我们具体的事件，同时也告诉我们其中哪些被认为是当下最重要的事件。专注于意外事故、社会名流以及与社会抗争有关的暴力活动，新闻节目将我们的注意力从其他左右我们生活的重要问题上吸引过来。比如，学费为什么会上涨，或者医疗服务为什么被削减。

同样，大众传媒突出社会游行中冲突和暴力的方面，使人们忽略此类社会活动背后的根源。以一个大规模抗议活动的照片为例，其中某个人正在警车上喷漆涂鸦，这样的映像将注意力从成千上万其他和平抗议者试图传达的重大信息上吸引开来。

两位早期媒介理论家，彼得·伯格和托马斯·卢克曼（1966），描述了媒介创建意义的方式。通过以某些方式表述客观对象、事件和观点，大众媒介"建构"映像，并支持某些观念。由此看来，社会模式强调媒介生产者和受众的作用，它们均是生成意义的积极因素，而且媒介在我们如何观察和理解世界方面起到了促进作用。

总而言之，大众媒介是一系列特定的活动，因为它们在塑造我们的世界观方面发挥了作用。它们是用来产生或制作意义，并且表达或构建现实的基本工具。

具体的技术配置

媒介是由具体的技术配置建立起来的。比如，电话机是大规模电话系统的一部分；报纸由大型报业公司印制，这些公司拥有大型印刷厂以及网络技术；互联网服务在系统中进行配置，该系统由计算机、调制解调器、服务器以及电话和有线传输系统构成。而且，就像我们在本章中前文所述，随着对技术融合的重视，这类系统不断被重新组装并更新配置。

正如雷蒙德·威廉姆斯（1974）所指出，技术并非发明自社会环境之外。譬如，电视的出现来自于应用技术研究人员和工业企业家的利益和构想，这些人预见到声音和视觉传播的电子媒介可以被用于家庭之中。同样，像马可尼、爱迪生以及贝尔等发明家，他们的动力在于这样一种理念，即其所发明之物在日趋发展的工业化和消费型社会中必有特殊之用。正如新技术的发明被各种社会势力所左右，它们的使用也同样为大量的社会势力所影响。

我们再以电视为例，在现有方式下，电视服务于所有者、广告商、技术人员、演员以及许许多多其他人的利益。为消费者提供播放内容的费用仅是制作成本的一小部分，其余则由我们所支付广告商品的价格进行补贴。电视还允许那些生产名牌商品，实力雄厚的大公司设法使人们首先想到它们的产品。电视为娱乐部门提供工作机会；它也通过在人们闲暇之时提供消遣、娱乐和少量教育节目服务于观众的利益。电视就这样经过数十年时间形成了自己的地位，它已经根深蒂固地嵌入了社会之中。然而，当电视屏幕越来越多地被用来玩游戏、浏览网页以及演唱卡拉OK，电视现在已经被转而用于其他目的和利益了。

移动电话也经历了快速的变革。在1990年，一部移动电话有如一根至少两倍重量的棍棒，而且只能用来打电话。然而，如今的智能手机很容易就可以塞进口袋里，使用者不仅便于携带，也可以拍照片，看网页，听音乐，发短信，找地址以及使用许多其他功能。我们可以发现，在很短的时间内，受硬件和软件开发商、市场营销人员以及普通公众所表现出来的广泛影响，手机的发展状态已经被彻底改变了。

总之，今天的媒介是一整套促进各种形式信息和娱乐的生产、流通及消费的技术配置。但是，在影响它们的发明和发展的一系列社会利益之间，这些配置几乎是处于一个持续不断的演化过程之中。

特定的所有权形式

技术只是媒介组织机构形成的一个方面，另一个决定性的方面是所有权的形式（见第九章）。

因为我们生活在资本主义社会，一个基于私有财产并且通过市场调节经济关系的社会，大多数媒介组织是私人拥有的。正因为如此，它们的初衷是为其所有者或股东产生利润或收益，而不是去生产媒介内容。至关重要的是，如果它们不能盈利，最终将破产倒闭。

一些私人拥有的新媒介，如"脸书"、YouTube和"推特"，一直努力争取将它们所做的工作转变为盈利，即发现一种既可以偿付公司运营成本又能给所有者利润回报的经营模式。不过，由于2014年的第一季度净利润达到6亿4千2百万美元，"脸书"似乎已经把这个问题抛在了脑后（特罗特曼和威廉姆斯，2014）。在短短的几年里，YouTube似乎也成了一种非常有利可图的经营活动，2013的收入达到56亿美元（斯潘格勒，2013）。另一方面，2014年"推特"还在力争实现收支平衡。（在后面的章节中，我们将探讨有关这种实现利润的动力如何影响这些网站的运作，以及诸如用户隐私等问题。）

从媒介中找到赚钱之道是老生常谈的问题。在无线电广播初期，人们就提出过这样的问题。如我们在第四章中所论述的，在20世纪20年代初期无线电广播刚刚开始时，广播公司向空中发出信息，不知道有谁在收听，如果确实有人听的话，偿付广播节目和其他内容的唯一方式是从出售无线电收音机中获利。一旦那些收音机售出，再从持有者手里收取用以制作广播节目的费用就成为一道难题。起初，解决这个问题的一个方法是按年度向人们征收无线电广播牌照费，用收取的费用支付节目的制作。尽管这种模式在英国等一些国家沿用至今，但在加拿大和美国，无线电广播的经营则采用了电话公司业务模式，以各个公司租用播放信息的时间来收取费用。这种做法相当受大公司的欢迎，它们开始制作广播节目吸引听众以推销产品和服务。久而久之，这套"收费广播"的做法演变成今天在广播和电视中占主导地位的广告收入资助媒介节目制作的方法。

这套方法也并非毫无问题。譬如，这意味着尽管实际上我们依靠媒介系统获得新闻、信息和娱乐，但它们的初衷是向我们出售商品和服务。制作的节目和其他形式的内容只是被设计用来吸引某些类型的观众，而这些观众既有兴趣也有金钱购买那些随节目内容一同播出的广告推销商品和服务，凡不符合商业前提的创意和节目则被淘汰。

同时，制片人被要求花费尽可能少量的资金制作节目和内容，因为这些费用对盈亏底线具有负面影响。由此产生的后果是，加拿大电视被美国电视节目所占据，作为加拿大人并非一定更喜欢美国节目，而是因为购买美国节目比制作同样能够吸引大量观众的加拿大节目更省钱。在美国市场上回收了大部分制作成本后，美国电视制作商以一小部分制作成本的价格将他们的节目卖给加拿大电视网，往往只要10%或更少。这样的交易意味着加拿大电视网只需花费几十万加元或更少的钱就可以买到像《辛普森一家》或《海军罪案调查处》的播映权，而制作同样的节目可能需要几百万加元。很显然，加拿大制片商很难与这种制作能力进行竞争。

私有化的传统媒介，像报纸、杂志、无线广播以及有线系统等，几乎总是受制于同样的赢利规则，并且它们的内容也出于相同的考虑进行采编。不过，这并不是说私有媒介不追求服务一些大的公共利益，

第一章 领域的界定

或者说它们的所作所为仅仅是受个人利益驱使。就像我们在下一节中所述，加拿大的私人广播电台和电视台是由"加拿大广播电视电信委员会（CRTC）"颁发执照，而取得执照的前提是承担规定的公共责任。同样，许多报纸、网站以及其他一些出版物极其严肃地以充当公共信息重要载体为己任，追求及时准确地提供有关公共决策和争议的重要信息。不过，对于私营媒介来说，不变的事实是利润动机直接影响到它们提供的产品特性。利润导向的新媒介所采用的商业模式在未来如何打造它们的内容仍需拭目以待，而且随着2014年"脸书"上出现视频广告，这一进程在该平台上全面展开（奥艾什科维奇，2014）。

非营利媒介是整个系统的另一个部分，它们是职责驱动而非利润驱动。这并不意味着它们不必赚钱或盈利用以维持生存，但它们的主要目的不是为产权所有者创造利润。加拿大最著名的非营利媒介公司，也就是加拿大广播公司（CBC），其职责在1991年《广播法案》中第三条第一款中有所体现，并且被赋予了一些特定的责任。比如，"体现加拿大人的主体性和独特性"，并且贡献于"共同的国家意志和认同"。基于私有制的广播系统由于在策划符合广泛国家利益和主张的节目时存在困难，世界上许多国家长期以来都存在政府所有的广播公司，如加拿大广播公司。此类机构之所以被称之为公营，是因为它们由政府经手属于国民或"公众"所有。此类机构的运营一般与政府保持一定距离，并且经常通过司法途径抵制政府的干预。

其他非营利媒介包括隶属各省的广播公司、社区广播、原住民电视网（APTN）、维基百科、克雷格分类网站。我们将会发现，对于这样的机构，获取必要的资金去完成它们的职责并非总是易事。

部分法律、法规和惯例

在加拿大，政府制定了一些监管媒介的相关法律。其中包括几个重要的规范媒介架构和运营的联邦法令或法案，尤其是在广播和电信领域。就报刊发行而言，包括加拿大在内的多数工业化国家，则极少实行直接管理。除非涉及广义的法律所指诽谤中伤、煽动叛乱、宣扬仇恨和传播色情，报刊发行不需要申请牌照，媒介内容也不受限制。不过，各种间接的支持和管理也是存在的，比如税收，行业政策，生产和流通方面的补贴。加拿大设有一些联邦开发资金专门用于鼓励广播、电影、音乐、期刊以及新媒介等行业的发展。

《广播法案》（1991）是加拿大管理广播业极为重要的法令（见第六章）。尽管《所得法案》第 19 条鼓励加拿大人拥有报纸杂志，但对印刷或音乐录制并无同等法令（见第七章）。广播受到特别的关注，因为长久以来广播在国家建设中扮演十分重要的角色，尤其是面对美国媒介的强势地位。除了其他法律程序，比如界定广播企业，谁可以拥有媒介经销渠道以及技术问题，《广播法案》还概括了广播应该为社会做些什么的内容。换句话说，它刻画了一个政策框架。该法案体现了加拿大社会的共同价值观和理想，以及广播为实现这些目标所能做出贡献的途径。

《广播法案》还规定了一个用来完善和执行立法的机构存在，这就是前面所提及的设于渥太华的机构，"加拿大广播电视电信委员会（CRTC）"，负责执行《广播法案》和《电信法案》中明确规定的政策和法规。该委员会将《法案》原则转化成对从业者和其他利益攸关集团的规定。

第一章　领域的界定

　　传播领域的第二个重要法律法规是《版权法案》。版权法将一个人智力劳动的表现转变为一份可以拥有的财产，比如，一首诗，一个剧本，一部电影，一个故事，一篇报刊文章，或是一本书。法律的制定旨在有助于保障作者和艺术家的作品获得有偿使用权，未经本人允许不得使用其作品。不过时至今日，当技术对媒介产品进行复制以及（或者）更改变得如此容易的时候，采用何种方法控制这些行为成为公众讨论的话题（见第八章）。在《版权法案》的条款中，无线电广播电台必须向音乐家支付购买歌曲的播放权的款项。为此，每家广播电台都将其广告收入总额的3.2%缴纳给了"加拿大作曲家、作家和音乐出版商协会"（SOCAN；www.socan.ca/about）。

　　通过《广播法案》的授权，加拿大广播电视电信委员会制定了广播内容的规则，从而推动加拿大音乐行业的发展。譬如，该委员会要求专门播放流行音乐的调幅（AM）和调频（FM）广播电台至少要用35%的时间播放加拿大音乐作品。在制定广播内容规则之前，加拿大广播电台播放加拿大艺术家的音乐的比例少于5%。如第八章所述，这种现象的原因源于行业本身的结构，而不是因为加拿大人不能创作出色的音乐。这一规则促进了加拿大音乐行业的兴旺发展，成就了几代流行乐艺术家的音乐生涯。这些音乐艺术家包括德雷克、克南、Arcade Fire 乐队、戴安娜·克瑞儿、麦克·布雷、The Tragically Hip 乐队、The Guess Who 乐队、安妮·莫莉、席琳·迪翁以及戈登·莱特富特。

　　另一个重要的传播法规是《电信法案》。此类立法通常针对保障信息传输的基础设施。当我们探究新的大众媒介和交互式媒介时，电信服务的重要性是显而易见的。谁拥有并控制服务设备，提供哪些服务，向谁销售服务，以及依据什么样的条款，所有这些条件都具有长期的影响。以往的电信法规较之今日更加繁复和缜密，有严格的规定管理收费和运营公司的服务范围。不过，自20世纪80年代起，法规已经相当的宽松，不同公司之间的竞争代替了以直接法规作为管理公司行为的手段。而且，出于某些原因的考虑，"加拿大广播电视电信委员会"（CRTC）决定不以管理广播和电信的方式管理互联网。因此，加拿大并无专门针对互联网网络内容、组织结构或运营方式的法律。如我们在后面章节所述，这成为引发一些争议的根源，公共利益团体指责那些控制互联网的大公司按照自己的利益行事，而不是服务于公共利益。

对媒介社会价值和经济价值的极大关心，使得规范大众媒介的法律和规定得以完善。尽管如此，对媒介发挥的公共作用和所肩负的责任仍存在相当大的争议。这一争议涉及媒介领域里究竟什么构成公共利益的问题，我们将在随后的章节中对其进行探讨。

媒介组织方面

涉足大众媒介的人员和组织数量庞大，从某种程度上说，媒介组织既直接雇佣也间接雇佣人员。这些人员包括记者、现场播音员、编辑、文印员、演播室技师、技术支持人员、摄影师、设计师、制片、导演、广告销售人员、保安以及清洁工。媒介公司也聘用大量兼职和合同雇员，还有独立制片人。雇主偏爱兼职和合同雇员是有一些原因的。首先，就薪酬或福利而言，一般不必支付与全职雇员一样多的薪金。其次，给雇主留有更多灵活性。雇主可以因特定的工作雇用具有特殊技能的人员，完事以后就可以走人。不用担心为了等到下次他们的技能再派上用场而不断地付给他们工钱。在杂志和电视行业中，大多数内容是由独立制作人按照合同创作的。其他媒介行业也试图加入到这种模式中去。

媒介庞大组织结构的另一部分是行业组织和游说团体，如加拿大报业协会，但这类组织通常不直接受雇于个别企业。它们代表媒介公司所有者的集体利益，并且一般从事游说政府等公关活动，同时也收集有关行业的统计数据和其他信息。

发挥同样作用的组织还有媒体工会和专业协会，但它们维护雇员而非雇主的权益。加拿大的媒介工会组织，如"加拿大媒体同业公会"（CMG）和"全加工会"（Unifor），不仅在代表工会会员向雇主争取权益方面发挥了强有力的作用，而且将这些权益提交给地方和中央政府，以及全国性和国际性的监管论坛。媒介所有者和雇员的利益并不总是一致，尤其是在加拿大，如前所述，进口国外媒介产品往往比在本国制作要便宜得多。加拿大演员也有他们自己的专业组织，加拿大英语区有拥有21000名会员的"加拿大电影电视广播艺术家联盟"（ACTRA），以及电影和电视制片人的组织"加拿大媒体制作协会"（CMPA）。这些组织对于雇主来说代表会员利益，同时也研究行业体制结构，并统计行业景气度，而且在政府研究和咨询中表达自身利益。

在提供媒介内容方面，尤其是新闻制作方面，各个新闻通讯社是主要行为体。创建于1917年的"加拿大通讯社"（CP）或许是这些机构里最著名的组织。直到2010年，该社一直是非营利的新闻联合体，负责从全国各地向其报刊、电台和电视台成员提供新闻文字稿和播音新闻。如若不然，小型报纸和电台电视台则无从获得新闻来源。但随着媒介所有权集中度更高，媒介产业链开始在其资产内部共享新闻素材，这使得加拿大新闻社的成员资格失去意义，并导致该社被其最大的三个成员公司所收购；它们是"多星公司"（出版《多伦多星报》），"杰斯卡公司"（出版法文报纸《新闻报》）和"加拿大贝尔集团"（2015年8月，《环球邮报》通过"加拿大贝尔集团"将其在"环球媒体集团"中最后的股份出售给"伍德布里奇集团"）（伊普，2010）。

CNW集团（正式称谓是"加拿大新闻通讯"）也向媒介渠道提供内容。但它的运作与其说是新闻公司，不如说更像一个公关机构。CNW主要侧重于散发活动公告以及公司推介新产品和服务的新闻布告。使用这些内容的媒介渠道不必付费，而CNW向提供这些内容的组织收取费用。由于媒介内容制作费用高昂，这些"免费"提供的内容颇受报纸和其他媒介渠道的欢迎。CNW还专门从事在社交媒介上向客户邮寄和散发信息的活动。

广告行业（见第五章）构成了媒介的另一个组织方面。这个行业构成成分既有加拿大公司，也有外国公司；既有大量讲英语的人，也有大量讲法语的人。广告代理商一般以按照服务取费的方式运作，从客户为投放广告付给媒介渠道的款项中收取一定比例的费用。但是许多报纸、电台和电视台，以及新媒介渠道如流量高的大型网站，它们雇用自己的广告人员销售和设计广告。同样，许多大公司也都有自己的广告部门。

公关（PR）公司和广告代理商有诸多相似之处（有时公司同时提供这两种服务），它们只推介特定的活动和品牌，或保证公司有更好的公共形象，而不是推广市场的产品和服务。

媒介中间人也受雇于政府、私人企业、非营利公司、慈善组织、行业游说团体以及其他方面。许多组织雇用专门从事媒介工作以及发挥其他传播功能的传播业内人员。这些人积极投身媒介工作，保障媒介在新闻报道和其他媒体内容中充分体现他们组织的利益。同时，推广各自组织赞助的活动。

如前所述，政府监管机构和政策研究人员在媒介运营中发挥了重要作用。在加拿大，媒介主要受联邦司法管辖。工业与遗产部门以及加拿大广播电视电信委员会在制定和管理媒介法规方面拥有相当的权力和资源。比如，遗产部监管范围广泛的政策，涉及图书和杂志，电影和录像，广播和交互式媒介以及音乐。

还有另外一批主动参与和影响媒介报道的组织，比如智库和研究机构。一般来说，这些非营利组织的目的是就重要的公共事务问题各抒己见。而且如果条件允许的话，以提升他们话语权和利益的方式影响公共政策的走向。这些组织中，位于艾伯塔的"彭比纳学会"促进推广可持续能源的解决方案；"加拿大政策选择中心"从事相关研究并发起促进社会、经济和环境公平正义的活动；"克拉伦斯·迪凯特·豪学会"致力于经济和社会政策问题研究。过去30年来，像"费沙尔学会"和"麦克唐纳德·劳里埃研究所"这些保守派智库取得了异乎寻常的成功，它们推动公共政策的取向转到更加以市场为导向和崇尚个人价值方面（见古特施泰因，2009）。

信息、娱乐、图像、声音和文字

媒介的核心要素当然是传播的内容，传统上内容被认为是指信息和娱乐，只不过内容是以图像、声音和文字的形式进行传递的。有关媒介内容的理论观点，或不同方式的思辨和分析将在第四章和第五章中论述。现在我们仅仅希望强调媒介内容的分类，并确定其包含的意义。

就电视而言，譬如，节目往往被划分出不同的类型，资讯类节目包括新闻、纪录片、政论栏目等；而娱乐类节目有电影、情景喜剧、一小时剧场等。不过，我们须记得，娱乐能够用来增长见识，恰如资讯可以具有娱乐性一样。

媒介信息中的意义并非总是清晰或确定的，图像和文字以及其他媒体内容至少具有两种可能类型或层次的意义。首先是外延的意义，其为明确的、字面含义的，或显而易见的意义。其次是内涵的意义，其为间接的、象征的意义，或可能是图像或文字联想的意义。"苹果"一词可以被解读为一个外延意义，即一种水果，但是从内涵上讲，它代表相关的知识，或者是关于亚当和夏娃的圣经故事；或许是某个具体的电脑公司。联想到具体图像或内容，就究竟哪些是外延意义或内涵意义试图形成一致时，有时会出现问题。以日本游戏节目为例，如《武士城堡》，也被称为MXC，或是称作"极限淘汰大挑战"。在日本，许多身着盛装的人物会被一眼认出是特定文化或传说中的人物，这些人物具有直接和特定的外延意义。不过，对加拿大观众来说，这种意义是混淆不清的。同样问题出现在隔代人的语言用法上。词语如"dude"（"纨绔子弟"，或"男人"），"dope"（"毒品"，或"蠢货"），或是"boss"（"老板"，或"极品"）都有相当不同的外延意义，要看问话对象是谁。这里的要点在于，意义从来无法预设，就如同媒介制作人往往千方百计"编码"媒介内容中或向其注入意义，而观众则必须也带着自己对那些文字和图像的理解去"解码"内容。

社会成员：大众受众

如我们在本章中前文所述，大众受众不能被设想为是一群容易受媒介从业者有意或无意摆弄的乌合之众，或是一大批头脑简单的个体。相反，大众受众是一个简便的缩略语，用于表述消费大众娱乐和大众资讯的大量人群。这些受众围观新闻事件的连续报道（比如密苏里州弗格森镇骚乱），像奥林匹克运动会和足球世界杯等大型活动和国际盛会，还有畅销书和流行大片，比如小说《饥饿游戏》和电影《星球大战：原力觉醒》。新媒体同样吸引大众受众：2014 年，YouTube 每月的唯一访问者（UV）在 10 亿以上，月度视频观看量超过 60 亿小时，韩国艺人朴载相（PSY）的《江南 Style》，是 2015 年 10 月间 YouTube 上观看次数最多的视频。

然而，新媒介的不断成长，以及它使人们能够与众多他人一道制作媒介和网络的方式，改变了传统意义上的受众概念。如今，受众自己往往是媒介制作者。可以肯定地说，专业和业余媒介创建者之间的差异仍然存在，而且常常相距甚远。但是媒介内容制作者和不太安分守己的受众之间的界线，在一些层次上是模糊不清的。比如，真人秀电视节目拉近了观众和参与者及演员的距离，因为观众和普通人变成了电视明星。如我们所述，像 YouTube 这样的社交媒介网站吸引了成百万的业余制作者和观赏者，自由撰稿人、博主以及公民记者在新闻生产中发挥了更广泛的作用。与此相应，传统媒介渠道经常从这些来源中寻找新闻报道和社评的内容和观点，而受众也越来越多地通过它们查阅新闻和信息。如我们在第三章所述，新媒介还有助于形成和催生新的政治和社会运动，比如"阿拉伯之春"。同样也会向政府施压，促其改变不得人心的政策或立法。传统媒介产品的受众往往不再满足于充当被动消费者的角色，而是乐意参与为流行电影和电视节目安排角色和发展故事情节。的确，媒介是我们的文化和我们的生活方式不可分割的一部分，我们从媒介中点点滴滴获得的映像、理念和价值观，完完全全地交织在我们的世界之中。

第二章　传播：社会与文化形态

概述

我们在本章里研究传播、社会和文化之间关系的性质。在界定重要概念之后，我们将探讨传播和传播媒介如何成为社会和文化结构中不可分割的组成部分，以及政治、经济和身份认同过程等的重要方面。在本章中，我们将讨论哈罗德·英尼斯和马歇尔·麦克卢汉的理论，以及他们如何论述人类传播行为对社会和文化的塑造。从这个角度出发，讨论口头、书面和电子媒介。我们以讨论技术决定论，以及探讨传播技术如何仅仅是影响社会结构和发展的诸多因素之一作为本章的结束。

社会、文化和媒介

媒介处于大众与不同社会团体、组织和机构之间的交汇点，是社会和文化至关重要的因素。虽然这些概念经常用于媒介和传播研究的语境中，但它们确切的含义是什么？它们与媒介和传播的关系是什么？现在花费少许时间对此进行思考，可以使本书随后的讨论更为容易。

"社会"被用于两个主要意义上：（1）作为"一般的概念是指相对较大的人群生活在制度和关系的整体中"，以及（2）作为"抽象的概念是指构成各种关系的存在状态"（威廉姆斯，1976：291）。从这个角度看，加拿大社会是各种制度和关系复杂编织而成的产物。加拿大是由如下部分构成的：具体城市及周边地区；联邦、省、市各级政府；司法体系；教育机构；交通系统；医保体系；商业和企业；体育运动队，非营利和志愿者组织；宗教组织；当然还有媒介。换言之，它是我们共同享有并使我们彼此联系结合在一起的制度和组织。在这个国家广阔的幅员内外，复杂交织的关系和归属感提供了共同的纽带，这就是加拿大社会的基础。

另一方面，"文化"却"是英语里最复杂的两三个词语中的一个"（威廉姆斯，1976：87）。有研究发现，在学术文献中流传着超过160种定义。我们会竭力回避这个泥潭，将我们的概念限定在三个略微重叠的意义上。

英语"文化"（culture）一词的早期变体出自农业上的用法。意指"照料某物，主要是庄稼或动物"（威廉姆斯，1976：87）。这种照料，或者培植，或者开发的概念转用于人类身上，"文化"被认为是发展人的思维。尤其是"心智、精神和审美发展的一般过程"（威廉姆斯，1976：90）。这是第一个意义。

第二个意义集中在作为发展过程焦点的艺术作品和艺术活动上，高雅的和艺术的作品，如音乐、绘画、雕塑，以及戏剧艺术。不过，传统上的定义限定在古典的或美术的形式，如交响乐、芭蕾舞、古典文学，以及莎士比亚戏剧。这种"高雅"文化形式有时与更为普通的，比较通俗的音乐形式、绘画、文学、电视节目等等形成鲜明对比，而后者则被称之为流行文化（见第七章）。民间文化代表另一种文化，一般是指传统的或民族的艺术活动和艺术作品。如讲述故事、歌唱、雕刻、编织、舞蹈以及传统服饰。如同在第三和第四章中所论述，这种分类的问题在于，艺术被冠以高雅文化之名，有时候带有高人一等的弦外之音，似乎比流行文化和民间文化更加优越，更有知识，更为"高尚"。

第三个定义则源于人类学领域，文化一般用来表示一种"特定的生活方式，无论是一个种族，一个群体，还是整个人类"。照此看来，文化包括"知识、信仰、艺术、道德、法律、风俗，以及人作为社会成员获得的其他所有能力"（汤普森，1990：128）。加拿大文化是多层次的，在某些方面看，作为加拿大人意味着我们拥有大量共同的理念和价值观，诸如共同的官方语言、象征（比如加拿大国旗）、法律、运动、习俗、制度、歌曲以及节假日。从另一些方面看，我们在文化和观念上也有地区差异，比如，不列颠哥伦比亚省、草原三省以及安大略省彼此的生活方式都有差异。特别是魁北克省，由于使用法语和本身历史而显得尤为不同。进一步说，原住民的文化因素深深融入我们的共同思想中，同时，各个移民群体做出的贡献也一同造就了加拿大的生活方式。这第三个意义，即"文化作为一种方式或生活方式"，是我们在本书中所采用的定义。

媒介是我们观察和认识我们与社会和文化间关系的重要枢纽。加拿大国土面积占世界第二位，三面环水，东西宽度超过9000公里，总面积约990万平方千米。有鉴于国家的幅员辽阔，许多构成我们社会和文化的观念与认识，通过我们与媒介和媒介内容的互动得以创建或强化，而这些媒介和媒介内容与遍及全国的复杂社会和文化结构相互交织在一起。譬如，我们从智能手机、电视、计算机、平板电脑的屏幕上以及报纸杂志栏目里了解那些影响我们生活的国际、国内、地区及当地的事件和形势。无论新闻还是娱乐，都会充分利用像大草原、落基山脉、议会大厦、驼鹿、河狸、漫长冬季以及全民医保等具有代表性的加拿大形象和概念，将我们纳入到它们制作的叙述内容中。广告往往想方设法将啤酒和咖啡之类的产品与枫叶和冰球这些加拿大的象征和标志联系起来，表明这些也是我们文化中的重要因素。从一个更普遍的方面看，电影和电视内容使用大量我们一望便知的文化形象和典型模式，如核心家庭，喜欢恶作剧的孩子，厌恶上学，贪婪又冷血的老板等，构成它们的故事情节和幽默感。换言之，媒介是我们借以观察、分享、认识及欣赏我们与我们社会和文化之间关系的重要手段。

由于我们大部分是通过媒介来了解我们的社会和文化，国家提出多项政府政策和资助计划用来协助保证媒介为加拿大人所拥有，并反映加拿大人的思想观点。在这方面，有两点需要我们注意。首先，外国媒介会直接侵蚀或压制当地或本土媒介，加拿大电影和电视产品就是例证。加拿大影院上映的电影只有不到 5% 是加拿大电影，同时加拿大人观看的绝大多数电视节目产自别国，主要来自美国。我们将在随后看到，这一状况的原因与消费者的选择关系不大，因为一般来说在加拿大影院放映美国电影更赚钱，特别是在魁北克以外的地方，加拿大电影鲜有机会进入影院。同样，因为从美国购买情景喜剧、电视真人秀以及一小时剧场等节目的费用只有其制作成本的一小部分，加拿大电视台播放的此类节目绝大多数也是美国的，而不是加拿大的。这种情况在私营电视网更为突出。如果加拿大人希望见到他们的媒介反映自己的社会和文化，政府的监管是十分必要的。

第二个需要注意的是，通过消费国外媒介产品，加拿大人会更多了解外国而不是本国的社会和文化。比如，民意调查往往发现，尽管我们国家大多数国民以身为加拿大人为荣，并且认为他们与美国人有相当大的差别，但加拿大人往往对美国历史了解更多，而不是加拿大历史；对美国的政府和执法情况了解得更多，而不是他们自己国家的情况。虽然很难将这种现象与媒介消费完全联系起来，但加拿大媒介如此严重地受美国媒介内容支配，后果的确引发疑虑。

媒介的社会角色

作为社会和文化的重要因素，媒介扮演着一些其他重要的社会角色。

政治角色

大多数媒介理论认为媒介在政治中发挥了核心作用（见第三、四章），而且我们知道媒介和新闻记者对加拿大政治生活来说至关重要（见第七、八章）。在此，我们将探讨媒介和信息在政治中的一些更为普遍的方面。

尽管政治有时被认为是选举活动或针对政策的具体争论，但以一个宽泛的，更为概括的方式来考虑这个术语，它是"人们借以做出集体决定的程序"。这个定义不仅包括了政府的正规程序，而且也包括相当广泛的活动，这些活动限定和推动政府正式的政策和活动，以及关于社会规范和价值观的非正式讨论。从这个角度看，政治是社会生活诸多方面的重要因素。每当我们讨论或以其他方式参与涉及其他社会成员的群体性问题，涉及大团体也好，小团体也罢，或者仅就是另外一个人，我们都是在从事政治活动。

政治的活动发生在公共领域（哈贝马斯，1989），这是一个公众可以讨论和探究其共同的关切和权益相关事务的抽象场所。我们称之"抽象"，因为所谓公共领域更多的是一种理念，而非具体场所。事实上，任何能够进行此类讨论的场所，都可以被认为是较大公共领域的一部分。无论是媒介、咖啡屋、礼堂、公共集会和示威游行，或者是公园。

媒介因提供公共生活的信息，而成为公共领域的重要因素。媒介是产生和播发信息的核心载体，这些信息涉及各级政府进行的活动，以及有关世界上发生的其他事件，如战争、石油泄漏和其他环境灾难、自然灾害、外国政要来访以及选举活动。实际上，我们有关公众关心的几乎所有事件的知识，都是来源于媒介。其实在某种程度上，任何涉及我们重大集体利益的决定都和媒介有关。

尽管电视、广播、报纸和网站提供关于政治问题和活动的新闻和信息，一些媒介为争论和探讨政治上的观点和关切提供更为互动的场所。比如，在任何一个特定时段，在 YouTube 上可以找到一些针对公共议题发表不同观点的视频。这些视频各异其趣，范围可以从关心环境问题到性别问题，再到媒介政策和社会福利法规。"推特"和"脸书"为此类讨论提供了交互式的场所。社会活动的活跃分子和其他一些人，通常利用"脸书"网页谈论政治问题。尽管受控于编辑和报纸所有者，报纸的社论版面为讨论当下有关政治问题的观点和关切提供了传统的

第二章 传播：社会与文化形态

论坛。

在加拿大，媒介所有者利用其产品影响政治议题和行动具有很久的历史渊源。早期英裔加拿大人利用传播作为政治工具的著名事例就有：威廉姆·莱恩·麦肯西通过他的报纸《殖民地呼声报》对"上层阶级加拿大人"进行政治鼓动，并最终于1837年带领其中的一些人参加了叛乱。皮埃尔·贝达尔同样通过他协助创办的报纸《加拿大人报》，传播他的政治主张。作为"加拿大人党"（后称"爱国者党"）首领，贝达尔利用《加拿大人报》作为国家主义者的喉舌，反对"下加拿大"的精英统治集团"城堡酒庄帮"。甚至早在1778年，本杰明·富兰克林的同僚弗勒里·麦斯普莱特就通过《文学公报》（《蒙特利尔公报》前身〔1785〕）在加拿大法语区宣传美国革命的理想。

许多当代媒介的所有者都承认，在其报刊和出版物中将观点主张限制在一定范围内是可行的。此外，在大选期间，《环球邮报》通常支持联邦及各省的保守党，而《多伦多星报》则支持自由党。在魁北克，《义务报》是魁北克独立的坚定支持者；而德马雷家族的《新闻报》支持联邦主义观点，特别是支持联邦自由党。当有人对此提出质疑时，报纸所有者和管理层宣称掌控社论观点是所有者特权，并以此为他们的行为辩护。

政府同样力图控制媒体报道，进而控制公共舆论。选举产生的官员普遍拒绝接受采访，并且试图对有争议的话题隐瞒消息。史蒂芬·哈珀的保守党政府就因以这种方式控制舆论而闻名，比如给联邦政府雇用的科学家下达封口令（钟，2013）。同样，当政府对正常的媒介报道不满时，它们就制造媒介事件，刻意泄露重要信息，或者大肆地宣传直接向公众放话。

传播的政治角色一方面受限于信息自由，另一方面则是民众隐私权。政府通过实际调查、人口普查、卫星技术，以及像所得税报税单这样强制性的报告机制来收集大量信息。公众获取其中一些信息也十分重要，因为像人口普查的数据就被众多的组织用来规划和推动其计划得以通过，这些计划从社会服务到娱乐项目，无所不有。尽管有大量民众强烈抗议，哈珀的保守党政府还是于2010年取消了加拿大人口普查的长表部分，有人称这使得评估政府改变政策的影响更加困难。这些信息是以充分依据进行政策讨论的命脉，没有适当的普查数据，做出明智的公共政策决定几乎是不可能的（格兰特，2013）。同样，对记者和其他从事监督政府官员行为的人来说，查阅政府的记录和文件十分重要。这些记者需要查证以确保他们能充分地密切观察政府并保证那些公共部门的工作人员服务于公民的利益。

9·11事件之后，美国政府在未受到太多来自本国热爱自由公民的阻力情况下，以《爱国者法案》为引导，颁布多项涉及侵犯公民隐私的条令，包括美国公民以及那些与美国打过任何交道的人。表面上，是为了帮助铲除恐怖分子和相关的威胁。批评者警告说，政府这种收集公民活动信息的方式，可能导致由政府及其部门提出缺乏根据的犯罪指控，并架空公民的权利。随着保守党于2015年7月通过《C-51法案》，这样的关切在加拿大也引起共鸣（沃特斯，2015）。这项立法增加了警察和安全机构的权力，并增加了监督和控制环保团体和其他反对政府政策的人士的可能性（麦卡锡，2015）。

从这个意义上说，像"维基解密"这样的网站，为政府和行业内部的知情人向新闻界泄漏或发布秘密信息提供了一个具有争议的载体。这些信息可能会曝光政府或行业的违法行为，或者透露出于国家安全理由而保密的活动或信息。恰如媒体围绕"国家安全局"告密者爱德华·斯诺登公布数千份秘密文件的相关报道说明，这类信息是否应该保密的问题，尤其是是否由政府来掌控信息，这本身就是激烈争论的根源。

总之，媒介和信息处于政治形态的核心，并且对公共领域而言至关重要。

经济角色

媒介在我们社会和文化里扮演着重要的经济角色。不仅其本身就是重要的行业，而且是我们的消费文化、不断发展的信息经济，以及所谓信息社会的重要因素。

传统媒介如广播电台和电视台，报纸，以及相关的电信公司均是庞大的行业。加拿大有1000家社区报纸和94种日报销售发行，日报2013年公布的收入为30亿加元。加拿大有超过1100个广播电台和700个电视频道。仅加拿大广播行业2013年公布的收入就有171亿加元。电信和广播行业合计的报表收入为607亿加元。如果加上新媒介，如计算机、软件以及电子游戏公司，这些媒介及媒介相关机构总共雇用了数十万加拿大人。

就这方面而言，媒介也是整体经济的核心。作为广告的主要传播者，它们是人们了解和接触其所购买各种产品的主要渠道。换言之，通过媒介这个重要载体，我们的消费生活方式只是象征性地进行讨价还价。媒体也是企业招聘员工的主要手段。而且，通过商业广播和电视节目以及互联网和各种纸媒期刊上有关商业的文章，媒介成为人们深入了解经济并跟踪政府和企业经济活动的重要工具之一。公司企业也会通过媒介发起公共信息和公共关系的宣传活动，提高知名度并竭力推广正面的公众形象。

媒介通常也推动消费文化的巨大利益。许多内容直接面向消费者，比较或吹嘘某些产品的优点。同样，大多数新闻也与消费问题有关，比如汽油和其他商品价格，或是一些具体事件对经济的影响。其他节目也有赞扬或者夸大消费文化的益处，表现富人与名流的奢华生活方式，以及对普通公众炫耀奢侈品并使其心向往之。

也许最为重要的是，媒介和通信行业构成经济中增长最快的部门。对许多人来说，近期快速增长的信息和通信技术（ICTs）标志着信息社会的兴起，信息的生产、分配以及消费是经济的主要推动力。如我们随后所论述，这一发展与全球化和北半球传统工业化国家的去工业化齐头并进。这些传统工业化国家包括美国、加拿大、英国以及西欧各国等。由此看来，媒介和信息产业不仅是推动制造业向中国、印度和一些其他国家转移的关键，也是在原有工业化国家中创造新经济活动的基本要素。

在过去的20年里，各届联邦政府及其众多部门投入大量的时间和资源试图更深入地了解信息和通信技术在经济中所起的作用，并且健全完善制度以确保在变化的信息环境中加拿大不会落伍或处于不利地位。近期沿着这一方向的努力包括：加强版权立法；设立一个基金鼓励新媒介内容的开发；制定政策推动数字和宽带通信应用程序、产品以及基础设施的发展。所有这些举动都意在扩大加拿大信息经济的基础。

综上所述，媒介及信息和通信技术有时被称之为全球资本主义的

"突击队"。它们在新兴工业化国家直接地和间接地传播、宣传、推广资本主义社会的福利。稳定的工作和收入，充裕的供应和琳琅满目的商品，享受富足和舒适生活的机会，听上去似乎一切都是可以期许的。

个人的角色：媒介与个性

我们对自己在社会中所属位置的理解，即我们是谁，连同我们的喜好、憎恶、欲望、恐惧和忠诚，这些可以被认为是个性的特征。个性可能是天生和遗传的，完全封闭在我们存在的身体外观之中。但另一方面，它是一个后天的过程，是我们个人经历、体验，以及与世界上其他人和机构交往的结果。有人可能会说我们个性的大部分是通过社会交往形成的，因为我们要了解世界的情形，并且努力使我们与之相适应。换句话说，我们个性的大部分是社会所构建的；我们与社会的和文化的过程和机构进行协调与互动。这个过程的要素包括：家庭、工作、社会阶层、教育、性别、种族、族裔以及宗教。

人们都有特定的社会角色，成人、儿童、父亲、母亲等等。就文化而言，根据种族、族裔、习惯和风俗，我们自认为拥有唯一的特性。就政治而言，我们是公民和社会成员。就经济而言，我们是劳动者和消费者。媒介作为我们用来了解和认识世界最重要的工具之一，尤其是大众媒介，在帮助这些个性形成中发挥了巨大作用。作为受众，我们面对各种理念、观点以及思考和认识世界的方式。通过新闻、电影、音乐、漫画、自然节目等等诸如此类，媒介提供了一个探索世界及我们如何与之连接的环境。借助媒介，我们扩展了对自身在世界中所属位置的理解。我们可以选择政治立场；形成民族自豪感和爱国精神；探讨性别问题；形成有关性的观念和兴趣；以及就环境问题采取某种立场。许多我们对世界的认识和我们在世界中所属位置，或许可以通过媒介进行协调，并且（或者）加以改进。

消费文化在整个20世纪经历了引人瞩目的扩张（见第三章）。媒介在传播和发展消费文化过程中置身前列。对今天的人们来说，通过市场满足他们的需要、愿望和渴求感觉是件很自然的事。莱斯及其同事认为，"在市场上为消费而生产的物品，不仅满足需求，而且充当人际差别和自我表现的制造者和传声器"。媒介通常支持这种对世界的看法，以多种方式将消费文化反射给我们。广告竭力将我们的吃穿娱乐以及我们在两性和社交方面的吸引力都关联到具体的产品上。就像一些作者认为，这不仅是一个增长的趋势，而且它将导致加深心理危机和不断增加的社会不平等，而且加速对地球的破坏（库尔特，2010；贾海利，1997）。所以，理解媒介促使我们去认识自己的方式是大众媒介和大众传播研究中的一个重要因素。

媒介和社会形态

到目前为止，我们的讨论基本上是以第一章中所概述的传播的社会模式为基础，并且专注于媒介和传播的过程及技术是如何嵌入巨大的社会或文化背景。不过，也存在着其他方式思考传播形式和社会形态之间的关系。两位加拿大学者哈罗德·英尼斯和马歇尔·麦克卢汉认为，人们的交流实际上可以塑造一个社会及其文化。他们是第一批引起人们认真对待这一观点的传播理论学家。

第二章 传播：社会与文化形态

身为政治经济学教授的英尼斯（1950）是第一个清楚地表达这个观点的人。他认为每一种传播媒介都有特别的偏向，从而对社会结构和文化产生特别的影响。从这个意义上说，他声称口头传播和早期书写于陶土的象形文字往往历经时间保持了文化传统，并且重视一个生活观、价值观和社会认知，及其连接的社会。在英尼斯的表述中，他认为这些媒介具有时间偏向。

另一方面，书写传播倾向于通过空间建立和保持社会关系，如各个帝国及列强们覆盖了巨大的地理区域并跨越不同文化。英尼斯以罗马帝国为例，罗马征服整合、治理并管制如此庞大的帝国需要书写系统记录和传播信息。这些信息被记录在便于携带的媒介上，能够跨越遥远的距离进行传递。法律被制定出来，写成准确的文字，然后传送到帝国统治所及的遥远边疆，并加以实施。罗马社会就这样"通过空间"进行扩展。因此，这后一种媒介展示了英尼斯所谓的空间偏向。社会中占主导地位媒介的偏向塑造了社会的特征，正如英尼斯所描述：

> 传播媒介对于知识通过空间和通过时间流传具有重要影响，研究它的特征以便评估它在其文化环境中的影响变得十分必要。根据媒介的特征，它或许通过时间比在通过空间更适合流传知识，尤其是假如该媒介沉重耐久且不适合运送；或者，它通过空间比通过时间更适合流传知识，尤其是假设该媒介重量轻且易于运送。对于媒介所置身其中的文化来说，这种对时间或空间的相对强调将意味着意义上的偏向（英尼斯，1951：33）。

英国文学学者麦克卢汉，接受了英尼斯的学说并将其延伸进现代阶段。麦克卢汉首先研究了印刷的作用，通过杜撰新词"印刷人"来概括印刷对社会的影响。所谓"印刷"是指1454年约翰尼斯·古腾堡（在欧洲）发明活字印刷以后的西方文化。在现代欧洲早期，印刷书籍是传播理念和知识的极其有效的工具；麦克卢汉等人认为，印刷书籍改造了西方社会，因此使用这种媒介促进了特定的思维方式，即逻辑的、线性的思维。同时促进了个人主义、概念性、科学以及一神论（麦克卢汉，1962）。

接着，麦克卢汉转而分析以发明家古列尔莫·马可尼（无线电传输）、加拿大学者雷吉纳德·菲森登（无线电传输）以及亚历山大·格雷厄姆·贝尔（电话）为代表人物的电子社会。他是分析传播新媒介（广播、电视、照片、电影）对我们所认为的现代社会产生作用的第一人，尽管某些先前的英国现代主义者，如温德汉姆·刘易斯也思考过这个问题（蒂森，1993）。麦克卢汉以一种独特的，箴言式的方式表达他的观点。这些观点被他称之为探索。当许多学者抛弃他的观点时，20世纪60年代他的学说在北美和欧洲产生巨大影响，其影响扩展到了政界、广告界，甚至传媒界。

英尼斯（1950）和麦克卢汉（1962），以及步其后尘的（传播理论的）"多伦多学派"学者（比如：古迪，1977；德科柯夫，1995），将重点放在了具体媒介形式影响社会结构和发展的方式上。为深入了解这些观点，对口语的、书写的和电子的社会动态进行一些细节的探讨会十分有益。

口语社会

英尼斯声称传播方式为任何社会的运转设置了基本的限定因素。

第二章 传播：社会与文化形态

在口语社会中，知识被用于群体，并由某些社会成员传承，而不是保存在书籍、图书馆以及其他如中小学和大学等机构里。譬如，有关医学诊疗，如何建房，何处捕鱼，何时耕种的知识，以及如何从事由特定个人或家族举行的旨在维系和造福群体的活动。同样，族群的历史以及过往的知识，如他们何以落脚在一个特定的地方，天气洪涝征候和其他自然节律，以及另外那些为群体成员所拥有和共享的，贯穿群体时空的奇闻轶事。因此，整个群体的福祉严重依赖于它的每一个成员。这种产生和积累知识的方式对建立一个关系紧密、相互依存的群体十分必要。群体必须历久不分，以保证它们的存续和繁荣。换言之，依赖于口语传统或口语文化本身具有时间偏向，因而使群体更倾向于群居并始终保持沟通。打破这种紧密的关系，对于群体来说可能意味着失去重要的知识并威胁到自身的长久生存。

在古希腊时期，知识通过史诗以及英尼斯（1951）所谓的"叙事诗技巧"加以保存和传承。叙事诗技巧是以韵律和六部格手法写诗（六部格诗），其兼具某些固化和灵活的成分。固化的部分需要熟记，灵活的部分允许因时因地做某些调整。结构形式、遣词造句、成语典故，以及一些朗朗上口的短语，加之当地的语言和风情都增添了修辞色彩。这种技巧的发展要求吟唱叙事诗的人具有出色的记忆力以及诗歌和语言的能力。记忆和背诵叙事诗的技能往往只在以讲故事为生的人及吟游诗人的家庭中传习。按英尼斯的说法，这些家庭可能练就了一套秘不外传的"记忆术"或记忆辅助方法。

为提供一种关于口语社会和书面社会之间区别的感受，人类学家艾伯特·贝茨·洛德在《故事的歌手》（1964）一书中探究了1937年至1959年间南斯拉夫乡村现代口语传统的生命力。洛德发现，对于口述诗人来说，记录下来的歌词完全是一种毫不相干的感受。它不代表正确的或最好的版本，因为根本就没有正确或最好的版本。相反，每一次表演都是独一无二的。

在现代加拿大背景下，口语传统的生命力在"德尔加姆库判决"中得以体现。该判决对加拿大最高法院具有里程碑意义，原住民口语历史被作为声索土地所有权的有效法律依据。虽然这样的判决可能看起来非常正确，但我们书面文化用了整整几个世纪才接受口语文化的真实性和权威性。某种程度上说，能够被接受还是由于最近我们对口头传播和口语文化的理解（见1997年12月15日《环球邮报》A23版）。

对加拿大第一民族（指现加拿大境内的北美原住民）口语传统最近一次的破坏是发生在寄宿学校里的悲剧。从19世纪末到20世纪初，联邦政府和宗教组织（尤其是在西部省份）联手实施，将第一民族儿童强行带离家庭，安置在寄宿学校接受教育。这种做法严重破坏了这些文化的社会结构，在这些文化里，对传统知识和文化认知的继承基本上是依靠口头交流的代代相传。将儿童迁移出这些社群打破了学习链条，因此传统语言与其他文化因素的知识被严重削弱了。

口语社会保留知识和文化完整性的方式与书面社会有根本上的不同。但是它们能够保存过去，必要时改变过去，变习俗为律法，表明口语社会的稳定性以及它们保留、延续、调适文化的倾向。

值得一提的是，尽管许多文化的社群可能没有或未曾有过我们今天所理解的本社群语言的书面内容，但这并不意味着它们没有各种技能和技巧用以记录和记忆重要的信息。比如"基普"（Quipu）是南美洲印加人用来记事和计算的一种结绳方法。沙画被用于一些宗教仪式和祛病。舞蹈一直是许多文化保存和传递信息的一种方式。权杖和图腾柱被北太平洋沿岸人们世世代代用于记载和纪念重要的家族关系和事件。传统或土著艺术经常使用的手法，来自于保存重要文化或历史信息的符号和技巧。

今天，每个社群都有自己的口语过程。在群体的创建上，尤其对于青年人，音乐往往起着特别强烈的催化作用。有趣的是，这种音乐里所表达的价值观和思想似乎与那些被广大社会视为重要的价值观和思想相冲突，权威人物往往采取步骤对其加以抑制。比如，反映青年文化中狂放无度，尤其是与性及暴力相关的音乐形式在一些国家是被禁止的。针对这些反社会的音乐，西方国家的限制并不太严格。尽管如此，广播电台和电视频道从不播放青年文化中某些表现淫秽色情的歌曲和影像，虽然这些或许可以在网络、唱片以及音像店里找到。一些大型商场，比如跨国巨头沃尔玛，就拒绝接受带有明显的性内容或其认为有损"家庭价值观"题材的CD光盘。

书面社会

在英尼斯看来，希腊代表了一个口语社会，而罗马是一个书面社会。希腊历史提供了一个由口语向书面社会转变的记录。不管怎样说，英尼斯所引用那个时期希腊出现的书写材料，表明了从口语到书面模式变化的重要意义。比如，在柏拉图的《斐德罗篇》中，苏格拉底引述了一段埃及发明文字的透特神和阿蒙神的对话，阿蒙说：

> 你的这个发明将在习得者的灵魂中滋生遗忘，因为他们不再被使用，他们将依赖外在的书写符号，而不是由自己牢记。你的发明无助于记忆，仅仅是有助于回忆，你给

予你门徒的不是真理，而只是真理的外观；他们将拥有许多东西，但不会学到任何东西；他们看上去将无所不知，但通常会是一无所知。他们将是一群无聊的跟班，徒具聪慧的外表，但其实难副。

苏格拉底转述对话之后，说道：

我不禁觉得很遗憾，斐德罗，写作与绘画并无二致；画家的作品栩栩如生，可是你若向这些画家发问，他们就会保持缄默无语。演讲可以说也是一样，你可以设想他们充满智慧，但如果你想了解些什么，并且对他们其中的一位提上一个问题，而演讲者给你的回答永远是一成不变的（柏拉图，1973：84）。

这番对话与电视和互联网刚出现时所进行的讨论情形很相像，尤其是集中在这些技术对传统的思维方式可能产生怎样的破坏。毫不奇怪，从口语到书面社会的转变，就如同从书面到电子社会一样是一个重大的变化。这标志着知识的开发、储备和传承的方式都有了全然不同的改变。上述段落也指出了在口头交谈中知识与心智协调的程度，口头交谈是两个或更多的人就一个特定的内容进行讨论并运用概念的结果，而不是来自单一的、"静默的"、写成文字的观点。一个人不能像对另一个活生生的人一样，对写成的文字进行提问和辩论。

罗马和罗马帝国代表着书面社会的起源，因为罗马的统治观念和程序许多都是以书面文字为依据，而不是口头的言辞。契约法的形成表明了罗马人以书面形式替代口头方式的能力。书面的契约将口头协议变为法律责任，并且能够达成更为复杂和设置前提条件的协议。契约是自然人或其他法人之间所承诺责任的准确书面记录。这些书面的

第二章 传播：社会与文化形态

发明保证了庞大的罗马帝国有序扩张。

英尼斯（1950，1951）认为，文字及书面媒介的便携性给予罗马帝国以空间偏向，即倾向于在越来越广袤的领土上进行扩张。在帝国鼎盛时期的公元3世纪，罗马人一直统治着整个地中海沿岸的土地和居民，从欧洲南部和中部到中东、北非以及伊比利亚半岛，并且北上向西，穿越今天的法国和英国。罗马帝国行使管辖权的关键在于将抽象的法律内容统一地应用于具体的情况。当情况被写在像羊皮纸这种可携带的介质上时，任何地方的具体问题都可以上报请示。

西方文明中书面社会的发展，反映出了以一种简洁的、规范的、清晰的和逻辑的书面文字替代口头的、诗意的和感性的语言的尝试。在此基础上相应地派生出一些特定的学说和概念。比如，西塞罗（公元前106年—前43年）和其他斯多葛派哲学家在他们的著述中诠释了成为现代思想基础的理念，其中包括世界国家、自然法则、合理公正以及宇宙公民的概念。同样还有关于图书馆的理念，星罗棋布的图书馆遍及整个罗马帝国。在欧洲文艺复兴时期，这些理念逐渐变得更具有书面社会的特征。所有这些理念和制度都是由文字滋养其成长。文字是一种可以静态地表现思想观点的技术，它能使两种观点并列呈现眼前而加以比较，然后从众多个例中概括出共性。

虽然书面文字在罗马帝国的形成和统治中十分重要，当帝国走向分崩离析时，书面文字加速了欧洲民族国家的诞生。罗马帝国的通用语或主要语言是拉丁语，但帝国各地都有自己的语言和方言。受罗马衰落的影响，这些语言都形成了自己的书写形式，并在划分地理范围中承担了重要的角色。本尼迪克特·安德森在他的《想象的共同体》一书中，通过各自民族的语言来探讨民族国家的形成。他认为，结合资本主义发展和其他一些因素，"印刷语言"（即一般理解的书面语言）的创立是形成独立国家过程的基本要素，因为它们提供了人们借以形成一个"想象的共同体"的共同媒介。诚如安德森所言：

> 这些印刷语言……创立了低于拉丁语但高于口语方言的交流和沟通的统一领域。讲着五花八门法语、英语、西班牙语的人，会发现彼此在谈话中很难或者甚至无从知晓对方的意思，但却能够通过印刷和纸张相互理解。在这个过程中，他们以其特定的语言范围，渐渐地开始注意到成千上万，甚至数以百万计的人们……这些通过印刷联系在一起的读者群，以他们世俗的、独特的、可见的无形之物构成了整个民族想象共同体的雏形（1983）。

其他大多数关于书面社会的著述关注于现代社会。尽管它们讨论文字的影响，但其背景却是完善的技术和发达的社会、政治和法律制度（比如，麦克卢汉，1962；古迪，1977；奥尔森，1980）。这些作者的基本观点认为，书面文字有利于形成一种独特的认识世界的方式，一种逻辑的、线性的、循序的以及概念的思维方法。但正因为文字一直被视为增加了思想的维度以及理解世界和与世界互动的特殊方式，所以，电子的沟通形式同样也被设想为有助于社会关系和社会结构的重塑。

电子社会

麦克卢汉认为，电子媒介在历史上第一次创造了地球上任意两点即时传播的可能性，他称之为"地球村"。

第二章 传播：社会与文化形态

虽然电子传播如今已深深扎根于我们的日常生活，20世纪60年代初期，当麦克卢汉引入他的电子社会概念时，这种认为电视、电话、广播和电传（这一时期的主导技术）将会与文字、印刷、读写具有某种程度上相同影响力的看法，似乎被视为既大胆鲁莽又微不足道。为试图理解电子传播对社会的早期影响，麦克卢汉引入了地球村的观点。他使用该词语表示电子社会拥有巨大的信息收集和传输的能力，其足以使我们私底下（或许是过于私底下）知悉在世界范围内人们的举动。从物理意义上讲，尽管我们与整个世界的电子的或虚拟的联系总是不完备的，但随着技术、传播机构以及专业人员的影响深入到我们的生活，这种联系持续地变为越来越包罗万象，因而使我们周围以及全球的环境发生着改变。

麦克卢汉还将电子传播称之为"外在的神经系统"，认为这样的媒介延展了我们的视野、触觉、视觉以及听觉。虽然处于当今互联网、遥感技术以及虚拟现实的时代，我们能够理解电子媒介和全球即时传播这些词语的意义，但20世纪60年代，在几乎连一台电脑都不存在，以及我们的头顶上没有一颗民用通信卫星飞过的时代，麦克卢汉的学说受到怀疑。

相当多的著述认为，电子传播形式带来了"地域的消失"。直到不久前，场所和空间尚不可分，但诸如电话、电子邮件，以及互联网等通信技术，使得物理地点相距遥远的两个或两个以上的人，可以共享同一交流空间并建立起社交联系。莫斯可（1998）总结出如下观点：

> 在19世纪，空间障碍意味着消息从纽约传递到新奥尔良，需要邮船走上几个星期。如今，距离大体上已无关紧要，特别是随着全球移动卫星系统的出现，将保证全球任意地

点之间通畅的无线通信，距离很快就变得完全不相干了。

事实印证了莫斯可的观点，美国人在1812年战争中取得的最为著名的胜利是发生在这场冲突结束之后。1815年1月8日的新奥尔良战役，美国军队在安得鲁·杰克逊的率领下击垮了英国人，造成数百人阵亡和上千人受伤。此役发生时，结束战争的《根特条约》已经签署超过了两个星期，但参战双方均未收到任何消息。当然，正如莫斯可随后指出的那样，虽然许多当代作者和分析家热衷于鼓吹"技术对处所的胜利"，但虚拟世界延伸所及也不过仅此而已。一个恰如其分的例子是：对于忍受漫长冬季而没有旅行计划的加拿大人来说，加勒比海滩明媚阳光的实时图像仅可谓是望梅止渴。

然而，关于电子媒介对社会关系产生影响的争论仍然很激烈。从1964年麦克卢汉出版《理解媒介》到20世纪90年代早期，对电子媒介与社会之间关系的讨论集中在电视上，因为电视是那个时期的主导新媒介。比如，约书亚·梅罗维茨（1985）认为，电子媒介，尤其是电视，削弱了曾经非常严格的儿童与成人的界线，也消磨了性别差别。大量借鉴麦克卢汉和加拿大社会学家尔文·戈夫曼（1959）的观点，梅罗维茨认为通过曝光儿童和成人，或男人和女人所处的不同社会世界的"秘密"，电视影响了社会关系的特征，打破了他们之间的屏障。比如，儿童通过内容广泛的电视画面，接触到世界上各种事件，损害了儿童的天真；而让儿童获得有关成人问题的信息也模糊了他们和成人的区别。在性别方面，电视节目让所有观众能够深入了解那些以往被视为各自独立的男性文化和女性文化。从这个角度看，电子媒介对社会作用的影响，并非简单地局限于工业化社会。比如，在印度，家庭中内部空间的社交安排，往往在大部分时间里将男人、女人和儿童分开，从而保持他们的区别及传统社会角色和身份。但是电视在印度农村家庭的出现，打破了家庭中的分离障碍，扰乱了性别之间、老幼之间的传统关系（马利克，1989）。

另外一些分析家证明了一个观点，电视改变了社会模式的交互作用和表现方法。比如，英国戏剧评论家马丁·爱斯林（1980）认为，随着电视在人们生活中的发展，编写剧本成了论证和陈述"事实"的主要形式。戏剧的场景代替了逻辑性的分析。信息不是被收集、整理推敲并转化为电视播放的信息；事件可能是也可能不是发生在观众视野之外，而电视拍摄人员则选取他们认为符合媒介"逻辑"，基本上具有戏剧性情节的小片段。就电视而言，新闻价值的观念，由具有可能的合理性或对政治感兴趣，让位于吸引眼球或充满戏剧性。事实上，这种转变因在战场上军队中"夹杂"了电视记者而得到印证，如伊拉克和阿富汗战争中的情形。在这种情况下，记者直接受到军事行动影响的限制，不能与民众有更多的交流，因而在战时涉及广泛具有复杂政治因素的危机中，报道的观点往往既狭隘又进行了严格的取舍。

在此氛围下，谁有好的电视创意，谁就能变得具有新闻价值。比如，绿色和平组织（戴尔，1996）在整个20世纪80年代到90年代，表现得非常善于把握电视本身的逻辑，因此，时至今日它们通常能够让其热衷的问题保持良好的媒体关注度。正如多伦多大学的道格拉斯·麦克唐纳（加拿大广播公司新闻节目，2011）所指出，"绿色和平组织就是这方面的天才，它们能让自己一直出现在新闻媒介里。他们攀爬建筑物，出海阻止捕鲸并将自己置身于鱼叉和鲸鱼之间……如果没有环保运动施加的这种压力，在过去的40年里，我们也不会看到政府有类似的行动"。

大企业和政客们特别关注这种电视的逻辑,尽可能地精心策划对外表态和媒介活动。然而自20世纪50年代以来,电视一直就是向人们通报重要事件,介绍不同思想观念及文化的重要手段。

生活在这样高度媒介化的社会里的一个结果是,辨别那些呈现在观众面前图像的真实性日益困难。我们很少知道镜头打开之前和关闭之后那一瞬间发生的事情。我们也无从知道给我们提供画面的镜头之外将会发生什么。并且当我们通常不知道诸如印刷品或电台广播等其他传播方式遗漏了什么时,则我们更加倾向于感受视觉传播,因为我们可以"相信我们自己的眼睛"。总之,摄像机从不呈现时间和空间的框架,但却往往让我们信服。

数码技术的发展进一步损害了对视觉画面的信任,任何人借助计算机和适用的软件,可以用无数的方法更改甚至制作出画面。因此,常言所谓"眼见为实"迅速变得过时了。

随着个人电脑和互联网的发展及广泛使用,从传播学学者到政府规划官员,再到普通大众,每个人都在思考电子传播带来的深刻社会变化。教育和商业的性质、文化的发展动力,政治体制以及市场都因电子传播而发生改变。

对一些人来说,由计算机和互联网带来的电子传播的最新发展,正在从人类认知和社会结构两方面造成改变。亨利·詹金斯(2006:4)认为,电子媒介成就了一种新的"集体智能"。"我们中间没有人无所不知,我们中间每个人都有所知之;如果将我们的资源汇于一处,将我们的技巧合为一股,我们就能拼出一个整体"。通常会列举谷歌和维基百科作为"集体智能"的例子。

对于另外一些人来说,电子传播网络已经成为如何组织社会和我们如何体验世界的核心。曼纽尔·卡斯特尔（1996）认为，这种网络正在改变社会的基本结构并推进全球化。对卡斯特尔来说，这些网络是社会力量新的核心，在这方面替代了城市和国家的地理中心位置。在近期的著作中他谈到，这些网络是人们如何认识世界以及行使社会权力方式的基础。从这个角度看，那些控制网络的利益集团也控制着社会，而大公司和保守派商业利益集团，目前掌握着对权力的支配。

同样，电子传播网络也被认为是改变了利益集团和社会运动的运作方式。这种网络使组织社团和社会运动获得了更多的灵活性，并且为表达社会异见和实现社会进步变革提供了更多的有效渠道（代尔维兹福德，1999；戴，2005；列伍罗沃，2011）。

电子传播形式日益增加的移动性，从另一个方向又扩展了媒介技术的变革性影响。尽管陆基无线服务所覆盖的加拿大国土面积不足25%，但其服务范围可包括99%的加拿大人。虽然以国际标准衡量，加拿大使用无线服务的普及率较低，大约80%的加拿大人开通了此项服务（加拿大广播电视和电信委员会，2013）。如今的智能手机、平板电脑以及其他移动设备保证了在任何时间和任何地点提供即时语音、数据以及高品质多媒体传输功能等服务。

移动技术不仅可以使人们从四面八方完成众多的事项，但它也引发了大量针对个人隐私的忧虑，特别是因企业和政府定位和跟踪它们潜在的客户（企业）或可能的罪犯（政府）而产生的监视问题。如我们在第六章所述，由于我们所有的购物及个人活动的信息都被收集在庞大的数据库中，所有这些机构都可以轻易地使用信息来对付我们。无论是技术人员跟踪我们的药品、酒类及日用品采购，推测出我们可能的"风险"，提供给汽车、健康及人寿等保险公司；还是警察和其他政府官员审查我们的电子邮件和参与集会游行情况，评估我们的政治背景以及我们对法律和秩序可能存在的威胁；抑或是潜在的雇主查看社交媒介的图片和贴文，衡量我们作为未来员工的可靠性，新技术对个人隐私和自由都造成了前所未有的威胁。

与此同时，技术也提供人们挑战占主导地位的政治、经济及文化利益集团的机会。莉娅·列伍罗沃（2011）指出：

> 网站，移动电话、数码摄影、视频和音频、博客、维基网站、文件共享系统，社交媒介和开放源代码软件，都放任不同利益的社会团体创建和维系社群，获取知名度和发言权，提出另类的或边缘的观点，产生和分享它们自制的信息来源，并且反对、驳斥，或者以其他方式与主流媒介的文化和权力分庭抗礼。

这些观点说明了传播技术的两面性，既可以威胁也可以促进公民保护他们个人和集体福祉的能力。因此在公众看来，知道谁在控制传播技术比以往更为重要。许多人决心要保护互联网作为公共交流的场所，因为对所有人来说，保持传播渠道的开放性和可用性可以给我们提供更多的意见和建议，并且掌控我们自己的公共和私人生活。

技术和社会变革

马歇尔·麦克卢汉使用他著名的警句"媒介即讯息"（后来，他将此格言调侃为"媒介即推拿"）来强调媒介影响我们认识世界以及在其中行为的方式。实际上，传播媒介以及赋予其形式的技术，似乎确实对我们如何观察和了解世界具有深刻的影响。继英尼斯和麦克卢汉之后，伊丽莎白·爱森斯坦（1983）认为，印刷术及其产生的书籍导致了人类思维和组织结构的一场"被忽视的革命"，印刷媒介及其提供的知识为公共知识和个体的可能性开辟了广阔的新天地。

然而其他一些观点，比如我们在第一章中所描述的传播的社会模式，对于技术，特别是社会中传播技术的作用则采取了更加细分的方法。譬如，雷蒙德·威廉姆斯（1974）指出，与其说传播技术激发和引导了社会变革，不如说它们是塑造并形成社会的广泛力量的产物。照此思路研究，戴维·泽和其他一些人质疑伊丽莎白·爱森斯坦（1983）的命题，认为中国和朝鲜发明活字印刷早于欧洲数百年，但并未产生相同的效果。泽特别提到，中国的印刷术掌握在君王手中，它是社会稳固而不是社会变革的助推者。印刷术只用于流传官方版本的有限内容，印刷者在印刷原稿时付出了所有，却一无所获；因此他得出的结论是，一种技术的存在，本身并不会必然地对社会产生显著影响。

围绕着信息和通信技术（ICTs）在社会中的作用，类似的争论如今还在继续。整个20世纪五六十年代，技术的进步和对技术的依赖，激发了经济和社会组织普遍对于技术日益增长作用的研究和思考。技术和技术系统越来越多地被视为预示着信息社会的发展；即信息和通信技术是创造财富的关键，并且决定着社会发展的方向。正是在这一背景下，麦克卢汉思索通过电子媒介扩展人类的感官并打破时空的障碍，提供一种在地球村里的生活体验。

借鉴这些主题，丹尼尔·贝尔发表了他的著作《后工业社会的来临》（1976），为有关经济结构变化的争论搭建了舞台。从20世纪60年代后期到70年代初期，贝尔和他的追随者假定经济已经从对大规模工业的依赖向知识和信息工作占主导地位的后工业阶段转变。工业就业不会完全消失，但被转移到其他地方，因为公司关闭了在传统制造业中心的工厂，将生产转移到工资更低以及劳工和环境法规更少的新兴工业化地区，如美国阳光地带、墨西哥、印度以及中国。

通过促进资本和商品的转移，信息和通信技术在劳动过程的转变中扮演了关键角色。它们提供了现今生产商品的新兴工业化国家与消耗商品的北美和西欧这些老工业中心消费商品市场之间的重要联系。与此同时，信息和通信技术也已成为在这些老工业中心产业重组的核心，并且在计算机硬件和软件、电信以及相关领域创造了新的就业岗位和工作机会。同样，如前所述，新的信息和通信技术的影响并不局限于工作场所，因为社交媒介和其他新媒介技术日益改变了我们参与政治、进行社交和消遣休闲的方式。

但我们必须当心，在这种社会结构的调整中不要把太多的重点放在技术的作用方面。虽然技术能够在发展的形式和方向上或许起着重要的作用，但它不是在这个过程中唯一的变量。例如，制造业就业岗位地点的变化，也不仅仅是新的信息通信技术的产物。这一变化的主要驱动力是始于第二次世界大战之后，跨入20世纪60年代末和70年代初经济繁荣的终结。当时，一系列的事件，如通货膨胀率上升，经济增长停滞，以及20世纪70年代的阿拉伯石油危机，标志着根深蒂固的经济衰退纷至沓来。

新技术，特别是信息通信技术，为行业和政策制定者提供了一个再次启动经济的方法。通过向低工资及劳工和环境法规不甚严格的地方转移制造业，希望降低消费品价格刺激消费者重新购买产品。但是，在没有新的信息和通信技术的情况下，生产地点也许仍会发生转移，这或者是行业和政策制定者选择的另一种提振经济的策略。实际上，

第二章 传播：社会与文化形态

这一战略对经济产生了深刻而持久的影响，其中之一就是现今普遍缺乏适合中产阶级的高薪工作岗位以及年轻人中存在的高失业率。换言之，这种利用信息和通信技术的方式对一些社会利益集团有明显的益处，如大公司及其股东，不过对于另外一些人，其经济效益尚未显现。

如果我们过分地强调传播媒介及技术的变革性影响，这可能导致技术决定论。换句话说，它往往圈定技术作为塑造社会的主要力量（我们将在第六章中探讨有关这一个现象的更多细节）。虽然英尼斯和麦克卢汉都没有公开承认自己是技术决定论者，我们在研究他们有关技术的见解时须多加留意。尽管他们的研究可以帮助我们形成观察和认识世界的方式，但至关重要的是，我们没有发现技术的发展及其对社会的影响是不可避免的，并且不受人们的控制。没有考虑到人的主观能动和社会互动是如何塑造技术本身及对于技术的使用，分析家们疏于说明技术怎样被用于促进特定的利益，并且陷入对社会进程的技术演化描述。例如，在我们的资本主义社会里，像微软、苹果和谷歌公司，开发和应用新技术主要是由于有利可图，不是纯粹因为它们对社会有用或促进公益。我们将发现，虽然对于社会而言可以有一些相当好的理由去投资那些并无经济效益的活动和技术，倘若新技术没有公共资源和政府的支持，而又不能为私人拥有的公司及其股东赚取利润，那么它们很快就会被丢进历史的垃圾堆。

然而，这种批判并不意味着分析信息和通信技术的作用了无益处，或者说，这样的分析并不能告知我们有关媒介及传播影响社会行为和组织的一些重要事实。相反，它警示我们社会世界的复杂性，并且提醒我们对于社会现象的深入理解必须采用一些具有理论性和方法论的思考方式。

第三章 媒介：历史及加拿大背景

概述

如前所述，大众媒介远不止是信息和娱乐的来源，它们是基本的社会、政治和文化制度。在第二章的基础上，我们将关注点转向社会和历史大背景下的传播技术，而这些背景赋予技术以形式和功能。本章开宗明义对媒介的发展寻根溯源，说明当今的媒介乃是人们认识世界以及与世界共处方式发生巨大变化的产物。这种世界观的变化，以及由此产生的科学、产业和政府的制度是媒介发展的肥沃土壤。我们探讨在此背景下各种不同有关媒介政治作用的理论，继而研究加拿大国家的社会、政治以及自然地理中的独特因素如何对加拿大媒介的形式和结构进行了细分。我们将以探讨加拿大媒介与政治关系的特征作为本章的结束。

媒介和西方社会的欧洲根源

尽管造纸术和活字印刷最早出现在亚洲，但应该说现代大众媒介发轫于15世纪中叶的欧洲。约翰内斯·古腾堡于1454年在德国的美因茨开发了印刷术，而这一技术进步往往被用来划定中世纪的结束和文艺复兴时期的开始。社会制度从人民屈从于教会和君主的强权，向更加支持个人和思想的自由方面转变。文艺复兴和随后的各种运动及理念（人文主义、宗教改革、反宗教改革运动、启蒙运动以及工业革命）的发展，为自由民主的工业社会和各种现代形式的大众媒介铺平了道路。

文艺复兴的一个重要方面，就是重新发现和复原古代，特别是那些在中世纪已经遗失和受到压制的希腊和罗马帝国的学术和典籍。这些重见天日的知识有助于重新定位有关人和自然在宇宙秩序中的位置等社会认知。以意大利思想家和艺术家为先导，文艺复兴是重新肯定具有古典希腊特征的理性和感性的开端。由文艺复兴派生出来的人文主义，是颂扬人类成就和能力的一种广泛的哲学思想。尽管往往通过宗教背景内容、美术、雕塑、建筑来表现，但人文主义赞美人的外貌形体并提倡对世界的感性经验认知。感性经验，意指允许人们可以通过个人的观察和体验获得对世界的认识，而非通过教会的宗教读本和上帝的使者。具有时代特征的绘画和建筑的杰作，建立在这些理念之上，并发展成为诸如数学、机械学、几何学、透视法观察和光线色彩原理等西方文化知识。人文主义强调人了解和认识世界的能力，超越了教会的教义。

欧洲历史上的此刻，占统治地位的意识形态（见第四章）坚信世界掌握在神的手中，并且有关世界的真实知识来自于上帝，或通过上帝在地上的使者，例如教皇和教会的牧师。在统治这一时期的封建生产制度下，社会的地位和职责由出身继承，王族和贵族占据他们的地位并依据神权的教义进行统治。人文主义通过展示个体认识和改造世界的能力，在传统秩序中播散了世俗化社会的种子。

第三章 媒介：历史及加拿大背景

书写和印刷技术使得个人能够形成和记录他们的观点，并且以许多人可以理解的方式进行沟通，因而推动了人文主义者思想的传播。印刷术于随后的几个世纪在整个欧洲得以普及，促进了识字的推广。识字的推广也造成了对人们思想观念的渴求。有了印刷，这些理念即使被某一个政权的统治精英所摒弃，也会输出到其他地方，导致那些邦国的不稳定。就像美国历史学家罗伯特·达恩顿（1982）所推演的那样，一间瑞士普通的印书作坊，将图书走私到法国，却成为法国大革命的一个重要前兆。

文艺复兴思想移植到德国，在宗教改革运动中发现了生长的沃土。德国的宗教改革遵循文艺复兴思想的原则，在（罗马天主教）教会制度下争得良知的解脱（认为每个人都可以直接与上帝相通），以及试图在更加个体化的基础上重新界定宗教和道德。宗教改革正式开始于1517年，据说马丁·路德将他的《九十五条论纲》钉在了德国维滕堡城堡教堂的大门上，抗议罗马教皇出售"赎罪券"，以世俗的惩罚换取忏悔和宽恕。路德用拉丁文写成的论纲，被迅速译成德文，付印并传遍整个德国。路德又将圣经翻译成德文，印刷使圣经更容易获得，这削弱了天主教教会的权威，以及牧师作为宗教和信众中间人的地位，并且引发了要求对教会教义进行重构或"改革"的持续高涨的支持，而最终形成新教。

宗教改革和文艺复兴运动在16世纪到17世纪期间，因反宗教改革运动而日渐式微。反宗教改革运动是保守势力的反击，旨在重建教廷和王朝君主专制，西班牙的宗教裁判所是其最极端的表现。在反宗教改革运动期间，欧洲各王国意识到观念、著述、印刷和传播通常所具有的强大作用，因而对印刷设置了严格的管控，以限制人文主义思想的传播。个别印刷商和作者被加上异端的罪名，施以酷刑并被处死。

以大力反对人文主义为特征的反宗教改革运动并未能持久。18世纪初期，一个结合逻辑理性和经验主义的人文主义运动被称之为"理性时代"，或者以"启蒙运动"而为人们所熟知。启蒙运动的特征是一种基于科学和理性看待世界的认知方法，它预示着在世界观上的一种根本转变，支持以科学对抗宗教，以公正对抗暴政，以规定个人权利和自由的社会契约对抗国王和教皇的专制统治。

启蒙运动哲学家如约翰·洛克（1632—1704）、伏尔泰（1694—1778）、让·雅各·卢梭（1712—1788）以及亚当·斯密（1723—1790）等人的著作竭力削弱国王和教会继承沿袭下来操控政府的权利。他们认为人民拥有与生俱来的，不可让与的社会权利，他们支持以市场对抗封建制度下的生产和交换形式。

新兴精英与贵族阶层的争权夺利进一步推动了以社会理念变化为特征的启蒙运动。这些家境殷实、受过良好教育的资产阶级（或新兴地主阶级），从大约16世纪起就一直着手建立市场经济和殖民贸易。整个18世纪及19世纪早期，启蒙运动的科学理性遗产与日益增长的资产阶级财富相结合，促进了社会和政治结构的变化。随着美国独立战争（1775—1783）以及法国大革命（1789—1799）先后发生，欧洲和北美在新的社会秩序形成之际陷入了冲突。其结果导致欧洲社会的剧变，并为社会结构的另一次变革，即农业社会向工业社会的转变奠定了基础。在这一转变中，传播再一次成为推手。

自印刷术发明之日起，以人文主义世界观为基础的知识传播为西方社会的深刻社会政治变革提供了准备。封建主义转向资本主义，农业转向工业，中世纪的思想观念转向文艺复兴运动以及其后的启蒙运动。在政治领域，这些知识的获得使一个新兴的市民阶级得以出现，而且其所受教育足以与贵族阶层争夺统治权。同样，在文化领域，博学多才富有创造力的艺术家为观众带来了世俗化的文学、音乐和美术作品，观众所欣赏的是这些作品的美感形式和对世界的认知，而非其宗教意义。

在这种背景下，出现了尤尔根·哈贝马斯所谓的"公共领域"。并且，由于它们告知公众当时的重大事项，在这样的情形里，基于知识和信息的公共机构，或者说媒介变成为而且始终是众多治理程序中的基本要素。

工业革命，传播及社会形态

正当启蒙运动引发以新的方式思考有关人与人以及人与世界的关系之际，工业革命为社会组织引入了重大变革。随着越来越多的科学知识应用于生产，18 世纪后期的西欧，工业开始占据主宰地位。

土地主将他们的土地转向经商农业，奴仆和佃农以及其他依靠土地赖以为生的人被迫离乡背井，或者走进日益膨胀的都市和城镇，建起一座座新工厂；或者远渡重洋去开发殖民地，那里日益成为工业生产原材料的来源地。像铁路和蒸汽船这些新的运输方式，提供了运送人员、原材料以及制成品的手段，同时像电报和报纸这些新的传播形式，提供了买主与卖家、工人与雇主，以及政府与公民之间沟通的媒介。

当都市化和人口迁徙显现出工业化生产的时空结构和节奏特征时，工业的成长使社会关系复杂化。工业化生产要求跨越愈加遥远的物理距离来协调社会行为，工厂加工生产需要原材料，日益增长并聚集在迅速发展的都市中心地带的人口需要食品。

　　工业化生活也改变了家庭生活的各个方面。传统的大家庭，父母、子女、祖父母、父母的兄弟姐妹比邻而居，甚至共处一宅。我们知道如今已让位于关系更为简单的家庭（有时候称之为核心家庭），转化为一种更为灵活的社会组织形式，方便人们为寻找工作机会而从一地迁往他处。

　　工业化生产还改变了社会生活的时间含义。在乡村里务农劳动是从不间断的，需要一种按部就班的生活方式，劳动和日常生活必须与季节变化相适应，工作被照料牲畜、种植庄稼、维持家庭生活等必需的劳作固定下来。工业化生产要求每日有不同的时段划分，因此工作和休闲时间之间出现了新的区分。

　　在这种背景下现代传播媒介渐渐成型。面对新的工业化生活方式产生的变化，媒介形成了雷蒙德·威廉姆斯所谓的"特殊手段"弥合工业化生产造成的地理和社会的距离，并服务于新的社会利益和需要。如威廉姆斯（1974：22—23）所述，"报刊（的出现）是针对政治和经济信息；照片是针对社区、家庭和个人生活；电影是针对好奇心和娱乐；（而）电报和电话是针对商业信息和一些重要的个人信息"。让我们来探究一下其中每一种媒介发展的背后动力。

　　如同第一章里所讨论的，在工业化社会形成过程的背景下，电报极大地改进了人员和商品跨越广袤地域的相互协作。这是卡尔·马克思所形容的人"通过时间缩小空间"能力的重大进展。它避免了两地之间靠人力传送信息，使得传播以接近光的速度进行。政府和产业界均可以更加迅速地回应出现的情况，在更短的时间内完成更多的工作，就好像空间（或位置和事件之间的距离）的确变小了。政府更加迅速地得悉远在边疆的暴乱，派出军队应对，从而更加轻而易举地保证了资源和市场供应的安全。制造商可以横跨大陆向供应商订购原材料，同时可以从遍布全国的都市和城镇接受商品订单。电话不断扩大并增进由电报建立起来的经济联系，尽管今天我们认为电话主要是用于个人的交往，但它曾经首先是，而且一般来说依然是一个商业工具。

从表面上看，照相就是一种将形象拍摄在感光玻璃或纸张上的简单技术。但是，当传统的亲情和友情纽带被新兴的经济体制撕开时，它就变成了记录家庭和社区的一种建构手段。如苏珊·桑塔格（1999：177）所指出：

> 当欧洲工业化国家及美国的家庭制度开始经历根本性变化时，拍照就变成了一种家庭生活的仪式。……那些幽灵般痕迹的照片，显现了各奔东西的亲戚们象征性的存在。一本家庭影集通常是关于整个大家庭的，而往往这个大家庭也就只是保存在这其中了。

随着 19 世纪后期大规模商业化报纸的兴起，照片成了读者熟悉政界和商界头面人物的方法（把"名字和面孔对上号"）。同时，通过图片将他们和过往的事件联系起来。于是，摄影就这样协助弥补了基于工业化的新兴社会结构中的缝隙。

因工作和休闲时间的区分出现了工业化的日常新节奏，电影（摄影图片的延展）被赋予了文化的自由，从而得以发展。当人们移居都市和城镇，并且接受了工业化生活方式，数量上持续增加的城市居民，既有闲暇时间又有了剩余收入。企业主竭力寻找充分利用这些机缘的方法，新产品或商品被开发出来并出售给这个不断增长的消费群体。整个 20 世纪初期，在这些新商品中就包括了电影。电影也是工业化生产造就的规模经济的产物。同一部电影有大量的拷贝或胶片，可同时在分布广泛的都市和城镇里放映，于是，众多的观众分摊了制作的成本。

在所有因工业化社会发展赋予形式和功能的现代媒介中间，报纸或"新闻报刊"，因刊印新闻而得名，是发展得最早，也是最为普及的媒介。

现代媒介的发端：报纸或"新闻报刊"

在18世纪和19世纪早期，当印刷的刊物作为报纸开始与政治党派密切合作（而且有时甚至隶属于党派）时，出刊机构在某种程度上就陷入了公开发声的纷争之中。这种模式（起初各种报纸纷纷出笼，然后所剩无几，剩下的往往是一些与政治结盟的出版物）在许多西方国家历史上的不同时期反复出现。正是由于这种模式自身的不断重复，最终报纸的控制权从政治党派转移到了商业利益集团手里。图书和杂志的模式也大同小异，控制权最早掌握在富有的赞助人手中，然后是自由派精英，最后，传给了商业企业（有时先是经过政治势力插手）。

在加拿大，19世纪早期至中期，报纸一般控制在党派政治利益集团之下。如罗伯特·哈克特和赵月枝（1998：20）在《维系民主？新闻与政治的客观性》中发现：

> 报纸往往隶属于富有的党派团体……具有代表某一政党的明确目的。总之，它们往往为居于统治地位的政治和商业精英服务。……报刊常常指望着政府资助的财政支持或政党的直接补贴。囿于与政党的隶属关系，当时的新闻业，

第三章 媒介：历史及加拿大背景

每份报纸不仅充斥着政客资助者的特别诉求，而且还对政敌进行恶毒的人身攻击。

然而，时至20世纪初期，报纸的印制成本迫使其受控于商业势力。对所有权变迁影响最大的或许正是工业化社会的发展。接近19世纪末期，产业和城市人口的增长导致了大规模生产和大众市场的形成。

现代加拿大报纸起源于"1890年至1920年（期间），当时，与迅速扩大的都市人口，不断提高的识字率，劳里埃时代经济的繁荣，全国性消费市场发展等其他事情一道，共同造就了新的报刊企业的赢利模式"（索蒂隆1997：4）。报纸出版商发现，为商人们提供接触日益增加的消费者的手段，比与政党直接联手更能赢利，刊登广告不久就变成了他们主要的收益来源。作为在工业社会里成型的现代报刊，它们打破了工作、社区、私人居所等公众生活的界线。在这样的格局中，报纸开始充任多重角色。

报纸不仅是政治和社区新闻的来源，而且为面对日趋复杂社会的民众提供了内容广泛的其他重要信息。招聘广告联系求职者和雇主，商品和服务广告将数量庞大的劳动力和不断增加的产品联系起来，私人广告帮助人们在越来越缺少人情的都市环境里寻找伴侣和朋友。

新技术促进了这些变化，廉价新闻纸和快速印刷机降低了报纸的制作成本，同时，电报以及后来的电话是信息的充足渠道，而报纸需要这些信息填充版面并吸引读者。于是，如同照片、电影、电报以及电话在新兴的工业化社会结构中各自取得了它的形式与功能一样，报纸也占有了一席之地（舒德森，1978）。

新闻业也发生了改变，以迎合新的工业体系。就新闻而言，报纸为寻求扩大读者群和增加发行量及利润，"客观性"替代了涉党派报道（哈克特和赵，1998；舒德森，1978）。使用标题和照片吸引潜在读者的注意力已经司空见惯，将报纸分成不同版面并且各具特色（比如小说连载），以吸引兴趣各异的读者群。

尽管报刊已变得更像一种生意而不是一项服务，出版商仍旧推进他们自身的利益，强调在市场上有追求利润的自由，而不受国家限制（见第八章）。新闻记者通过强调报道和分析需要独立于政府，因而形成了一种与出版商遥相呼应的行为准则。这种商业和新闻的双重主见，使得新闻能够在当时与政客保持一定的距离。这并不是说，因其声称独立，报纸以及整个媒介就代表了全体公民的利益。恰恰相反，如我们在下一章所述，媒介一般来说代表社会中有权势精英的利益，主要是各种商业利益，但也代表政治和知识精英的利益。

近年来，报纸的读者数量不断下降，在我们当今生活中占主导地位的电子媒介注定成了这一历史时期的产物。在企业利益的控制下，利润动机在塑造媒介形式和内容上起着强有力的作用。然而无论如何，一如其从工业社会的早期开始的那样，媒介始终为民众、政府以及二者所依存的庞大社会彼此之间提供一种重要联系。

关于媒介的各种观点

从一开始，媒介就在社会权力关系的变化中起到了关键的作用。在马丁·路德时期，印刷术被用来削弱天主教会的传统权力。在报刊发展的整个 17 和 18 世纪，英国和欧洲的政府采用大规模的措施审查和操纵新闻的传播，以便保持对社会和政治的控制。从 18 世纪末期到 19 世纪初期，自由派作家如杰里米·边沁、詹姆士·穆勒、约翰·斯图亚特·穆勒，鼓吹新闻独立于政府的监管（"自由的"新闻）是良政和民主的核心。

在此背景下，埃德蒙·伯克在英国下议院发表的演讲中，将新闻界称之为"第四等级"，指其并列于其他"等级"（僧侣、贵族和资产者）或社会管理机构。通过公开报道国家事务，新闻发挥了充当政治监察者，保护公民权利的重要作用。所以，在过去的几个世纪里，不受政府干预的新闻自由最终变成了一种重要的政治理想，它反映在《美利坚合众国宪法》《联合国世界人权宣言》以及《加拿大权利和自由宪章》之中。尽管近年来报纸的读者数量确实减少了，但报纸和电视的新闻机构仍然是新闻和公共事务内容最大的制作者，并且，互联网上提供的新闻大部分也来源于此。因此，"新闻"一词是作为一个整体代表媒介，而不仅仅是报纸。虽然这个词可以唤起巨大的金属印刷机碾压大量沾满油墨纸张那样一幅旧时的景象，但重要的是要记住，媒介仍然在社会中发挥着重要的社会和政治作用。

尽管报纸为政治自由做出了历史贡献，随着时间的推移，它们已作为商业企业进行经营，而且在经营过程中，对企业利益（即获取私人利润）越来越多的关注远远超过了对公共利益的追求。19世纪后期的新闻巨头们，为了吸引读者竭力刊登耸人听闻的新闻，有时甚至是凭空编造。时至今日，有关制造新闻的事例比比皆是，而且新闻媒介中的观点有时候会倾向于媒介公司的股东而非普通大众的利益。

对于报刊以及后来的媒介的确切社会作用加以界定仍然是一个有争议的问题，而且在很大程度上依赖于个人的理论观点。在此背景下，不同的社会理论以不同的方式理解媒介的作用。本节我们探究4种论述媒介和社会的观点。

前两种观点，新闻的自由主义理论和社会责任理论，借鉴社会自由理论，研究它们所认为的媒介在社会和政治生活中应该发挥的理想作用，以及实现这一角色所必需的社会条件。承袭早期启蒙哲学家的理论，它们强调个体的自由，并认为媒介也应该享有来自政府和商业利益集团的相对自由，因而可能会提供对事件及其原委的公正观点。有别于个人自由至上，后两种观点，大众社会论和政治经济学理论，强调庞大的社会力量对于人们理解社会以及媒介如何代表社会的方式具有巨大的影响。

虽然具有完全不同的特征，这些理论或观点却支撑着当今许多民众关于媒介的社会和政治角色的看法。正如你可能意识到的，自由主义理论，特别是新闻的社会责任理论，是思考媒介及其在社会中所扮演角色的主导方式。不过，这里要研究的重点，并非哪一种针对媒介和社会的理论是正确的或"真实"的观点，而是其中每一种理论所带来的独到见解。

自由主义理论

诸如大卫·休谟（1711—1776）和约翰·斯图亚特·穆勒（1806—1873）这样的哲学家丰富了主体能动性和个人自由意志等自由主义的概念，现代自由主义理论来源于这些基本假设，即追求个人自由是首要的社会目标。自由主义者对国家高度怀疑，他们坚称，限制国家的权力和降低其他对个人行动的束缚，将为所有的人造就最为有利的处境。

自由主义理论家往往将大众媒介看作是个人自由表达权利的延

伸，并因此作为自主的呼声有助于促使政府向人民负责。媒介向民众提供信息，使得人们能够判断政府的表现，并在选举之时据此进行投票。除了起到监督者的作用之外，自由主义者还将大众媒介看作是言论自由孜孜不倦的追求者。由此看来，言论自由被认为是所有自由中最为重要的一种；虽然在短期内这可能会导致一些问题和困难，如色情和仇恨言论，自由主义者坚称它是维护自由和所有公民权利的最佳途径。为力求确保政府和媒介之间的距离，自由主义者将媒介放置于普通公民手中。出版和自由表达的权利是公民的基本权利，不得受到干预，尤其是来自于政府的干预。

然而这种观点存在的一个主要问题是，面对将言论或表达自由置于压倒一切的重要地位，却很少有人关注到这样的事实，在媒介的生产和运作过程中，企业部门通过发展市场和获得利润来促进自己的利益，这些利益被置于民众、社会以及当权政府的利益之上。因此，与其说是让新闻记者献身于"服务人民"，不如说是私人控制的媒介作为私营的、利润导向的企业往往将自己的利益最大化，从而破坏了自由主义者声称的他们所坚守的理想。

社会责任理论

新闻的社会责任理论，最早是由美国"新闻自由委员会"（或"哈钦斯委员会"）于1947年提出的，其缘自对美国媒介现状的非官方调查。这项研究的动机是媒介公司自行发展将不会坚守自由主义理论声称的拥护广大公众的原则，因而必须针对媒介在社会中的作用提出一种新的观念或认识。虽然社会责任理论也借鉴了社会自由主义以及自由主义新闻理论，但它却得出了这样一个结论，即自由主义的模式往往不能产生出普遍有利于社会的媒介。因此，他们汇集了一大套符合公益的原则来指导报刊经营。然而，他们在推动政府实施这些原则方面裹足不前，转而促使媒介应该自律。

  在加拿大，新闻领域中的企业利益有可能会取代公共利益一直是公众讨论的焦点；而且，在第七章中我们会讨论到，在这方面已经有了一批政府资助的调查项目。为着手应对这种担忧，"1981年肯特报刊皇家委员会"（加拿大政府公报，1981：235）对社会责任理论进行了恰当的解释，指出当大企业接手报纸出版，作为抗衡报业所有制大企业化潜在的新权威主义，社会责任的观念应运而生。"肯特委员会"对社会责任的概念做了如下界定：

> 自由与合法是报刊两个相互紧密结合的要求，来自于同一个基本权利：公民对自己事务的知情权。为了让民众知情，报刊具有极其重要的责任。为履行这一责任，报刊的自由不可或缺，从传统意义上讲，就是按照所思所想自由地报道并刊发。同样必要的是，报刊履行其告知责任时不被其他利益所玷污，不被强力所支配，不被那些关注报纸服务民主正途之外事情的人所扭曲。就像最杰出的英文编辑之一C.P.斯诺所言："评论是自由的，但事实是神圣的。"简言之，在自由社会中所要求的知情权，不仅仅是一般性评论的自由，就其作为新闻媒介而言，一个合法报刊拥有尽其所能发布消息，向所有的舆论开放，并不受任何人支配的自由。\[C.P.斯诺曾担任英国报纸《曼彻斯特卫报》（现更名为《卫报》）编辑多年，以其严谨缜密

的报道和表达社会良知而闻名。\]

如下文所述，虽然没有正式的法律规范加拿大社会中的媒介，而上述考虑或许就是最自然而然的想法。具有讽刺意味的是，尽管是由一个美国的委员会创造了"社会责任"这个术语，但相比起美国，这个概念在加拿大和欧洲得到了更加广泛的应用。因为美国宪法第一修正案规定："国会不得制定法律剥夺言论或新闻的自由。"作为宪法修正案的第一条，它居于权利等级的顶端。加拿大宪法不允许有这样的权利等级，即一个权利优先于另一个（例如，将新闻自由与公正审判的权利相比较）。因此，在加拿大和欧洲有可能会基于对后果的考虑而限制言论自由，比如，在一个刑事案件中，记者必须谨慎，避免讨论可以致使一个人公正审判权利受到损害的案件细节（见第九章）。尽管事实上新闻的社会责任理论可能被视为加拿大媒介的主导理论（见第八章），然而在加拿大，新闻责任的尺度究竟有多大，以及大部分是由私营企业构成的加拿大媒介，到底是如何自行接受或者被强制承担这些责任，这些始终是公众争论的话题。

大众社会论

对许多"工业革命"时期的作家来说，新的生活方式毫无文化底蕴。就像他们所见到的，脱离了传统封建的农业生活方式以及赋予其形式和功能的社会价值、风俗习惯和乡情纽带，人们在新的工业环境下变成了独立个体的集合。这是一个尚未分化的"大众"社会，在其中没有设想的社会秩序，人们处于相似的地位和作用。

在这种社会裂变和潜在的道德混乱状态下，大众被当时的社会精英视为某种危险。似乎通过刚刚获得的政治和经济权力，大众对现有的文化秩序以及富人和其他精英维持他们生活方式的能力构成了严重威胁。这种感受到的威胁在不同作家眼里性质迥然不同。一些作家视其为一种潜在的无政府状态，是对社会秩序的破坏。另一些作家则表示担忧，大众会轻易成为受到操纵的对象以及极权主义社会和政治运动的目标。因此，媒介便被视为一种社会凝聚力，在共同的事业和行动中统合各种思想的一种手段，尽管未必是朝向积极的目标。

整个20世纪初期，这种观点渗透至一系列的学科之中，并对早期传播理论具有强烈的影响。在很大程度上，这确立了新媒介如广播和电影作为一种新的"商业"或大众文化的一部分，媒介内容仅仅是一种单纯的商业产品，设计出廉价的娱乐用来抚慰大众，并且通过广告宣传，将大众纳入更为消费导向型的生活方式。这一观点的主要问题在于，它是精英人士的特权思想，认为受教育程度更高且更为富有的社会成员比那些贫穷和教育程度较低的公民高人一等，他们掌握着高雅文化的价值。同时，它还假定，有钱人能够更好地识破和抵制广告商的推销伎俩以及专制政府的宣传。我们在第五章中将会发现，构成有关大众媒介作用的上述这些概念的基础，是对于媒介与受众之间关系简单粗糙的看法。假定媒介对于人的行为具有直接作用的观点，已经被证明是不真实的。

政治经济学与马克思

19世纪早期至中叶，随着资本主义工业推动欧洲发生巨大的社会变化，卡尔·马克思认为以一整套社会关系为前提的资本主义制度，其政治和经济有着千丝万缕的密切联系。马克思认为，现代西方社会是以一个新的革命性的工业资本主义生产方式为特征，科学技术应用于大规模生产使各种产品（或商品，马克思用语）不断增加，为资本所有者创造财富。在马克思的分析中，工业社会的活动围绕着资本的再生产进行，即从生产活动中创造剩余价值或利润。这必然会产生两个主要的阶级：资产阶级，生产资料（工厂、商业资产等）的占有者；工人阶级，因为他们不占有生产资料，只能向资产阶级出卖自己的劳动力。马克思认为，这种生产制度一般是为一小部分人，即资本家的利益服务的；而广大的工人阶级受到了资本家的剥削。不管出于什么原因，他们可以随时被解雇，并且他们不得不拼命工作勉强从资本家那里得到维持生活的工资。

正如马克思所发现的那样，现代资本主义改变了生活的各个方面，特别是在政治层面上，政府和国家结构越来越代表资本的利益。颁布了新的法律保护私有财产，特别是资本家的生产资料。劳动立法为劳资关系奠定了法律框架。税收为公路、铁路、运河、港口以及通信系统等基础设施的建设筹集资金，从而保证了商业的车轮始终转动。学校教育依照工业模式被重新定义，教授人们必要的技能以便使其成为熟练的工人。当工人们通过罢工或其他和平抗议的形式反对政府时，警察力量就会被召集前来恢复秩序。

马克思主义对现代社会分析的核心，是对人人共享美好生活希望的信念，但这种生活却被财富的私人占有所阻碍。如果现代制造业技术以某种方式与每个人所期待的利益进行调节，那么物质丰富程度可以达到满足所有人的需求。

马克思的观点改变了20世纪整个世界的政治生活。在大多数欧洲民主国家里，政治党派往往会在两个不同的路线上必居其一，代表生产资料占用者利益和代表工人阶级利益。虽然俄国式的专制国家社会主义显然已经失败，但在欧洲国家和世界其他地方，共产党和社会党在选举中仍然赢得强劲的表现。马克思对于经济生活结构以及社会生活其他要素中带有根本性重要问题的强调，对社会理论来说仍然是一个巨大而重要的贡献。

从马克思分析方法出发，作家学者批判了社会结构的方式，这种方式给某些人群提供的利益（财富和权力）超越了其他人群；因此出现了"批判政治经济学"。批判政治经济学尤其专注于社会资源在配置、生产、分配和消费方面鼓励和约束社会行为的方式。即它关注的是占有和支配社会资源（特别是生产资料）的所有者，比那些缺乏这种支配的社会成员在选择社会的形式和趋势方面拥有更大的发言权。

就媒介而言，批判政治经济学所关注的是媒介支持社会强势利益集团，帮助它们保持权力和支配地位（见第五章）。自由主义和社会责任新闻理论认为，在治理社会的政治及经济过程中，媒介能够并且应该处于一个相对独立的地位。相比之下，批判政治经济学认为，在资本主义社会中，媒介是促进资本主义制度并协助维持社会不平等的重要公器（莫斯可，2009）。

从这种观点看，媒介赞同资本主义制度及其在诸多方面的不平等。首先，也许最明显的就是促进商品的销售。媒介中广告无处不在，提供源源不断的信息，鼓励人们购买商品或服务并支持资本主义制度。其次，更普遍的是，媒介推动了消费的生活方式。无论是新闻、娱乐或广告，所有的媒介内容都充斥着对于消费生活方式，即通过市场可以使一个人的愿望、需要和欲求获得满足，这是达到愉悦最佳的，也许是唯一的途径。第三，新闻、信息和娱乐节目通常会假定，现存的经济体制和制度以及由此产生的社会关系，均是最好的和最合法的行事方式。社会问题，如失业、贫穷和腐败，都被归咎为特定事件或个人的责任，而不在于体制本身。因此，就上述所有这些方面而言，媒介和媒介内容被视为支持我们的政治和经济体制并有助于使其合法化的主要工具之一。

上述观点中哪一个是客观的或正确的？直截了当地回答，没有一个观点是客观的。如我们在第一章和第二章中所述，媒介的社会作用和结构相当复杂。由于社会责任理论确信，就民主社会而言媒介发挥了重要作用并使公众知情，某种程度上它是加拿大社会中关于媒介及其作用的主流思想方法。但是，上述所有四种观点如今都继续影响着人们对媒介的看法。要了解任何具体情况下媒介所起的作用，我们需要研究它们所牵连的特定权力关系。

大众媒介与加拿大现实：历史及架构

恰如重大的社会、政治和经济事件，比如启蒙运动和工业革命，从整体上改变了传播媒介，同样，加拿大国家的形成和架构，以及独具特色的加拿大文化，也使得加拿大媒介在结构和运作上略显不同。

19世纪早期，欧洲人定居在今天属于加拿大的地理位置上，形成了一批殖民地，散落于北美洲广阔的北半部。当时所谓的工业，在很大程度上致力于向英国和美国的制造业出口当地主要特产和原材料。在此背景下，通信的线路跟随商业的线路，或跨洋到英国，或南下进入美国。但是到了19世纪中期，英国和美国都颁布了对殖民地的贸易限制，迫使殖民地依靠自身力量发展。面对这些压力，1867年成立的"加拿大联邦"是将这些殖民地建成一个经济体的第一步。

1879年，约翰·亚历山大·麦克唐纳总理提出了加拿大的"国策"，这是一系列旨在将一个贯通东西经济的理念变为现实的举措。该"国策"有三个具体的重要内容：

1. 修建一条贯穿大陆的铁路；
2. 设立关税限制美国和英国工业制成品进口；
3. 设法吸引移民定居在北美大草原。

铁路为人员和货物横跨加拿大提供了可靠的运输线，特别是将原材料从边疆地区运送到加拿大中部的工业心脏地带，在那里原材料被加工成商品并发运回市场。换言之，铁路是用"钢铁缎带"将这个国家捆绑成一个统一的政治经济体。关税是用来向进入这个国家的材料和工业制成品课税。它的目的是通过将廉价具有竞争力的商品拒之于国门之外，保护处于婴儿期的加拿大工业。同时，它鼓励外国投资，由于非加拿大公司想要开发日益扩大的加拿大市场，政府鼓励它们建立工厂就地生产商品以避免关税。关税是必要的，因为加拿大比起英国和美国来，人口稀少且不具有规模经济，这是以一种能够与那些国家生产同类商品相竞争的价格进行生产的前提条件。最后，积极从中欧和东欧寻找定居者以增加草原省份人口的移民政策，既可以开发土地为加拿大中部的市场种植粮食，又可以充当安大略和魁北克两省工业制成品的市场。

尽管有了这些措施，由于幅员广阔人口稀少，在加拿大谋取商业利润往往十分困难。政府常常不得不亲自出面鼓励私人投资。比如，"加拿大太平洋铁路公司（CPR）"，政府颁发了各种偿付方式和补贴以推动建造横跨大陆的铁路。同样，由于需要大量投资，贝尔电话公司被授予经营加拿大中部长途电话服务的垄断权，因而它在修建该系统时可以利用规模经济谋取利益。

然而对政府来说，有些领域几乎不可能吸引到私人投资。当无法找到私人投资时，联邦和省级政府往往以皇家（或国营）企业的形式亲自出马。譬如，加拿大第二条全国铁路，"加拿大国家铁路（CNR）"，为服务一些地区提供支撑，并将太平洋铁路公司运营以外的地区纳入铁路服务范围。加拿大第一家跨大陆航空公司，现在的"加拿大航空"是一家"皇家"企业，同样的还有第一家全国广播电台，"加拿大广播公司"。此后，加拿大第一家卫星通信公司，"加拿大卫星通信"也是政府创立的。总之，从历史上看，由于加拿大独特的国情，政府经常干预经济。在联邦层面，这些活动受到强烈民族主义情感的驱动。

这种建设国家的传统在加拿大媒介行业的结构中也得到反映。就像铁路被认为是在物理上将加拿大捆绑起来一样，在20世纪30年代，广播凭借一种共同的加拿大意识或世界观，将这个国家紧密地联系在一起。因此，政府成立了"加拿大无线电广播委员会"，后来变身为"加拿大广播公司"，创建全国广播网和加拿大广播节目。这在当时，私营部门是无法从参与上述两项活动中获利的。

此后，实施各种有关杂志、报纸、出版物、音乐、电影以及电信行业（包括网络媒介）的政策措施都怀有相同目标，即有助于建立和加强一种共同的加拿大文化。换言之，政策措施的颁布怀有民族主义的目的。不过，在下文中我们会发现，政府建立和加强加拿大文化的成效参差不齐，尽管政府政策往往通过激烈的言辞表达关注加拿大文化的主张，但并不总是采取强有力的行动给予支持。

加拿大国情的鲜明特点

在探讨支撑加拿大媒介的重大政治原则和文化关切之前，我们需要了解影响加拿大传播体制发展的特殊国情。我们已经发现了其中两个特征：幅员辽阔，人口稀少。这些地理和人口上的因素迫使加拿大投资于昂贵的全国传输系统，以便使加拿大人彼此能够保持联系。

第三个重要特征是加拿大的"地方主义"，其部分原因源自于国家的国土规模。加拿大不仅仅是自然地理多样性的国家，还是具有地域文化的大国。从散落于今天称之为加拿大土地上各个迥然不同的法英殖民地，发展成为一个"联盟"。这个国家需要有内部沟通的手段，但并非是那种仅仅从一个中心点产生信息并提供给边远地区。每个地区需要产生自己的信息以使地区的特性可以反映给全国。这将有助于让国家团结在一起，或是以此作为目标。

加拿大还是一个有两种"官方语言"（英语和法语）的国家，如今这已被载入1982年的国家《宪法法案》。但加拿大人不仅要保证他们自己个人语言选择的自由，还要保证为其自身提供联邦政府的服务，包括使用两种官方语言的广播。对于无论她或他任何一位加拿大人，双语政府服务和双语广播频道（不仅仅是节目），都是证明其拥有按照意愿居住和工作于任何地方的权利，而且还始终提示所有人，我们是一个官方认可的双语国家。

1971年，在皮埃尔·特鲁多担任总理的第一个任期内，加拿大还正式变成了"多元文化国家"，尽管它姗姗来迟，但有越来越多的媒介采编机构针对不同种族的社区量身定做节目。

最后，加拿大传播环境一个决不能忽视的特征是毗邻美国。媒介制作的规模经济，加之我们（尤其是加拿大英语区）对一些相同的基本政治和经济理念以及这种毗邻状况的认可，导致了美国产品和观念大规模地涌入加拿大。对于绝大多数加拿大人来说，观看美国电视节目比加拿大节目更方便。大多数商业广播电台的听众，能够听到更多美国而不是加拿大的音乐。尽管加拿大发行超过2300种杂志，实际上，加拿大所有的杂志摆放架上，读者能够看到更多美国而不是加拿大的杂志。加拿大影院上映的电影，95%以上是外国片，其中主要是美国片。加拿大普通小学生读过更多美国而不是加拿大作者的书籍。在评估加拿大传播环境时，我们与美国比邻而居和美国文化产品的溢出效果构成了一个需要深思的重要因素。不同于许多加拿大媒介机构，由于美国媒介公司出于经济上的原因，热衷于发行本国生产的产品而不是进口产品。美国很难接受没有明显美国理念的产品，因此，加拿大理念和产品回流转向美国本土非常有限。

面对加拿大媒介市场这些特征造成的挑战，加拿大在打造全国传播体系上卓有成效。这些发展中每一项成就都足以令人高兴和感到自豪。每一项成就都以自己的方式加强了从大西洋到太平洋之间东部与西部的联系，并且成为国家认同和凝聚共识的因素。在体系建立过程中，与技术成就同样重要的是技术扩张背后的立法成就。其中有：1932年的《广播法案》和1993年的《电信法案》。这些法规体现了在发展这些传播系统过程中的公共利益，并将公共目标和理想作为基础贯穿在法律之中。然而，解决这个国家所有不同地区和民众的需求是十分困难的，尤其是在北部。洛娜·罗斯（2005：221）发现，"在20世纪60和70年代电视第一次出现时，由于引入了另一个缺乏原住民形象、语言和文化活动的南方媒介，电视一度停止了在当地的自身发展"。

尽管私人拥有的媒介组织普遍欢迎政府通过各种形式给予它们的支持，但它们并不总是热衷于承担特定的责任。譬如，在广播领域里，相继出台了《广播法案》和媒介法规，始终如一的主题就是支持私营广播公司和加拿大人拥有广播渠道。不过，除了加拿大广播公司，广播业者和大型媒介公司（许多现已合二为一）更加热衷于进口和分销美国节目而不是制作加拿大内容的节目，这是利润使然。同样，虽然政府在帮助建立支持互联网的电信系统方面发挥了强大的作用，但拥有大量基础设施的私营公司在着力平衡公共利益与它们自己的私人利益方面并不总是乐于合作。（比如，参见摩尔和谢德，2008，2011；维庞德，2011；阿姆斯特朗，2010；雷波伊，1990；维尔，1965；贝比，1990；卢瑟福，1990；皮尔斯，1969，1979）。

就致力于打造一个以公平合理、广泛全面的方式服务全体加拿大人民的传播体系而言，这些现实问题不断给政府、商界以及其他社会团体带来挑战。

大众媒介和加拿大文化

我们现在可以转向研究加拿大文化与加拿大大众媒介的关系，包括政府对它们的管理和监督，这种关系有趣而复杂。

回顾第二章所述，处于构成我们社会的民众和不同社会团体，各种组织以及各类机构之间的交叉点，媒介是加拿大人生活（或文化）方式中加深和扩大交流沟通的重要手段。联邦政府意识到，文化"包括知识、信仰、艺术、道德、风俗以及所有其他由一个特定社会获得

第三章 媒介：历史及加拿大背景

的素养"（引自题为《至关重要的纽带》的关于加拿大文化产业的报告〔加拿大政府公报，1987：11〕）。我们可以给这个架构加上赋予社会形态的法律、制度和组织，使得文化成为某种或多种生活方式。在加拿大，我们有一整套赋予加拿大文化以形式的独具特色的机构（比如政府、中小学、大学、媒介、医保体系），以及存在于社会制度庞大框架内的独特理念、价值观和信仰。

媒介是我们如何来理解和共享文化的核心，在一个像加拿大这样的工业大国，媒介错综复杂地交织在社会结构之中。它们是针对世界的各种观念、经验、形象、诠释、观点等进行交流的手段。实际上，我们一般是通过媒介来了解我们的社会，它的制度和组织机构，以及那些与我们一同分享民族文化的其他人。由于上述原因，媒介产业（诸如那些涉及无线电和电视广播、数码媒介、电影、音乐、报纸、杂志以及图书出版等等）往往被称之为"文化产业"。如第八章所述，加拿大的文化产业提供了一个信息基点，使构成我们社会的各种社区和其他社会团体能够围绕这个基点统合并互动，在最有利的情况下促进所有社会成员的社会内聚力和归属感。

就历史而言，加拿大现代传播体系起源于交通运输。尽管约翰·亚历山大·麦克唐纳总理和他的政府修建太平洋铁路的目的，首先无疑是为了保证商品和移民的流动。随之而来的是，通过邮件和电报传递造成信息流动的涌入。邮局制定了廉价的二等邮件资费，鼓励报纸和杂志的发行，这使国家紧密地联系在一起。上述这些，以及其他商业的传播，例如伊顿百货商店商品目录，给加拿大人一种与国内其他地方的同胞相互联系的感觉。比如，居住在大草原或西海岸的人们，从安大略的克林顿订购一架管风琴，或是从新不伦瑞克的萨克维尔订购一只柴炉,让加拿大西部与加拿大东部产生了经济关联和社会衔接。

以这些微不足道的小事为开端,一届又一届联邦政府经年不息地实施了一系列政策,推动了加拿大媒介以及横贯东西部的媒介系统的发展。如今,许多针对文化产业的法律法规,由联邦政府负责这一领域的执法部门,加拿大文化遗产部管理执行。

尽管加拿大各级政府对媒介和文化产品在国家生活中的重要性表示认可,但它们并非加拿大文化产业始终如一的捍卫者和支持者。来自美国媒介产品的竞争是一个主要问题(格兰特和伍德,2004;贝比,1990)。表3-1和表3-2列出了2015年3月2日至8日期间英语和法语电视市场最热门的节目,统计数字提供了每个节目观众的大致规模。国外内容一直是加拿大国内信息流动的一部分,但也始终是引发争论的话题。魁北克制作的电视节目主导着该省的节目预告表。但是在加拿大其他地方,如此之多的美国节目占据绝对支配地位,以至于如果我们以表3-2作为英裔加拿大人通过电视了解自己和他人的指标,我们会被迫得出这样的结论,由于到处充斥着美国制作的节目,英语区的加拿大人肯定正遭受着身份认同的危机。就经济而言,这种以美国媒介产品为主的大规模存在,夺走了加拿大媒介从业者的工作岗位,并且从总体上损害了加拿大的产业,因而也招致了批评。就文化而言,如第二章所述,这样的国外媒介产品造成了加拿大人和他们的公共机构在自己的国家里变成了陌生人。

表3-1　2015年3月2日至8日期间加拿大英语节目排名

排名	节目	广播台	星期	观众总数(千)
1	生活大爆炸	加拿大私营频道	周二	4,491
2	网络犯罪调查	加拿大私营频道	周三	2,644
3	犯罪心理	加拿大私营频道	周三	2,370

续表

排名	节目	广播台	星期	观众总数（千）
4	幸存者：阶级斗争	环球电视	周三	2,273
5	古怪的一对	加拿大私营频道	周二	2,239
6	神盾局	加拿大私营频道	周二	2,119
7	警察之家	加拿大私营频道	周五	2,109
8	哥谭	加拿大私营频道	周一	2,075
9	极速前进	加拿大私营频道	周五	2,046
10	童话镇	加拿大私营频道	周六	1,817
11	天堂执法者	环球电视	周五	1,791
12	生活大爆炸	加拿大私营频道	周二	1,770
13	不死法医	加拿大私营频道	周一	1,754
14	加拿大电视台晚间新闻	加拿大私营频道	工作日	1,706
15	加拿大厨神	加拿大私营频道	周六	1,684
16	黑名单	环球电视	周二	1,624
17	实习医生格蕾	加拿大私营频道	周二	1,577
18	福尔摩斯：基本演绎法	环球电视	周二	1,565
19	美国犯罪故事	加拿大私营频道	周二	1,500
20	芝加哥烈焰	环球电视	周二	1,491
21	国务卿女士	环球电视	周六	1,452
22	生活大爆炸	加拿大私营频道	周一二三五	1,338
23	作案动机	加拿大私营频道	周六	1,278
24	秘密与谎言	加拿大私营频道	周六	1,190
25	摩登家庭	城市电视	周三	1,171
26	地狱厨房	城市电视	周二	1,139
27	加拿大电视台晚间新闻	加拿大私营频道	周末	1,136
28	傲骨贤妻	环球电视	周六	1,128
29	好声音	加拿大私营2频道	周一	1,116
30	错配搭档	环球电视	周六	1,098

*基于确认的节目时间表和初步观众数据。人口统计：所有2岁以上的人口。

来源：©2015综合业务数字网

表3 22015年3月2日至8日期间魁北克法语节目排名

排名	节目	广播台	星期	观众总数（千）
1	好声音	魁北克电视网	周六	2,749
29	号监狱	加拿大广播公司	周二	2,131
3	美丽的不安	魁北克电视网	周三	2,075
4	哈哈 :-)	魁北克电视网	周六	1,495
5	亚马斯卡	魁北克电视网	周一	1,400
6	19-2	加拿大广播公司	周三	1,291
7	哦	魁北克电视网	周二	1,288
8	无限访问	魁北克电视网	周六	1,266
9	矛和账户	魁北克电视网	周一	1,246
10	Vlog	魁北克电视网	周六	1,194
11	电视孩子	加拿大广播公司	周三	1,192
12	救救比阿特丽斯	魁北克电视网	周三	1,186
13	好声音	魁北克电视网	周一	1,093
14	二分之一	魁北克电视网	周三	1,073
15	鲜活的记忆	加拿大广播公司	周二	1,053
16	新地址	加拿大广播公司	周一	1,028
17	黑狗舍	加拿大广播公司	周一	1,022
18	下金蛋的鸡	魁北克电视网	周三	1,002
19	好声音	魁北克电视网	周三	975
20	发票	加拿大广播公司	周二	972
21	父母	加拿大广播公司	周一	918
22	大家一起来……	加拿大广播公司	周六	911
23	舞弊者	魁北克电视网	工作日	909
24	噱头	魁北克电视网	周一	808
25	增值税新闻	魁北克电视网	工作日	803
26	宇宙在线	加拿大广播公司	周六	791
27	黑名单	魁北克电视网	周二	776
28	30条生命	加拿大广播公司	周一二三四	751
29	超级影院	魁北克电视网	周六	748
30	祈祷不要……	加拿大广播公司	周二	740

来源：©2015综合业务数字网

第三章　媒介：历史及加拿大背景

　　加拿大政府在传播方面的投资历来重视电信的传输技术。在20世纪90年代，尽管对公共广播预算进行了削减，联邦政府却花费数百万加元更新传输网络。最近以来，政府专注于完善一项加拿大的数字政策，2014年，联邦政府宣布了其"数字加拿大"的150个项目（加拿大政府公报，2014e）。虽然附带文件提供的新举措不多，但其承诺该政策"通过5个关键核心内容得以强化：联通国民、保障安全、经济机遇、数字政府以及本国内容"，这显示出联邦政府对国家数字环境的关注（加拿大政府公报，2014e：3）。

　　就过往的情况而论，联邦政府对流行技术和高效快速传输的执着让人喜忧参半（查兰，1986）。尽管言之凿凿地表明每一笔新的重大开支都十分合理，这些技术为外国媒介提供了接触加拿大观众的渠道，但未必服务于加拿大国家及加拿大公民的文化需要。在加拿大，电信基础设施服务于私营部门的成长，包括形成全国性的报纸，比如《环球邮报》和《国家邮报》。它们利用卫星和其他通信技术，在全国不同的地区同时印刷各自报纸的地方版。就广播公司和大型电信公司而言，通过加拿大广播电视和电信委员会的不懈努力，在私营部门的成长中显现出了一些文化效益。但大体而言，对于帮助实现国家的文化目标来说，私营电子媒介部门并非心甘情愿。

　　政府投资通信基础设施的理由通常是技术的发展能够创造就业，许多衍生技术导致在信息领域里创造出新的产业、产品以及工作岗位。在经济学家的语言里，具有显著的乘数效应，意指这样的投资导致直接和间接的就业。可以肯定的是，完备的基础设施为加拿大企业迎接互联网作为一个商业工具助力。新的互联网企业已经建立，而传统企业已经能够从加拿大健全的技术基础设施中获益。

然而，加拿大人从来没有达到制作出足够的节目和其他内容，从而满足在电子媒介方面的传输能力。即使加拿大的制作商能够在某种程度上制作出这些节目，广告商、公众、政府的口袋里也不会有足够的金钱来支付与之相匹配的基础设施建设。换句话说，我们辛辛苦苦地创造了一个可以比肩最先进国家的信息环境，但是我们却向外国文化产品的洪水打开了闸门。我们忽略了设计出一种可以保障加拿大文化和文化产品发展的体制。究其原因，似乎是政策制定者出于对自由企业的自由原则信仰，而自由企业则是自由个人主义理念的一种延伸。这种理念遮掩了我们在自己的媒介场所表现加拿大文化独特元素的能力。

与我们毗邻而居的美国人，恰好又是世界上最成功的娱乐和信息的制作者，毫不费力地踏进了加拿大的文化真空。他们在诸如电视和电影这些领域里所提供的选择，或者说更为重要的是价格，其诱惑力让私营企业难以拒绝。制作一季半小时电视剧，仅用区区加拿大十分之一的成本，美国制作商就可以提供一个具有高收视率，由当红明星出演的高质量节目，加上媒介的关注和杂志的评论使美国媒介产品名扬海外。

尽管加拿大政府有时提供资助以及通过立法来保护加拿大媒介产品和支持制作商，但始终不情愿对私营企业施加严格限制，或者限制外国人在加拿大从事商业的能力。因此，只有在魁北克，媒介充分反映出地方的文化。在全国的其他地方，数十年来专注技术、自由市场原则，以及缺乏确保加拿大媒介产品占主导地位的决心，其最终结果是走到了文化的岔路。

随着互联网持续地提供不断扩展的选择，这在很大程度上是国外的新闻和娱乐产品，比如微软全国广播公司、奈飞公司和苹果电视的节目，加拿大节目的替代比例继续缩小。究竟这种情况对认识和了解我们国家及其在世界上的地位会产生何种影响，目前尚无法确定。

政治与当今加拿大媒介

如前所述，传统上媒介被描述为在社会治理方面发挥了重要的作用。在第九和第十章中，我们研究媒介的结构以及新闻记者和其他内容生产者在体制中的角色。在第二章简要论述的基础上，我们在本节中更加深入地探讨媒介在加拿大政治中的独特作用。

就像前文中所述，按照自由主义理论，针对国家权力可能被滥用，媒介往往被描述成充当一种反对力量。同样，社会责任理论或许是了解加拿大媒介政治作用最常用的方式，在一定程度上，这种关系是由法律所规定的。例如，根据1982年《加拿大权利和自由宪章》第2条（b），每个人都被保障赋予"思想、信仰、见解和表达的自由，包括新闻和其他传播媒介的自由"。同时，立法允许新闻记者和其他人获得由政府及其机构产生的信息，包括诸如药品鉴定、部门预算、政府活动的内部报告及综述。新闻工作者通常承担他们作为公众利益监护人的责任，并在此方面提供公正的报道和观点。

但实际上，事情并不总是那么清晰明了。尽管媒介的表达自由在法律上是有保障的，但很难集中必要的资源持续不断地制作和发行高质量的媒介内容。虽然有人声称新媒介给每个人提供成为记者的机会（如我们在第八章中所述），制作高质量的新闻需要受过良好训练的人员和其他资源，而运营拥有这种资产的媒介机构代价高昂。同样，新闻记者和评论者经常声称,加拿大获取信息的立法软弱无力且漏洞百出,很容易使政府和行业规避认真的监督。媒介的所有者和经营管理者也能对记者制作新闻报道的类型及他们的报道观点施加强有力的影响。因此,正如批判的政治经济学所言,媒介普遍倾向于赞同现存的政治和经济权力下的社会关系。

此外,媒介与政府之间的关系比套用舆论监督这样的表述更微妙。新闻媒介依靠政府获得信息和广告业务,政府则依靠新闻媒介传播信息。但是政府试图对媒体隐瞒某些信息,比如可能有损于执政党声望或施政重点的信息,这使它们的关系错综复杂。同时,媒介试图保持它们对于政府的独立性,使得这种矛盾的情绪转化为彼此双方一种爱憎无常的关系(比如,参见科佐兰卡,2014;纳斯比特拉金,2007;罗斯和基斯,2006)。

凯瑟琳·默里(2007:527—544)指出,媒介往往被发现从四个方面参与公共政策的进程:报道与发表政策;质疑与曝光;调查与政策分析;政策评价与推行。

报道与发表涉及媒介对于"新闻发布、政策声明、报告"的选择性报道,包括他们从政务官员及其下属那里听到的内容,"以及那些政府之外各利益党派的说法"(默里,2007:527)。为蒙蔽大众,媒介普遍的做法是简单地告知公众有关政府的各项活动。质疑或曝光是指媒介发挥舆论监督功能。从直截了当地发问到坚持不懈地努力揭露非法或不道德的活动,它表明新闻记者采取了与政府更具对抗性的关系,而不是简单地报道政府的活动。调查和政策分析构成媒介、政府、社会在社会责任要素方面的平衡,并且引申为依据事实进行报道,确保媒介"向公民提供足够质量和范围的信息以行使他们的民主权利"

第三章 媒介：历史及加拿大背景

（默里，2007：535）。构成最后一类的媒介内容更具有党派色彩，诸如"评论、社论、纪实片或主观视角公共事务节目……署名专栏，以及现场回答观众电话问题等，这些都表达出一种明确的评价立场"（默里，2007：542）。

与此同时，政客本身也可以在政府和媒介之间的关系上打上自己的烙印。比如，比埃尔·特鲁多总理就不断与新闻界斗智较量。让·克雷蒂安出任总理期间，他与新闻界谈论问题时，素以东拉西扯，喋喋不休而著称，经常让记者和评论员搞不清他对当时问题的立场。

史蒂芬·哈珀和他的政府尤以企图用铁腕手段管控他们与媒体的关系而广为人知（有些人称之为臭名昭著）。例如在2010年6月的《多伦多星报》新闻报道中透露，哈珀政府以非同寻常的步骤管理政府与媒体的所有交往（布兰奇菲尔德和布朗斯基尔，2010）。任何活动只要有媒介人员在场，无论是保守党议员及其助手，还是非选举产生的公务员，都要遵从"资讯活动指导（MEP）"。《星报》文章报道，"一个典型的MEP模板包括以下条目：活动内容、活动类型、拟用标题、主要信息、媒介立场、策略目标、拟选原声片段、适宜的发言场合、满意的活动照片、语调、服装、发放材料、背景资料以及策略谋划"。使用"资讯活动指导"，不仅说明哈珀政府对媒介与政府关系所施加的控制达到了前所未有的程度，而且，正如布兰奇菲尔德和布朗斯基尔所指出的，"它也混淆了由来已久的无党派公务员与从政人员的区别，并让政府中那些经验丰富的沟通老手靠边站"。

政府广告也可以被当作一种政治工具。此类广告能够采用多种形式：从政府合同、公众听证会以及岗位招聘的简要通告，到政策变化和重要节庆的公告，再到执政党鼓吹政绩的党派自我宣传。不过，恰如罗斯（2014）所言，有证据表明，政府通常使用此类广告获取党派政治利益。

互联网拥有众多信息来源和信息共享手段，它似乎是要改变政府与媒介的关系，以及政府联系其选民和支持者的方式。埃尔默等人（2014）指出，社交媒介平台和网站正在改变政党及其支持者发起活动的方式，把他们的信息传达给支持者，并吸引新的支持者。而最近在埃及、利比亚和突尼斯这些地方发生的政治动荡都牵扯到了社交媒介，与此同时，出现了"网上政治运动行业的兴起，目标是通过移动用户帮助职业政治活动者组织他们的政治运动，传播他们的信息并筹集资金"（埃尔默等人，2014：240）。此外，如我们在第十二章中所述，类似"Lead Now"和"开放媒介"这样的公民团体，利用新媒介就其关切的问题向政府施压，有时也会奏效。尽管在这一点上很难确切地说，政治领域里网络媒介将会对传统媒介产生何种影响，但网络媒介在政治进程中正发挥着日益重要而广泛的作用。

当本章前文中以历史为背景对媒介进行概述时，当代政府、媒介和公众之间冲突分歧和变迁更替的关系确切地说明了一个问题：政府与媒介的关系是一种不断讨价还价的关系。

第四章　媒介内容：探究意义的生成

概述

在第四章和第五章中，我们基于此前有关传播理论的论述，提出诸如"社会理论"等严谨的术语，并且对研究媒介内容和受众的一些主要方法进行说明。本章我们先介绍一些描述传播过程和媒介内容基本特征的用语，依据将传播描述为编码和解码的模式，介绍传播理论家在研究媒介内容时所使用的一些有普遍性的理论及方法论观点，并说明这些理论如何与传播的广大社会实践相关联。我们探讨几个主要的媒介内容种类，比如新闻、肥皂剧以及真人秀电视节目，并对广告予以特别的关注。

表现与意义

当我们研究传播及具体传播内容时，我们一般都研究表现的实施或过程。何为表现？表现是将意念"进行编码"或形诸文字、绘画、雕塑、电影、戏剧、电视节目，或其他任何传播媒介的行为。很显然，一张飞机坠毁的图片，并非坠机本身，而是"表现"了坠机。一幅地图并非实际地点，而是表现某个地方的绘图或图形。一个 SUV（运动性能车辆）的广告并非该型车辆，而是表现对这种车型的看法或想法。甚至一场冰球比赛或其他体育赛事的电视"直播"，也不是比赛本身，而是一系列精心挑选和构建的画面，摄像机的拍摄角度以及解说等将影响这场赛事的整体视听效果。

一个人可以使用任何传播媒介，选取现实中的某些元素描述物体、事件、人物，或者他或她想要表现的情形。表现在很大程度上是对所描述对象和事件的简化和诠释。例如，随身地图并不能描述它所表现的实际景观中的每一处岩石、山谷和树木。相反，它标注了明显的特征和地标以及它们之间的距离。人接收或"解码"信息，然后利用他（或她）所了解的描述内容，以及他（或她）所了解的表现方法（往往是语言）来理解发送者编码的内容。

一种更为严谨的思考方式是将表现当作一个意义的过程。意义就是使用符号生成含义，何为符号？任何带有含义的事物：一个单词、一个形象、一个声音、一幅绘画，甚至事物本身，比如天边的乌云。瑞士语言学家费尔迪南·德·索绪尔（有时被认为是符号学，或符号科学的创始人）假定符号是由两个部分构成，即能指和所指。能指是我们所见、所闻、所感的事物：银幕上的形象、声音，或是纸张上的小凸点。所指是那些我们从能指中得到的思想观念或精神概念：包含在博客、音乐，或是用盲文写的文字中的观念。意义的过程就是生成含义的过程。由此看来，实际上当我们把偶遇的符号转化为含义时，我们对世界的全部体验就是意义的过程：乌云意味着下雨；章节短意味着作业少；家长发怒意味着麻烦到来。

查尔斯·桑德斯·皮尔士把符号分成三种不同的类型：类像符号、指示符号和抽象符号。类像符号与其描述的对象相似，比如地图和照片都是类像符号。指示符号与其代表的对象相关联，烟雾是火的指示符号，打喷嚏是感冒、过敏或是刺激的指示符号。抽象符号与指称对象不具有直接相似。文字是抽象符号，同样一个苹果的形象，它可以被用来表示水果以外的东西，比如相关的知识或某个品牌的电子产品。

表现的互文性、多义性和不确定性

一个符号可以代表或象征着不止一件事物的观点，引出了表现的不确定性（将在下文详解）。对一些人来说，运动型SUV汽车的画面可象征或代表着奢华、冒险或性感。而对另一些人来说，则是环境灾难。雨声可以象征或代表温馨的夏日夜晚，也可以是即将来临的洪水。任何特定的符号其意义并非确定的，而是依据使用时的语境和解释。

换言之，符号不能独立存在，它们要么是更大的"文本"显性或隐性的一部分，要么是一组组符号和标记。经常可以在广告里发现SUV汽车的形象是将它们描绘为跋山涉险和欢乐家庭远足的组成部分。在音乐、电影或电视节目中，雨水飞溅的旋律感常被用来营造气氛。也就是说，在一个更大的符号系统的背景下，这些符号的含义本身是由它与其他符号的关系所形成的。如果我们面对的形象和声音缺少这种基础，我们往往根据自己记忆和想象提供自己营造的语境来生成含义。

含义出自更大的符号系统的观点，提示我们关注意义过程的另外两个重要因素。第一是含义生成过程的互文性。互文性是指我们从一个文本生成的含义取决于我们从目睹其他一组组符号中获取的含义

（克里斯蒂娃，1969；巴特，1968），即含义基于我们所发现的不同文本之间的关系。我们之所以把 SUV 理解为一款家庭用车型，这要依赖于我们将 SUV 作为一种交通方式的知识和代表同一个家庭成员的形象相结合。SUV 和幸福家庭两个能指叠加在一起，就创造出一个所指"家庭型汽车"。同样，我们了解全球变暖与车辆尾气排放相关，也可能使我们认为 SUV 是恶化环境的设备。因此，我们过去的经验（个人经历）为我们诠释在日常生活中所见到的符号和标志提供了背景。

在此值得注意的第二个重点为，生成含义是一个主动的过程。将能指和所指连接起来，加入以往和目前的经验，需要积极地参与。即使事物的含义显而易见，甚至十分自然，也需要积极有所作为。我们生成或者说制造出含义。即便当一个电视节目、一篇网络贴文或是一个电影场景其含义看上去十分明显，并且每个人都应该"懂得"，但从该表现中生成含义仍需要由观赏者花费精力。

由于符号可以存有各种不同的解释，它们是多义的，即具有"多重含义"（延森，1990）。一个苹果的形象，根据不同的背景可以解释为关于苹果的知识，某个电脑公司或者就是一种水果。从诸如此类的形象中得出不同类型和层次的意义就是其外延和内涵，外延含义是指符号的文字或最明确的解释，而内涵含义是指外延范围之外、不甚明确，或更多的可能出自主观性含义的解释。

广告是有目的地使用符号创造不同层次含义的例证。比如，联合利华公司多芬品牌在其广告中使用看似"普通"的女人，而不是在香皂和化妆品广告里一般代表标准美女的专业模特，"多芬真正美丽运动"试图再现广告中通常含义的美。

符号多义性凸显了语境对于生成和阐释含义的重要性。围绕媒介

第四章 媒介内容：探究意义的生成

文本制作的社会和文化条件，以及那些涉及文本消费的方面，都参与了文本含义的生成。同样，任何特定的符号都能够具有多重含义说明了"表现的不确定性"。一方面，符号以及它们作为信息的一部分，其含义是不确定的，因为呈现对象、行为或事件的方式有多种，总是能够找到另一种表现方法。另一方面，它们之所以是不确定的，因为在一个特定的信息中，发送者编码与接收者解码之间没有"必要"的含义对应关系。由于解码信息要求信息接收一方主动地参与，无法保证接收者真正可以收到或理解原本的含义。然而，每一个表现都是基于特定的语境，人与（或）媒介所进行的表现活动是将信息的受众或接收者引导向一个特定的或选定的含义。

有许多因素决定了表现的多义性或不确定性。不同的媒介为生成含义提供不同的系统。并且，一个表现系统也不能涵盖另一个含义的全部范围。比如，一幅画不能完全转化为散文，或者甚至是诗歌。雕塑也不能完全转化为一张照片，或者是一幅全息图。其中一些东西不可避免地丢失了。

表现的多义性和不确定性往往导致传播研究远离自然科学和社会科学的基础，转向以我们在人文学科中发现的解释为基础。它更加关注的是修辞学（如何说）和诠释学（如何解释），而非"真实"本身。

在传播研究中，某个陈述的重要性不限于它是否能够预测事件，可否被别人驳倒，或能否产生其他有趣的假设，这些全都采用的是科学的标准。其之所以重要，还在于一个传播行为是如何选择"重现"或"重构"某一事物，并赋予某个表现以力量，它的说服力或它的吸引力。无论是什么原因使某一特定的小说、绘画或电影比另外一个更受欢迎或推崇，或者甚至是一部小说比一部电影更具"感染力"，以传播的相对"真实"为论据并不能令人满意。探讨这些媒介和个人的作品，传播学者是以它们的修辞水平或者表现风格或性质为依据。

如果我们对媒介进行比较，电影和电视的视觉维度相当一致地增加了一种特殊的现实感，纸媒印刷品就无法提供这些感受。不过，与纸媒印刷品相比，电影和电视所获得的视觉维度往往会失去细腻微妙的刻画、人物性格的发展以及想象空间的发挥。同样，当一个人从书籍转向大众媒介或电视，对抽象观念的论述方式就会改变。电视要求一种场景、音效和人物的多元综合。这些在广播中只是部分出现，而在纸媒中则全然皆无。在电视中同一个人讲话超过几分钟，无论有何种视觉效果，往往都会损害说话人的可信度，或者至少是观众的兴趣。纸媒似乎与之恰恰相反，作者单一的声音将更容易引起读者的关注和理解。就制作内容的具体方式而言，不同媒介的特性往往趋向于细分。

作为社会理论的传播理论

研究传播过程，我们往往借助于社会理论，特别是传播理论来帮助我们理解传播过程是如何细分和运作的。何为社会理论？一般是指社会世界的表现，它是关于世界如何组织和运转的一整套观念。尽管我们都有关于世界如何运行的看法，但我们的推断往往是支离破碎和相互矛盾的。举例来说，生活常识的谚语就有"人多好办事"和"厨子太多煮坏肉汤"。虽然他们都声称提供了一种了解和处理工作的方式，但对如何做到这一点却提出了相互矛盾的观点。相比之下，社会理论致力于为社会世界的要素提供严谨、合理的解释。它是关于世界的表现，试图提供一个有关个人、社会团体以及周围世界之间关系的系统且全面的解释。

社会理论的目的何在？它在某一层面上提供了关于事物如何演变，以及为什么事物遵循自己存在方式的解释。而在另一层面上，这种解释指导人们减少社会问题并改善生活质量，或建构社会政策。套用卡尔·马克思的话来说，"社会理论的目的不仅在于认识世界，还在于改造世界"，并且是以一种使一切更加平等的进步方式改造世界，为全体公民提供更加公平地享有社会成果的机会。

作为一种社会理论，传播理论是呈现复杂传播过程的一种方法。它是一种试图了解各方势力的方式，而这些势力为人类传播以及我们特别留意的大众传播设定语境并赋予形式。

不过，传播理论种类繁多。其中一些是庞大社会理论的一部分，比如我们在前面章节中所探讨的自由主义、社会责任理论、大众社会以及马克思主义政治经济学。另外一些仅仅提供有关传播过程的部分解释，比如上述有关意义过程的符号学解释。一些提供简约的、高度抽象的观点，如我们在第一章概述的香农和韦弗的传播模式，其断言传播始于个人且终于个人。另有一些如传播的社会模式，通过以众多因素和变量确定的形式说明传播的过程。

为更好地理解各种不同的理论方法以及传播过程的演变，我们现将注意力转向另一个传播模式。

编码—解码模式

如前所述，大众传播是一个涉及编码（或创建信息）和解码（或解释信息）的过程。尽管这些均是迅即发生的过程，但在每一个时刻里，一系列社会组织和社会势力都在合成信息，人们从中生成含义，制定架构或设置语境。

借鉴斯图亚特·霍尔（1993）对此过程的论述，图4-1说明了涉及其中的一些关键要素。不过请注意，尽管绘图以单独的部分展示该过程的那些片段，但实际中所有的部分都是相互关联的。比如，就像我们在第三章所述，传播媒介与社会不可分割，它们是社会的一部分，并非是分离的或截然不同的技术系统。同样，媒介从业者的职业价值观与组织和技术的需求相互交织，理念并非独立游离于社会背景之外。尽管如此，为了说明起见，我们从庞大的社会背景中将传播过程抽象出来并将其拆解成片段，用以突显每一个片段所发挥的不同作用。下文中逐一对这些片段加以论述。

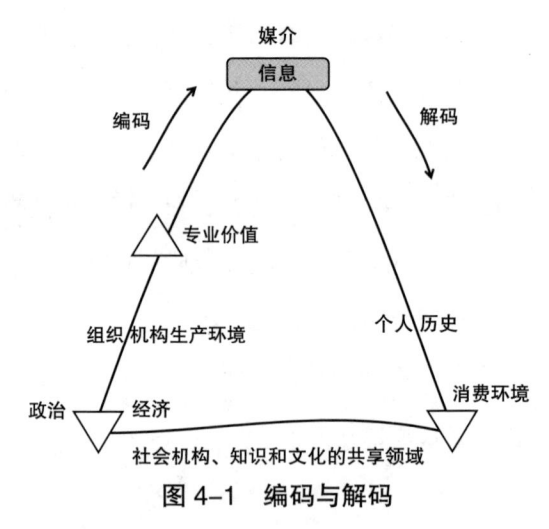

图4-1 编码与解码

来源：由哈尔（Hall）于1993年改编。

首先是社会制度与知识或文化的共同领域，这是我们生活的一般社会环境，媒介系统在此范围内运行。它包含了语言和社会风俗：我们所秉承的关于性别、家庭和工作的观念，还有规范并驱动社会的法律、法规和其他社会程序和架构，以及我们在这个世界上思考和行为的方式。很大程度上，这些都是我们在第三章中所提及的"工业社会"的元素。它们可以被看作是文化，抑或是构成我们社会的生活方式。诚然，每一个媒介生产者和消费者面对这个庞大的社会环境，其体验和利用的方式都不尽相同，而且往往有着相当的差异。比如，一本时尚杂志与《辛普森一家》电视节目制作人各自采用了一套完全不同的理念和情景创作其产品。然而，这种庞大的社会环境的确为指称提供了一个共同区域，可资人们利用并从中生成含义。

其次，广义的政治和经济过程为如何进行媒介的生产过程设置了背景。在政治方面，可以囊括涉及规范媒介组织运作方式和媒介从业者操守的专门性法律法规：诽谤法、版权法以及媒介所有权法规。就广播而言，可以包括《广播法案》以及加拿大广播电视委员会颁布的各种规定；电影有发行规定；而报刊则有所有权规定。如第三章所述，每一种媒介均在特定的法律法规环境下运行，这种影响在其制作产品的方式中无处不在。在经济方面，我们关注追逐利润或商业影响力对产品形成的冲击作用。如前所述，美国制作商借助于规模经济向加拿大市场倾销美国媒介产品。所有这些政治和经济环境都影响着媒介的内容，或者换句话说，影响着加拿大媒介产品走向世界的方式。

第三是媒介信息产生的机构或组织的背景。我们可以在此探讨组织的宗旨或使命对媒介组织的操守及其创作的产品进行规范的方式。比如国家电影局（NFB）的宗旨是"向加拿大国民描述自己的国家"，这是它制作所有产品的目的所在。同样，正如《广播法案》中所阐述，加拿大广播公司的宗旨引导了公共广播公司的行为准则。私营广播公司和其他媒介是以赢利为动机，因此，它们无论在资源的组织，还是在媒介产品制作方面都反映出其内在必然需要。

第四个影响媒介表现世界方式的方面是指导媒介制作商的职业价值观。那些创造出他们产品特征的具体观念，指导着媒介专业人士的从业实践。记者前往新闻学院学习如何辨别具有新闻价值的事件，并制作出新闻报道。同样，从事情景喜剧、肥皂剧和其他节目类型的编剧，都遵循着节目编排要求的预期和准则。

第五，如前所述，表现通过媒介的传播能够对观念和信息的形式及结构产生极大的影响。写小说和拍电影在叙述故事方面有着相当大的区别。通过广播向听众发表演讲与电视或报纸相比也有很大的差异。网络上的新闻往往是以有别于传统媒介的方式出现。

最后，就解码层面而言，消费背景（媒介产品在何处以及由何人消费）影响媒介产品含义的生成。年龄、教育、家庭背景、宗教、性别、种族以及族裔，这些某人的背景或经历的所有因素都影响媒介信息如何被解码。此外，大部分的个人经历都是社会经验，也就是从社会制度、知识和文化的广大领域中得出的经验。对斯图亚特·霍尔来说，这些因素可能会导致信息的诠释或"解读"范围从"主导"（解读内容与包含在信息中的想法或观点完全一致）转到"对立"（解读内容与包含的观点完全相反）。

同样，虽然编码者与解码者在这一领域的经验有可能相距甚远，但它提供了一套通用的"参照物"，即可以在媒介产品中适用或表达的观点、情形和场景。再以电视节目《辛普森一家》为例，其在世界各地许多国家以多种语言播出。要知道这些国家的文化和制度往往差异很大，而这些不同地方的民众却能够从节目中解码含义，并分享其中的幽默。为什么会如此？在很大程度上，这是因为节目的作者利用了一组人所共知的人物和情景。节目聚焦在一个典型的核心家庭（父母和三个孩子），居住在一个典型的美国城镇，过着一种典型的美国人的生活：做家务、工作、上学、与朋友消磨时光以及遇上麻烦。换句话说，无论是他们遇到的人物还是情景，都是许多人熟识并在一定程度上理解的工业社会中典型的生活景象，即使他们可能并不照此生活或者赞同这种模式。《辛普森一家》的编剧在创作节目时，需要借用形形色色的群体都熟知的理念。并且，就大多数情况而言，该节目之所以广受欢迎，依赖于其有能力在如此多样化中寻求知识和理解的共同点。

作为传播的一种社会模式，编码—解码模式吸引我们注意到这样的事实，传播过程的形式是由社会因素决定的。在特定的机构和组织环境中工作的那些个人，采用专业的标准，利用那些他们有可能与目标受众共享的社会知识来构建媒介信息；随后，信息通过特定的技术系统传递给特定的社会背景的受众。反过来，这些个人利用他们亲身经历所积累的社会知识解码信息，并在他们的生活中有效地运用这类信息。

对于理解某些理论如何设想传播过程，这种模式十分有用。很少有理论声称要阐释所有各个不同方面对于这一过程的影响。相反，它们专注于其中一些因素如何产生作用，确定媒介如何运行以及它们所具有的影响。

能动与结构：传播研究中的关注重点

能动与结构的关系一般来说是社会学理论研究的核心问题，对于媒介与传播理论则更是如此。换言之，人们通常是否能够采取任何他们所选择的行动？抑或是人们生活和工作的结构和过程决定了他们所能采取行动的范围和特性？这是一个试图解释社会如何运作的关键问题。

以经济体制为例，发展经济给人们赚钱的机会，反过来这可以支持他们从事更多的活动。上大学，去旅行，买房子，金钱可以增加人们可能采取行动的范围，或者换句话说，它可以提高一个人的能动性。教育体制存在类似的情况，好的教育使人们可以更好地认识世界是怎样运作的，以及他们在其中的位置。受过良好教育的人可以了解政治体制是如何操作的，以及什么人或什么利益集团从当前的结构中受益；了解媒介系统是如何运行的，以及它支持什么人或什么利益集团；了解经济体系是如何运转的，并利用这些知识赚取金钱。教育同样可以增加人的能动性。然而一些研究人员指出，社会的制度、程序和结构都兼具实现性和制约性（吉登斯，1984）。例如，在我们的经济体系中，有钱人能够获取范围广泛的商品和服务。没有钱的人则不能。因此，我们的经济体制制约了那些由于某种原因无法获得金钱的人。教育体制的作用也大致相同，在我们的社会里，那些有机会获得教育的人通常比那些没受过教育的人更有机会获得财富和权力。

能动—结构问题也是用来理解和解释媒介系统运行的关键问题。就媒介和传播而言，它可以概括如下：通常情况下人们是否能够将他们喜欢的任何想法和意思都编码成为媒介信息和节目？或者说，人们生活和工作的结构和程序是否决定了他们能够制作信息和想法的范围和特性？

语言本身为传播提供了结构，即进行传播的一整套词语和语法规则。尽管这种结构具有实现性，因为它使一个广泛的思想传播得以进行，但它也具有制约性，只有正确地规定了它的词汇，我们才能用这种语言进行交流。同样，在一家大型报社从事记者的工作也具有制约性，对于什么样的事件构成新闻，如何写新闻报道等等，必须遵循办报方针和职业操守，以及机构规则和交稿时限；但它也有实现性，因为它使得一个人能够从不同的角度撰写关于每天都在变化的事件和形势，也因为所撰写的材料会经常被成千上万的人阅读。

理解能动与结构之间的关系，即传播的过程和机构实现和制约传播的发生以及所传播的理念的方式，是传播理论的核心问题之一。

有关媒介内容研究的观点

对于媒介内容而言，历年来形成了一些观点并被用于这方面的研究。在本节中讨论一些在历史上比较重要的观点：文学批评、结构主义、符号学以及后结构主义；话语分析；批判政治经济学；内容分析；以及媒介形式或体裁分析。其中一些观点来自于更大的社会和传播理论。其他一些观点最好将其理解为探讨媒介内容的方法或手段，并且可能用于佐证那些更大的理论。在此，我们的目的是简要地介绍这些观点，并提供了一些对它们发展历史的了解。我们要特别探究它们如何解决媒介信息的编码，以及处理它们认为必然牵涉于内容制作过程的大规模社会和语言力量。本章节旨在有助于介绍那些用于相关研究的观点，而不是全面地回顾传播研究领域中各种有影响的不同媒介内容理论。分析是否应该集中在著作人（写作者）身上？是否放在文本（内容）本身上？还是放在影响著作人（写作者）的大规模社会情景上？这些问题并没有简单的答案,而且这些多样性的观点强调了一个重要的理念,不在于其中哪个观点正确与否,而在于每个观点都为分析媒介内容带来了什么有用的见解。

文学批评

文学批评是对作品原文的研究和诠释。它探讨以不同的方式分析和理解原文。它的起源可以追溯到最初有文字记载的时期。凡事一旦有所记载,则会留待众人去评说。世界历史上重大的运动和变革都曾聚焦于对某个文本的探究或重新审视。例如,马丁·路德曾质疑罗马天主教会对圣经的解释,以及天主教会限制接触圣经并成为圣经唯一诠释者的权利。同样,中国自宋朝(公元 10 世纪)开始,就推行对儒家经典的官方注释,民间的版本则一律禁止。

就传播及媒介内容的研究来说,文学批评的争论一直以来就尤其重要,因为让我们注意到,原文可能会以各种方式派生出语义。是否应该仅仅按照作者的本意阅读原文?或者读者可能在作者意图之外解码出来的含义,也可以被当作原文的合理"含义"?作品有否可能被视为作者受制于像语言和文化等力量影响的产物?

传统的文学批评模式是根据对作者意图的推断来阅览原文。从这个角度看,对作品的解读旨在揭示作者在原文中所表达的,恰恰是其头脑中有意识形成的东西。弗洛伊德的精神分析法声称能够进一步解释作者头脑中潜意识存在的内容。作品原文仅仅被当作是具体的产物,或者是以同样方式与同一个作家(创作者)的其他作品进行相互比较的载体(例如,简·奥斯丁的小说,莎士比亚的戏剧)。这种方法推广到了电影的研究领域（比如，阿尔弗雷德·希区柯克电影作品的相互比较）。在电影分析中这种方法成为著名的"电影导演理论"，该理论聚焦于导演的个人风格，而且将导演视为电影的原创者。

20世纪早期，"新批评派"成为一个最有影响的文学批评流派。依据它的观点，认为分析应立足于作品原文本身，而作者的意图和读者的反应均可被忽略。阅读作品的目的在于揭示作品本身语义的含混晦涩和多重叠加。近来，新兴的文学批评学派吸纳了语言学、社会学和人类学的概念，使讨论延伸至多重因素（包括语言和文化），而这些因素可以被引入到对内容的解释之中。然而，尽管这种观点承认表现的不确定性及符号和文本的多义性质，但分析仍局限于原文本身，并没有考虑文本与作者的个人经历，或对其创作可能产生影响的巨大社会或文化等外部因素。

结构主义、符号学，以及后结构主义

20世纪50和60年代，一种被称为"结构主义"的观点在社会科学和人文科学中占据着主导地位，尤其是在语言学、人类学、社会学、心理学与文学领域里。就分析媒介内容而言，结构主义的目标在于发现文本和类型的深层模式或结构；试图揭示赋予它们形式的语言或主题的普遍模式。这与上述"新批评派"的观点大相径庭。因此，作者在其作品（或生活）的创作中，基本被认为是一种演绎现存语言和文化规则的工具。从结构主义的观点看，在很大程度上语言讲我们甚于我们讲语言。换言之，作者、读者或受众的能动性都不被结构主义者视为创造含义的关键因素。

俄罗斯民俗学家弗拉基米尔·普洛普早期影响深远的研究工作当属运用结构主义原则的范例。20世纪20年代，普洛普收集了超过400个欧洲各地的民间故事，并且呈现出它们都是如何具有相同的叙事结构。首先，他确定了一套基本的（词汇的）因素（所有的故事都具有某些常项）：一个男主角或女主角、一个反派坏人、一个帮手。其次，他描述了自始至终推进叙事的主题。总会有某些事发生并因此安排主角（通常为男性）出场，在某一个时刻反派坏人企图阻挠主角，而另一个情节是主角在帮手（可以是也可以不是女性）的协助下，以自己的方式克服困难。普洛普能够将众多不同故事表面的复杂性，缩减为一组简单的基本叙事元素，其可以组合的方式数量有限（见普洛普，1970）。叙事的结构分析此后被应用于各种各样的故事，包括詹姆斯·邦德小说和电影（艾柯，1982；贝内特和伍拉科特，1987），言情小说（拉德韦，1984），以及肥皂剧（杰拉夫第，1991）。

叙事结构和表层因素一旦确定，普洛普与其他结构主义者就能够确定来自世界各地故事中反复出现的共同主题。一个很好的例子是，几乎在所有文化的神话里，都能发现勇气和美丽这两种力量形式的神奇结合。就这个例子而言，精神和肉体力量的男性化身（一般是一位王子）在他的王国里长大成人；美丽而善解人意的女性化身（一位公主）在她的王国里出落长成。其中一人或俩人同时可能会以某种方式隐匿起来（青蛙王子，猪公主），或者受困于某种情形（睡美人，灰姑娘），有时是由于不够成熟的弱点所造成的结果（卑劣的篡位者的阴谋，不谙世事）。一个变故，一个虚构的传言，或某种外力的介入诱导一位主人公（通常是父权社会里的男性或母系社会里的女性）踏上追寻的旅途，有时目标明确，有时漫无目的。追寻者找到了被追寻者（其梦想中的对象，再次证明了神灵的护佑），并凭借其美德或彼此共同的内在感觉、善良天性，或高贵品质，因而对她或他心有所属。这件事不仅印证了追寻者和被追寻者的姻缘，也印证了他们适合于统治别人的异乎寻常的才干（君权神授）。当然了，这场姻缘的子女也非常出色，因为他们继承了双方的优秀品质。

这样的神话继续上演。对加拿大人来说，或许20世纪王子与公主神话最明显的例子，就是威尔士亲王查尔斯和由平民受封成为威尔士王妃的戴安娜恋爱并结婚。然而，与许多神话一样，故事最终以悲剧结束。制造神话有着如此强大的魅力，以至于美国电影明星们会通过经纪人为他们打造自己的传奇身份（或公众形象），因此这些经纪人建议他们只接演某一类角色。有些演员力争扮演特定类型的人物（如阿诺德·施瓦辛格，梅丽莎·麦卡西），而另一些演员则追求更宽的戏路（如梅丽尔·斯特里普，克里斯蒂安·贝尔）。

结构主义领域里，另一位有影响的学者是我们在前面曾经提到过的瑞士语言学家费迪南·德·索绪尔。索绪尔阐释了后来被视为语言结构分析的方法（1974）。索绪尔提出，语言可以在理论上进行科学研究，作为一套基本的语言结构（"语言"，索绪尔用语），可以由任何母语使用者所产生的话语（"言语"，索绪尔用语）组合而成。他认为，"语言是一个表达观念的符号系统，因而比之于书写文字、聋哑字母、象征性的仪式、礼节程式、军用信号等等，它是其中最为重要的系统"。（索绪尔，引自西尔弗曼，1983：4—5），为了更好地理解这个系统，他主张建立符号的科学——符号学。

对于索绪尔来说，"意义"产生于符号之间的区别。鉴于符号与其代表什么并不存在必然的关系，识别符号的唯一方法就是知道它不是什么；比如，在交通路口的红灯就不是绿灯（西尔弗曼，1983）。

人类学家克劳德·列维·斯特劳斯把结构主义方法应用于社会互动，并声称他的研究表明"不是人们怎么用神话来思考问题，而是在人们毫不知情的情况下，神话如何在人们的心灵中运行"（列维·斯特劳斯，1969：12）。其重点在于有关事物的词语都带有先入为主的观念或"所指"，从而为解释世界设定了框架或背景。从这个角度看，你终于渐渐明白了为什么结构主义者有时宣称人们被他们所使用的语言"说"出来，而不是恰恰相反。

如前所述，符号学基于符号（能指/所指）分析两个层面意义之间的区别：外延和内涵。使用这一模式，罗兰·巴特（1972）以解码一切事物的思想含义而闻名，从摔角和脱衣舞，到卢浮宫藏画、电视节目、畅销小说以及广告。通过将日常媒介中发现的表象与资产阶级资本主义社会的意识形态相联系，巴特力图揭示大众文化促进主流思想和价值观的方式。

以一幅图片或广告画为例，SUV 在其中被描绘为可用于城市交通和野外探险的家庭用车。从巴特的观点看，该广告画不仅代表着 SUV 作为家庭生活的一部分，而且也借用了另一种内涵，更深层更微妙的一系列推断和价值观。基于这样一个观点，即在广告包含的各种画面里能够发现不同的含义以及可能的选项，该广告背后有如下理念：核心家庭是天然的和占主导地位的社会单元；私人汽车是首选的交通方式；征服自然是合理愉悦的休闲活动。社会问题，诸如当今时代何以构成一个家庭，使用燃料动力车辆所造成各种形式的环境破坏等等均视而不见，都被掩埋在这些更主流的当代社会神话之下。换句话说，广告词针对广告中的对象，以一种特定的方式将读者定位，并引导读

第四章 媒介内容：探究意义的生成

者对这些广告对象进行十分具体的阅读或理解。从这个角度看，通过接受 SUV 是理想家庭用车的观点，你不仅接受了广告明显的假设，而且你还吸纳这些观点背后的成见。从 20 世纪 70 年代到 80 年代，巴特式符号学分析成为解读文化文本的首选方式（例如，详见威廉森的广告分析，1978）。

尽管结构主义和符号学对于语言构建传播内容和形式的方式，提供了有益的见解，作为分析模式，或许它们最大的缺陷在于贬低特殊性的重要意义使其让位于普遍性，恰如"言语"之于"语言"的对比。因此，这种贬低人的能动性和传播中个体说话者和倾听者（或生产者和消费者）的作用，以及忽视传播过程中信息背景的做法，成为他们被人诟病的主要原因。

自 20 世纪 60 年代始，后结构主义作为一种批判的观点出现，它认为文本存在着结构上的一致性，编码过程以某种方式为解码者固定或固化意义。许多后结构主义的主要代表人物便是早先的结构主义者，其中就有罗兰·巴特。

对后结构主义者来说，"意义"产生于解码行为，因而它是读者或受众的权限范围。无论意义来自任何特定的文字、图像或声音，都是人们解释这些符号的产物，而且取决于他们参与此项活动的视角。例如，女性对内容的解释可能不同于男性，同性恋不同于异性恋，儿童不同于成人等等，不一而足。文本的理解涉及对它们的"解构"，以便发现它们所包含的可资利用的差异。意义在内容中从来都不是固定的。它始终保持着不确定性直至下一个读者予以明确。借用符号学的术语，后结构主义认为，符号已经散乱，能指不再能够被称之为有特定的所指。再回到 SUV 广告，有谁会在乎那些貌似由广告公司赐予汽车的所谓幸福异性恋家庭的象征？看一眼广告描述的宽敞内部空间和时尚的配置，也许一个同性恋环保主义团体会认定这是运送其成员前往山区的理想交通工具，那里有他们最新的水禽栖息地恢复项目。

这就是巴特在其著名的论文《作者之死》中提出的观点（1977b）。巴特认为，由于文本只有在进行阅读理解时才变得有意义，意义的来源是读者，而不是作者，就像电影导演理论所主张的那样。这种在理论上令人诧异的反转，其结果是授权给了读者或受众。不必再因试图找出什么莎士比亚写《哈姆雷特》时"心中的"形象（巴特认为，反正也找不到），而身陷于枯燥的工作。读者或受众可以按照其自身的体验，自由创建自己的意义，开放而不是封闭文本的意义。任何一个"真实的"或"可靠的"文本意义的概念不复存在，或者意义以某种方式禁锢在文本自身之中。相较于读者或受众合乎情理多样性的解释，文本也是多义的，并且具有任意多个不同的可能含义。读者的概念也发生了变化，从被动接纳强加给文本的含义到主动探索文本的各种可能性。

如第五章所述，就受众与媒介内容的关系而言，在解释发生转变的同时，看待观众的方式也出现了转变。

话语分析

话语分析是另一个有着悠久历史的观点，可以追溯到超过2000多年前的"修辞学"。修辞研究注重使演讲更具有效性，并且一般用于处理计划、组织、具体操作以及在政治和法律场合发表演讲（梵迪克，1985，卷1：1，参见默里，2012）。由此可见，它寻求了解语言如何吸引观众。

结合修辞学原理和结构主义方法，话语分析专注于语言如何作为一个表现系统，为我们在社会世界中提供一种特定的观点或"立场"。它将语言设定为一种结构，而通过进入这个结构的内部，语言给予我们一种特定的世界观。如今，话语分析的许多方法应用于传播学研究（参见费尔克拉夫，2010；梵迪克，1997），其主流趋势是侧重于语言使用的具体实例以及它们与社会权力的关系。此外，研究语言使用的具体模式是如何束缚了我们的思维方式，并且逐渐"沉淀"在社会权力的具体制度和关系之中。

这些分析模式中的第一个类型表明，语言使用的特定句型和习惯用法是如何变得理所当然，并且研究这些句式如何作为更大的观念，改变我们关于世界的体验和认识。譬如，话语分析方法用来说明语言的性别特征，并通过历史指称表明此类语言赞成社会的父权统治形式。这些长久普遍存在的词语有主席（chairman）、救火员（fireman）、渔夫（fisherman）等等。如今为促进更加平等的关系，我们使用中性的语言，因此就有了主席（chair, chairperson）、消防员（firefighter）、渔民（fisher）这些用词。

此类分析也提供了一个理解媒介内容的各种具体因素是如何共同作用的途径，创造出针对社会事件和情势的一个更大视角或一种观察方式。例如，有关联邦大选报道的话语分析，可以审视所有关注选举的不同类型媒介内容，诸如现场辩论、民意调查、报刊社论、即时新闻等各种报道，并分析对不同的领导人和政党报道的处理方式。是否给予了他们相同的时间或空间？是否对于一个政党或领导人的观点，在处理上较之于其他党派给予了更多的赞同或同情？

同样，话语分析可以用于探索文本定位不同话语的方式，以及该定位中所固有的权力关系。珍妮佛·布金斯基和苏珊·布莱恩特在她们的文章《"绿色环保绝非易事"：广告中环境话语的粉饰》中说明，一些公司是如何假借环保主义的语言将依然对环境造成破坏的产品冠之以环境"友好型"（布金斯基和布莱恩特，2013）。例如，高乐氏公司（Clorox）大量销售有害环境的化学制品，却宣传此类产品的"绿色"理念。尽管汽车仍然是全球变暖的主要因素之一，像福特和丰田这样的汽车制造商还在推销所谓环保汽车。正如作者指出，广告中往往采用环保主义的语言来隐匿或掩饰消费者继续购买有害产品与环境持续恶化之间的关联。

话语分析的第二种类型更具有结构主义的特征，认为在观念形式或观念组合上，话语（语言）成为一种认识世界的方式，并且转而成为一种控制它的方式。在包括关于癫狂、监狱、性欲的历史等一系列研究中，米歇尔·福柯（1995，1988，1980）通过将犯罪、疯癫和性作为科学探究和学科研究的对象，从而说明这些探究中产生的"知识"或观念如何成为控制行为举止的一种手段。

作为世界上思维与存在的方式，话语被"沉淀"或建构在制度和组织之中。它们成为支配我们生活以及我们在这个世界上思考、观察和存在方式的法规和准则。如此一来，词语从简单的观念转变成为社会实践的规范。比如，思考一下教育理念是如何被沉淀或建构在特定的训练、对象和机构之中，诸如班级课程、教科书、中小学或大学。换言之，教育的理念已经以特定的物理空间（教室）、行为活动（听课）以及练习实践（考试和写论文）的形式出现。

按照这种描述，我们生活在话语包围之中，有如水中之鱼。当语言以观念的形式呈现出其自身的活力时，话语的潜流改变和决定了我们大部分的生活（如果不是全部的话）。在个人层面，庞大的社会话语限定了我们的观念、企望和欲求。我们的身份是由话语赋予的具体形式，我们是男性、女性、加拿大人等等含义的其中一部分。由此看来，媒介内容可以被视为是这些庞大话语结构和社会机制的一部分，通过它，行为规范、价值观以及世界"究竟"和"理应"如何的观念被加以传播并且生生不息。

批判政治经济学

从马克思主义的观点来看，媒介通常站在私人资本和社会中占统治地位的利益集团一边（见第三章），批判政治经济领域的学者从多个方向探讨媒介问题（见莫斯可，2009）。譬如，20世纪70年代，达拉斯·斯麦兹就指出，媒介表面上的目的是服务观众的利益和品位，即知会和娱乐人们，而事实却与此相反，私营的广播公司和报刊用来平衡它们收入的产品是"观众"，商业媒介公司真正的业务是将观众销售给广告商。由此看来，媒介所服务的是所有者的利益，而不是一般意义上公众的利益。诚如斯麦兹所言：

> 资本主义制度制造了以下三股信息和事物彼此相互独立的假象：做广告仅仅是为了使新闻、信息和娱乐获得"支撑"或"变为可能"，而这些信息与我们所购买的消费品和服务各不相干。真实情况并非如此。商业化大众媒介一向是彻头彻尾地从事广告宣传，无论是广告本身还是"节目素材"都是费尽心机、故弄虚玄，这对商品和服务的销

售至关重要。节目素材的制作和发行是为了吸引和保持观众的注意力,以便可以统计其人员成分(通过受众调查组织,然后验证产生受众的规模和特征),并出售给广告商。(斯麦兹,1994:9)

从一个更宽广的视角出发,爱德华·赫尔曼与诺姆·乔姆斯基(2002:2)在他们合著的《制造共识:大众传媒的政治经济学》一书中指出,存在五个政治上、经济上和组织上的"过滤器"对美国新闻媒介进行筛查,以保证新闻出品有利于政治和经济精英阶层。

1. 媒介所有权集中在少数大型私营企业手中。

2. 媒介依靠广告业务作为其主要收入来源。

3. 媒介依赖政府和商业精英作为新闻和观点的主要来源。

4. 当新闻与利益集团对立时,来自强势现存利益集团的"抨击"和负面反馈。

5. 坚信"市场奇迹"是一种满足社会需求的手段。他们认为,该模式"发现了能够使金钱和权力过滤适合刊登的新闻,排斥异议,并且让政府和占主导地位的私人利益集团得以将他们选定的信息传达给公众的途径"。

总之,媒介在上述条件下操作运行,确保了新闻内容通常对现状表示赞同,并且有助于维护我们的政府形式和经济体制的合法性。

一直以来,传播政治经济学被用于说明:如何采用新媒介技术重塑全球媒介行业(温赛克和金,2012);为何在加拿大电信政策中,企业利益通常优先于公共利益(摩尔和谢德,2011,2008;温赛克,1998;贝比,1990);为什么加拿大媒介普遍被美国产品所主导(潘达可,1990;斯麦兹,1981),企业媒介何以通常表现出代表狭隘的观点和意见（哈克特和格吕诺，2000）；以及政治经济因素如何左右加拿大的电视制作（德鲁伊克和考斯托普洛斯，2008）。

总而言之，批判政治经济学的主要观点是，管理社会的庞大政治经济关系，不仅延伸到媒介运行方式的结构，而且也延伸到它们向我们表达世界方式的结构。联系实际来观察这种观点的"真理性"相对比较容易。譬如，一个私人拥有的媒介渠道如果无法盈利，无论它宣称其拥有何种理念或观点，最终它都可能会退出经营。因此，只有那些有利可图的电视节目，或最盈利的节目才会被播放。同样，如前所述，由于经营美国电视和电影产品赢利大大超过放映同类的加拿大节目，加拿大的大小屏幕上都充斥着好莱坞的内容。面对这些因素，政府采取了许多步骤，以利于在本国确保各种各样的观点和看法得以发声，这包括创建我们的公营广播机构：加拿大广播公司（加拿大广播电台）。

在此应该指出的是，媒介生产所达到的程度实际上受限于政治经济各种因素，而且类似因素的影响应该如何与种族、性别以及族裔等其他社会变量加以权衡，这些都是许多争论的话题。

文化批判

结构主义和政治经济学共同具有的一个主要优势在于它们提供了一种手段，其可以用来理解媒介内容如何成为一系列重大社会环境的产物。事实上，正如编码—解码模式所说明的，媒介产品生产者不能任意创造出他们想要的内容，他们在生产过程中的能动性受一系列因素所支配，如可供使用的预算、职业操守或规范，以及许多其他的社会和文化因素。而当政治经济学表明经济在生产和创建内容的方式方面作为主要或首要的决定因素时,文化研究则提供了更广阔的视角(见第五章)。

例如,为什么媒介机构高管人员中男性比女性多?以及我们在下文中所讨论的,为什么电视广告中始终缺乏或歪曲少数民族?负面情绪的种族偏见(赫吉,2014)为什么往往可以在新闻报道中出现?这些问题并非政治经济学的分析能够轻易回答。相反,我们需要依靠强调其他社会因素或决定因素的观点,如有关性别、种族和族裔的观点,这些都影响着媒介和媒介内容为我们描述周围世界的方式。了解这些问题在媒体内容的生产方面所发挥的影响,以及歪曲事实可能对人们的生活造成的巨大冲击这个事实都是传播研究的一个重要组成部分。

内容分析

尽管它往往被用作一种分析媒介内容的方法,值得我们在此予以关注,但"内容分析"不是一种理论。相反,它被用于和诸如话语分析或批判政治经济学等理论方法相结合,以确定媒介内容的特征,比如在新闻报道中是如何叙述或处理具体的人员、社会团体或事发地点,以及在具体的报道或电视节目里包括或者遗漏了什么(里克特等人,2011;克里彭多夫,2004)。

内容分析着眼于媒介内容的定量方面,具体而言,就是一个特定类别现象的发生数量。例如,什么地方(国家、省、市)被写进了新闻报道?报道了哪类话题?记者在写一个报道时引用或利用了什么来源?引用某些政客的讲话是否多于其他人?走访某些智库是否多于其他机构?在新闻中是否经常报道少数族裔?如何报道?

第四章 媒介内容：探究意义的生成

内容分析系统依照下述方式运行。首先，分析者确定将被测量的各个变量。变量可以包括新闻报道中的普通话题或故事主题；描述的具体人、地点或事件；对于这些事件是以肯定的还是否定的态度进行叙述或处理；以及引用的消息来源或专家意见。研究者然后建立起短语、句子、段落、专栏版面等分析单元，并且描述这些变量以及它们与内容的其他方面可能存在的关系，如图片或者占据重要版面的长篇大论的文章。根据它们在一个或多个媒介产品（报纸、电视新闻节目等）中发生的频率，分析者能够逐步提供一种有关该媒介处理问题的解读。

如果你使用内容分析方法，那么，那些在报道中被遗漏的东西可能和那些在报道中出现的东西同样重要。例如，"加拿大新闻观察"的一个研究显示，在一个6个月的时段里，加拿大广播公司（CBS）和加拿大电视网（CTV）的电视新闻播报中，"右翼智库占所有参考意见的68%，而左翼智库仅占到19.5%"（哈克特和格吕诺，2000：204）。虽然这些统计数据没有告诉我们新闻报道的内容，但它们显示在那个时段里，源自右翼方面的咨询或建议超过其他方面三倍之多。同样，对自称是加拿大全国性报纸的《环球邮报》《国家邮报》和《义务报》的网络版内容分析表明，它们的报道根本就不是全国性的，大部分局限于它们所处的城市和省份以及联邦政府机构的活动（加什尔，2007）。而且，通过比较它们在气候变化方面的报道，甘斯特（2011）发现，在不列颠哥伦比亚省，主流媒介与独立或其他媒介的观点相差甚远。

其他的研究显示，加拿大主流媒介普遍缺乏对有色人种的刻画，即便是有所反映，往往也脱不去刻板印象（赫吉，2014；吉沃尼，2010）。同样，有关加拿大电视商业广告的研究发现，对于少数族裔的反映一直明显偏少且受到歪曲（史密斯，2014）。

在另一个例子中，内容分析聚焦美国新闻对拉丁美洲的报道，随着时间推移显示出有关拉丁美洲新闻的主题词，最经常报道的内容也就是自然灾害，如地震和火山爆发。20世纪70年代，则逐渐转向对独裁者和所谓香蕉共和国的关注。内容分析说明，不仅就世界上整个一个地区的"新闻"定义而言，这些内容过于琐碎，而且新闻意义也出现缺失，它未能提供有关世界上这一地区经济、政治或社会发展方面任何严肃的描述。

从上述例子中可以看到，内容分析能够成为一个有价值的工具，它有助于发现媒介反映特定的社会群体或观点上存在的体制性偏见或问题。

体裁或媒介形式

另一类分析方法源自于麦克卢汉"媒介即讯息"的概念。意义的表现既受制于媒介本身如何构建和承载内容，也受限于体裁或内容类型，而其中任何一项具体内容都是一个组成部分。

就媒介而言，海耶（2003）阐明了分析方法着重"研究蕴涵在内容载体中的特性，以及那些特性对于制作、传输和接收所具有的影响"。体裁分析依赖于艺术和业界约定俗成地构建或支配内容制作和消费的方式。但在探讨内容的具体类型时，就如何辨析传统风格和介质的影响并不总能达成一致（参见梅罗维茨，1994）。

以电视和报纸进行新闻报道之间的区别为例。尽管它们同属于新闻这样一个宽泛的内容体裁，电视和报纸呈现内容的方式却是相当的

第四章 媒介内容：探究意义的生成

不同。就电视而言，新闻团队致力于制作令人震撼的视觉效果和简洁迅速的事件报道。而另一方面，一篇报纸的报道取决于它的感染力因素，如对事实合乎逻辑的陈述以及透彻的分析。这种差异是介质（电视与报纸）或传统（新闻记者所选择报道新闻的方式）的产物吗？

尽管相比于正常电视新闻切换画面的快节奏，从头到尾地读新闻似乎会让观众感到耗时而枯燥，但是一个电视节目主持人仍可以在电视上照本宣科地念报纸新闻的文字报道。事实上，网络媒介也经常以文本形式在电子屏上报道新闻。另一方面，报纸和电子屏幕之间有相当明显的差异，这些差异对于如何发布信息具有重要影响（参见海耶，2003）。

无论如何，除了介质对内容的影响外，了解更多有关媒介体裁与形式的文化和经济的历史，无论是对于它们内容的特性还是众多的文化意义都提供了重要的见解。

肥皂剧

肥皂剧出现于20世纪30年代的早期电台商业广播，它曾是一种流行的文化形式。针对拥有可支配收入的居家女性受众参与社会生活而设计，吸引她们接触消费的技巧，特别是家用保洁产品（威廉姆斯，1992；拉瓜迪亚，1977）。如今，法语（teleromans）和西班牙语（telenovellas）电视版的肥皂剧，在魁北克地区和中南美洲国家颇为盛行。

肥皂剧是被用作分析最多的电视叙事体裁之一。女权主义学者一直对它们特别感兴趣，因为对于许多国家的女性观众来说，它们是首

133

选的娱乐形式。分析集中在肥皂剧的形式和内容以及它们给观众带来的乐趣。

随着时间的推移，有关肥皂剧的学术观念也发生了变化。首先，它们被认为是通常电视招致批评的缩影，电视呼应了大众社会的命题：琐碎无聊、无所用心的娱乐。不过，如同电影、杂志、体育以及其他电视节目等其他形式的大众文化，其所提供的乐趣渐渐地被认可为正当合理的消遣，因而肥皂剧也被发现具有更为积极的一面（杰拉夫第，1991；拉德韦，1984）。

音乐录影

类似于肥皂剧的方式，音乐录影，特别是摇滚录影的出现，起因是制作商想吸引观众购买他们的产品。肥皂剧和音乐录影之间的区别在于购买录影产品是促销手段的一部分，用来引起观众对它的注意。音乐录影是观众想要购买的音乐录音的视觉增强版。有时候，它们为已录制的音乐提供一个视觉曲目，像迈克尔·杰克逊开风气之先的歌曲《战栗》的录影，或时间上更近的一些说唱和嘻哈的录影，这些都是他们凭借自身实力制作的高水平艺术精品。

作为媒介内容，摇滚录影为观众提供了一个流行文化的切入点。它们提供了各种样板，购买服装和饰品，举手投足，姿态表情，诸如此类。由于强调富有想象力的创作素材，音乐录像弥补充实了时尚摄影和杂志。观众在流行音乐基调上加上个性化的解读并注入活力，提升了被时光凝固的时尚摄影的品质。（见戈夫曼，1959；福纳斯等，1988）。詹姆斯·柯伦（1990：154）曾说，"（流行）音乐被视为青少年寻求确定自我独立的集约化生产身份标识的实验场"。受此启发，研究人员经常认真琢磨这些影像，以了解哪些亚文化趋势似乎正在被效仿或追捧，并评估它们在塑造个人和文化价值观方面所起的作用（参见贾海利，2007）。

真人秀电视节目

在过去的15年里，有一种来自于现实的电视体裁日益受到欢迎。作为一个内容种类，电视真人秀包含各种不同类型的节目，包括真人游戏、达人海选、烹饪美食、体育运动、名人生活、脱口秀、隐藏拍摄、恶作剧，以及彰显个性的"人生中的一日或一周"。

真人秀有时候呈现出一种纪录片式的风格，并且侧重于没有脚本的"真实生活"情况。而其他时候，故事情节和叙事结构是通过剪辑并且（或者）在人为假设中引入主体参与来实现。其他传统的叙事手法，如刻画个性，则是通过聚焦人们稀奇古怪的个性和工作，或通过严格筛选和分派参与者出演来完成。

对于制作者和电视台来说，真人秀的主要吸引力在于它的低成本。由于不必支付演员昂贵片酬，也无需高价制作布景道具和特效，应对当今电视市场碎片化所造成的困难，就地取材的电视节目是一剂良药，并且对于永远不乏选择的个性化广播台站来说，观众群萎缩而广告收入增加的情况变为可能。这些节目的大多数参演人员并无薪酬，布景道具或场地不用太多准备。同时，在相对应的解码一侧，真人秀电视节目和观众之间的距离缩小到使普通人变成电视明星，而且在电视节目中采用了非专业人员制作的视频和其他材料。这种相对而言较近期才出现的电视新体裁,引发了一系列有关其政治经济根源和文化意义的研究(巴尔特鲁沙特,2009;默里和欧莱特,2004)。

广告

广告也许是最主要和最普遍的媒介体裁。在以市场为基础的消费社会中,广告具有深远的意义,并且通过创造对产品和服务的认知和需求将生产者和消费者联系起来,使得大部分经济充满生机。广告处于大众商业媒介最基础的位置,筹集制作费用并且传送大多数信息和娱乐。由于消费产品收取了附加费(广告成本被计入产品成本),广告已变成为媒介提供资金的核心手段。使用诸如报纸、电视、广播、网站,以及有线电视、卫星和移动传输系统等媒介,消费者只支付内容成本的一小部分。相反,大部分费用由广告商支付,他们希望观众"关注"他们所赞助的内容,尤其是那些包含广告信息的内容。

媒介对广告的依赖性对媒介产品的内容和设计有着深远的影响。例如,产品的设计是为了吸引具有特定人口特征或特性的受众。像《环球邮报》这样的报纸针对高收入专业人士并迎合他们的兴趣;如《女主人》这样的杂志设计用来吸引年轻女性;或者像"斯派克"这样的电视台专门面向年轻男性。出版商和制作商主要考虑的是,究竟谁会阅读或观看他们的内容。并且更进一步而言,广告商会为受众的注意力付费吗?所以,内容是专为吸引特定的人群而量身打造的。

社交媒介也存在同样的问题。为了从服务中赢利,或者说赚到钱,像"脸书"、YouTube、"谷歌"以及"推特"一直在全力以赴地找寻从它们的服务中产生广告收入的途径。事实上,正如我们将在以后

第四章　媒介内容：探究意义的生成

章节中所述，新媒介机构有时通过隐匿的方式收集并出售用户信息。这给一句旧格言注入了新内涵，"如果你没有为产品（或服务）付费，那么产品就是你"。

媒介产品的设计也同样体现了商业这一必然要求。电视网的情景剧节目通常在一个高潮或剧情冲突之前插播广告，节目的编排是为了让观众坚持看完商业广告时段。翻过纸质报刊头版，版面通常被设计为使读者的目光所及首先落在广告上。网络内容也日益讲求设计，以确保浏览者的眼睛能够看到赞助广告商。

现代广告业是伴随大众媒介逐渐发展起来的，而且如同约翰斯顿（2010）指出，"加拿大出版的第一份报纸，《哈利法克斯公报》（1752）登载过杂货店、印刷商铺，以及哈利法克斯当地私人教师的广告"。不过，我们今天所了解的广告，形成于现代工业社会兴起之际。从1880年到大约20世纪20年代，由于产业扩大，工人工资提高，识字率上升，消费社会出现。正是在这个阶段，广告代理行成立，并开始向产业提供创意服务和市场分析。所有这些服务有助于将产业推向新的高度。

因为刺激了需求，广告有时被誉为消费社会物质丰富的基本要素，但是它也被批评为环境退化和自然资源萎缩背后的主要推手。浮夸和充满诱惑的广告持续不断地狂轰滥炸，助长了大量虚假需求（人们并不真正需要的商品和服务），驱动了一种以不断升级的疯狂消费为特征的生活方式（莱斯等，2005，83—87）。在一个将购物推崇为娱乐形式的世界里（购物有时被形容为"零售疗法"），其必然的后果是森林资源耗尽、石油供应匮乏以及全球气候变暖。

如今，广告业是一个数十亿加元的产业。2009年，广告商在加拿大的报纸和杂志，电视和广播以及网络媒介上花费了超过125亿加元为商品做广告。网络广告迅速呈现出越来越大的重要性，从2000年的9800万加元上升到2014年的35亿加元。虽然网络广告在上升，但其中大部分的广告费将仍用于报纸和传统的电视广告，因为在数字时代这些媒介也努力地彻底重塑自己。无论如何，所有这些花费意味着我们处于一个被商业信息狂轰滥炸的环境。有一些作者声称，生活在城市的人们，每天都可以在媒介上、广告牌上、海报上，甚至在个人的服装上看到多达5000个广告，早期的广告是通过加强或宣传消费者满意度来增加销售的一种方法，但它现已变为制造商借以创造需求，推出产品，并保持销售的手段。工业所具有的巨大生产能力，以及各行各业的健康发展（乃至于我们的市场经济），已变得依赖于消费来保持同步。正因为如此事关重要，而且空间或时间的制约又是如此之大，参与制作广告的投资高得令人吃惊。一个30秒钟的电视插播广告，其制作成本超过30分钟的节目，而这种情况并不罕见。广告产品数以百万加元的制作投入，当然，还有后续的费用支付给媒介渠道及演员，以便广告能够一遍又一遍地被收看或收听。

  广告试图建立起具体产品与潜在消费者之间的关系。当产品具有大体一致的基本特征时，比如啤酒的口感和酒精含量或洗涤剂的清洗效果，这种关系就显得尤为重要。莱斯等人在其《广告中的社会传播》一书中说明，多年来，广告商和营销商使用了五个基本的文化表达或策略，或者说是尝试来建立这种关系（2005，566—568）。在20世纪最初的几十年里，尽管现代广告业正式出现，广告也仅仅是描述商品特性的信息来源。在第二个阶段（1920年至1950年），广告变得更具象征意义，商品等同于"身份地位和社会权威"。1950年到

第四章　媒介内容：探究意义的生成

1970年期间，话题转向"感官方面"，变得更加"个性化，如浪漫情调、官能感受以及自我嬗变"。20世纪七八十年代，广告开始吸纳生活方式的意象，而且"产品形成了各种群体消费实践的标记"。近期，虽然产品本身仍然是批量生产的，但其使用已呈现出"小众化"，并且鼓励消费者使用产品来提高和加强自己的个性。如今，你能够发现在广告制作中同时运用所有五种表达方式。

广告的类型也存在区别，除了向消费者推销具体产品的直接播放和展示以及分类广告外，还有其他四种类型的广告值得注意。第一类，广告与其说是针对公司产品不如说是公司本身，通常称之为机构广告。设计这些广告是为了推广良好的企业形象，宣传企业的长处，而不是一个具体的产品或产品系列。由于环境问题是重要的公共议程，如今此类广告往往侧重于那些公司是如何的环保。比方说，试想一下现在有多少公司努力将自己描绘为"绿色的"。

第二类型包括那些伪装成报道的广告。它们被冠以不同的名称，包括信息式广告和社论式广告，定制或赞助的媒介内容，或称作"原生广告"。这些新闻报道、图片以及其他材料都是为了推介特定产品、企业或企业活动。至于印刷宣传品，有时是记者代笔，但也可以由专门炮制这类内容的公司提供，或者由文章当事人的公司员工或机构的职员撰写。信息式广告、购物节目，甚至简要新闻，与社论式广告一样，力推特定的产品。由于报纸、杂志以及传统电视面临来自互联网和专业频道的竞争，广告收入锐减，因此这些媒介更加青睐此类内容。并且，随着出版商和其他媒介制作商热衷于此的程度有增无减，因而，也难以辨别它与其他形式媒介内容的不同（克拉钦斯基，2014）。

另一种类型的广告是产品植入。好莱坞电影剧本在写作中插进各类产品已经有很长历史了。例如，在1932年马克斯兄弟的电影《马鬃》里，有一个著名的场景（属于低级趣味），当其中一个角色从小船中落水大呼救命时，格劳乔·马克斯饰演的角色瓦格斯塔夫教授，丢给她一包救生员牌糖果。尽管产品植入的方法已经使用了多年，如今在电影中依然无处不在。汽车制造商花大价钱在惊险动作影片，如詹姆斯·邦德系列中展示他们的车型。麦片和酒类制造商为使其产品编排进电影和电视脚本而付费，无论是出现在画面上还是在对话里。

最后，由于各类公司邀约观众自己制作商业广告，越来越多的广告制作形式来源于观众。例如菲多利乐事公司，几年来一直在"超级碗"的转播中播放消费者制作的广告，而像星巴克和通用汽车这样的公司也试图利用这一新潮做法。不可否认，围绕这样竞相攀比的炒作本身会对品牌产生某种刺激，并强化观众对这些广告的关注。

社论式广告、信息式广告、产品植入以及其他形式的推广促销内容的泛滥，说明多年来内容和广告之间的关系已经发生变化。广告曾经被视为有别于其他形式的媒介内容，当悄然潜行的重商主义已经越来越多地成为我们文化的一部分，媒介渠道之间的竞争更加激烈，广告与其他形式媒介内容之间的界限业已模糊，现在将它们加以区分也变得日益困难。

"品牌"处于这种促销文化的中心。如阿斯奎斯和赫恩所述：

> "品牌"一词通常被理解为代表一种独特形式的营销实践，目的是通过叙述和图像将产品和服务与相呼应的文化意义联系起来。近年来，推广品牌的实践已经从试图直接确立消费者品位转向更间接的下功夫构建特定的消费氛围，包括感染力和价值观，这些势必有可能影响消费者的

第四章　媒介内容：探究意义的生成

行为。一个品牌涉及的不再是一个简单的商品，而是一个完整的消费"虚拟环境"虽然徽标或商标最初的目的是为了保证品质，如今它已经成为明确某种社会身份类型的标志，招揽消费者与其产生关联。

在这种方式中，品牌可以被视为莱斯等人所确定的"去大众化框架"的组成部分，消费者被鼓励去拼装一套能指（或品牌）来构建自己的身份认同。

由于它所具有的文化意义，广告是被研究得最多的媒介内容之一，而且研究人员从众多的角度对它进行探讨。持批判观点的研究者如莱斯等人或阿斯奎斯和赫恩，他们探究广告融入并推动我们生活中更为广泛的社会和文化潮流的方式。其他一些研究者，借鉴文学批评和符号学的理论遗产，研究广告本身以了解它们是如何描述种族、族裔以及性别关系。还有一些研究者，通过解读广告阐述它们是如何证明资本主义制度的合理性并维持现状。然而，不管人们怎么去解读，广告为社会分析提供了丰富的领域。

第五章 媒介与受众

概述

如前所述,媒介在许多层面与我们的生活相互交织。在政治层面上,它们协助架构并促进我们对于事关公民权利的事件和情势的认识,了解社会是如何进行政治化组织,以及我们在组织中的作用和目的。在文化层面上,媒介左右着我们对具体生活方式、社会群体、性别以及种族和族裔特质的观念。在我们对社会角色(例如母亲、孩子、教师)、社会组织和机构的理解过程中,它们可谓是共谋串通。它们将称呼我们为某些媒体名人或某类节目的忠实观众和狂热爱好者。而在经济上,它们把我们定位为消费者。通过所有这些方式,媒介将我们的存在感限定并展现在一定范围内,并且在与他人和世界的关联中提供一种自我认知。尽管如此,一般来说,媒介称呼我们为受众,即它们内容设计所针对的各个组别或各个群体的个人。媒介寻找受众,有时是为了广而告之,有时是为了启发教育,还有其他时间是为了消遣娱乐,并且通常是为了出售给广告商,或为了给支付节目内容的费用埋单。

随着新的交互式媒介可供选择余地的激增,人们对于将他们的参与当作成为受众的条件有了更多的掌控,并且能够加入媒介的制作。就传统媒介和新媒介双方而言,用户生成的内容为我们在媒介选择方面提供了一个扩展的部分。然而，万变不离其宗，媒介内容是由特定群体或某类个人专为消费而设计的，而他们的动机通常是利润。

媒介受众引起了学术界和行业研究人员的兴趣。学者和人文科学家试图了解媒介和它们的受众之间相互作用的性质；受众怎样使用媒介内容；受众如何建立起与电视、图书、杂志和音乐的关系；媒介如何影响受众对世界的观念和认知；以及媒介如何引导或影响社会行为。

对此，业内人士则有不同的议题。他们想了解的是规模和人口统计学上的特征（比如年龄、性别、种族），以及特定受众的其他属性，诸如教育情况、收入水平、购物模式，以便可以精准定位他们出售给广告商和市场营销人员的受众或"产品"的特性。业内人士也想知道受众对于聚拢人气的技巧如何反应，以便他们能够了解如何吸引更多受众或具有特质的受众。同样，像脸书和谷歌这样的新媒介谋求提升用户的关注度，以便更精准地将广告投向那些人的兴趣、需求和嗜好。

在本章中，我们探讨针对受众的分析方法。首先通过历史简要回顾一些理解受众的不同方式，并继续探究某些受众，媒介和文化之间关系的复杂性。随后我们研究几种有关受众的不同学术观点，以及有关现代行业的观点。我们将以批判性讨论行业受众概念中的一些缺陷，以及探讨一些当前受众与媒介内容之间关系中不同方面的变化作为本章的结束。

有关受众的观点正在发生改变

随着时间的推移，构成受众的概念，以及受众与各种不同类型的演出、重大活动、媒介和媒介内容之间关系，都已经发生彻底改变，并且其在不同文化之间也存在极其显著的差别。例如，古希腊早期的戏剧表演内容就是政治加才华，"对于舞台作品而言，'公众是一个积极的合作伙伴，可以自由地发表意见，被人议论，跑个龙套，或插科打诨'"（沙利文，2013：11）。同时，有时这些观众也是"饶舌而任性……（有时）大喊大叫，高声嘲笑、乱扔水果，干扰演出，而且还有更糟糕的举动"（阿诺特，1989：6）。相比之下，"罗马的戏剧是专为那些不带政治色彩的观赏者所准备"（沙利文，2013：10）。在罗马帝国行将衰亡时期，戏剧并不鼓励公民的参与，通过将众人注意力重新集中在程式化的暴力以及娱乐消遣上，达到消弭民众反抗的目的"（沙利文，2013：11）。在16世纪莎士比亚时期的英国，戏剧的观众也是吵闹嘈杂和不守规矩，并且是按照阶级分席观看。有钱的资助人坐在上面座位里，贫穷的百姓则站在舞台前的地面上。另一方面，在日本和中国，传统戏剧的表演可能会连续上演几个小时甚至几天。

通过大量提高图书发行数量，古腾堡的印刷术帮助创造出一种新型的观众（沙利文，2013：9）。有了印刷，信息的发起人和它的接收者之间的传播行为越来越媒介化。换句话说，它与特定的时间和地点分离或断开，这样"作家本人所面对的一个无形的读者群体，可能存在于不同的地理位置、历史时期和文化背景之中"（沙利文，2013：12）。

如前所述，随着工业社会以及大众媒介的发展，形成了越来越多如报纸、广播和电视等这些媒介类型的受众。以我们在第三章中所讨论大众社会观念为背景，这些受众被设想为数量庞大，籍籍无名，浑然一体的群体或群众（大众受众）。比之以往的文艺演出或政治事件的公众集会，他们的规模通常要大得多，就像麦奎尔（2010：58）所指出的，他们被认为是具有某种特质：

> （大众受众）非常分散，通常他们彼此之间互不相识，或者不清楚这些受众因谁而产生。大众受众缺乏自我意识或自我认同，无法以有组织的方式一同行动来达成目标……大众受众本身并无行动，而只是"发作"（因而是一个被操纵的对象）。它是由大量来自社会各阶层和消费群体的不同成分混杂构成，而在特定对象的兴趣选择上却表现出雷同，并且顺从那些意欲对它进行操纵的认知。

整个20世纪中期，正当广告商和营销商都竭尽全力为他们的产品锁定更好的目标客户之时，一个将受众更加细分的前景却已经形成，他们被分割成特定的人群：具体的年龄、性别、教育程度或收入水平的编组。行业研究的重点是寻找吸引这些市场客户群的方法。而且，通过尝试利用从这项研究中收集到的信息，在20世纪80年代和90年代初期，与技术创新相结合的营销创造了越来越多的媒介渠道，从杂志到报纸，再到有线电视及卫星频道，致力于吸引特定的受众群体。

与此同时，正如本章下文中我们就受众问题有关不同学术观点所进行的讨论说明，传播学研究人员开始细致观察受众与媒介产品的互动方式。在这个过程中，他们发现媒体消费比以前所认为的更加细分。正如我们在第四章所论述，广告商将这些结论纳入他们吸引消费者所采取的措施，近年来，越来越多的广告邀请受众以个人形式将产品编排进自己独特的生活方式之中（莱斯等人，2005：566—578）。

在过去的20年中，数字化技术和媒介的融合已日益打破媒介生产和消费之间的距离。电视游戏类节目，比如加拿大广播公司的《加拿大最强大脑》，邀请观众一同参与，然后在节目中发布和讨论观众的评分。达人竞技类节目如《好声音》，则采用由观众挑选胜出者。电视剧吸收了观众来帮助挑选结局和故事情节。当然，还有互联网网站，如YouTube使得曾经被认为是"被动"看客的所有注册成员成为媒介生产者本身。拿波里（2011：12）指出，这种观众关系的转变其中特别令人感兴趣的是它代表了在某些方面回归到大众媒介时代之前占主导的一种观众概念定位，（当时）观众早期的表现具有非常强的参与性和互动性……例如，戏剧观众曾经进行过各种各样的活动，从唱歌到对表演者指手画脚和高声辱骂，再到与其他观众的对吼（和动手打架）……只有随着电子传媒的发展……内容提供者与受众之间的动态变化才越来越处于同一方向上。

但是，虽然新技术为受众提供了越来越多的选择和参与，正如前几章我们所论述的，它一直以来也充任分化受众的角色。现在人们从笔记本电脑到平板电脑再到手机，越来越多地在屏幕上观看节目，而且在观看电视的时候，他们往往也是一心多用，同时使用笔记本电脑或其他设备。美国的一项研究发现，77%的人边看电视边使用电脑（路透社，2013）。观众碎片化给广播公司带来了严重的挑战，因为碎片化导致降低了它们能够向任何一档节目收取的广告费率。为了解决这个问题，它们努力使涉足不同平台的观众重新组合。例如，2013年，在支付了52亿加元获得《加拿大冰球之夜》转播权后，罗杰斯通信公司宣布，为了最大限度地扩大受众的规模，它们将开播流媒体赛况，从而使球迷能够利用任何连接互联网的设备观看比赛。同样，为了有助于保持观众的注意力固定到某些特定的电视节目上，制作人针对自己的广播节目提供越来越多的在线内容，如主角的幕后故事，主题系列游戏，以及节目制作花絮等。

但正如互动媒介技术使受众对于他们媒介消费的范围和性质具有更多的把控，也因此使得公司和政府利用这些技术追踪媒介消费者的举动和兴趣。隐私专家警告说，这类信息足以使我们在众多方面处于不利地位。例如，当前和未来的雇主可能会搜集我们的媒介偏好和在线活动信息，以便有助于判断我们对于特定岗位的适应性。保险公司可能会寻找有关对医疗保险和人寿保险能够构成潜在风险的线索。警方和政府可能会查看我们的购物和活动情况，以研究我们可能会对他们所定义的公共利益造成的潜在威胁。在一个加拿大联邦政府瞄准环保主义者为可能恐怖威胁的时代，后者的担忧尤其令人心寒（麦卡锡，2012）。

随着新媒介技术改变了媒介产品的生产和消费关系，受众的角色将继续发生变化。但正如我们在下一节所述，受众如何诠释媒介并非是一个简单的技术问题。

语境中获取意义：文化、媒介、受众

当受众解码媒介内容时，他们并非接受一切的所见所闻，无论是新闻报道的事实或一般的社会写照，还是一个电影、电视节目或小说所包含的价值标准。观看电视、阅读书刊、播放音乐等等基本上是随性和消遣的活动，目前尚无一项研究表明，媒介有能力诱导观众采取违背或超越他们意愿的行动。

由于受众和媒介之间的相互参与关系时而积极主动，时而被动消极，媒介与受众的互动可能是一个最佳的办法。就解码媒介内容而言

第五章 媒介与受众

需要受众对大量的社会价值和社会制度有一定的了解，这种互动也发生在社会或文化的层面。从这个角度来看，受众、媒介和文化可以被设想为一个紧密交织的意义生成系统。

让我们来研究一个例子，一位早下课回家的青年女子，家里电视上正播放"世界摔角娱乐（WWE）"节目，看到"送葬者"和"斯汀"在摔角场上互相抛摔。没有人在家，她兄弟中最小的男孩，前一天离家时开着电视，一直停留在这个频道上。按说她虽然不是一个摔角迷，但还是被表演的场面吸引了几分钟。不过很快她就发现这场摔角比赛并没有什么特别之处。"无聊"，她想，并且四下寻找遥控器。

这个例子说明了许多意义生成的元素。当我们的主人公面对这个摔角节目，她立即认出了场景和人物，并且可以感觉到这个针对年轻男性的动作肥皂剧是否有让她感兴趣的地方。通过从她的角度解释事件，她分析了屏幕上的材料，并随后做出相应的反应。

这就是复杂的、多维度的相互作用吗？是的。经过一番考虑，我们的观看者发现这场面没有太多吸引她的地方。实际上，节目中插播的广告没有一个与她相关，这表明广告客户并无此种期待。互动也是通过语境以及当时的选择进行协调的。如果她在一个朋友家，而且朋友想看这个节目，她有可能会多看一会儿。但这是她独自在家，她想知道其他频道播放什么。大家正在脸书上谈论什么？推特上呢？冰箱里还有什么东西？下一个作业什么时候交？在考虑要不要观看电视节目时，她的想法受限于对眼下其他可做之事的了解，她关于摔角比赛的知识以及她对比赛场面的兴趣。这位年轻的女士心里想着还能做点别的什么，感叹无聊，跌坐在沙发上，所有这一切从一开始就是她所处情形产生意义的组成部分。

鉴于媒介与受众的动态关系，作为一个活跃的意义生成系统，文化在这种情况下占据什么地位？文化的活力在该年轻女子的想象力以及节目与她的相关性方面发挥了作用。此外，该节目的播出和拥有大量观众这一事实也是文化活力的一部分。最后，这些身着英雄和恶棍服饰的现代杂耍者（角斗士），在一个令人叫绝的动作剧中彼此抛来丢去的特别场景，也利用了广泛的文化理念和价值取向。

因为媒介、受众以及文化之间的关系是基于互动而非预设，任何有关受众行为、媒介内容和文化形式之间互动的探讨，必须在一个非常广泛的框架内进行，即一个可能包含任何和所有互动元素的框架。基于前面章节中对编码——解码模式的讨论，我们可以发现受众对于媒介内容的解释至少有以下因素：（1）受众的社会背景或经历；（2）她（他）目前的心态；（3）媒介消费产生时的社会状况或环境；以及（4）文本或内容，包括可供选择的媒介的范围和特点。按照这些标准，我们能够理解我们的观众其行为的根源。然而，她个性或态度的某个特定的部分，在那一刻可能使她表现不同。我们无法准确知道她会作何反应。（其实，一个快速的谷歌搜索就能很快搞清楚，虽然她们只占粉丝群的少数，但还是有很多女性摔角迷。）不过，分析媒介与受众关系的重点不在于预测观众的行为，而是去认识它。

文化是这一意义生成系统的一个关键因素。通过作为众多因素的参照点，个人的文化氛围有助于确立其身份特性。如前所述，文化是一整套的思想和价值观或生活方式，人们通过文化了解并关联到他们生活在其中的庞大组织、制度和关系之中。它是群体和个人在各自社会环境中，来自于财富、历史和现实的一种态度和行为。基于社会环境中所进行的日常性互动，人们通过一个不断的选择、重塑（或仿效）

及转型的过程生成意义。

受众研究可以采用许多不同的方式。我们将研究 6 种针对受众的学术方法：（1）效果研究；（2）使用与满足研究（U&G）；（3）马克思主义分析和法兰克福学派；（4）英国文化研究；（5）女性主义研究；（6）接收分析（参见沙利文，2013；拿波里，2011；默里，2010；麦奎尔，2000；拉多克，2007）。与上一章我们研究内容问题的角度一致，此处重点在于提供一个概述，而不是提出有关这些观点的全面评价。这些观点涉及研究者探讨受众的一些主要理论，以及说明受众研究引发的一些关键问题。

效果，议程设置，涵化分析

第一次世界大战（1914—1918）结束后的早期媒介研究，是以假设媒介对人的行为和态度具有直接效果为前提的。战争期间宣传活动的成功更加表明，大众会相信他们被告知的几乎任何事情，研究人员提出的"魔弹""皮下注射"或"疫苗接种"传播理论，建立在认为媒介可以将观念注入人们头脑中的理念。

这种观点受到了当时社会科学的支持，一方面，它反映了对大众社会的看法，如前所述，认为这些民众，特别是下层阶级的百姓，被描绘为易受摆布的群体。另一方面，接受早期的行为主义心理学概念，认为人类行为乃是外界刺激的单纯反应。报纸和广播电台广告早期的成功，刺激了对产品的需求，而战时工业生产能力也造成了产品的生产范围日益扩大，因而更增加了这种观点的可信度。

尽管战争宣传和早期广告的成功表明人们很容易受到媒介建议的

左右，但在第二次世界大战（1939—1945）后进行的研究发现，媒介信息对个人的影响是微弱的，如果确有作用，也是强化已有的观点和信条，而非改变看法。当时一位颇受尊崇的媒介研究者约瑟夫·克拉珀，在1960年发表的有关效果研究的评论中得出结论："大众传播通常不会充当受众效果的必要或充分的原因，而是通过一系列媒介因素发挥作用"（引自麦奎尔，2000：415）。

当研究人员发现效果比预期的还要微弱，于是着手重新分析媒介与受众的关系，并开始寻找更为分散和间接的效果。在20世纪60年代早期，从事这方面研究的伯纳德·科恩认为，新闻"在告诉人们该怎样想时可能并不成功；但它在告诉读者该想些什么时，却是惊人地成功"（引自克罗图和霍伊尼斯，200：242）。例如，《环球邮报》（其次大概是《国家邮报》和《渥太华公民报》）的头版标题，对第二天在下议院里提出什么问题起到了重要的作用，同样加拿大广播公司的新闻亦是如此。媒介提供一种议程设置功能，即它们有选择地操作特定的事件和情况，吸引公众的注意力。这一观点在媒介研究人员中间获得了相当大的认可度。

由乔治·格伯纳于20世纪60年代末和70年代（1969，1977）发端，学者们还探究了基于人们社会现实观念的收视行为效果。这种方法已经演变成为所谓的涵化分析，其中对内容的研究旨在针对特定的人或特定的观点，媒介内容助长或培养观众特定态度的能力（见沙利文，2013；西诺雷利和摩根，1990）。例如，格伯纳的研究表明，人们观看大量的电视节目会高估社会中暴力事件的数量，在一个他们认为暴力的世界里，往往具有一种保护自己的"地堡心态"。不过，尽管格伯纳的研究被广泛接受，但某些英国的研究(例如，伍伯和甘特，

1986）没有能够复制他的结论。

效果分析从社会背景中抽象出传播过程，并且试图在发送者和接收者之间画出一条横线，因而招致了极大的批评，这主要是因为研究者未能从媒介报道中确定清晰强烈的效果。恰如第一章中有关香农和韦弗传播模式的论述证明，由于其描述过于简单化，以至于无法解释受众构建媒介信息各种方式的影响。与此相同，效果模式也同样未能说明解码的诸多影响。按照其观点，人类的能动性被降低到对内容的单纯反应，而不再考虑社会特性和影响力（诸如年龄、性别、教育、心理状况等）如何对媒介接收效果产生影响。

同样的缺陷在议程设置研究上也遭遇困扰。它没有解释媒介如何或为何选择它们所报道的内容，或者什么样的影响作用可能会有助于触发受众接受信息的能力。正如第四章概述中关于编码—解码模式的描述，媒介从大量的社会情景中抽取它们的素材，或许新闻议程就是在这样的背景下，通过地方性、全国性和世界性事件而被设置。另一方面，或许议程是因公众或受众的要求，或可能是因媒介机构、受众以及大量的社会情景之间的互动而被设置。总之，媒介研究中的效果流派其所引发的问题比给出的答案还要多。

此外，当媒介效果问题引起关注时，令人感兴趣的是有谁会因为推出某些媒介制作品而受到谴责或不被谴责。享年101岁的德国电影导演莱尼·里芬施塔尔病逝于2003年的9月，但她却因其电影《意志的胜利》（1935年）和《奥林匹亚》（1936年）永远被人诟病，她的电影从英雄主义和高傲优越的角度描绘希特勒的纳粹。相比之下，大卫·格里菲斯的电影《一个国家的诞生》（1915）将非洲裔美国人描绘得无知而又粗鄙，但他却被认为是美国电影的先驱。即使随后发生了模仿剧情的犯罪，电影《天生杀人狂》（1994）导演奥利弗·斯通还是基本上躲过了责难。另一方面，在《发条橙子》（1971）里的一些暴力活动再现在真实生活中后，该片导演斯坦利·库布里克撤回了电影在英国的发行。然而，围绕此类有争议电影的辩论往往过于简单化地复述效果理论，很少关注社会环境，诸如贫困、不平等、种族歧视、酗酒、儿童性侵害或极端的厌女症，这些都诱发了现实生活中的暴力。

使用与满足研究

使用与满足研究（U & G）肇始于对有限效果研究结论的回应，同时也是作为对流行文化破坏或降低受众品位争论的反应（沙利文，2013；布卢姆勒和卡茨，1974），这一争论源自大众社会且越来越受关注。所谓流行文化是指于20世纪50年代开始普及流行的各种各样新的电视、广播和音乐节目内容。依据社会心理学，关注的问题应该是"媒介如何影响受众？"相反，使用和满足理论的核心问题却是"受众如何影响媒介？"其基本前提着眼于受众的主观性，并探讨他们主动选择媒介内容的动机。以两个大学生决定在学期最后一门考试后看一部动作片为例。他们虽尚未到达影院观看电影，但使用和满足理论已经可以派上用场。看电影提供了一个很好的机会来放松自己，与朋友们相聚，享受电影带来的乐趣，然后出去喝一杯咖啡，接着去参加社交活动。电影给人们一个谈论其他相关兴趣爱好的机会。

相对于效果研究，使用和满足理论更加关注受众的不确定因素，即受众用于他们选择和诠释媒介内容的取向及其途径。鉴于其理论根源在于社会心理学，使用和满足研究集中在社会存在的微观（个人）和中观（团体或机构）水平上，很少注意到受众的社会、思想、文化或政治取向等宏观层面。20世纪80年代的研究曾探讨使用和效果永无止境的螺旋（罗森格伦和温达尔，1989）。受众期望从媒介中找到某种信息，获得这些信息之后，他们以一个特定的方式行为，然后重新回归到媒介寻求进一步的信息，循环反复。事实上，效果研究与使用和满足研究这两个领域已经越来越紧密，在一定程度上可谓是相辅相成。

尽管使用和满足理论比效果理论更强调主观性，但它仍着眼于从庞大的社会情境中抽象出媒介消费。媒介的消费被还原为个体行为的意愿、过程或关系，大量社会因素的影响未及充分探讨。此外，使用和满足理论是实用主义的范围：它建立在假设之上，即媒介功能服务于受众的某类需要，然后研究者开始去发现这种需要是什么。它不考虑这个所谓的需要的庞大社会本原，或者媒介消费过程如何影响到大量的社会势力和社会组织。例如，用于媒介消费的闲暇时间本身就是工业社会的产物，而众多媒介内容的关注点在于向消费者出售产品，这些情况并未被考虑在内。换言之，媒介的巨大社会目的以及其他社会条件如何影响受众对媒体的使用和理解都被置于分析框架之外了。

马克思主义分析和法兰克福学派

马克思主义认为社会是基于资本主义生产方式的一系列社会力量的有机体（见第四章）。从这个大的框架出发，马克思主义的观点通常着眼于媒介如何支持社会中占统治地位的利益集团，帮助它们长久保持支配权和控制力。因此，马克思主义的观点不关注媒介与受众关系本身，以及（或者）媒介与受众个体主观性进行互动或对其产生影响的方式。相反，马克思主义批判家认为，媒介将受众融入了庞大的资本主义制度。

针对媒介和文化，20世纪最广为人知且最具影响力的马克思主义批判观点之一，来自于被称为法兰克福学派的团体。这群知识分子的领头人是马克斯·霍克海默、狄奥多·阿多诺以及赫伯特·马尔库塞；他们的思想形成于两次世界大战之间（1920年至1940年）（杰伊，1974）。起初他们在法兰克福大学的社会研究所工作，当希特勒掌权的时候，因为他们是犹太人，且他们的思想从根本上脱离了法西斯主义的步调，他们不得不离开德国，最终定居在美国。阿多诺和霍克海默在哥伦比亚大学寻获教职，并在那里滞留直到二战以后。20世纪40年代末，阿多诺和霍克海默载誉重返法兰克福，继续在大学里从事研究直到20世纪70年代。马尔库塞（1963〔1954〕，1964）一直定居在美国旧金山，他的大部分学术成果也是在该地完成，20世纪60年代，他成为知识界反文化的代表人物。

这些理论家认为，资本主义的大规模生产方式对文化生活产生了深远的影响。在19世纪，资本主义方式已被应用于制造生活必需品，也就是像机械和布匹这类的物品。自20世纪20年代开始，虽然因大萧条和二战而被迫停顿，资本主义的大规模生产形式产生了品种越来越多的廉价物品，加上工厂工作的合理报酬，使人们有能力购买这些商品。在广告的协助下，所有的家庭被反复灌输，购置汽车、家用电器和时尚服装及配套产品是现代生活所必不可少的观念。新的大众传播形式如电影、广播、摄影（刊登于报纸和杂志上），配上程式化和商业化的内容，融入了这种生活方式。与此同时，这些新的大规模生产的文化产品，取代了旧的休闲娱乐的高雅文化形式，如交响乐、芭蕾舞、戏剧、诗歌以及文学名著。阿多诺、霍克海默将这些发展变化汇集在一个冠名之下："文化工业"（阿多诺、霍克海默，1977〔1947〕）。

法兰克福学派认为，通过这样的发展变化，工业资本主义渗透深入到文化生活中间，并着手造就出一种既成事实的生活方式。其结果是，人们的意愿和欲望都是通过市场创造并得以满足。大众社会理论家担忧，工业社会预示着社会和文化价值的迷失，阿多诺、霍克海默认为这一空白被商家争相以源源不断的商品所填补。

然而对于这些理论家们来说，这种新的生活方式缺少对于世界的任何更深刻的意义或理解。来自消费的乐趣只能持续到将人们带进市场。从汽车到烤面包器，不同的样式、型号和品牌之间的区别在很大程度上是虚幻的，基本上是风格的快速转换，而不在于实质性的品质或特色。流行的电影和音乐都是单调和程式化的，其情节和节奏很容易辨别和理解。在不断翻云覆雨的市场中，没有提供受众更持久的关系或者更深入地了解世界的机会。

由此看来，文化和媒介仅仅服务于一个主人：资本。所有文化都成为工业资本主义的产物，而指导逻辑就是企业利润。由于受众的想法都是被广告客户和生产厂家硬塞进来的，媒介作为一个民主讨论公众关注问题的场所的可能性消失了。受众被视为不过是被文化蒙骗的上当者，或者如斯麦兹（1994：9）所谓的资本主义"意识产业"无偿的"工人"，通过媒介他们被无情地拖入经过包装的世界里，在其中进行选择仅仅只是赞同这种统治的错觉。（"为阿多诺和霍克海默读本所做的评论",见甘斯特,2004。)

法兰克福学派的成员一直被诘难为文化精英主义和悲观主义。也许最重要的原因是,他们认为人民很容易被媒介操纵,在他们的观点中几乎没有给人的主观性留有余地,受众只是资本主义经济的一种工具。如今很少有人会明确表示,"文化工业"(一个有用的术语)如法兰克福学派所声称的那样具有彻头彻尾的消极影响。尽管如此,法兰克福学派的成员正确地指出了将文化工业作为资本主义不可分割的一部分进行分析的重要性,并且批判性地质疑其对当代文化生活的影响和作用。

他们所探讨的问题本身具有持续的相关性。自从第一次阐述他们的分析以来,某些文化工业成分的扩张,在世界各地传递了消费文化的影响力;从牛仔裤到电影,再到迪斯尼乐园式的主题公园,特别的文化标签和狭隘的文化表达成为全球文化的潮流。比如《指环王》电影三部曲,堪称一场国际性营销盛会。事实上,它是如此的成功以致于催生了一个后续结果——根据《霍比特人》小说改编的三部曲电影。

由于有了电视和互联网,世界上大多数地方和它所提供的流行新奇活动对我们来说似乎都不陌生。因为你可以在全世界各地投宿相同的酒店,在相同的购物中心里相同的商铺购买相同的物品,我们全都"去过那里,做过那件事"。多年前法兰克福学派发现的趋势如今已遍及全球,而我们也被庞大的商业文化紧密地结合在一起。

英国文化研究

马克思主义和其他媒介理论在贬低大众文化时,对于人的主观作用也着墨不多，而英国文化研究的出现正是作为对此的一种反应。战后英国大众文化日益增长的影响，特别是对工人阶级的影响，是包括理查德·霍加特（1992〔1957〕）和雷蒙德·威廉姆斯（1958）等20世纪50年代许多知识分子的兴趣所在。为了推动其所关切的研究工作，霍加特在伯明翰大学创立了规模不大的研究生院，"当代文化研究中心"。在20世纪60年代后期，他的同事斯图亚特·霍尔接手了研究中心的工作。霍尔及其学生在70年代的文化研究工作影响力日益扩大，后来被称之为伯明翰学派，并在很大程度上决定了今天所谓的文化研究。

自20世纪50年代至今，英国文化研究的短暂历史可以被划分出两条发展的主线：对工人阶级，特别是工人阶级中青年男性的文化分析；以及此后，对年轻的工薪阶层女性的分析，作为回应女权主义者女性中心的批评（妇女研究小组，1978；亦可参见特纳，1990；麦圭根1992；斯托里，1993；舒尔曼，1993）。一个核心的关切是两性双方均使用大众文化创立和确定性别属性。你选择穿什么衣服，听哪种音乐，你有一辆摩托车还是一辆小轮车，这些东西有助于创造你的形象，并定义你的个性。

与法兰克福学派关于个人被大众文化产品所操纵的观点相左，文化研究认为个人可以拥有这些产品，并且操纵它们，颠覆它们，创造新的自我定义。针对这一过程的经典研究当属迪克·赫伯迪格《亚文化：风格的意义》（1979），该书审视了白人工薪阶层的青年男性如何通过音乐为自己创造身份属性：从五六十年代的摩登派和摇滚歌手，到70年代的朋克及其后续流派。

文化研究特别关注音乐风格和社会身份之间的关系，以及白人工薪阶层青年男性对黑人音乐和黑人青年男性文化的接纳。1991年根据罗迪·道伊尔的小说拍摄的电影《追梦者》，完美地捕捉到了这种趋势。当主角吉米·拉比特组织一群工薪阶层的都柏林青年成立"灵乐"乐队时，他让大家跟着他重复："我是黑人，我很自豪。"虽然文化研究揭示，意义的移用比之前认为的要复杂得多，但它也表明社会势力和社会组织以复杂的方式运作以帮助再现统治秩序。例如，保罗·威利斯（1977）在他对英国高级中学的经典研究中，显示了对现存权威的反叛如何导致工人阶级的年轻一代子承父业。

当代文化研究中一个重要组成部分是对电影和电视的分析。20世纪70年代英国电影学会的杂志《银幕》，提出了受结构主义启发的电影分析，认为如何叙述故事（通过剪辑技术、视觉形象等等）掌控和限定了观众如何观赏这个故事。电影的叙述技巧（往往称之为"电影语言"）巧妙而有效地将其含义施加给观看者，而观看者无可避免地被"置于"一种特定的方式观看电影。所谓"位置"的概念，特指通过电影技术为观众构建的观影角度，即观众是如何被"放置在影片中"。在对好莱坞电影的经典分析中，劳拉·穆尔维（1975）认为，这类电影就是为男性观众提供快感，而女性（无论是作为故事情节还是被观看对象）仅仅是男性快感的工具，或男性凝视的对象。

斯图尔特·霍尔和他的学生对电视和其他媒介如何运作进行了研究，建立起一种更为开放的分析方法。他们认为，媒介内容是为了向受众传递特定含义（首选的解读方法）而建构的，但受众极有可能拒绝这个含义，并对所见所闻形成他们自己的解释（格拉斯哥媒介研究小组，1976）。

意识形态，首要界定者，值得商榷的含义

意识形态是这类分析的关键概念。多年来意识形态是具有众多含义的词语之一（参见伊格尔顿，2007；拉伦，1979，1983；汤普森，1980〔1963〕）。这一术语一般用来表示"人们用来解码世界的一整套社会价值观、信念和意义，比如，新自由主义或社会主义"。该定义有一些不同的表述，不过每一种都具有各自的细微差别。

马克思主义关于意识形态一词的解释，是指支持占支配或统治地位阶级的一整套特定的思想、价值观和信念。从马克思主义的观点看，资本主义宣扬诸如"穷人懒惰""工会和罢工对社会有害"以及"资本主义是唯一可行的经济制度"这样的观点。社会现实中，这些观点被证明是虚假的。很多人为最低工资拼命劳动，但仍然属于定义中的穷人。每日8小时工作制和每周工作40小时是从工业企业赢得的艰辛让步，这主要是工会运动的结果。而且，除资本主义生产关系以外，组织经济的确有许多其他途径。但是，这样的想法仍然存在，并且强化了我们社会中的不平等问题。例如，为什么当今社会上低收入和高收入人群之间的差距日益扩大？为什么任凭在过去20年里民众的平均收入停滞不前，而高收入人士收入持续增长？为什么穷人不维护自己的权利，要求更高的工资，更公平的税收制度，并投票给那些愿意实现这些要求的政客呢？在马克思主义分析中，答案就是意识形态。尽管不平等不断扩大，但是人们，尤其是那些贫穷的人们相信社会是合理的，并且（或者）对于这种社会现状无能为力。

马克思主义认为，工人阶级通过接受这些对于社会现实的意识形态化歪曲，妨碍了他们正确认识自己是如何被剥削或压迫的现实，并

且最终接受了统治阶级的价值观。换句话说，通过接受上述论断的真实性，人们被诱惑进入关于资本主义社会如何成功的"虚假意识"。从这个角度来看，"意识形态"是一种独自表述世界的方式，是将秩序强加于社会的一整套思想观念，并且决定在社会秩序中不同的人和群体应该居于何种地位。通过对社会现实提出解释，体现出现有秩序合乎常情、确切无疑、恰当适宜、公正合理，总之，作为事物的存在方式理应如此，意识形态的作用在于维持现状，也就是说，有权者统治无权者。正如接受"穷人懒惰"的观点一样，这样一来，人们受穷就是咎由自取。

面对20世纪60年代及70年代的社会动荡，美国的民权运动，遍及整个西方世界的女权主义兴起，以及加拿大、美国和一些欧洲国家的学生运动，一些社会科学家开始认为，产生意识形态的压迫不止于一种形式。意识形态不仅使工人处于从属地位，而且从这些抗议本身可以看出，对妇女、有色人种和其他社会群体来说亦复如是。事实上，通过抗议行动，这些群体表明，他们已经开始认清使他们处于社会从属地位的意识形态，并且对于应该如何建构社会世界以及他们在那个世界中应该处于何种地位，他们有自己的观点，也就是他们拥有各自的意识形态。

尽管这些抗议活动确实对改变社会不公平的结构产生了一些积极的影响，但在很大程度上并未改变已有的秩序或现状。因此，对于研究者来说，由于目睹了这种社会权力的斗争，问题随之变为"在所有这些可能存在的相互竞争的各种意识形态之中，为什么一个通常有助于保持富有的白人男性占支配地位的理论似乎占了上风？"

在英国所处环境背景下探索这个问题，文化研究学者认为，以英国电视节目内容作为重要载体所再现的主导意识形态或价值体系，可大致理解为一种家长式的、基于社会阶层的共识，即认同君主制、圣公会、议会制度以及法治原则（霍尔，S.1980；霍尔等，1978）。对于这些研究者来说，电视新闻和时事节目是再现主导价值观的主要手段：位尊权重的首要定义者（受访的政治家、专家、军界要人）习以为常地被允许圈定问题，表达他们的观点，并提供针对事件和形势的解释（霍尔等，1978）。即使存在关于事件的其他或相反的解释，也极少获准表达。在英国，一个极端的例子就是禁止新芬党（爱尔兰共和军〔IRA〕的政治派别）成员出现在英国电视节目中（见柯蒂斯，1984；施莱辛格，1983）。

从这个观点出发，我们可以看到新闻并非唯一的罪魁祸首。电视剧、电影、歌词、通俗小说等等，所有都可以被视为一套道德说教，我们从中得到教诲，哪些被认为是可取的和不可取的行为。至于警察节目和警匪剧，明确强调某些作为是恶行或不道德的。达人秀和其他真人秀竞赛类节目往往会固化这样一种观念，即辛勤努力和全力以赴投身于训练，或者推销一种创业理念将在迅速走红以及（或者）大量签约方面得到回报，尽管实际上受邀参加节目的具有明星潜质或商业奇才的选手数量表明，努力工作和拥有天赋并不能保证成功。

此外，从主流意识形态的观点来看，当媒介产品及观念不符合其一整套理念所固有的价值观时，往往被视为是危险的，而且会造成负面的影响。譬如，据报道沃尔玛禁止某些种类的货品上架，包括坎耶·维斯特、谢里尔·克罗和玛丽莲·曼森的专辑（克莱曼，2013），看来沃尔玛的高管们没有把这些音乐家的作品当作应该符合社会价值观的主流思想，或者是他们所了解的主流意识形态。

斯图亚特·霍尔（1978）以及文化研究的观点认为，尽管媒介事实上反映了占主导地位的意识形态，但它们所表达的内容可以由不同观众以大相径庭的方式解码。实际上，从20世纪60年代至今的街头抗议者表明，并非所有的人都以同样的方式或是解码媒介，或是解码一般社会生活。取决于他们所处的社会背景（比如，性别、阶级、种族、族裔、文化），人们经常会就世界是如何划分的，他们在其中居于何种地位等问题持有不同的以及（或者）针锋相对的思想观点。换言之，他们清晰地表达出不同的意义，虽然主流意识形态可能会反映在媒介产品中，但这并不意味着接受和理解这些产品的人们必须赞同这种观点作为他们看待世界的方式（的确，不能因为沃尔玛的管理层认为一些流行音乐家离经叛道就说明其他人也是这么看待他们的）。

戴维·莫利（1980）的研究是确立伯明翰学派观点的重要一步。针对英国广播公司名为"全国新闻"的新闻和时事节目，莫利就观众如何诠释或解码该节目进行了调查。正如霍尔曾经推断的那样，他发现了三种不同的反应：不容置疑、值得商榷和对立抗拒。一些观众对节目信以为真，只从强调国家统一和强烈家庭观念的表面意义理解，这表明英国基本上是充满白人中产阶级家庭的国家。换言之，这些观众接受节目本身的倾向性意义。然而，其他一些观众对于节目采取了更多批评或商榷的看法，并不认为节目观点代表整个英国社会。而少数观众群体（尤其是年轻黑人）则完全否定"全国新闻"节目的前提。

在伯明翰学派研究工作的促进下，从20世纪80年代至今，文化研究理论对于媒介的分析有助于将研究方向集中在受众如何从媒介产品中获取意义（巴克，2013；李，2003）。该理论接受宽泛的意识形态定义，否定法兰克福学派和《银幕》杂志的强决定论观点，强调媒介消费是一个主动的过程，它还阐述了文化不仅仅是工商业和广告商灌输给我们的一系列预先包装的思想观点和历史经验，文化实际上是一个丰富多彩而具有活力的领域，充满了各种复杂的社会意义。

女性主义研究

如同马克思主义一样，女性主义是对现代社会特性的深刻批判，认为现代社会是建立在基本的不平等之上（德·波伏娃，1957〔1949〕；弗里丹，1963）。但是，马克思主义将不平等的根源归结于资本所有权与阶级划分，女性主义则指出，人类深刻的不平等和不公正的根源在于社会的男性支配权（父权制）。并且，事实上这些不平等在现代生活中无处不在；例如，2010年的研究发现，加拿大女性的平均薪酬比男性少25%（库尔，2010）。加拿大首席执行官中只有3%是女性，毕业于MBA的女性入职第一年平均年工资比男性同事少8167加元（麦金塔夫，2014）。2014年，加拿大联邦议会370名议员中只有72名是妇女。男人对妇女施以暴力比相反的情况更为普遍。

尽管这种不平等现象数十年来尽人皆知并记录在案，但是父权制价值观为何继续占据主导地位？传播研究人员探索媒介和文化产品如何推波助澜使得对妇女的压迫习以为常，并让这些性别差异得以持续下去。正如基梅尔和霍勒（2011：241）在他们的《性别社会》一书中所指出，"媒介是庞大的文化机构的一部分，通过使这种不平等现象看上去是现存性别差异的自然结果来再造性别不平等。媒介首先制造差异，然后告诉我们这种不平等就是这些差异的自然结果"。

正如塔玛拉·谢泼德介绍的，女性主义往往被视为一系列的浪潮或运动,每一波运动本身都和媒介和媒介研究有关。本节对这项研究中涉及第二次和第三次女权主义浪潮的一些情况提供一个非常简短的回顾。例如,作为谢泼德形容为第二次女权主义浪潮的一部分,朱迪思·威廉森(1978)开创性的著作《解码广告:广告宣传中的意识形态和意义》,探究了广告如何在宣扬固守性别方面陈规旧习的意识形态观点中发挥了核心作用。循此思路,吉恩·基尔伯恩的《致命的温柔》系列视频记述了电视和平面广告如何以扭曲的视角提供了关于女性的看法(媒介教育基金会,2010)。

在随后的研究中,女权主义研究学者推出了性别叙事的概念,探索某些故事类型(叙事体裁)取悦于或者讲述给男性读者或观众,而其他类型则吸引女性的读者和观众(拉德韦,主要引自1984)。戴维·莫利(1986)研究了电视观众的家庭节目设置,发现男性和女性在各自的偏好上分别具有一致性。一个主要的节目类别是电视肥皂剧,观众大部分是女性,许多研究后来不断探讨女性在这类节目中所获得的乐趣(塞特等,1989)。诚如基梅尔和霍勒(2011:241)所言,当今的媒介市场反映出这些差异:"有女性杂志和男性杂志,言情片和动作片,女性文学和男性文学,色情小说和爱情小说,肥皂剧和警匪剧,男孩视频游戏和女孩电子游戏。还有个人博客和小众杂志,当然,广告与这些消遣形式如影随形难解难分。"

据安德烈埃·普雷斯(2000:28—29)的观察,女性主义研究至少从三个有时是相互重叠的方面探讨媒介问题。首先是研究"女权主义、差异和特征",并且"突出描述那些尚不为人知的个人经历,发出那些前所未闻的声音"。在这一点上,分析侧重于媒介表达和社会话语如何践踏和无视特定的观点和呼声。其次研究"女性主义和公共领域"方面，重点是"媒介在促进（或阻碍）公开辩论中的作用"，特别是针对"发出前所未闻的声音，诸如妇女、代表性不足的团体，以及其他尚未就其观点参与公共辩论的人士"。例如在新媒体领域，谢德（见格罗斯伯格等人，2006：291）指出，"各种意图存在于性别差异之中，因此女性正在使用互联网提升个人生活，而男性正在使用互联网参与公共领域"。第三是"新技术与组织机构"方面，研究"关于媒介、技术以及与组织机构之间关系的更广泛的问题"（普雷斯，2000：29）。近期的研究也集中在"网络女权主义"，如贾亚拉和吴（2012：1）所指出，它阐述了"权力不仅在不同的网络接口，而且在塑造网络空间的制度中发挥着作用"。

总的来说，当代女权主义的媒介学术研究，探讨媒介消费如何与日常生活的结构融为一体，特定的性别和性取向的观点如何塑造媒介产品和机构并得以实现，以及妇女和其他社会团体如何结合自己其他方面的经验有效地利用媒介，使生活变得有意义（参见贾亚拉和吴，2012年；萨瑞卡基斯和谢德，2008；赫姆斯，2006）。正如绍楚克（2014：73）所阐明的，女性主义多年来已经证明自己"不单单是简单的媒介议程外在的附加物，而是传播研究的固有内容"。此外，她还指出，随着女性主义关注以社会关系解释权利关系的不平等，它也是有助于形成有关传播的其他重要批评观点的关键，诸如酷儿理论和批判种族研究等（2014：72—73）。

接受分析

20 世纪 80 年代，关于大众媒介的文化和女性主义研究越来越多地考虑受众如何理解文化产品，他们如何诠释所读、所见、所闻。显然，要做到这一点不单单需要关注产品本身（小说、电影、电视剧），还要关注产生文化产品消费的背景。接收分析于是将所处社会背景作为受众对当代大众文化产品反应的因素加以考虑。这种方式因此有些类似于使用与满足理论。然而，它不像使用与满足理论那样强调受众从媒介展示中获得内容，接受分析侧重于他或她主动诠释媒介文本所提供的内容以及媒介消费如何被重新融入她或他的个人生活方面。就像格雷（1999：31）指出的，这项研究工作"将媒介阅读和使用放置于错综复杂关系的决定中，不仅仅是文本，而且还包括更深层次的结构性决定因素，如阶级、性别以及种族和族裔。这些研究也揭示了公共和私人话语发生关联，以及在日常生活中私下里和惯常做法的方式"。

接受分析在一些方面对女性主义学者来说具有特别的吸引力。例如，当美国学者珍妮丝·拉德韦研究言情小说的美国女性读者时，她发现，既然她们放下家务以及丈夫和孩子的责任，并为自己创造出时间和空间，她们是多么重视使阅读活动成为一种特殊的、私人的时间，她们认为这是一个自我肯定的时刻（拉德韦，1984）。这一发现体现了关注文化产品本身之外问题的重要性。对于拉德韦的读者来说，言情小说的意义不单单是故事本身的形式和内容，而是发现其意义在于阅读行为本身与她们生活中其他重要因素产生了共鸣。

拉德韦以研究言情小说阅读的方式，对家庭成员使用广播、电视、报纸、杂志、录像机和卫星天线进行了研究。结果表明这些媒介可以用于一些和它们的内容没有太大关系的目的。父母可以和孩子观看同一个电视节目来滋养他们的关系，而不必了解节目的内容。通过涉及谁可以遥控电视或者谁可以录制节目，研究男性和女性、家长和子女，以及兄弟姐妹之间不断变化的权利关系（莫利，1986）。在此，注意力被直接指向观众所带来的收视或解码、社会背景以及观看行为。例如，妇女们往往边看电视边做家务。孩子们经常在玩耍的时候开着电视，只有当他们听到情节出现高潮时才会抬头观看。男人们看的电视节目经常并不是他们自己选择的。在某些时候，一台新式电视机在一些家庭中所起的作用是结束交谈或转移话题，而不是用来观看节目（参见布莱斯，1987；莫德尔斯基，1984）。

英国媒介学者帕迪·斯坎内尔（1988）分析了广播在受众个体层面上维持整个群体的生活和日常习惯的运作方式，而研究学者罗杰·西尔维斯通（1981）和约翰·哈特利（1987）则探讨了就参与民族共同体的象征意义而言，电视如何提供了基础。这种情况也会出现在比利时、瑞士和加拿大这样一个国际语言共同体中间。

最近，研究人员已经着手探索新媒介如何改变人们对自身的看法，为身份认同提供了新的途径。例如，经过一系列案例研究，谢里·特克尔（1995）阐述了通过访问聊天室、网络游戏和其他网络产品，计算机如何正提供一种安德里亚·普雷斯和索尼亚·利文斯通（2006：189）所描述的"更具有可塑性的'自我'概念"。同样，如沙利文（2013：182）所指出，电脑、iPad、手机和便携式媒介播放器等技术使孩子和家长能够在同一个物理空间内为自己打造出个性化的媒介环境，这往往会损害家庭相聚时间和面对面的关系。我们越来越多地与自家四壁之外的他人、事件和观念产生密切联系，而不是家人之间彼此相亲。社会学家安东尼·吉登斯认为，公共和私人疆界之间的这种事实上的崩溃是我们现代生活方式的标志之一。然而，它也对"家"的概念所提供的具有私密度、保护性和安全感的传统概念构成新的挑战。

因此，从接收分析的角度来看，"观众"与其说是一个沉浸在特定的文本或节目中可被标识的群体，还不如说是一群变化无常的个体，其生活（在媒介消费意义上的概念）是由媒介文本与他们各自生活中不断变化的维度和决定因素构成的。换句话说，从这个角度来看，媒介被视为是庞大制度、技术和话语的一个要素，它提供给人们安排自己生活的手段。

随着媒介变得越来越具有移动性，接收的地点和形式越来越多样化，了解不断变化的环境背景怎样影响我们对媒介的理解，以及如何影响我们与媒介之间的关系，这将是十分令人感兴趣的事情。

行业受众研究

尽管学者们都有各自研究大众媒介受众的理由，而媒介机构本身也一直热衷于发现人们所读、所听、所看的内容。这些信息具有明显的经济价值：他们掌握受众的信息越精确，向广告商出售这些受众的可能性就越大。

传统上，这样的研究主要集中在受众规模上：电视节目的观众人数越多，对广告商的吸引力就越大。但自20世纪70年代以来，行业研究人员试图提供更准确的信息以了解哪些节目吸引了哪些观众，这样的信息具有特别的价值。例如，一档节目或许无法吸引到大量黄金时段的观众，但可能在年轻、富裕的专业人士中有很高的收视率。该档节目有可能会在广告上获取溢价，这比拥有大量观众的节目里那些广告的价格高得多。

除了简单的购买力以外，观众的属性也可以吸引广告商。例如，

第五章 媒介与受众

对于芭比娃娃的制造商来说，一群青春期前的女孩和她们的母亲是非常有价值的观众。沙利文（2013：98）指出，由于追踪特定目标人群的压力越来越大，导致了更多用于精细划分观众技术的出现，比如消费心态学和生活方式监测。消费心态学"是指个性或心理特征与消费群体的一般关联"（沙利文，2013：98）。生活方式监测是"根据他们对于产品和媒介的消费习惯来定义一组个人……例如，如果他们每年进行四次以上的航空旅行，这些个人可能会被归类为'经常旅客'"（沙利文，2013：98）。

新的广播频道爆发式的增长促进了这种细分（针对非常具体人口特征受众的广播被称为窄播）。在过去30年中，加拿大观众可接收的电视频道数量已经从不到20个迅速增加到数百个。由于观众散落在这个不断扩大的电视景观之中，导致了严重的收视分众化；而互联网日益增加的吸引力也使观众进一步分散化。在1969年，有35%的英语电视观众观看加拿大广播公司节目，而25%的观众观看加拿大电视网节目。到2011至2012年度时，加拿大广播公司份额已下降至5.5%，加拿大电视网、环球电视网以及其他非专业频道的观众人数占到了观众总数的25%。这种受众群体的日益分散化已经致使更多追踪和定位那些潜在的客户创新技术的出现。

正如我们在本章开头所述，受众分散化的现实也给广播公司带来了压力，要求它们寻找到创新的方式来吸引大量的人群。由于公司努力拥有许多不同的电视频道或媒介渠道来吸引或重新聚集观众，这导致了媒介所有权的集中。我们将在第九章中更深入地研究这一现象。而在加拿大你现在应该注意到，受众的碎片化也导致了媒介企业之间的垂直整合，有线和卫星电视分销商一直在收购电视网络和专业频道，以试图在不同的广播渠道上分担节目的成本。同样，移动媒介的扩散也促使电信公司收购广播资产，因为要竭力为它们所提供的新移动服务获取内容。这些都是罗杰斯公司和贝尔公司近年来收购广播资产背后的原因。

通常使用三种概念或方法收集特定节目播出时观众或听众的具体数据：

1. 覆盖面：在特定时段内可被吸引的受众人数；
2. 参与度：在具体时间段内吸引观看某一特定节目的观众比例；
3. 时长数：在一天、一周或更长时段内观看的小时数。

"参与度"一般来说是最重要的统计数据，因为它描述了那些潜在可被吸引的受众有多大比例关注了某一特定的节目。

然而这样的评估仅仅衡量了收视人群规模，并没有提供有关人们为什么关注特定节目的信息。正如萨维奇（2014：137）所说，这些信息通常是通过三种方法进行采集：抽样调查，焦点群体和程序测试。所有这三种方法既可以在节目播出之前也可以在播出之后使用。在制作之前或制作过程中进行的研究有时被称为形成性研究，可以提供有关就如何定制剧本、表演或其他增加对观众吸引力的节目元素等方面的见解。归纳性研究是在项目完成后进行的，并提供一些有关满足观众兴趣点和关注度效果的评估（威瑟斯和布朗，1995）。

日志与仪表

传统上，媒介的消费是通过受众保留的日志来衡量的，在这些日志中，人们记录了他们所关注的电视或广播节目。1993年，加拿大广播测量局推出了个人收视记录仪,一种放置在电视机机身上面测量观众收视习惯的电子设备。这些仪表显示,受众在媒介上所花费的时间要少于他们在日志中所报告的时间。因此,需要重新调整广告的费率。2009年,加拿大广播测量局推出了便携式个人收视记录仪,通过记录广播节目中嵌入的无声代码来追踪受众。

虽然针对广播节目的受众研究测量技术越来越成熟,但随着人们在不同媒介之间的流动,追踪受众也变得越来越困难,尤其是对于诸如奈飞、YouTube和苹果电视等在线节目分销商的观众。如果没有这类信息,无论是行业本身还是像加拿大广播电视和电信委员会这样的政府机构,都不能严格地衡量或理解这些服务对加拿大媒介景观的影响。

消费模式:受众选择还是行业经济?

如果决策者想要在当前不断变化的技术环境下,确保提供给加拿大人的国产电视产品持续存在,那么理解电视消费就十分重要。研究表明,尽管电脑和网络日益普及,实际上每人平均观看电视的时间却不断上升,从1994至1995年度的每周约22个小时到2011至2012年度的每周29.2个小时(加拿大广播电视和电信委员会,2013)。然而,如图5-1所示,英语电视广播中国外节目占了主导地位。在主流的私营电视网络中,观众收看的节目里只有38.5%是加拿大原产,超过60%是国外的节目。而另一方面,就加拿大广播公司而言,收看的节目中76%是加拿大的。此外,加拿大的节目迄今在法语电视节目中占据主导地位,播出时长在加拿大广播公司法语频道中占92%,

在私人电视台中占 69.3%。

广播时长

	加拿大广播公司	私人电台
国外节目	24%	61.5%
加拿大节目	76%	38.5%

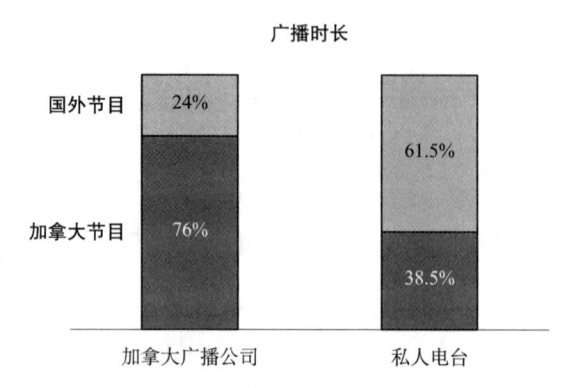

图 5-1　英语传统电视节目和加拿大节目百分比

来源：© 2009 综合业务数字网

　　如我们在前几章中所述，这种差距至少在一定程度上是加拿大市场经济的产物。由于美国生产商在其国内市场上已回收了大部分成本，购买美国流行节目的加拿大版权，仅需花费购买加拿大节目版权的大约三分之一（加拿大广播公司，2003：2）。还有部分原因是美国人比加拿大同行推销产品更卖力，最受欢迎的美国节目同样吸引了大量观众，而且比加拿大节目获取更高的广告费率。所以听上去毫不奇怪，对广播公司来说，美国节目在加拿大英语区比加拿大原创节目更有利可图。因此，私人广播公司更喜欢为美国节目而非加拿大节目安排档期。值得注意的是，这并不是因为美国的节目必然具有更好的质量，或者因为讲英语的加拿大人更喜欢美国节目而不是加拿大节目。相反，美国节目优势的真相仅仅在于，广播公司使用美国节目吸引观众并将其推销给广告商比使用加拿大产品成本更低。

　　加拿大广播公司有时也利用这种成本上的差距，安排播放流行的好莱坞电影和美国喜剧电视连续剧。与其将国外节目的利润放进私人股东的腰包里，还不如为了公共利益，把所有这些收入花费在节目制作和运营公共广播机构上。由于语言和文化的差异，法语区加拿大观众不甚感兴趣或者不太接纳美国节目，他们通常更喜欢反映当地观念的内容。

行业受众研究的一些局限

侧重于衡量观众群体规模和人口特征的传统受众研究具有其局限性，尤其是在了解目标观众的需求和愿望方面。尽管它使媒介制作者了解他们在覆盖特定类型人群方面取得了多大的成功，但却很少说明媒介与受众的社会和政治环境相互关联的方式。的确，受众的群体特征可能会被了解，他们的关注程度也可以被预测，但由于受众未被考虑为可能从中受益的公民，或者他们甚至需要某些信息来帮助他们做出明智的社会和政治决定，因而受众所提供的媒介内容范围是有限的。例如，行业受众研究在这方面未提及的一些问题包括以下几点：媒介是否普遍传达了反映社会理想，并有助于社会改善和生存的价值观？它们是否充分告知公民国内和国际事务？它们是否让我们看到自己的成就或具有自知之明，以便我们了解如何为社会做出贡献？

这类问题十分重要，因为了解媒介对于社会和个人的用途越多，媒介所承担的责任就越大。人们要在构成其生活背景的庞大政治、经济、社会和环境势力下享有知情权。如果观众所见所闻仅仅局限于一定的框架内（例如，只有娱乐而无启发），那么媒介对社会的贡献也是有限的。况且，涉足媒介（尤其是电视）的成本越来越高，特别是在加拿大电视节目方面，这让许多人望而却步。正如我们在第八章探讨文化产业中所阐明的，这类问题在加拿大尤其重要，媒介在传统上一直被视为履行了重要的公共职能。将媒介简化为市场的单纯计算，会破坏我们对公共生活诸多方面的认知和理解，以及我们参与其中的能力。

公共广播公司

商业媒介渠道和公共媒介机构都在进行受众研究。然而，尽管私有媒介主要是为股东经商赚钱，但诸如加拿大、英国和澳大利亚的公共广播公司则承担着更为广泛的责任。例如，根据1991年《广播法案》（第3条m款）的规定，加拿大广播公司（CBC）被授权提供一系列"主流的和独特的加拿大"节目，在"传递信息、启发教育和休闲娱乐"的同时，"积极促进文化表达的传播和交流"。为了履行这些责任，公共广播公司需要比它们的私有制同行更好地了解它们的受众。因此，它们往往不得不开展自己的受众研究。

例如在英国，英国广播公司于1936年设立了自己的听众调查部门，回答有关听众的习惯和喜好等问题，比如人们何时起床、上班、下班回家、上床睡觉。当电视普及以后，该任务就交由同一部门继续负责。

就加拿大而言，虽然加拿大广播公司意识到商业化受众研究的缺陷，但多年来仍沿用旧的研究（艾蒙，1994）。一个最明显的失误例子，就是涉及有关由萨斯喀彻温省沃特罗斯地方运营的加拿大广播公司电台的收听率。尽管众所周知，这个电台在整个大草原地区甚至不列颠哥伦比亚省都有听众，埃利奥特海恩斯进行的调查显示，听众的比例几乎为零。造成不准确的主要原因似乎是仅仅调查了城市地区，而且是在有限的时间段里通过电话进行调查。后来的研究表明，加拿大广播公司在萨斯喀彻温省内沃特罗斯的电台最受欢迎。时至1954年，对于公众广播来说，高质量的受众研究需求变得越来越迫切。此外，信息需求的概念化已经到了超越受众对定性信息共享的地步。所以，效法英国广播公司，加拿大广播公司也设立了自己的研究部门。

艾蒙总结了加拿大广播公司多年来进行研究的类型。这些包括：

- 有线电视对电视收视的影响；
- 对其他研究的批评；
- 受众需求的间接指标；
- 节目平衡分析；
- 加拿大内容和性别角色分析；
- 观众最大化研究；
- 观众构成；
- 特殊广播的受众；
- 观众行为，或者人们经常收听和（或）收看什么节目以及在什么时候；
- 特定年龄段的习惯和兴趣；
- 将特定受众与一般人群进行比较；
- 观众对节目的意见；
- 对应该播放什么节目的意见。

转变和消失的观众：机会与风险

由于当今的人们在不同类型的媒介之间有越来越多的选择，而且他们也发现这些媒介之间的互动程度越来越高，媒介和观众的观念正在发生变化。如前所述，电视变得愈加具有交互性，比如游戏节目允许观众与台上的参赛者共同参与，而电视剧则提供了应用程序用来扩展并开发人物和故事情节。观众越来越多地从一系列设备上收看体育节目。在某些情况下，他们甚至可以选择转播摄像机的角度观看比赛。此外，脸书和推特等社交媒介网站也给这种体验添加了另一个内容，为评论具体的比赛、运动员和统计数据提供场所。

目前在网络上，制作人和观众之间的区别极其模糊，人们上传视频和创建博客、播客、游戏、直播网站以及其他用于公共消费的材料已司空见惯，有了这些媒介的互动形式，观众便"消失"了，他们被归入了内容本身。当然，这在诸如脸书、Pinterest、推特等社交媒介上尤其如此，它们的内容主要是由用户创建的。（尽管仍然是上传视频的热门场所，但YouTube似乎越来越像传统电视，这是由于个人和大企业都通过自己的"渠道"持股该网站，包括配套的商业广告以及利用传统衡量广播观众的方式进行受众研究。）

观众从被动的内容接收者转变为活跃的内容创作者，最显著特征之一是许多这类公司的商业模式最终依赖于观众创造的材料。正如科恩（2008：8）所说："网络2.0企业的商业模式取决于自由劳动者的表现，缺少它就没有内容，也就没有利润。"事实上，一个人在网上发布的大部分信息或内容，无论是脸书帖子、谷歌搜索，还是自己最喜欢东西的照片，都是推动这些业务发展的因素。计算机程序紧盯这些记录条目，形成关于人们兴趣、愿望、需求的基本轮廓，而这些信息反过来又被出售给广告商、市场营销人员，以及几乎其他任何愿意为此付费的买主。

例如，根据用户在脸书上发布的帖子，该机构销售一种名为"似曾相识"的服务，使公司或其他机构能够找到那些与现有客户、受众或其他想要接触或了解的群体具有相似特征的人们。正如脸书所言，"似曾相识会让你接触到那些可能对你的业务感兴趣的新人，因为他们就像一份你关心的客户名录"（脸书，2014）。

然而，用户几乎或根本无法控制他们在互联网上发布的信息被如何使用，就像一位妇女在怀孕期间寻找有关婴儿信息时所遭遇的情况一样。这位妇女很快发现自己的电脑上出现了一些弹出式广告，这些公司想要向她出售婴儿服装、玩具以及与抚养孩子相关的其他物品。但当她流产并失去孩子的时候，广告并没有停止，而变成残酷地提醒她身上曾经发生过什么事情（安德松，2014）。如我们在本章和第六章中所述，在互联网上的信息也可以被用于更恶劣的目的，因为保险公司、雇主和执法机构在互联网上四处搜寻，以便从信息中获取个人可能影响盈利能力或公共安全的线索。虽然多年前作为一个匿名的大众观众可能看似很无聊，因为没有人关注你，但在今天，作为一名活跃的受众，在互联网上吸引注意力的同时，也伴有各种各样的风险。

第六章 传播技术与社会：
理论与实践

概述

探讨技术问题是有关大众传播方面书籍中不可或缺的内容，因为大众传播如同我们在第一章中所定义的那样，它是一种借助媒介的传播。"媒介"作为一般性术语，我们通常是指科学技术：那些连接社会、政治和经济结构，能够跨越时间，跨越空间，并与不受数量限制的使用者进行交流的技术设备。当我们想到传播技术，尤其是当今时代的风气，那就是魔幻般地制作出各种让人心动的新颖奇巧的小装置，以及各种绝妙的软件应用程序，没完没了地更新，不断想着升级换代，甚至是颠覆性的变化。对传播学的学生来说这无疑是一个激动人心的时代，他们平日里便能够目睹我们在传播过程中发生的转变，思考从固定有线模拟系统到移动无线数字形式的改变中，所有文化产业面临的挑战，并直接参与媒介组织寻求从事全新经营方式所展开的生存实验。需要考虑的事情的确有很多。

"究竟是怎么一回事？"这是我们在本章中试图解决的问题。但要做到这一点，我们将为传播技术的主题提供一些必不可少的观察视角，这需要通过扩展我们所谓的"技术"视野，并且将技术变革置于一个更广的背景之下，不仅仅是在科学和工程技术方面，还包括政治、经济、文化和历史等方面的背景。数字时代或许已经不是第一次发生在传播领域里，也未必一定就是最重要的时期。我们需要谨慎思考，如今我们所见证的一系列变化，相较于15世纪中叶印刷机的发明及其在启蒙运动中所起的作用，或19世纪接连不断地出现的摄影、电报、电话、电影及广播等彻底改变我们时空概念的新生事物，哪个更具革命性，其比较尚未有定论。这种情况下，最为困难的部分就是区分哪些是根本上崭新的（甚至是革命性的），而哪些只是新颖的，新在表面文章或装点门面的意义上。在此，探讨新技术出现的大背景，以及它们最终如何在制度体系下使用和建构是十分重要的。我们需要反对"技术至上论"的观点，也就是珍妮佛·达丽尔·斯莱克和麦格雷戈·怀斯所谓的："对机械近乎宗教般的崇敬"（2007：17）。

我们以定义什么是技术，定位社会化构建体系内的技术装置作为本章的开始。然后，我们评价五种理论观点，以了解技术在社会中的地位。媒介融合的话题，是在更大范围内讨论数字媒介的一般特性和互联网的具体特性的一部分，并将这些特质与它们引发的政策挑战联系起来。本章将以我们有关最新技术变化的成本效益分析，特别是近来出现的监控能力与公民隐私权之间紧张状况的论述作为结束。

有关技术的观点

"技术"一词是来自希腊文"techne"，意指"艺术、工艺或技能"。该词源说明技术指的远不只是工具、器具、机器或设备。相反，这个词语既包含了设备，也包括对于它们的用途或操作的知识或了解，理解它们如何与一系列更大的社会环境或生活方式融为一体。技术应被视为业已错综复杂地交织在社会生活的各种情形和节奏之中。

斯莱克和怀斯（2007：72）提醒我们，技术本质上是反映价值观与选择的社会文化活动（正是人们创造和使用了技术）。创造者可以是科学家、工程师或民间发明家，但他们发明创造发生的背景，将预示着他们正在试图创造什么，以及他们自己所设想的技术用于什么目的。

创造需要时间、技能、金钱，而且通常需要基础设施支持以及带有某种补偿要求的投资。显然，企业资助研发的目的无非是通过提高效率节省资金，或者是通过将新产品或服务推向市场产生收益。即便是公共部门的科学家，研究的目的也是服务某些机构的需求。最具代表性的是那些资助机构，无论其是公立还是私立，它们都有早已确定的特殊需要并鼓励在特定方向的学术研究（例如，寻找治疗癌症的方法，了解屏幕暴力的社会影响）。个人或机构的用户，也都影响着技术的开发，他们不仅表达要求或需要，而且最终将技术应用于他们的日常生活。例如传播技术，往往被想象和宣传为服务于理想主义的目的，如公共教育或民主政治，但其结果却是常常被用于娱乐、消遣或商业活动。作为加拿大物理学家，厄休拉M.富兰克林指出，需要强调的是，技术在一个特定具体的社会、经济和政治背景下被开发和利用。它们产生于一种社会结构，它们被移植嫁接在社会结构之上，而且可能会使它得以强化，也可能使它遭到毁灭，其方式往往是始料不及，也不可预测的（1996：57）。

在此，技术属于一个更大的社会系统，并且如我们在第二章中介绍加拿大传播理论家哈罗德·英尼斯和马歇尔·麦克卢汉的思想时所初步探讨的那样，我们主要的传播手段可以告知我们很多关于自己文化的东西。斯莱克和怀斯（2007：127—129）鼓励我们将技术考虑为"相互的联系"，抛弃把技术当作单纯事物的观点。由于它们特殊的关联，它们在相关活动的网络中所处的位置、技术并非是它们所呈现出来的具体形式的产品和活动。换句话说，它们深植于社会、文化、政治和经济之中。机械侠的隐喻强调了人类和人类活动与技术的关联。

雷蒙德·威廉姆斯在他的经典著作《电视：技术与文化形式》（1974）中提出了相同的观点，认为技术反映了社会的整体组织结构。比如说，电报本身就是一根通过电流的电线。但是，在工业社会发展的背景下，它是协调人员和货物跨越广袤距离进行移动的一种手段。同样，电视提供节目以填补我们的闲暇时间，而播放广告以推动广泛的商品和服务的消费，满足并维系工业化创造的大众社会。

这也意味着特定设备，根据它们所嵌入的环境背景，改变它们的用途和功能。比如，笔记本电脑，在工作地点可能被认为并且被用作文字处理机和研究工具，而在家里则是游戏控制台和视频平台。就更大的范围而言，相同的介质，根据它运行所在的国家和（或）政治体制可以呈现出非常不同的形式和用途。比方说，如果电视在加拿大这样的西方民主国家是一个普通的信息（如新闻节目、纪实片）和娱乐（如电影、电视剧、体育赛事）的介质，而对于朝鲜这样的极权主义政权来说，则是一个不折不扣的宣传介质。相同的设备，却因处于截然不同的背景而成为不同的介质。

这些关于技术的观点，明显不是针对特定类型的工具或电子设备，而是涉及它们身在其中的理念和实践的复杂联动系统（1996）。

有关技术的思考

在《质问技术》（1999）一书中，哲学家安德鲁·芬伯格对于一直以来社会科学家和哲学家用来思考技术的主要概念框架和目标指引进行了说明。他的分析提供了四种主要的途径来思考和理解技术：工具主义、决定论、实体论和批判理论。建构主义是第五种观点，它与批判理论密切相关。

工具主义是一种比较幼稚的主张，它将技术视为一种价值中性的工具，能够缩短通往自然结果或者社会目标的路径。技术在此只是达到目的的一种手段，可以用于我们选择的任何目的。例如，如果我们需要喝水，杯子比手管用，也比我们把脸扎进水池里方便。如果我们要从温哥华到多伦多，飞机送我们去那里要比公共汽车或火车更快更容易。从工具主义者的角度看，技术首先是我们使用的一种工具。

相反，技术决定论认为，技术依照其自身固有的必然逻辑运行，技术具有一种"自律的逻辑，其可以解释为置社会于不顾"（芬伯格，1999：77；参见克罗图和霍伊尼斯，2014：299—300）。技术在此与进步的观念相关联，被认为是一条通往改良的坦途，并且技术产生的效果被决定论者归因于技术本身，而非人类就如何开发和应用技术所做的决策。一个显而易见的例子是技术决定论者关于小型化和移动性趋势的见解：你今天所持有的手机将不可避免地被一个更小或更轻，并且具有更多功能的手机所取代。这一断言忽略了制造商、销售商和最终用户对于手机的未来发展可能做出的多种选择。从决定论者的观点看，人类对技术发展方向的精确控制能力非常之小，从某种意义上说，技术有它自己的生存轨迹。

与技术决定论的立场渊源相近,实体论声称技术按其自身固有的逻辑运行,但这种逻辑并不一定代表着进步或改良。工业革命严酷的社会现实,核武器的发展,以及当下环境灾难的威胁都让实体论者更多地思考与著述以申明他们的观点。以汽车为例,在 20 世纪初期,汽车的批量生产能力引发了大规模发展基础设施(道路、高速公路、城郊住宅区、购物中心),这些设计都是着眼于汽车和汽车旅行的发展。在我们目前生活的世界里,难以规避汽车型文化带来的城市无序扩张(更不用说空气污染和对化石燃料的依赖);众所周知,更高效更环保的公共交通模式,其设计、建立、实施以及融资都十分困难,部分原因是郊区人口密度太低。这种结构已经变得自我强化:生活在汽车文化中的唯一方式就是驾车上路。

芬伯格说道,站在实体论者的立场必然得出这样的结论,他们认为现代环境反映出现代技术的本质,它的合理性,它的效率,它所优先考虑的控制能力以及可计算性(1999:4—7)。更加悲观的或反乌托邦的实体论者认为,由于技术延伸至更深层次的社会生活之中,技术思想和行动威胁到了非技术的价值观。在某种意义上,我们变成了机器的奴隶。因此,组织机构普遍采用适合技术体系能力的规则,而不是用户的需求。例如,想想我们有越来越多需要在网上填写的表格,而那些填表须知却是含糊其辞,或者当我们接通自动电话的问询服务时,我们的问题并不在有限的可供选择的菜单里。正如从事这方面研究的最出色的理论家之一雅克·埃吕尔(1964)所说,技术已变得具有自主性。

埃吕尔的主张在其《技术社会》(1964)一书中得到了最好的体现,威尔逊·迪扎德总结如下:

1. 所有的技术进步都需要付出代价，尽管它增加了一些东西，但它也减少了一些别的东西。

2. 所有技术进步引发的问题都比解决的问题更多，诱惑我们去了解接踵而至的技术性问题，并督促我们为此寻求技术解决方案。

3. 技术创新的消极影响与积极影响如影随形。技术是中性的说法十分幼稚，它有可能被用于或好或坏的两端；实际上，好和坏的影响都是同时出现且形影不离。

4. 所有技术创新的影响都不可预测。（迪扎德，1985：11）

目前有关我们对石油的依赖和如何以最好的方法运输和提炼石油的担忧，印证了埃吕尔有关技术的观点。

埃吕尔的观点可以在加拿大哲学家乔治·格兰特的经典著作中找到补充。在《技术和帝国》（1969）一书中，格兰特认为所有现代、自由、工业和后工业社会的基础都可以在工艺和技术中被发现。他声称，现代自由主义的主要学说"坚信人类的卓越品质经由均质化和普遍化的技术力量得以提升"（格兰特，1969：69）。虽然这些观点具有一种真理的特性，但它们也表达了一种受到质疑的必然性和悲观情绪。

工具主义、决定论或实体论都不足以充分解释技术。批判理论的倡导者坚称我们拥有如何开发技术的选择，对其发展加以塑造，使用技术，把它纳入更大的系统，并与它或多或少地建立起密切的关系。芬伯格（1999）认为，作为学者理论家，赫伯特·马尔库塞和米歇尔·福柯（20世纪60年代至70年代"新左派"运动的成员）开启了不仅仅将技术和技术发展不仅仅当作外部力量进行思考的机遇。而且，他们将技术存在于社会的假设变为定论，作为社会的一部分，技术与宗教、教育、文化、经济和政治体制别无二致；技术因此也同样是批判和改革的对象。

这一双重概念（即技术存在于社会，并且社会力量和政治决策能够控制新出现机器的性质以及它们的用途），意味着技术的发展以社会依附的方式进行。换句话说，技术的出现并以一种特定的形式存在取决于其所处社会的驱动力，其中可能包括排斥反应。就像传真机刚刚发明的时候发生的情形，同样的情况也出现在中国发明印刷活字（先于古腾堡）的时候。批判理论认为，技术提供了社会选择行动方针的可能性。这样的争斗场所引发了社会必须解决的权力、控制和自由的问题。以第七章我们论述的内容为例，20世纪20年代，加拿大被迫做出选择，如何看待和管理无线电新技术，它是作为一个地方性或全国性的广播媒介，还是作为一个行业，或者是作为一种公共服务发挥作用等等，而且我们社会还将继续做出这样的选择。

建构主义因工具主义、决定论和实体论存在缺陷而出现。今天，建构主义的原则在很大程度上盛行于技术的研究领域。建构主义者认为，社会力量建构和塑造了技术（如斯莱克和怀斯在上文讨论中所强调的）。对于研究和开发的优先次序，技术所要采用的形式，以及用于何种用途，我们总是有切实可行的选择。建构主义者认为，任何设想的技术都必须有一个技术和社会的逻辑才能取得成功；换句话说，新的工具或系统的成功在于它们合理地运行并在社会环境中找到支持。我们可以从应对当今环境问题而采用替代能源技术的例子中发现这一点。政府可以鼓励风能和太阳能发电项目（例如，安大略省的2009《绿色能源法案》）以及汽车制造商可以生产替代燃料汽车（如氢、乙醇、电），但一般来说是由整个社会决定它们的存续和准确的用途。

这种社会构建有时很难辨析，因为一旦一个新的设备或系统找到支持的环境，它就可能会经历一个闭合的过程。闭合是指设备或系统固定在一个社会认可的对象里，产生一个"黑匣子"，一种人造事物或人为方法却最终被视为自然的、不可避免的或最合乎逻辑的存在。一旦发生这种情况，技术的社会根源和可能的选择都被忘却了，导致了芬伯格所谓的"决定论的错觉"。特里·弗卢和理查德·史密斯（2014）引用标准英文键盘（QWERTY）为例；这种打字机键盘的设计是为了防止常用的字母组合打字时按键会卡在一起，但打字过渡到电脑键盘时它却保存了下来，即使不再存在卡键的问题，而且研究还表明，标准键盘并非最有效的字母布局（弗卢和史密斯，2014：64）。

当论及技术时，建构主义的观点是试图破除闭合并恢复历史含义。例如，电话曾被看成是一个广播接收机，并当作点对点的沟通装置经历了漫长的发展沿革，如今它充当点对点的书面通信设备、照相机、录音机、视频播放机、记事本、日程表、GPS 导航仪以及平板电脑。无线电广播最初被视为是点对点传播的一种手段，而互联网则是作为军事通信系统。在这样的历史背景下，戴维·克罗图和威廉·霍伊尼斯认为，"新媒介技术的应用和发展既不是一成不变，也并非完全可以预测"。尽管一种新介质固有的技术能力规定了它的界限和范围，但这些技术最终是由社会力量，包括法令法规、政策方针、社会规范以及市场压力加以限定的（2014：300；亦参见戈金，2011）。

维贝·比伊克尔宣称，我们所谓的机器应该被理解为一种社会技术的集成（比伊克尔 1993：125）。这意味着从电锯或电吹风机到空间站或哈伯太空望远镜，任何机器都产生于由社会规定的开发者意向，这些开发者为了预期的目的能够创造出特定的技术装置，但有时其用途又是意想不到的：此正所谓社会技术的集成。

费尔扎克（2006）进而提出了两个观点。如果机器是社会技术的集成，那么随之而来的，工程师就是社会活动家。他们设计机器的意图是重构社会关系，并因此而改变社会。而且，在信息技术的背景下，社会科学研究可以支持某个积极的因素。所谓数字时代，有相当多的研究工作专注于实际的和潜在的变化，而我们正在目睹这些变化；有些是批评商业势力侵占虚拟空间，其他的研究更希望新的媒介形式能够有助于建立更加民主的传播系统（如，麦克切斯尼，2013；帕特尔等，2012；格雷克，2011；基德和陈，2008）。

技术与西方社会

西方社会与技术的关系是独一无二的吗？可能并非如此，所有的文化和社会的存在均可被看作是基于与技术的紧密结合。科学社会学家布鲁诺·拉图尔提出，现代社会与所谓传统社会的区分，可能在于我们社会技术集成的规模和范围，而不是人们的思维方式和文化行为上有何质的区别（见勃洛克和延森，2011）。

由于技术已经层层叠叠在西方社会扎根，而且逐层累加的基础设施也已经建成，我们不应该意外我们对这些系统的依赖度上升。西方，尤其是北美，对于接受技术如此热衷，社会中一些人认为世界逐渐来到技术大行其道的关键时刻，也就是我们说服自己相信，我们为了更加美好的生活应该不断开发新的技术并广泛地加以应用。我们不愿意改变我们的方式，我们往往认为像气候变化或海洋退化等问题终究会找到技术解决方案。此外，在西方社会里，技术的开发通常是有意策划出各种重要的目标、方法或体系，而开发人员获得财政奖励。从这个意义上说，技术开发是一种生意，西方国家的经济与创新、发展和推广新技术息息相关。其结果是，北半球和南半球国家之间通信技术的差距一直不断扩大。这个裂隙往往被称之为"数字鸿沟"。我们将在第十一章全球化的讨论中对此概念做更详细的叙述，该术语意指拥有技术的富人和缺乏技术的穷人之间的差距，人们之间的差别在于一些人能获得技术和技能并加以利用，而另一些人则不能。这些差距可以在国家之间进行衡量，也适用于国内的居民（见梵戴克，2012）。

我们可以发现，技术导向的社会都明确肯定且欣然接受机械，而社会的组织机构则必须采用机械，并为了私人金融利益的需要，习得运转机械所必需的技能和方法，基本上没有什么社会或政治的干扰。吸纳技术的热忱有时是如此的彻底，以至于分析家和普通公众对于社会的未来都接受了基于技术能力的预测。这是一个直截了当的技术决定论的例证；如果技术发展能够有所作为，社会将充分利用其技术能力，并从根本上加以改变。

譬如，技术决定论者认为互联网会导致更广泛的民主化（例如：舍基，2008，2010；布伦斯，2008）；事实上，这种推断颇具争议（格罗夫曼等，2014；麦克切斯尼，2013；达尔伯格和赛派拉，2007）。更大的信息量并不自动等同于全体公民更充分的知情权或更加健康的民主政治。我们可以大体上确定新技术能够实现什么（例如，互联网能够收集并快速地传播信息），但究竟这些实现能力会被如何利用，并且延展至多远，都将不可预知。我们需要发问："什么样的信息将被收集和传播，什么人将承担这些任务，而且是出于什么样的意图？"我们在本章下文中将会论及，如今人们越来越担忧政府获取公民的相关信息，以及企业交换消费者的个人信息资料。

决定论没有考虑到技术并未消失在晴朗的蓝天中或从某些天才的头脑中退出。相反，它源出于具体而典型的集体努力以解决问题或发现机遇。技术决定论也忽视了国家与机构在掌控技术的工业化应用方面的作用。很显然，互联网可轻易被用于专制独裁或恐怖主义，也可以用于民主制度；它可以使强化偏执与启发思考都变得轻而易举。在互联网发展的早期，用户竭力反对其商业化；如今，它是各种电子商务的强大的渠道。如果执政者愿意，他们可以制定政策，使某项技术（例如，互联网）仅能用于某些方面（例如，合法的传播形式），因而具有某种结果（例如，打击取缔儿童色情或有组织犯罪）。这种掌控力不仅只在政府手里，企业利益集团往往行使自己的权力来塑造技术体系以保持市场影响力，而用户也在其中扮演了一个角色。

技术危险与技术自负

我们平日对技术的看法中隐含着这样一个概念，技术可以使社会向善，即它本质上有助于社会进步。但正如埃吕尔（1964）所指出，某一特定技术推陈出新相互作用的结果通常是有违初衷。抗生素便是明证，虽然对于公共卫生来说，抗生素曾是天赐之物，现在我们认识到正是由于我们过度使用这些药物，抗生素耐药菌株已经出现。每年冬天，卫生官员都担心具有抗药性的流感类型会导致世界性的大流行。同样，发展单种栽培（种植最有效率和产生最大经济收获的单一品种农作物）使食物供应容易受到威胁。1912年泰坦尼克号的沉没可能是技术自负最为著名的标志，许多所谓的专家认为它是人类聪明才智最新最伟大的产物，一艘绝不会沉没的巨轮。然而，人类对技术的无条件信任造成了1500多人失去了生命。

在传播方面，同样的问题与技术的局限性密切相关。尽管有更多的人能够访问大量的信息，但能够获得什么样的信息则会受到规模经济的影响；因此，只吸引有限受众的信息往往消失而不复存在，或是从一开始就未被收集和存储。专业杂志从报摊上消失，而着眼于十分局限课题的学术著作（如种族特征对于现代农业社区的影响之类），即便内容很重要，也很难有机会发表，因为它们面对的是少数高度专业化的受众。大型生产商的管理系统告诉他们，可以在其他地方赚到更多的钱，尤其是越来越多的社会阶层受制于商业逻辑的摆布（见第九章）。由于新闻媒介把它们的关注点转移到那些卖点上，一些全国性、各省以及地区性的新闻，乃至街谈巷议的消息，都变得难觅踪迹。最后，像数小时坐在电脑或电视屏幕前，或者缺少社会化联系的居家工作这样看似平常的因素，当其在整个社会蔓延开来，就可能会在健康方面产生意想不到的严重后果。话说回来，这正是埃吕尔所谓技术的利弊影响不可分离性的本意。

媒介融合

在媒介的大部分历史沿革中，传播技术应用于不同的领域，组成了各不相干的产业，由各个行业组织拥有并控制，且受到特定的法规和政策管理（我们将在第七章和第八章中更为详尽地探讨）。上述历史沿革给人的印象是，这些所谓的条块分割是技术本身的产物。模拟类媒介因其各自技术规格要求，确定了它们的应用和机构。但是，如果它们的技术构成并非不相干，则存在着不确定性。技术并不能阻止报纸出版商使用它们印刷出版杂志或图书，或者涉足其他媒介领域。实际上，在20世纪的20年代和30年代，第一批进入无线广播行业的是报纸出版商。就像我们特别提到，在使用电话的早期，人们尝试通过电话线播放戏剧演出和音乐会。同样，在早期的无线电应用中存在两种前景：点对点通信和广播。即便广播成了主要的产业形式，点对点还是被用于了海事通信以及警察、消防和救护车服务等，甚至连因特网最初也是被设计成军事通信系统。技术融合的历史表明，这些媒介条块分割就是社会结构。

  按通常说法，"融合"意味着结合在一起，如两江交汇形成一条更大的河流。媒介融合或者是指先前不同的媒介技术和媒介形式借助数字化以及计算机网络进行合并，或者是指一个传播企业集团的各种媒介资产合作经营的商业战略（加什尔，2013）。媒介融合要比其公认的历史悠久，如前文所述，一些报纸出版商兼营其他印刷业务；报刊公司也是最早一批在广播电台投资的机构，无线电广播后来进入了电视经营业务（例如加拿大广播公司/加拿大广播电台）。与这些发展携手并进，我们看到了企业融合的长期趋势。在20世纪早期，如果说独立的报纸成为连锁报刊，而独立的广播电台成为广播网的一部分，那么20世纪下半叶出现像魁北克和贝尔这样的公司就不足为奇了。贝尔公司就是先前的"加拿大贝尔电话公司"，现在的"加拿大贝尔电信集团"，它扩展到了其他传播行业，甚至进入不相关的领域。再比如"魁北克集团公司"，它在1950年时从出版蒙特利尔的一家社区报纸起家，后演变成一个旗下拥有报纸、杂志和图书出版，电视广播，有线电视节目发行，以及音乐商品零售的大型传媒集团（见第九章）。

第六章　传播技术与社会：理论与实践

数字化和计算机网络化促进了这一转变。数字化是将所有形式的信息（文本、视觉、听觉）转译为一种以0和1表示的通用语言的过程，使最初产生于一个数字平台的内容可被用于所有其他平台。计算机网络化将所有这些数字平台连接在我们各自不同的屏幕上。这就是我们今天所目睹的结果：媒介形式之间有意义的区分被打破了。我们在智能手机上听音乐，在笔记本电脑上看电视，在电子阅读器上读书。

我们将在第七章和第八章中更详细地论述，政府正是融合博弈的重要参与者。从历史上看，公共政策（法律、法规、规范）支持诸如广播和电信、出版和广播媒介之间的条块分割，并且政府机构不断巡查那些受人关注的跨媒介所有权和企业集中度的界限。目前，公共政策可以被看作是既要坚持立场并应对技术与企业融合的压力，又要寻求协调社会和经济需求之间的平衡。

尽管融合对于媒介经济、政策制定以及特定的文化产业具有明显的影响，亨利·詹金斯（2006）也意识到了一种文化的转型。他所谓的"融合文化"需要"转变有关我们与媒介关系的思考方式"，并且"可能对我们如何学习、工作、参与政治进程以及与其他世界各地人们的联系都具有影响"（2006：22—23）。

技术与政策

传播领域中由三个核心问题引导决策：（1）确保公众以及文化和民族群体的需求均得到满足；（2）确保加拿大具有足以延续的文化产业；（3）确保某些企业不会变得过于强大，因而阻挠他人的参与并妨碍社会和技术的进一步发展。微软公司试图在几乎每一个软件

195

市场上都占据主导地位便是例证。有些人认为，谷歌的成功同样也是一种威胁。

虽然允许既融合又竞争听起来是一个不错的主意，但像加拿大广播电视和电信委员会（CRTC）这样的监管机构制定相应的政策却并非易事。例如，为消费者提供互联网接入服务的电话及有线电视公司被称为主干网供应商。他们还为小型互联网服务供应商（ISPs）提供连接，而这些小供应商反过来向公众售卖互联网接入服务。同样，有线电视公司拥有一些专业的电视频道，不仅提供给公众使用，而且还提供给它们的竞争对手。这里显然出现了矛盾：首先是出现在大小互联网服务供应商之间；其次是出现在有线电视公司和独立的专业频道之间。政府的政策是设定游戏的规则，譬如决定有线电视公司是否可以拥有专业频道。但加拿大广播电视和电信委员会的权力受到诸多方面因素的制约，其中包括愿意为市场销售而生产制作产品的企业数量（参见第七章和第八章）。

奈飞公司（Netflix）是一个以新服务造成政策制定者和电视广播行业头痛不已的很好例子。奈飞公司提供流行电视节目和电影的在线视频流，它不像加拿大电视广播业者那样接受相同的监管要求，比如支持加拿大音像制作的缴费，有关加拿大内容的规定，隐藏式字幕以及其他规范的节目标准。奈飞公司广受欢迎，2012年使用奈飞的加拿大家庭就有250万个，电视行业抱怨竞争不公平，并迫使加拿大广播电视和电信委员会重新考虑这一套数字时代之前所设计的监管制度（盖斯特，2014；拉德兰特，2010）。

政策问题可能会存在重要的国际因素，要求一家国外公司，特别是运营垄断服务的公司，在它经营业务的所有不同的国家中遵循法规可能会是一个十分艰巨的任务。然而，对于制定政策来说更具挑战性的是互联网；尽管不同的国家对于言论自由、隐私权、获取信息等等有着不同的法律法规，但互联网则会因其无处不在而又无所存在破坏这些法律法规。

互联网与数字化

互联网以其最初的假设，它的结构，以及人们使用它的方式都对传播技术和产业的传统观念提出了挑战。单从如今互联网的规模，就足以说明它与旧的传播模式有多么不同，标志着我们必须思考传播媒介方式一种必然的重大转变。根据2012年"互联网世界统计"数据，现在有超过三分之一的世界人口使用互联网（www.Internetworldstats.com/stats.htmInternet），并且它是被当作一种国际的传播系统进行构架（见图6-1）。

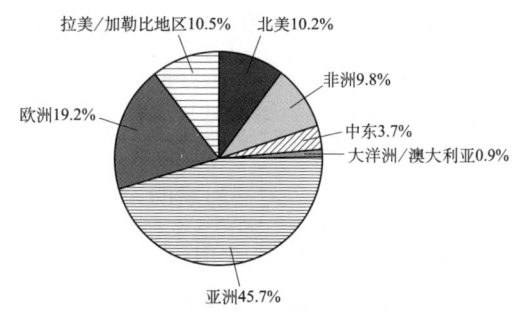

图 6-1 2014 年世界各地区互联网用户的分布

来源：互联网世界统计。版权所有 © 2000—2011，迷你瓦特兹市场集团。

互联网的基础形成于20世纪60年代冷战时期的美国，政府向各大学新设立的计算机科学系注入了大量资金。当时的研究人员对于开发一种交互式计算机网络十分感兴趣。最初的阿帕网（APPANET）项目（大约在1969年）连接了五所美国大学的计算机系统，使它们之间能够进行信息的交换。该网络背后其中一个重要的想法是，如果它的一个或多个节点在核攻击事件中被摧毁，网络仍然具备功能。阿帕网在整个20世纪70年代和80年代初期逐渐扩大，变成了计算机联网的国际网络，即我们现在所知的互联网。它今天所使用的大多数最基本的技术基础结构在那时已经被设计成型。

　　早期互联网的一些有趣特征至今仍然发挥着作用，显示出了一种特定的社会技术集成。首先，互联网已经被发展成为一个对等系统；网络中没有中心控制点。互联网被设置成一个网状结构，网络上的点被加以冗余连接；其中任何一条信息的传播线路都是由软件引导而不是通过物理连接，并且在互联网上所有的点都处于平等或者对等的状况，至少在理论上是如此。网上交换信息的单元称为数据包，这有点像在信封上标注"寄往："和"发自："。网络软件读取这些地址标签并决定如何沿网络传递数据包。此外，这些数据包就像是密封的信件；重要的内容仅限于传输两端的计算机系统。互联网是这样描述一个端到端的架构，网络本身对于被转移的内容毫不知情，或者至少是保持中立。这一特性被称之为"网络的中立性"，并确保所有通过网络被传输的数据获得平等对待。无论是作为支持民主的公益，还是作为属于市场经济的商品，网络中立的概念都是如何界定互联网的核心（舒尔特，2011：48）。

　　互联网有一个有趣的特点，它是作为一个公共资助的系统而存在，这种情况起初是在美国，如今在大多数其他国家也是如此。尽管自20世纪90年代中期以来，越来越多的网络是由企业、营利性部门构成，但世界上相当大的一部分网络仍由政府以及（或者）学术机构掌握。与电视行业这样的大型企业媒介相比，互联网被赋予了不同的秉性，并且对于互联网有效的企业管控仍然十分有限，虽然这种状态因企业利益集团对网络基础设施进行越来越大的投资而不断发生变化。互联网当然无法摆脱大量的企业介入，到目前为止经济增长最强劲的领域都与提供网络和搜索引擎相关，即公司自己拥有链接并对接入收费。2005年，谷歌成为世界上市值（股价总值）最大的媒介公司；其以800亿美元的价值超越了时代华纳、迪斯尼以及维亚康姆公司。令人感兴趣的是，我们大多数人每天都在使用体现这一价值的该公司服务而无需支付一分钱。

互联网第二个显著特征是，在大多数情况下，作为开放系统以及最新的开放源码软件，其基础技术被非商业性地开发出来并公之于众。这意味着使网络得以运行的软件、标准和协议不为任何一方所有或控制，而相反，它是对公众开放的。互联网的主要工程方法数十年来一直围绕着一种"请求评议（RFC）"或"一系列以编号排定的文件"体系进行。"请求评议"是有效的同行评审体系，对发表的软件和系统设计进行公开的传播、评价，并由工程师社群加以改进，很大程度上就像维基百科那样开放内容编辑给参与者。结果是任何想要有所贡献的人都可以参与其过程。在过去的20年中，随着开放源码作为各种各样可用的材料，"请求评议"已经成为软件开发的普遍策略，也就是说，免费的查找、更改、使用、发布，没有典型的商业樊篱如牌照费、商业秘密或者应用的限制。

这种系统模式的发展已极大地证明了互联网本身的成功，但它同样也具有文化意义。在这样一个世界里，文本、音乐、视频等等作品都以数字化方式存储和传输，因而可以在瞬息之间复制并发行至全球各地且几乎没有任何成本，版权和知识产权的传统观念愈发成为问题，对于那些在更为传统的版权环境下成长起来，视内容为私有财产形式的百年行业更是如此。陷于因开放源码运动的技术变革导致的法律争斗，带来了一种完全不同的感觉，究竟作品如何以及通过何种条款得以发表和进行交流。我们在第八章中将更为详细地讨论版权。

提及普通公众使用的互联网，万维网作为互联网应用程序出现在20世纪90年代初，并迅速成长为互联网最大的带宽（承载信息的网络能力）用户。万维网为互联网提供了友好的界面，在其成长的第一个十年发展到了这样的地步，它允许几乎无限数量的小众访问他们感兴趣的内容。在万维网头十年的大部分时间里，它的基本模式是简单的页面传送系统。然而，日益增加的互动能力使得用户转变为名副其实的网站管理员。近年来最大的趋势就是社交网络的兴起（见第一章）。

通常被称为第二代互联网（Web 2.0）的网络，作为一种全新的、交互式的大众媒介，当我们考虑到它能够使媒介内容的消费者成为生产者的时候，其重要性便崭露头角。有人称这种趋势为"生产性消费"或"产消合一"，它被称颂为传播民主化的重要一步，并且削弱了企业的媒介权势（见莱辛斯格，2008；布伦斯，2008；詹金斯，2006）。能够利用网站和应用程序自制个人内容的例子不胜枚举：维基百科、YouTube、脸书、推特、Instagram、8Tracks、Strave，以及无数的网站、博客和公民新闻网站。布伦斯关于产消合一的四条重要原则是：（1）包容而不是排斥生产；（2）"异构分布式"网络结构而不是自上而下的分级式结构；（3）始终是尚未完成，持续不断地生产；（4）在信息共享的空间中免费获得社群拥有的网络内容（布伦斯，2008）。

然而毫无疑问，我们参与制作、传播和共享媒介内容的能力得到了增强，但是这在多大程度上代表了民主化，危及了企业的权势，或者为我们提供了信息共享空间（向所有人开放的空间），仍是一个颇具争议性的问题。大卫·克罗图和威廉·霍伊尼斯（2014）指出，首先，由用户生产内容的程度被大大高估了。他们以1%法则提醒我们，即"对于每个创造内容的人来说，没有参与的判定值是99"（2014：307）。在克里斯蒂安·福赫斯（2009）看来，实际上，用户的交互性在他所谓的"互联网馈赠经济"中扩大了企业的权力。福赫斯解释说，用户免费访问这些商业性网站和获得网络应用程序，作为交换提供免费的内容，从而提高了网站的商业价值。因此，用户的内容有助于在其他用户中推广和认可这些网站，让网站拥有者收取更多的广告费用，并且（或者）交换用户个人数据获取利润。福赫斯写道，"使用基于广告的免费在线平台用户越多，则他们在线制作、消费以及交换内容、与其他人联系所花的时间就越多，他们生产的产消合一的商品价值就越高，广告价格上涨就越快，而特定的网络企业赚取的利润就越大"（2009：82；亦见埃尔默，2004）。费尔南多·贝尔梅霍（2011）发现了存在于受众劳动成果之中的"双重联系"，其中"用户是内容的生产者，这些内容吸引其他用户的同时产生出有关他们自身的数据，这些数据又被用来把他们变成消费者"。因此，用户提供的既有内容和数据，又有受众劳动成果，这些统统被媒介公司通过网站及互联网服务供应商的使用条款所擅用（贝尔梅霍，2011：273—274）。

这就是说，交互性是数字媒介的定义性特征，而且很明显，由于我们新开发的能力超越了传统的生产和发行渠道，一些行业（例如，图书和报刊出版，音频录制）的核心业务已经发生了动摇。这些我们将在第八章和第九章中进一步论述，并且在第十章中我们也会探讨社交媒介、博客和公民新闻的影响力，尤其是对于新闻实践以及作为商业性新闻行业自身组织结构的影响。而此时互动性提供了一个例证，说明技术发展在传播领域中未能预见和难以预见的后果，以及具体的设备和应用是如何嵌入社会，与文化、政治和经济的巨大环境背景联系在一起。

  数字媒介另一个定义性特征是移动性。正在发生的从有线到无线的转变，对传播媒介的形式和内容以及我们如何与它们建立起密切关系都会产生影响。就一个高度连接的社会而言，我们仍要适应无论去哪里都需要能够使用我们的设备，并且在越来越多的地方接入无线网络。一方面，移动性从根本上改变了我们时间和空间的界限（见克罗等人，2010：10）。我们可以在家边玩边工作，愈来愈少地受限于他人安排的日程表，这是否意味着当我们想要看自己喜欢的电视剧时，可以先录后放或一口气看完。而回复那些稿件或电子邮件，要么是在收到的时候，要么是在一天中固定的时间段里。当然，另一面是我们越来越容易被联络或打扰，无论是休息时间被雇主联系还是推销员给你打电话。移动性同样也鼓励进一步的技术融合。与其为了具体的用途使用各自独立的设备，不如在我们每个移动设备中提供多种功能。正如本章前文所述，手持智能电话可以让我们阅读电子书、观看电视、拍短视频、上网、玩游戏，当然，还有和别人进行通话。

  数字媒介的第三个定义性特征是个性化。如果说传统媒介（尤其是电影、广播、电视、家庭音响系统，还有纸质报刊）都是典型的集体体验，那么数字媒介则更加个性化。这种趋势始于20世纪80年代的个人电脑，但逐渐包括了移动电话（电话号码属于个人而不是家庭），MP3 播放器（带有他们的个性化播放列表），并且越来越多人在电脑或者手机屏幕上观看电视节目、体育赛事以及电影，而且还用于玩游戏。这些设备具有吸引力的一个重要因素是它们的个性化；我们能够调整它们，以适应我们自己的特殊需要，并且随心所欲地使用它们（参见戈金，2011；克罗等人，2010）。

技术变革：成本收益分析

如果迄今为止我们在本章对技术的讨论一直慎重其事，那也是有充分理由的。正如我们惊叹传播领域中技术变革的广度和速度一样，没有一个作者希望返回到从前的日子，为了一本与此类似的教科书，在图书馆和档案馆里埋头研究并用打字机写作。历史告诉我们收益总是伴随着某种代价，我们所认为的传播能力的进步总是存在权衡取舍的，而技术变革的利弊得失只有随着时间的推移才会浮现全貌。我们在本章节中提供一些例证。

日益提高的通信容量、速度及灵活性

对我们许多人来说，传播和查询信息比以往任何时候都更容易。有了卫星、光纤、成熟的转换技术和数据通信工程，不仅仅具备了从 A 到 B 得到信息的能力，我们现在谈论的是带宽和毫微秒，以及如何能够迅速在全球范围内进行通信传播。

加拿大一直处于通信技术的前沿，肇始于世界上的第一个电话，

1786年3月10日,亚历山大·格拉汉姆·贝尔在安大略省的布兰特福德与该省的巴黎镇通了电话;第一封横跨大西洋的电报,1901年12月12日中午,从英格兰的波尔都发往纽芬兰的圣约翰信号山;第一次无线电广播,由加拿大人雷金纳德·费森登于1906年圣诞夜播出。加拿大是第一个发射国内通信卫星的国家,并且联邦政府一直致力于保障全国的通信速度与容量。例如,2012年向99%的加拿大家庭提供宽带服务,略超过85%的家庭成为注册用户。尽管如此,在宽带接入方面,全国中心城市与乡村地区以及北方地区之间依然存在着显著的差异(加拿大广播电视及电信委员会,2013:177—178)。

梵戴克(2012)所分析的数字鸿沟,不仅适用于世界上不同的国家,而且适用于同一国家各个人口群体之间,即使是像加拿大这样拥有先进通信基础设施的国家。我们将在第十一章中进一步讨论数字鸿沟问题,但值得注意的是,当提及我们许多人都认为是理所当然的互联网接入和使用时,加拿大人互相之间仍然存在着收入和教育水平,年龄以及社区规模的不同而出现的差异。即使加拿大统计局确定,2012年加拿大83%的家庭已有互联网接入,但收入在三万加元或更少的家庭中只有58%享受到了接入服务。同样,在收入最低的四分之一加拿大人口中,65岁及以上人群只有28%使用互联网;相比之下,同一收入类别中16岁至24岁人群中使用互联网则达到95%(加拿大统计局,2013)。这些数据具有特别的意义,因为政府的办事机构、学校、银行、保险公司以及零售商们都认为,没有这些数据,它们就会陷于被动的地位。

生产和发行中不断增加的灵活性

过去的 25 至 30 年间，传统的、集约的、资金密集化的传播媒介模式已经被数字媒介所侵蚀。20 世纪 80 年代末，桌面出版系统使得任何人都能够从事图书和杂志的排版与设计，只要你拥有一台电脑、一台激光打印机，并具备一些基本的技能。在 20 世纪 90 年代中期，网络带来了一种最低成本进行全球在线发行的新方式。从 20 世纪末到本世纪初，廉价的数码工具用来转换音乐和视频产品，而独立制作商愈发能够通过诸如"聚友"（MySpace）和"脸书"这样的社交网站直达受众。YouTube、推特、Instagram 等网站进一步加强了这种趋势，迅猛发展的手持移动设备则起到了推波助澜的作用。

这些企业聚合者的出现和发展，导致了中间媒介的再引入，以抵消这种趋势的苗头。鉴于这些服务的筛选能力，有些人将其称之为再媒介化。苹果公司的 iTunes 音乐商店便是一个很好的例子，它提出了一种全新的机制，筛选、排序，并且更为重要的是，促进了在线收听音乐。YouTube 则提供了另一个例子，在其网站上数以百万计的视频剪辑片段可以免费收看。这些再媒介机构都建立起了自己的品牌形象和存在。随着内容的迅猛发展，以往传统的生产、制造和发行产品所遇到的挑战，被代之以提供一种经过筛选、组织，以及能够以新方式节录和混录的各类媒介内容。使这一切成为可能的不仅仅是丰富的内容，而且是通过博客、评论、标签、留言以及编目数据，大量增加有关内容的现成信息。正如克里斯·安德森 2006 年在他的《长尾：为什么未来的企业销售将是面向多数客户的少量需求》一书中所指出：

当消费者将他们的好恶发贴在用户评论或博客上时，

> 他们的行为具有个体的指导意义。现在来自草根民众的信息如此容易，若是你要寻找什么新鲜东西，你可能会比以往更迅速地找到你想要的。这会鼓励你去寻找已知世界之外的东西，驱使需求沉降到小众市场，因而产生经济效果。
>
> （安德森，2006：56）

但如果这些服务提供大量的专业和用户生成的内容，他们还是会重申他们有权力决定获取他们服务的条款。这包括我们是否可以并以什么价格下载内容，他们是否以及多少将补偿给内容生产者，而且最终他们是否会禁止某些材料，例如，以道德或政治的理由（参见第十一章里有关带围墙的花园的讨论）。他们一直重申自己充当看门人，即使这个角色已被修改。马丁·赫斯特、约翰·哈里森以及帕特丽夏·马泽帕（2014）认为，这些做法导致信息机构根据经济优先原则，将信息置于私人控制和（或）管理之下，并为了自己的商业目的，通过提供"免费"内容，承担起公共信息库所起的作用，而这个角色传统上是由像图书馆和档案馆等真正的公共机构担任。"像其他公司一样，尽管谷歌可以决定接受或者不接受哪些广告，但它也可以决定将列出哪些词语和网站，并且决定能不能访问，以及有没有什么信息"（赫斯特等，2014：312）。

模型和数据库：控制事物和过程

计算机一直以来都是涉及模型的，最早的计算机被用来建构模型提供对现实的预测。今天，所有信息技术的母体都是数据库，最常见的是关系数据库，它将信息建构成行与列的集合，以及它们之间的相互关系的网络。通过收集大量真实产生的数据，并将该材料置于一个数据库中，人们可以开发出一个能力巨大的复杂模型，用以分析过往，了解当前，预测未来。谷歌的"统计上未必出现的短语（SIPs）"，促使话语共同体得以确定，并且使得相关的出版物引起消费者的注意（也许对于"统计上未必出现的短语"最好的解释是举一些例子，比如"内容分析"和"大众传播"这类术语在传播分析文档中出现频率极高，尽管其在日常话语中出现频率极低，只是偶尔使用）。毫无疑问，执法机构使用相同的技术来识别犯罪活动。每一起个人的致命暴虐行为，譬如2014年6月发生在蒙克顿的杀害三名皇家骑警警官案件，如果人们在分析网站上能够寻出一些蹊跷之处，可能就可以事先识别出潜在的杀人凶手。

为了创建新的控制系统和过程，信息数据库的开发和分析是一个不断发展的研究领域。制造业有赖于计算机的建模与反馈。新兴的生物信息学领域融合了计算机科学与遗传学，研究人员将基因信息储存在大量数据库中，试图通过构建基于计算机的人类（以及许多其他物种）基因组模型来了解遗传学。人类学（人种学）技术与生物数据相结合而成为人种生物学，这促成两个不同的信息领域合二为一。

此类活动有时被称为高瞻远瞩，而对这种境界的追求是当今高新技术的主要目标之一。每一次电子交易都被记录下来，交易的总和创造出一个总体数据，而这些数据又可以被挖掘出有价值的信息。这些信息可以被收集的人使用，也可以出售给另一方。信息的直接记录也会导致交易成本的净减少。再也不是支付一件物品的单一功能，透过电子交易可以评估商店的库存水平，也可以计算现金存量，所有这些及其他全都融为一体。然而，实际上对小企业而言，这些活动代表着提高了规范过程。小企业往往与其客户稔熟："照老样子办，沃德豪斯先生？"信息的计算机化使得这些互动的亲密举止被合并了。有些人对这类机器合成感觉不舒服，许多人认为这是一种蹩脚的（也许是见外的）熟悉客户的做法，或者就了解其产品而言也是如此。例如，凡是从亚马逊网上购买过东西的人，都可能已经注意到了窗口边跳出的框框，这些框框体现网路通过以往数据推测出的顾客的潜在消费倾向。

系统的脆弱性

如今计算机的存储容量，无论是谈到我们笔记本电脑上的驱动硬盘，还是基于云技术的远程服务器，都可以使生活在许多方面变得更容易，诸如可以进行网上购物和办理电子银行业务这样的服务。但数字世界也引进了某些漏洞。总会有涉及大量电磁干扰的重大宇宙事件发生的可能性，因为在1994年，加拿大就经历了宇宙粒子造成它的两颗通信卫星失灵的情形（林等，2012）。不过，更为普遍的担心是数据被窃取以及传播能够损害计算机系统的恶意软件，俗称流氓软件。保护敏感数据的系统是存在的，比如信用卡号码（以及密码和其他身份认证口令牌）。这些口令牌在进行网络传输之前通常被加密。但是，就像门锁一样，只要下了足够的功夫，任何能够被加密的也可以被破解。现实世界切实可行的数据安全（如同真的加了一把锁），专注于措施足够牢固，使得攻击者不易得手。然而，从来就没有什么措施是100%的安全。例如，加拿大税务局就是所谓的"心脏滴血"安全漏洞的受害者，2014年造成了900个社会保险号码从它的服务器中被盗取（勒布朗和哈，2014）。通常处于保密状态的社会保险号码，可以用于识别盗窃和其他形式的欺诈行为。

假使通过垃圾邮件、病毒和破解加密从技术上使一个系统瘫痪，这并不足以破坏互联网的正常活动，我们还必须考虑到在技术社会的网络集成中人类的作用，并且研究庞大在线用户的网络漏洞。网络诈骗最常见的典型手法之一就是网络钓鱼。你收到看上去是来自开户银行的电子邮件或常用电子邮件服务，你被要求更新信息或者账户。按照信息提示，你需要做的只是点击所提供的链接，并使用你的用户名和密码登录。问题是你被要求连接的网站并不是银行或你的电子邮件服务，所以，当输入了你的用户名和密码，不知不觉中你向躲在骗局背后的人提供了这些信息。仅用微不足道的投入，而且即使是比例很小的人点击了链接并进行登录，仍然能够使这些骗子获利。

极端的诈骗行为涉及窃取他人身份。身份窃贼需要收集某人足够的信息，这样诈骗高手就可以开始装扮该人的身份。我们知道存在这种可能，针对某些网站和互联网服务要求注册用户身份，大量使用互联网的人们惯常会提供虚假资料，他们通过发送虚假身份以保护自己。互联网上身份和认证方式的相对不固定，导致了规模或大或小的欺诈机会。

监控与隐私

数字技术默许对公共和私人空间进行复杂而普遍的监控，以及对个人行为的追踪。明娜·塔尔卡（2011）描述了"整体网格状监控"，包括地理信息系统、全球定位系统（即司机们所熟知的 GPS），无线电射频识别，闭路电视系统（塔尔卡，2011：131）。当涉及个人、家庭及国家安全，或者犯罪预防和执法时，这种监视网格具有一些明显的社会效益。例如，来自闭路摄像机，电视新闻画面以及个人智能手机拍摄的图像，协助警方确定了2013年波士顿马拉松赛爆炸案的凶犯，就像帮助温哥华警方识别和起诉近300名2011年斯坦利杯决赛的骚乱者一样，尽管研究表明监控在预防犯罪方面的整体效果尚未经证实（赫斯特等，2014：286—289）。

监控工具和实践同样也有利于依靠统计数据制定政策的政府，而且政府机构对于跟踪长期的社会、经济、健康或环境的趋势感兴趣。它们还帮助气象学家发出警告，并协助空中交通管制人员履行他们的职责。在2014年马来西亚航空公司MH370航班消失这样震撼人心的新闻报道中，航班失联的原因之一是它实际上无视所有这些监控系统，例外才是法则的最好印证。

然而，在这些好处与损害我们隐私权的更加咄咄逼人的策略之间存在着分明的界限。我们越来越多地了解到政府机构和公司企业在何种程度上合法地和非法地侵犯了这一权利。隐私最一般的解释是独处的权利，并且被认为是一项基本人权，它包括在《加拿大权利和自由宪章》第8条以及《世界人权宣言》第12条内容中。

加拿大人的隐私权由两项具体立法管辖。1983年的《隐私法案》，允许个人获取由联邦政府所掌握的有关他们自己的私人信息，并就如何收集、使用和披露政府掌控的个人信息方面，强制政府承担信息公平的义务；2001年《个人信息保护和电子文件法案》，旨在平衡个人的隐私权与组织机构经济目的收集和使用信息的需要（霍姆斯，2008：4—5）。

对加拿大的隐私法规进行研究后，南希·霍姆斯写道，"在这方面的专家看来，隐私等同于享有私人空间，进行私人通信，不受监督，并尊重人身体尊严的权利。但对大多数人来说，它事关控制权，他们的个人信息泄露多少，这些信息泄露给了谁"（2008：1）。

当然，所有的法律和政策性文件都可以进行解释，而且加拿大人与世界各地的人们对于保护自己的隐私都怀有越来越多的担忧。直到2013年，"加拿大通信安全机构（CSEC）"的电子监视活动范围被新闻曝光，此前大多数加拿大人对其知之甚少，它是由国防法案授权的安全和情报机构。

出于提供外国情报的目的，按照加拿大政府情报工作重点，通过全球信息基础设施获取和使用信息；提供咨询、指导和服务，协助确保电子信息以及加拿大政府重要信息基础设施的安全；对联邦法律的执行以及安全机构在其法定责任内的履职提供技术和操作上的支持（加拿大通信安全机构，2014）。

即使法律禁止加拿大通信安全机构秘密监视加拿大人，"美国国家安全局（NSA）"的前雇员爱德华·斯诺登泄密的文件透露，加拿大通信安全机构，曾在一个未经确认的加拿大机场，使用免费Wi-Fi系统对于随机挑选的加拿大人进行元数据跟踪，将此作为一种识别外来安全威胁的方法，加拿大通信安全机构后来承认其中的一些情况属实。元数据相当于电子信封地址的"寄往"和"发自"。斯诺登文件进一步宣称，2010年八国集团峰会以及在多伦多举行的20国集团峰会期间，史蒂芬·哈珀政府允许加拿大通信安全机构配合美国国家安全局对各国代表团进行窃密，而且加拿大通信安全机构还针对巴西矿业和能源部从事过工业间谍活动（费凯特，2013；迈克迪米德，

2013；格雷瓦尔德，2014）。

这一消息对加拿大人来说是一个启示，他们大多数人既不知道有这样的机构存在，也不了解其活动的范围。需要特别关注的是监督方面，加拿大通信安全机构只接受通信安全机构专员办公室督察，但它不接受来自当选议员的立法或司法调查（布里恩，2014）。

这里背景情况很重要。加拿大政府从事此类活动已是由来已久，开拆邮件；电报及电话谈话窃听；审查加拿大广播公司和加拿大国家电影局这些国有企业的节目和工作人员；查阅和收集出版物；以及派遣卧底代表前往参加政治、劳工和文化的集会，民众的示威和抗议活动（赫斯特等，2014：275）。纽约和华盛顿遭受9·11恐怖袭击后，这种监控已经在所谓的反恐战争名义下更为变本加厉。例如，2011年12月，加拿大通过了本国的《反恐法案》，扩大和延伸了加拿大安全情报局（CSIS）的监视权（赫斯特等，2014：278—279）。

完全无辜的加拿大人一旦陷入了这个圈套，就会付出代价。加拿大自由党参议员戴维·史密斯，2012年因被标记为"潜在的恐怖分子"列入了禁飞名单，具有讽刺意味的是，他当时正试图登上从多伦多飞往渥太华的飞机去参加"反恐专门委员会"的一次会议，而他正是该委员会的前任主席（赫斯特等，2014：287）。不过，2002年加拿大软件工程师马赫·阿拉尔的案例则是最为臭名昭著。他在突尼斯度假后飞往蒙特利尔，途经纽约机场搭乘航班时被美国司法当局拘留。因被指控与恐怖主义有联系，单独在美国关押了12天后被送往叙利亚，在那里他被虐待折磨超过了10个月的时间。一个后续调查委员会宣布阿拉尔无罪释放，但有未经证实的报道称，加拿大皇家骑警和不明身份的加拿大官员通过给美国当局通风报信，牵涉进阿拉尔的引渡活动，并且随后因向加拿大记者泄露信息损害了他的名誉。不过，无论是皇家骑警还是加拿大政府都发表了向阿拉尔的公开道歉，对于他所遭受的磨难，加拿大政府给予了超过1000万加元的赔偿。

加拿大政府部门和警方力量仍热衷于监视加拿大人在网络空间中的活动。2014年6月，加拿大最高法院一致裁定，互联网用户有合理的隐私预期，政府和警方官员未经授权获得有关电信用户的身份信息，侵犯了加拿大人依据宪法所拥有的隐私权（麦克查尔斯，2014）。这一裁定起因于罗杰斯通信公司的一份报告，该公司2013年共收到175000份用户信息请求，这一数字占其一千万用户的1.75%（格里伍德，2014）。

加文·约翰·戴维·史密斯（2009）形容社会应对安全关切的做法自相矛盾，其所"解决的问题和产生的问题一样多"，在这种情形下，"安全的技术造成不安全的本体"（145）。赫斯特等人认为，除了其他方面以外，这种不安全感的氛围产生自不断加强的安全警卫（私人和公共空间）、安检措施（机场安全检查站、演唱会现场）、治安摄像头、道路交通摄像机、封闭社区以及新闻报道和犯罪题材电视剧，它可能施加一种道德恐慌感（2014：286—291）。

正如本章前文所述，企业也在收集数字网络用户的信息，主要用于营销目的，将用户变成商品。据《华尔街日报》报道，2010年美国排名前50的网站，通常在不予告知的情况下，在访客电脑上安装不同的跟踪技术，每家网站平均达到64项（克罗图和霍伊尼斯，2014：326）。收集信息的两个标准做法是"跟踪"和"抓取"。跟踪涉及使用复杂的统计分析和算法来创建一个用户配置文件，识别性别、年龄、收入、居所、婚姻现状、父母情况、喜爱、厌恶、健康状况以及其他特征。此类文件被出售给广告商,并被用于更精确地定位潜在客户。抓取则必须记录下在线对话以及社交网络和招聘网站上的个人信息。这些数据既可以被出售给雇主,也可以买给广告商,还可以被包装成特定产品或服务的代言(克罗图和霍伊尼斯,2014:327)。

我们通常认为向我们免费提供的数字服务(如搜索引擎、社交媒介、咖啡馆和机场的 Wi-Fi 连接)实际上都是有代价的;我们泄露个人信息以换取格雷戈·埃尔默等人(2004)所说的"数字化和网络化信息经济"(4—5)。

除了加拿大的法院和新闻媒介,研究人员和专门关注隐私问题的社会活动者希望吸引普通大众参与关于监视与隐私权的争论。渥太华大学于 2014 年 5 月召开了一个"政治性监视研讨会",会上发表了《关于在加拿大进行大规模监视的渥太华声明》。随后公布在"开放媒介"的加拿大网站上(可以在 openmedia.ca/statement 网址上阅读声明),请求人们签名支持。声明表达了对"大数据"和"无处不在的监控"问题的关切,并要求各国政府尊重《加拿大宪章》中有关隐私权的规定;明确并强化隐私权的法律;扩大联邦政府和各省政府隐私专员的权力;公开承认秘密的国际安全条约。声明最后宣称,"一个完整、透明和共同参与的公共过程,必须始于创建一个全面的信息和隐私权利与自由的法律框架,它基于《加拿大权利和自由宪章》,并且承认联合国所确认的隐私权是一项基本人权"。

社交网站如脸书、领英(LinkedIn)、推特、Instagram、拼趣(Pinterest)等具有一些最流行的数字媒介应用和短信功能,在各种人际沟通中已经代替了电话和电子邮件。这些网站和应用涉及日常生活的所有方面,从我们的家庭和朋友圈到世界上的各种新闻、体育、娱乐、名人八卦以及种种相关的消遣,如果它们已经成为我们了解周围发生变化必不可少的工具,这使得我们很容易受到那些来自并非我们友人的伤害。

近来高度受关注的网络欺凌案件引发了公众的强烈抗议,并促请由联邦政府通过立法。2013年,新斯科舍省达特茅斯市的雷塔耶·帕森斯,网上流传了据称是她15岁时被轮奸的照片之后,她在医院里悬梁自尽。2012年,不列颠哥伦比亚省科奎特勒姆港的阿曼达·托德,自杀时年仅15岁。此前她一再遭受网络欺凌,包括被勒索威胁要将她与陌生人在视频聊天期间暴露胸部的照片张贴到脸书上。如果这些都是网络骚扰的极端案例,那么它们在某种程度上也说明,数字交互性既可为善又可作恶。

第七章 公共政策的制定

概述

  大众传播发生在一个构建的环境之中,其中充斥着各种传播技术(如我们前面章节所述),也充斥着法律、政策、传统习惯、重大经济事件、价值引导目标以及各种公众压力。传播政策由国际监管机构以及国家和行政区域政府制定,用以确保媒介不仅服务于其所有者和内容创造者,而且服务于公民个人和作为整体的社会。这些政策单独地和共同地建立起权利与义务。假使媒介业者拥有自由表达的权利,他们也有义务尊重个人隐私以及遵守有关诽谤、版权、仇恨性言论等方面的法律。如果媒介所有者对他们的投资有权获得合理的回报,他们也有义务负责任地运用他们的市场力量,并尊重其所属群体更大的社会和文化目标。

  由于大众传播如今越来越多地在国家间进行,任何一个司法管辖区的政策发展过程都是一个国际性政策背景的一部分。据认为是在15世纪后期,首次提出版权法规,而国际电话系统自20世纪初以来就一直处于监管之下。在数字技术能够使媒介内容瞬间之间渗透到全球每个角落的今天,政策尤其与此息息相关。

  政策阐述在加拿大是通过一系列的皇家委员会、专责小组、公开听证会、委员会报告加以清晰的表达，作为对于"加拿大的传播究竟是什么？"这一问题的国家集体回应，其答案有助于我们理解有关政策决策、法律法规背后的逻辑。

传播政策在加拿大可以通过政府委员会制定，这通常取决于议会的程序，或者也可以由像加拿大广播电视和电信委员会这样的公共机构来制定。根据它们产生的影响，可能会也可能不会引起太多媒介或公众的关注。更加重要的政策举措，传播领域呈现的新问题或新媒介技术的出现，通常促使联邦政府和各省政府通过皇家委员会、专责小组，或者议会委员会召集公众听证会。政府借此搜集信息，评估来自公众、企业界、研究团体以及民众直接参与的意见，并得到具体的建议。

这些咨询活动可以启动，但不能以任何简单的方式决定传播政策。通常情况下，结论报告要经过数月乃至数年的研究才能出台，其中包含背景信息、有价值的数据、不同观点的论据，以及向政府和政府部门提出的相关建议。这些建议往往从务实到理想化，从仅仅是修补现状到更为激进的主张不一而足。政府当局权衡这些建议的政治、经济、法律和社会文化的影响，并决定是否以及如何采取行动。许多声名远扬的文化机构，如加拿大国家电影局、加拿大委员会、加拿大影视管理局、加拿大广播电视和电信委员会、加拿大广播公司等，就是在这类的建议下产生的。

在过去一个世纪大部分的时间里，加拿大政府对传播领域的干预一直遵循着这样一种逻辑，即媒介、文化和社会以民族国家为框架。尽管这些干预措施和这种逻辑从未受到过质疑，但近年来却面临来自财政、科技和哲学三个方面特别强烈的反对。首先，加拿大能够负担得起促进和保护本土的文化活动吗？在各级政府减少赤字的时代，文化部门也未能免于削减预算。其削减的力度意味着一些文化项目已经消失，那些幸存的项目执行起来也是捉襟见肘。政府也越来越多地希望私营部门能够满足加拿大人的传播需求。当然，这个问题的另一面是加拿大政府能否承受得起撒手不管的后果？其次，随着威力强大、无所不在的新型全球传播网络的崛起，政府干预那些跨越国界的传播活动在技术上是否仍然可行，甚至可能呢？加拿大政府的回答至少在目前是肯定的，但这已变成了日常相关的问题。最后，考虑到各种成本，私营部门的替代选择，自由贸易的全球气候等问题，以及国家干预对文化生产者独立性影响的担忧，加拿大政府当初是否应该参与文化生产？

为了妥善解决这些问题，我们需要了解加拿大传播政策的架构是如何以及为何产生的。本章中，我们将把加拿大政策放在全球背景中进行论述，然后探讨在加拿大的政策形成中公众的参与状况。接着，我们通过20世纪四份决定性的政策文件来追踪加拿大传播政策的历史轨迹。在这一部分里揭示直到20世纪80年代打造传播政策的基础：建设民族国家和民族文化的规划，以及对于在传播方面严格遵循市场方式将会导致美国在加拿大媒介景观中进一步占有优势的担忧。我们在本章结束部分将要论述的是，那些主题尽管仍然存在密切关联性，但为何已不再像曾经那样能引起公众、文化生产者或政府的共鸣。如果它们仍然是探讨的一部分，那么诸如全球化以及加拿大日益多样化的人口构成等新的政策挑战业已出现。在第八章中，我们将依次从各个传播部门的角度来观察政策情况，尤其是在当前数字化和互联网的出现打破了各部门之间的清晰界限的大背景下。

回到未来

无所不在的数字技术造就了即时全球传播，使得自15世纪中叶发明印刷机以来，超过五百年的传播政策主题如今再次活跃起来。我们所听到的正常新闻报道在有些国家是禁区，有的国家还严格控制跨境传播流动（例如，禁止外国新闻记者进入、关闭无线网络、屏蔽某些网站、监视私人电子邮件），尤其是涉及政治议题的时候。不过，理解这一点非常重要，所有国家都巡查自己的传播边界：保护国家安全、防止某些材料的非法流通（如儿童色情）、确保金融数据的完整性、保护民族文化产业等等。

国际传播学学者西斯·哈姆林克（1994）将传播政策形容为全球各国民众、企业以及政府之间联系的一个副产品。1800年以前，大多数这类的联系是通过个体商人、业主以及外交官的会议来实现的。但随着工业革命（导致贸易市场在欧洲内外的扩张）和法国大革命（催生了欧洲的民族主义并增强了民族国家的主权意识）时期贸易市场的拓展，出现了多边治理国家的需要（哈姆林克，1994：5—6）。

每个传播部门都需要自己的国际治理形式。早在16世纪，欧洲的邮政系统就受双边协议的监管，以促进和规范跨境信件的流通。扩大航运和铁路网络迫切需要更加正式的多边协议。1863年的巴黎首次会议以及瑞士伯尔尼的后续会议，促成了《伯尔尼条约》的签订以及1874年"邮政总联盟"的成立（1878年更名为万国邮政联盟），并且"引入了直至今日仍然适用的基本规范和规则"（哈姆林克，1994：7）。这些规定包括在属于联盟的各个国家内不受限制的邮政运输，以及各成员国之间收取邮件服务资费的标准化。

第七章 公共政策的制定

同样，19世纪初期电报技术的发展也需要标准化与国际合作。此次仍是从双边协定开始，而且欧洲国家之间在19世纪50年代签订的协议，为1865年《国际电报公约》提供了范本。1903年和1932年的协议将电话技术吸收包含在其中，"国际电报联盟"和"国际无线电报联盟"合并成为我们今天所了解的国际电信联盟（哈姆林克，1994：8—9）。

第一次讨论无线电通信（"无线电报技术"）的国际会议于1903在柏林举行，促成了29个国家接受的1906年《柏林无线电公约》。该公约规定在无线电进行双向、点对点通信时，指配地球电磁频谱内的频段用于特定的服务（例如，海事通信、救急通信），这些服务并非我们今天所熟悉的无线电广播。随后，1927年在华盛顿召开的无线电会议起草了一份新的"无线电公约"和"无线电规则"用来解决因无线电广播引发的一系列问题，从频率分配到电台所有权以及国家的控制权（哈姆林克，1994：9—10）。

印刷术推动了知识产权的概念，而且第一个版权法规被认为出现在15世纪后期的维也纳。大多数最早期的版权法规只保护本国公民的著作。例如，1790年的《美国版权法》不对外国作者的著作进行保护，这导致了对畅销英语作家图书的猖獗盗版，其中最著名的就是查尔斯·狄更斯（哈姆林克，1994：11）。从1840年至1866年，各国签署了一系列的知识产权双边协定，在此期间，第一次伯尔尼国际版权大会（伯尔尼会议）承认外国出版的著作享有版权保护。进一步的讨论产生了1886年的伯尔尼版权条约，其中规定形成作者权利的基本原则是，通过保护针对其作品的复制仿造，保证作者获得酬劳（作者有生之年及其死后50年），要求尊重创作者的个人诚信，鼓励艺术、文学和科学的发展，并且促进文学、艺术和科学作品更加广泛的传播（哈姆林克，1994：13）。在知识产权的定义中还包括工业产权；国家专利保护出现在18世纪末期到19世纪初期。第一个多边谈判于1873年在维也纳举行，并且于1883年达成了《建立保护工业产权联盟的公约》（哈姆林克，1994：14—16）

这些国际性管理机构的建立充满了对政治和经济主权以及涉及传播能力问题的争执，时至今日仍在继续。由于文化生产在20世纪已成为规模庞大的文化产业，对于媒介帝国主义既有文化方面又有经济方面的担忧；在19世纪下半叶，三家通讯社已经主导着世界各地国际新闻的制作和传播，它们相互之间在全球瓜分区域范围，从而垄断对时事的设定和解释权。到了1914年，好莱坞各大电影公司已经占据了全世界观众数量的85%（麦克切斯尼，1997：12—14）。联合国教科文组织（UNESCO）现已成为主要的论坛，讨论如何解决由于世界传播体系的扩展所造成的政治紧张形势，特别是冷战时期在东西方之间以及今天继续存在于南北方之间的局面，而世界贸易组织则已成为讨论传播交流对经济产生影响的场所。

值得注意的是，各省政府针对自身的需求也在制定政策，魁北克就是最明显的例子。即便各级政府一致地对于管辖权（主权、身份、经济）给予特别的关注，而像"大赦国际"和"无国界记者"这样的非政府组织则强调个人的基本人权，包括传播的权力，依照《世界人权宣言》这样的公约，这些权利应予普遍适用。

加拿大公众在制定公共政策中的的作用

传播政策的制定需要一种个人与集体需求之间，以及普遍原则与国家和地区当务之急之间微妙的平衡，政策的制定也越来越受到国际间贸易协议的制约。对于像加拿大这样多元化的国家来说，其处境尤其艰险。如何在一个人口相对较少，其中大多数人都居住在靠近美国这个世界上最富有和最强大媒介帝国的边界，而人口构成又非常多元化的世界第二大国家里，适应个体和集体的传播需求？如何平衡个体与法语区居民、土著加拿大人以及其他少数族裔群体集体的需求？如何确保加拿大的声音能够被听到而不被国际媒介景观所排斥在外？在政策形成的过程中，又如何确保在所有这些问题上加拿大人的声音被倾听？

在一个国家里，公众舆论是否对政策的制定产生影响是一个重要的问题，加拿大动用了相当大的精力和财力，建立了专责小组和皇家委员会来研究有关从外国投资到国家文化发展等问题。例如，"加拿大广播电视和电信委员会"就被依法要求进行公众咨询（雷波伊和施特恩，2010：88）。尽管大多数分析人士都认为公众舆论十分重要，但对于它如何产生影响却不甚了了。究竟公众咨询只是一种公关活动，还是能在政策决策中真正发挥作用？

研究由哪些人构成参与这些调查的"公众"，这当然是政策机构讨论的核心。尽管听证会向任何希望参加的人士开放，但被吸引来的往往大多是利益相关方（行业利益攸关者、劳工领袖、研究人员、有组织的压力集团），而非普通公众。个中原因是多方面的，首先，市民一般对这类听证会何时举行并不知情或者不了解其重要性。对于诸如广播、电信、电价或其他许多重要的民生领域公共政策过程的干预，需要具有专门的知识，而大多数人根本没有时间和精力持续关注这些问题。其次，即使他们能跟上这些问题和关注点的节奏，社会公众成员必须向工作单位告假，并自行解决作证或参加听证会相关事宜。显然，对于大多数人来说这是个沉重的负担。而另一方面，由于可以直接从监管中获得经济利益，许多大企业雇用专门游说政府的公关或法律事务人员参加监管听证会。由此类活动产生的相关成本随后被计入企业的经营成本，并转嫁到这些公司从客户收取的价格或费用之中。尽管这些意见并没有否定公共咨询在政策制定中的重要性，就程度而言，此类询问的性质大体上可以被视为某种公平性调查。

正如下文中我们在审阅20世纪四份关键性政策文件中所发现的，关于"究竟什么是传播"，这个问题的答案既十分重要又因时而异。这些文件以及产生它们的听证会，给我们一种进行政策辩论的特定社会、政治和经济背景的现实感，也让我们见识到这类政策的论述以及它如何随时间推移而演变。

艾尔德委员会，1929年

艾尔德委员会（正式名称：无线电广播皇家委员会）代表了传播政策历史上的一个分水岭，因为它是同类事务中第一次举行公众咨询，并且建议将国家和公营广播网引入到当时仍被地方和私营电台把持的一个领域（维庞德，1992）。马克·雷波伊（1990）指出，艾尔德委员会之后，加拿大的广播政策成为国家政策。但艾尔德委员会的意义已经超出了广播领域，除了提出加拿大无线电广播网络最初的构想，艾尔德委员会建议并协助启动一个特定的文化治理模式。历史学家玛丽·维庞德（1992：219）评论道，"由此说明了一种政府相对于文化和媒介所发挥作用的新观点，此前国家从来没有被赋予对文化领域控制的权利"。

整个20世纪20年代，随着更大功率的美国电台干扰那些信号较弱的加拿大电台，广播频道变得越来越拥挤。与此同时，一些宗教广播的内容愈发成为政治隐忧。正是由于这些问题，加拿大政府认识到对于广播政策来说需要有一个更加全面的计划方案。海洋与渔业部长P.J.亚瑟·卡丹要求该部官员准备一份关于联邦广播政策建议的报告。该部门于1928年11月15日提交了报告，建议成立一个皇家委员会（伯德，1988：37）。不到一个月之后，加拿大商业银行总裁约翰·艾尔德爵士被任命为主席，并且有另外两位委员加入了委员会：《渥太华公民报》的编辑查尔斯·鲍曼，以及电气工程师奥古斯丁·弗里根，他是蒙特利尔综合理工学院院长和魁北克省技术教育署主任（加拿大，1929a：2）。皇家委员会于1929年4月至7月间，在加拿大25个城市举行公开会议，期间收到了164条口头意见，124份书面建议，而且在全国所有9个省召开了大会并收到文字报告（加拿大，1929b：5—6，18—21）。

艾尔德委员会始终保持着忠实于它接受委任时所建立的议程。最具有重要意义的是，该委员会作出使无线电广播成为一个政府机构的决定。该委员会的枢密令提出行为的三个选项，而所有这一切都需要某种形式的国家干预：接受政府补贴的私营企业；联邦政府拥有和经营的体制，或者各省政府拥有和经营的体制。以公众对于将广播置于"公共服务基础之上"的支持为佐证，委员们认为只有某种形式的公有制才能够满足"公共听众和国家两者的利益"(加拿大,1929b:5—6)。无线电广播不仅要成为加拿大全国范围内的公共服务,而且它也将是由联邦政府拥有和经营并由"各省当局"对于节目行使全面的管控(加拿大,1929b:6—7)。

一个全国性的公司将拥有和经营加拿大所有电台,每个省份都有一个省级广播主管,"他将全面掌控位于他所负责省份内各广播电台的节目播放"以及本省的咨询委员会。该全国性公司(加拿大无线电广播委员会)将拥有一个12位成员组成的董事会,三位董事代表自治领,每个省各推出一位董事(加拿大,1929b:7)。拟议中的加拿大无线电广播委员会还将具有允许全国性广播的联播职能(加拿大,1929:8)。除了现有的无线电收音机牌照费(用户付费体制)外,联邦对加拿大无线电广播委员会进行财政补贴,计划五年补贴100万加元(加拿大,1929b:10)。

就某些方面而言,艾尔德委员会的结论早在其组成时就已形成(维庞德,1992:213)。首先,艾尔德委员会的议程主要是由联邦海洋与渔业部的无线电业务部门确定的,而这原本就是作为1928年建立皇家委员会的条件。第二,艾尔德委员会成员持有偏见,尤其是查尔斯·鲍曼,他曾为《渥太华公民报》写过一系列的社论,倡导加拿大广播的公共服务模式;还有委员会秘书,无线电业务部门总监唐纳德·曼森,他对于无线电广播的现状深表不满。第三,在听证会开始之前,委员们(特别是约翰·艾尔德)对于加拿大被当作是美国国家媒介的市场这一事实感到恼火。最后,维庞德(1992:207)指出,20世纪20年代末的社会环境有助于联邦政府对无线电广播的干预。在那十年间,无论是英语区还是法语区的加拿大民族主义者,他们始终在谈论（维庞德，1992：207—208；亦见雷波伊，1990：18—19，29）"美国流行文化的洪水涌过边境"对加拿大国家认同构成威胁（维庞德，1992：207）。

马克·雷波伊（1990：7）认为，艾尔德委员会的意义在于将"国家意志注入广播"。艾尔德委员会的委员们形容他们调查的目的是，"确定加拿大无线电广播如何能够最为有效地秉持加拿大听众以及加拿大国家的利益"（加拿大，1929b：5），因此借助于赋予他们委任的枢密令。换句话说，艾尔德报告既不是加拿大政府对于无线电广播发出的第一个声音，也不是委员们完全凭空开始尝试制定加拿大第一个综合性广播政策。

无线电介质也被理解为一种国家意志的工具。"在加拿大国家广袤的地理幅员里，广播无疑将成为一种培育民族精神和诠释国民意识的巨大力量"（加拿大，1929b：6）。无线电广播应享受政府财政补贴，其中一个原因就是其具有促进民族团结的潜质（加拿大，1929b：10）。

节目的编排也以民族国家来归类。加拿大的节目将占据主导，并且具有相当多的教育性内容，不像此前那些具有加拿大私人广播电台特征的本地和地区节目。艾尔德下决心要让"加拿大无线电广播委员会"（CRBC）的主要目的"成为通过加拿大电台播放加拿大节目"（加拿大，1929b：10）。与加拿大节目密切相关，艾尔德呼吁重视教育性节目问题，意指"广义上的教育，不仅是中小学里的教学，而且是寓教于乐，并且要在国家利益的问题上使公众知情"。教育性广播包括与本国其他地区的节目交流，甚或包括国外的节目。艾尔德建议为"教育性工作"留出特定的时段（加拿大，1929b：6—11）

艾尔德报告将其结论归因于"民众",并由此断言该报告代表加拿大人民发声。艾尔德将民众设想为选民,皇家委员会作为他们的代表机构,即便咨询过程范围有限,而且主要是吸引了各个利益集团(例如,广播电台的所有者和经营者、广播设备制造商、无线电俱乐部代言人),这份报告仍充满了公众舆论的特征。通过他们的公众咨询过程,艾尔德委员会成员感到有把握代表加拿大公众,这与政客们以选民的名义发声如出一辙。

除了建议无线电广播国有化,艾尔德委员会还提出了两个主题,其将在随后的那些报告中浮出水面,并且直至今日仍贯穿于加拿大传播政策之中:传播媒介与商业之间的关系;以毗邻美国为代表的文化威胁。

艾尔德发现了作为地方和私营企业的无线电广播具有两个结构性问题。首先,私营电台缺少收入来源,导致其"越来越倾向于过多地将广告强加给听众"。其次,电台蜂拥在收入潜力最大的城市区域,导致在一些地区重复的服务,而其他人口较少的地区则"缺乏有效服务"(加拿大,1929b:6)。艾尔德对因广告造成无线电波的商业化尤其不满,并在报告中建议取缔"直接广告",尽管其对间接广告或赞助性节目更为宽容。但是,"理想的节目应该将广告完全取缔,无论是直接的还是间接的"(加拿大,1929b:10)。

艾尔德委员会对于广告的厌恶,可以与它对于大多数加拿大人听到的节目来源于美国的不满相提并论。"我们一直强调,持续地接收这些节目,造成一种塑造国内年轻人的思想趋势,但这些思想并非加拿大人所持有的理想和观点"(加拿大,1929b:6)。根据国际协定,加拿大在1929年只有6个独家使用和11个共同使用的广播波长，艾尔德委员会建议更加公平地与美国划分广播频谱（加拿大，1929b：11）。

总之，艾尔德委员会在倡导文化领域的国家干预方面迈出了一大步。通过支持这样的观念，即无线电广播应该建立在全国性公共服务的基础上，并由一个国家机构进行管理，艾尔德委员会报告提出了一个框架，它以民族国家本身为模式，并且将国家权力极大地扩展进入文化事务。艾尔德委员会还在政策论述中引入两个反复出现的主题：商业化和美国化。这些主题将构成加拿大迄今为止制定传播政策的核心原则。

梅西—莱韦斯克委员会，1949—1951

第二次世界大战之后，路易斯·圣劳伦特的联邦政府于1949年授权对文化领域进行加拿大历史上最全面彻底的研究，其范围包括博物馆、图书馆、档案馆、历史遗址、纪念设施、学术研究、自发社团、手工艺行会以及大众媒介。该项研究恰逢政府和工业体系经过战争的破坏和消耗后正在重建，而构成当今消费和流行文化的基础正在形成。这个被正式命名为"关于国家艺术、语言文字和科学发展的皇家委员会"（1949至1951年）有两名共同主席，多伦多大学校长文森特·梅西和位于魁北克市的拉瓦勒大学社会科学学院院长乔治亨利·莱韦斯克，梅西—莱韦斯克委员会总共举行了224次会议，其中公开举行的有114次；获得426份简报并且听取了1200人的陈述。这些简报包括来自13个联邦政府部门，7个省政府，87个全国性组织，262个地方机构以及35个私营商业广播电台的意见，并且依据一系列背景材料进行了调查研究(加拿大,1951:8)。

就像20年前艾尔德委员会成立时一样,在建立梅西—莱韦斯克委员会的枢密令中,授权给它的议程是将广泛的文化活动置于国家利益之下进行考虑。要求委员们深入研究并在以下六个方面提出建议:一些联邦机构的运营和未来的发展,比如国家电影局、国家美术馆、国家博物馆、公共档案馆和议会图书馆;加拿大与联合国教科文组织和其他国际机构的关系;政府与全国性自发组织之间的关系;促使国外人士更加了解加拿大的举措;保护历史遗迹的措施;以及"在无线电和电视广播领域里,加拿大的政策应该遵循的原则"(加拿大,1951:xxi;亦见谢伊,1952:10—11)。

梅西—莱韦斯克委员会认为,根据国家利益,政府对文化领域实施国家治理是理所当然的。事实上,该报告甚至一度质疑文化和公民义务是否可以被区别为彼此分离的领域(加拿大,1951:31)。符合它获得授权的枢密令内容,该委员会将文化活动看作是一种明确的国家责任。

梅西—莱韦斯克委员会再次重申了早已确立的全国性公共广播原则;它甚至建议新的广播媒介,电视广播也要按照无线电广播的模式执行(加拿大,1951:301—302)。该委员会不仅强化了文化政策,把广播以及随后的电影(国家电影局成立于1939年)纳入了政府的行政范围,而且大大拓宽了国家在文化领域的管辖权。例如,建议成立一个新的联邦机构,"加拿大艺术委员会",为艺术、人文及社会科学提供资助(加拿大,1951:377—378)。作为加拿大委员会提出的任务建议,梅西—莱韦斯克委员会把许多活动引入到国家利益的权限范围之内。譬如,大学被赋予了"解决某些全国性问题的特殊责任",

并认为"招收学生是为国家服务"。梅西—莱韦斯克委员会进一步提议建立国家植物园、国家动物园和水族馆（加拿大，1951：326），甚至将自发性协会改造为国家机构。

该报告强调，文化也是表明民族国家具有自尊的一部分，它是实现文明的一种体现。报告指出，文化活动"是我们作为一个国家共同生活的根源"，是"民族团结的基础"（加拿大，1951：284）。然而，对于梅西—莱韦斯克委员会来说，文化的理念与我们在本书中已经使用的大部分用法有所不同。委员们并没有将文化视为一种普遍的"方式或生活方式"，而是把古典音乐、绘画、雕塑以及戏剧艺术等活动视为文化成就的缩影。从精英文化的角度来看，梅西—莱韦斯克委员会报告（加拿大，1951：271）的文化表达是对本质的探索，寻求一种"加拿大精神"，一种作为民族国家一分子的加拿大人的灵魂纽带，无论其语言、族裔、种族等等如何。

该报告将全国性文化机构称之为"作为一个文明国家之国家公器"的一部分（加拿大，1951：380），并重视两个必要的机构：国家图书馆和国家历史博物馆（加拿大，1951：323）。"有人告诉我们，一般来说衡量一个国家所达到的文明程度，基本上要看这个国家整体对本国具有创造力的艺术家支持、鼓励和尊重的程度"（加拿大，1951：182）。

国家控制以外的文化现象和机构，特别是新兴的流行文化形式，被梅西莱韦斯克委员会视为具有潜在的有害影响。对此，该委员会无法释怀的最大担忧是电影故事片。它被形容为具有"不仅是改变加拿大人生活最为有效，而且是最有外来色彩的影响"（加拿大，1951：50）。有鉴于加拿大电影行业由好莱坞掌控，该报告并未解释为什么它没有建议在剧情影片方面采取行动。

梅西—莱韦斯克委员会全盘接受了国民文化的概念，而且从国家的角度来理解这种文化产品的生产。"加拿大成为一个国家实体，是因为它的人民拥有并且从不放弃某种共同的思维习惯和坚定信念。这种精神遗产的动力，使得我们的国家度过了一个又一个艰难时期"。该报告指出，传统一直在形成之中，"而且遍及全国的个人在艺术、文学和科学方面的兴趣正在形成未来的国家传统"（加拿大，1951：4—5）。委员们坚称，类似各种考古、艺术和历史博物馆这样的机构，"有助于在不引发种族、宗教或政治信仰问题的情况下形成一种加拿大精神"（加拿大，1951：94）。

该委员会承认，在加拿大内部存在差异，只不过根据它们的性质有所区别。加拿大人口构成和地理特征的多样性激发了创造力；但差异被视为国家统一的一种潜在威胁。区域间的差异应该有助于国家的统一而不是"地域主义"：

> 加拿大的地域主义并未成为过去，但可以肯定的是，加拿大广播公司在提供独特的地方节目和言之有物的访谈，以及向自己同胞介绍各种各样加拿大人所做的众多积极努力，已经使我们彼此更加靠近。从温哥华岛到纽芬兰，从马更些河到边境地区，加拿大人被赋予一种统一性和多元化的全新意识。（加拿大，1951：280）

梅西—莱韦斯克委员会坦承对"第一民族"艺术和手工艺品感兴趣，"除了其本身价值，也因为它关乎一个重要群体的幸福"（加拿大，1951：239），不过对于该建议的背书是，"如果他的加拿大同胞学会通过他的创造性工作来了解他，印第安人能够更好地融入加拿大的生活"（加拿大，1951：243）。在这一提法中，"第一民族"的文化成为民族团结的力量。

如同艾尔德委员会曾经所做的那样，梅西—莱韦斯克委员会将教育方面的因素置于文化活动之前，并由其为文化承担责任。委员会的明确意图就是政府所支持和促进的文化事业"价值"。例如，报告中阐述电影"主要是作为一种手段，加强民族团结和国民教育"（加拿大，1951：50），这可能部分地解释了其对剧情影片方面的疏忽。该委员会预期更高水准的广播节目出自公共电台而非私人电台（加拿大，1951：286）。委员会认为私人商业广播存在的危险之一，就是这样的体制可能会产生出"许多琐碎而平庸的节目，从而降低公众的品位"（加拿大，1951：280—281）。

恰如艾尔德委员会，梅西—莱韦斯克委员会的本意是为民众发声；它的许多意见都出自它所收到的口头和书面建议。"我们认为已经听到了加拿大的声音。我们应该这样考虑，当这种声音发自全国各地和众多同胞时，我们清晰而又如实地对此加以记录和再现"。尽管如此充满热忱，但该报告指出，达成共识的大部分证据来自有组织的团体，并且"我们很少听到公民个人的意见，而这些意见除了他本人外也不代表任何其他人"（加拿大，1951：268）。

梅西—莱韦斯克委员会的报告也谈及商业化和美国化的问题。面对私营部门针对政府垄断电影制作和广播电视的投诉，报告回应称，国家电影局和加拿大广播公司是保护国家"不被过度商业化和美国化"（加拿大，1951：58）。"在我们看来，广播在加拿大是一种公共服务，它由一个向议会负责的机构，依照公共利益进行管理和控制"（加拿大，1951：282—283）。

该委员会与艾尔德委员会一样对广播广告抱有厌恶感，但同时承认它作为一个收入来源的重要性，特别是建议加拿大广播公司在投资组合中引进更为昂贵的电视媒介。例如，梅西—莱韦斯克委员会发现，从国家广播网中彻底消除广告是"行不通的"，不能因为它们的广告而使属于全国观众的加拿大公司被剥夺权利，并且让加拿大广播公司损失超过 200 万加元的广告收入。委员们认为，禁止全国广播网播放商业广告，有降低节目水准的风险，还可能使听众分流到美国广播电台（加拿大，1951：290—291）。这些说法在电视领域也引起了共鸣。

除了故事片外，梅西—莱韦斯克委员会对于美国文化在加拿大的广泛化充满忧虑。报告认为，加拿大在文化上的依赖性是"不加甄别地采用美国的教育哲学"（加拿大，1951：16—17），阅读更多外国的而不是本国的杂志（17—18），而且在国际新闻报道方面，加拿大报纸依赖于国外的，主要是美国的通讯社（62—3）。这种依赖最终将导致文化兼并。

梅西—莱韦斯克委员会将资金问题引入了文化上的争论，在我们这个时代，这早已成为政策阐述的中心话题。然而与今天不同的是，财政的窘况当时仅限于文化机构本身，并不是政府财政健康状况的反映。委员会称"财政危机"影响到加拿大广播公司和加拿大的大学；提议用长期稳定的国家财政支持解决加拿大广播公司的问题，并保持其相对于政府的独立性（加拿大，1951：293—294）。同样，该委员会建议渥太华每年基于各省人口数量对大学进行无偿资助（加拿大，1951：355）。

总之，梅西—莱韦斯克委员会支持联邦政府主动的文化干预，并且建议加拿大政府扩大在这一领域的责任，按照国家利益对艺术、文学以及科学等方面进行规范。不仅像广播、电视和纪录片这样的特定媒介被认为是国家文化主权的一部分，文化活动大体上也被纳入联邦政府的管辖职权。委员会阐明了文化生产作为一个国家不可或缺的因素，从而将文化领域视为国家的权限范围。就连科学界也被拉进了全国性的阵容，该报告呼吁建立国家水族馆、国家植物园以及国家动物园便是明证。

从文化精英的角度进行描述，梅西—莱韦斯克委员会预设了私营企业对加拿大民族国家建设规划心存抵触，并且不利于其将文化作为民族文化所进行的规范。为了证明这一点，该委员会引用加拿大广播公司的精品和教育节目与私人广播电台"琐碎而平庸"的播音加以对比。对于该委员会来说，更为紧要的是文化的商业化将意味着美国化，使得标志国家象征的重要规划本身岌岌可危。

福勒委员会，1956—1957

福勒委员会（正式名称为：1957年关于广播问题的皇家委员会），该委员会因梅西—莱韦斯克委员会的推荐而成立，目的在于由一个独立的调查机构，在加拿大电视广播开播的三年之内对其进行研究。一如从前，该委员会的议程基本上已被设定；1955年12月建立福勒委员会的枢密院令要求，"由公共机构播放和发行加拿大节目依旧是加拿大广播政策的核心特征"（加拿大，1957：293）。

在罗伯特·福勒的主持下，1956年委员会在十个省中的九个举行了47天的听证会（纽芬兰的听证会因恶劣的天气而被取消）。委员会听取了个人和机构的276次情况介绍，并收到了600封提交的信件。

福勒应询做了七点说明，包括加拿大广播公司的电视政策，向公共和私人电视台提供充足适播的节目，财政资助（数量和来源），以及发放执照并"以公共利益的名义"对私营电视和无线电台加以控制等（加拿大，1957：293—294）。

福勒委员会最初的问题是：加拿大的广播是否需要由国家来监管？委员会给予了肯定的回答，并援引公众的赞许以支持这一结论。"我们确信对加拿大来说，这是一个合法和适当的国家职能，而且是一个符合我们宪法的议会职能"（加拿大，1957：81）。

福勒委员会以四种方式解释它的结论。首先是技术上势在必行。它拒绝了加拿大无线电与电视广播协会（CARTB）以类比"新闻自由"的方式，推动国家下放对广播的控制权力的议案。福勒委员会指出，现有的广播电视频率数量有限，需要进行国家的配置和许可制度（加拿大，1957：100—102）。

其次，福勒委员会形容广播的媒介力量过于强大，放任其自由发展对国家治理有一定风险。"广播太过重要，其影响之大，以至于广播的实际管理人如果具有基本的决定权，那些直接对加拿大人民负责的人也无法对其进行控制"（加拿大，1957：100—102）。基于上述理由，委员会拒绝了加拿大无线电与电视广播协会关于将广播监管授权给一个独立的广播总监理事会的建议（加拿大，1957：133）。

国家监管的第三个论据是"限制商业势力可能的过度行为"（加拿大，1957，84—85）。这意味着禁止过多的广告，并鼓励私营广播业者积极负担起"公共利益"，促使他们制作加拿大节目，而不是进口便宜的美国产品。该委员会重申公共利益的首要地位，认为"这不是私营广播电台经营者或者至关重要的商业赞助者的自由；它是公众

第七章　公共政策的制定

享有广播体制的自由，这种体制将在尽可能的范围内，为信息、娱乐和思想观念流通提供最大可能的渠道"（加拿大，1957：86）。

最后，福勒委员会认为国家对广播的监管是保障广播的加拿大特质的唯一途径：

> 倘若我们希望广播和电视对建立加拿大意识和认同感有所贡献，假如我们期待某些方面的文化和观念可以跨越整个国家的东部和西部进行交流，如果我们寻求避免被美国的文化势力所吞噬，我们必然要对诸如节目进口、广告内容以及国产节目加以调控。

换言之，加拿大"别无选择"。

> 我们并非是在国家管控的加拿大广播体制与私人掌握的竞争体制之间进行选择。我们的选择是，究竟要一种使用大量公共成本，制作促进加拿大国家认同感的节目，并在整个国家东部和西部之间进行交流的国家管控体制，还是要一种在经济力量推动下，必然绝对依靠进口美国广播电视节目的私有体制。（加拿大，1957：109）。

尽管坚定地维护广播的国有公共服务架构，但福勒委员会本身的基础还是显露出某些裂隙：私营广播公司日益增长的敌意；对于加拿大广播公司主要集中在蒙特利尔和多伦多表示不满的声音；以及在全国范围内地区之间、法语和英语之间、族裔之间所蕴含的彼此差异。福勒委员会对于批评加拿大广播公司集中于中部地区一事并不过于在意，它形容蒙特利尔和多伦多"必然"是"加拿大两个主要的节目制作中心"（加拿大，1957：71）。意识到观点类节目可能更易于分散化，福勒委员会断言艺术类节目将得益于其在加拿大中部地区的集中度。

"就纯艺术的角度来说,全国观众本应得到最好的作品,而且几乎在所有的情况下,精品都将产生于更大的制作中心"。"不加区别的去中心化"政策,将意味着"加拿大公众不得不为质次价高的节目付钱"(加拿大,1957:70)。

福勒委员会的报告承认,加拿大广播业必须具有代表性。地区性的需要必须得到满足,该委员会强调针对节目需求,"在经济性和实用性允许的情况下进行多样化设计规划,以满足众多不同的品位(少数群体和多数群体)"(加拿大,1957:75)。与此相呼应,福勒委员会建议成立具有代表性的广播总监理事会,15个成员中至少有一位分别来自加拿大的五个区域:沿海地区、魁北克、安大略、草原地区以及不列颠哥伦比亚(加拿大,1957:94)。

福勒委员会所设想的广播体系并非毫无代价,而且该委员会自认为其主要职责是"处理工商管理以及金融问题"(加拿大,1957:1—2),尤其是电视服务意味着相当高的成本。该委员会将国有公共广播形容为加拿大不可或缺的条件,并且同样认为他们所中意的广播体系是值得花费投入的,特别是在经济繁荣的背景下。"很显然,如果加拿大电台和电视台变成美国广播网络的网点,我们的广播和电视服务可以更加便宜,但如果事事都选择成本较低的方法,那加拿大这个国家还可能存在吗?"(加拿大,1957:9)。福勒委员会的主要动议是根据对成本估算的十年期预测,在数年中加大并保持稳定的财政支持(加拿大,1957:265—266)。

对于加拿大广播的商业化,福勒委员会采取了一种实用主义但却盛气凌人的态度。时至20世纪50年代中期,推销商品已经成为广播系统的"四大主要功能"之一(加拿大,1957:44),但这四项功能的联姻显然是不稳定的。福勒委员会将其形容为"利益和动机的对立",私营广播公司"效力于公共服务的意愿与他精明的商业本能之间令人不快的冲突"(加拿大,1957:85)。

在描述美国作为加拿大文化的威胁方面,福勒委员会保持了艾尔德和梅西—莱韦斯克委员会的语言风格,"没有任何国家如此这般被美国这样的近邻又拉又打"(加拿大,1957:7—8)。恰如艾尔德和梅西—莱韦斯克委员会的观点,福勒委员会将广播的私有化比喻为加拿大广播电视的美国化(加拿大,1957:230—233)。

总之,福勒委员会在三个方面进一步强化了艾尔德和梅西—莱韦斯克委员会在文化领域进行国家干预的合法化。福勒委员会强调广播由国家管理的全民服务性质,并且以出现美国化为由,拒绝了私营企业将加拿大广播全面商业化的替代方案。福勒委员会还预示了传播政策论战中的一股新势力:经济状况。就电视方面而言,国家管理费用急剧上升,国家对文化领域的干预正在遭遇日益增强的抵制。

阿佩尔鲍姆—赫伯特委员会,1981—1982

"联邦文化政策审查委员会"由通信部长弗朗西斯·福克斯于1980年8月成立。他强调阿佩尔鲍姆—赫伯特委员会的工作范围是"广泛的,包括联邦政府的所有主要计划"(加拿大,1982a:369),而它的任务是重拾梅西—莱韦斯克委员会30年前所遗留下来的工作(加拿大,1982a:3—5)。

如同上述其他委员会一样,阿佩尔鲍姆—赫伯特委员会并非没有规划。20世纪70年代末经济出现衰退,该委员会是第二次世界大战后经济腾飞式微之后的一个产物。在此背景之下，人们关注如何寻找减少文化补贴成本的途径。与此同时，由于支持和赞赏商业文化形式的新型流行文化兴起，梅西—莱韦斯克委员会所倡导的维护精英文化活动已经消沉。

该委员会于1980年12月出版并发行了五万册讨论指南，以鼓励公众参与其举办的听证会。该指南介绍了委员会的18位成员，"界定了调查咨询的领域"，提供了联邦文化政策的历史经纬，"概述了未来几年加拿大文化政策面临的挑战与抉择"，并诚邀公众提交意见（加拿大，1982a：370）。1981年，阿佩尔鲍姆—赫伯特委员会在所有省份和地区的18个城市举办了公众听证会（加拿大，1982a：370）。

阿佩尔鲍姆—赫伯特委员会的报告，代表了对于国家所扮演文化角色的总体思路和具体指导原则态度的重大转变，而这些指导原则使得国家干预至今依然具有动力和正当性。尽管阿佩尔鲍姆—赫伯特委员会认可国家扮演的角色，但为它重新确定了方向。该报告明显未出现艾尔德、梅西—莱韦斯克以及福勒委员会报告中所具有的反商业化和反美的言辞特征。

阿佩尔鲍姆—赫伯特委员会的报告试图平衡所谓国家在文化领域中积极发挥作用的持续需求，同时关注文化生产者针对国家影响力和控制权的独立性。该委员会坚持认为，加拿大艺术理事会、加拿大广播公司、国家艺术中心、国家电影局以及加拿大电影发展公司等联邦机构，应免除"以行政命令形式出现的一般或具体内容的政治指令"（加拿大，1982a 35—38）。委员会还强调文化生产者保持与资金相关的独立性。"文化生活如果要自立与自主，重要的是不要过度依赖于某一个资源,尤其是一个政府资源"(加拿大,1982a:57)。例如,就表演艺术而言,阿佩尔鲍姆—赫伯特委员会设想了以下收入来源:"票房收入、各级政府资助以及个人、企业和基金会的私人捐赠"(加拿大,1982a:174)。

但对于自治问题,委员会并未达成完全一致。阿佩尔鲍姆—赫伯特委员会赞同文化事务与国际贸易宣传推广之间的协作,以及巡回表演艺术家与加拿大海外商业利益集团之间的合作。委员会提议建立加拿大国际文化交流署,由外交事务国务秘书负责管理国际文化交往(加拿大,1982a:334—337)。

现在来看阿佩尔鲍姆—赫伯特委员会,虽然它的确将保护遗产特征与加拿大人的"存在感和对过往的延续"(加拿大,1982a:110)相联系,并且对于本国文化机构缺乏有关加拿大的资料感到遗憾。但令人惊讶的是,该委员会的报告里缺少关于民族认同或国家统一的表述。

尽管如此,阿佩尔鲍姆—赫伯特委员会仍然将保持国家管理作为一个核心原则。面对经济衰退所造成的政府削减支出的压力,该委员会并未退缩,其建议反映了对于国家扮演文化角色的支持。它建议设立联邦文化部(加拿大,1982a:46—47),建立一个当代艺术中心(148),采用折旧率和购买奖励来刺激当代视觉艺术的私人需求(151),以及加大对加拿大期刊的支持力度(225—226)。

然而,阿佩尔鲍姆—赫伯特委员会的报告主张国家退出两个中央文化机构。该委员会建议将国家电影局转变为研究和培训中心,将其大部分生产活动委派给独立制作人(加拿大,1982a:256);并建议加拿大广播公司放弃除了新闻节目外所有的电视制作活动,取而代之的是收购独立制作人的节目（292—294）。

阿佩尔鲍姆—赫伯特委员会报告特别值得注意的是，国家利益与加拿大公众在文化领域的利益之间巧妙的一致。除了文化生产者脱离国家建设规划外，阿佩尔鲍姆—赫伯特委员会承认并正面地描绘了区域主义和多民族性，其报告开宗明义地提及"加拿大人如此珍爱不同文化传统"（加拿大，1982a：8）。

对于私营部门在文化生产方面的地位，阿佩尔鲍姆—赫伯特委员会也表明其态度发生了重大转变。报告强调重点在于为加拿大文化产品培养观众和市场。比起抵制重商主义的侵蚀，阿佩尔鲍姆—赫伯特委员会对规划拓展加拿大影响空间的措施更感兴趣。培养观众是增加公众对文化和联邦文化政策支持的战略性建议。

最后，阿佩尔鲍姆—赫伯特委员会没有表现出先前各委员会的反美情绪。该报告痛陈美国文化产品在加拿大市场占据了主导地位，不是因为任何美国有害的影响，而是由于加拿大文化作品在出版（加拿大，1982a：224）、音乐录制（240）、电视广播（249—250）以及电影（252—258）等等方面都相形见绌。尽管如此，阿佩尔鲍姆—赫伯特委员会拒绝采取保护主义立场，更倾向于推荐积极主动的战略，使加拿大文化产品可以利用美国主导的工业化基础设施，借以发展加拿大本土文化相关产品，而这些基础设施被该委员会作为文化景观的一部分所接受。

阿佩尔鲍姆—赫伯特委员会在很大程度上维护了国家管理文化领域的逻辑，但并非是无可置疑。它将国家的角色从文化的所有者和监管者转到更为轻松的监护人、赞助人和促进者。同样引人注目的是，阿佩尔鲍姆—赫伯特委员会在某种程度上放弃了此前半个世纪以来一直作为加拿大文化政策基础的三个主宰议题。该委员会抛弃了这种定式，即将文化方面的加拿大化国家管理与美国化的市场管理相提并论。

重新评估加拿大传播政策

通过加拿大传播政策的演变，我们看到了加拿大政府对本国文化领域的参与历史，并对此进行广泛而深入的重新审视。社会价值观上的转变，特别适用于加拿大文化政策所依据的三个意识形态支柱。这些支柱中的首位就是将国家利益等同于加拿大的公众利益。其二是坚决拒绝加拿大文化生产商业化的兜售。第三是将美国设想为被抵制的文化帝国主义势力。在这种框架中，由于各派学者及政府确信文化的商业化导致美国化，并且威胁到加拿大的文化以及民族的融合，因而加拿大的国家干预确保了对文化表现形式的主权。

第一个转变的迹象可以从福勒委员会的报告中发现，该报告指出，出于对加拿大主要文化机构的集权化以及庞大的国家传播政策机构迎合地方区域及少数民族文化等问题的担忧，私营部门群起而反对国家的干预。而阿佩尔鲍姆—赫伯特委员会的报告，能够将政策转变相当巧妙地封装进它自己的信条，即"文化事务中政府的基本任务是消除障碍和扩大机会"（加拿大，1982a：75）。自20世纪80年代以来，这已成为政策发展的主旋律。

这在某种程度上，是战后文化商业化的产物，此外，加拿大民族主义在那个年代也发生了变化。战后不久以及1967年百年纪念活动之前的几年中，这一阶段可被形容为加拿大民族主义高涨的时期，但这种情绪在20世纪60至70年代被日益增长的地域主义所抵消。20

世纪60年代，出现了一个声势浩大，兼具激进与改良因素的魁北克民族主义运动。经过1980年关于主权的全民公决，1982年拒绝签署加拿大宪法法案，以及《米奇湖协议》（1987）和《夏洛特敦协议》（1992），魁北克的独特感得以增强。作为加拿大特别的一部分，魁北克人有着独特感，也通过初步成功地寻找到使用法语的艺术表达而备受鼓舞，这些艺术包括流行音乐（罗伯特·查尔博伊斯、博多玛奇、奥芬巴赫）、电影（克劳德·朱特、比埃尔·佩罗、吉尔斯·卡勒）、文学（于贝尔·阿坎、安妮·埃贝尔、雷吉恩·达奇姆、玛丽克莱尔·布莱斯）、戏剧（米歇尔·特兰姆雷、罗伯特·莱佩奇）以及电视（普劳夫一家）。由于语言本身受到保护，以及加拿大英语区从未能够仿效的明星制度推动，魁北克的传播部门是该省独特地位的另一个标志。

这个时期也标志着西部地域主义的兴起，尤其是阿尔伯塔省。1980年的特鲁多政府的国家能源计划（渥太华试图单方面宣布联邦对省属行业进行控制），证实了西部和大西洋沿岸各省的资源型产业在经济上依附于中部地区制造业的观点，从而引发了特别是像阿尔伯塔和不列颠哥伦比亚这些省份的强烈不满，它们正寻求日益扩大的经济和政治权力。

在20世纪70年代和80年代，商业媒介满足了加拿大人主要的传播需求，商业化对加拿大文化造成威胁的观点变得越来越难以立足。甚至连加拿大的公共电视广播公司，加拿大广播公司也开始了类似的商业服务，在它的节目单中有职业体育比赛、好莱坞电影、游戏节目以及衍生出来的真人秀节目。20世纪70年代中期和80年代初期的经济衰退，迫使政府重新考虑用于文化项目及文化组织方面的财政支出。福勒和阿佩尔鲍姆—赫伯特委员会的报告均表明，国家的经济状况

第七章 公共政策的制定

已经成为政策讨论的重要因素，财政紧缩是 80 年代以来历届政府的主题。

在这种背景下，政治上的意识形态已经变成在财政上更趋保守。在皮埃尔·特鲁多的自由党政府多年的国家干预之后，布赖恩·马尔罗尼的进步保守党宣称加拿大对商业开放，接受与美国的自由贸易，并且在所有的经济部门减少国家干预（误导性提法，所谓放宽管制）。这一时期贸易自由化的国际协议对政府传播政策有重大影响，因为国家政策受到诸如世界贸易组织等国际贸易机构的监督。传播政策是在全球范围内制定的。

不过，正如我们将在第八章中看到的那样，对于美国对加拿大媒介景观施加影响的担忧仍然很强烈，"加拿大的传播政策一直受到毗邻美国的影响，现在已经变成毗邻全球"（艾布拉姆森和雷波伊，1999：776）。1995 年在布鲁塞尔举行的"七国集团"会议是"市场调控和（传播）技术相互交汇的一个点"（艾布拉姆森和雷波伊，1999：781）。这个"后布鲁塞尔转变"意义重大，由于加拿大的传播政策"越来越多地在多边国际场合中被制定出来"，这导致了"加拿大传播政策的全球化"。

与此相关的是加拿大政府内不同部门之间在政策制定方面各行其是（艾布拉姆森和雷波伊，1999：787）。联邦政府最近的数字媒介政策，例如"数字加拿大 150"，由加拿大工业部编制（加拿大，2014e），该政策主要涉及互联网接入和经济机会问题。其五个优先事项是：在 2017 年之前使 98% 的加拿大人连接高速（即 5 Mbps 带宽）的互联网；提供防范网络欺凌和恶意软件的保护；为加拿大企业创造经济机会；在线提供更多的政府资料和数据；以及为加拿大人提供更多的本国文化资料的在线访问（加拿大，2014a-d）。

全球化的另一个方面当然是数字化传播的全球流通，这将是我们在第八章中讨论文化产业的中心议题。例如，在 2014 年 9 月加拿大广播电视和电信委员会的"电视大家谈"听证会期间，受欢迎的在线电影和电视流媒体服务奈飞公司被视为加拿大商业电视行业的威胁，并构成了对加拿大广播电视和电信委员会监管权威的挑战（《环球邮报》，2014）。

如果传播媒介充任社会凝聚力的载体，那么加拿大决策者的进一步挑战就是解决本国人口多样化的问题。正如我们在第十一章中所进一步论述的，加拿大是一个移民国家，其中五分之一的人口自我认定为可识别的少数民族，而且城乡人口之间有很大差异。在 20 世纪 50 年代，95%的移民来自欧洲和美国；自 20 世纪 90 年代以来，60%来自亚洲。一半以上最年轻的加拿大人（20 岁以下）原籍是英、法、加拿大或土著居民之外的族裔（见贝克，2002：181）。政策研究学者格雷格·贝克指出："对于与其他国家有侨居联系的种族族裔和可识别的少数民族而言，原住民及英、法裔加拿大人声称当今加拿大的政策并未反映出他们在历史和领土上的优势与诉求"（贝克，2002：183）。

第八章　传播政策：分领域论述

概述

倘若如我们第七章所述，传播政策的形成必须始终考虑到某个具体形式大众传播的构建环境（科学技术、法律法规、现行政策、风俗习惯、经济必然、指导信念、公共压力），则政策制定也必须适应变化。过去 20 年间最重要的变化之一就是融合，其在传播语境中意味着先前各不相同的模拟技术、媒介以及媒介行业的数字化合并（见第六章）。第二个重大变化是按照新的国际贸易协定，加拿大等国面临修改和制定传播政策的压力。最后，加拿大人口构成伴随着新的全球移民格局也发生了变化，加拿大的社区群体以及他们的传播需要进一步多样化。尽管如此，核心政策目标并没有改变，即确保大众传播为加拿大人提供充分的公民权利、文化生活和经济机会。

如我们在前面章节中所述，数字化是将信息从各种模拟格式转换成可以经由电缆、光纤网络、电话线路和空中传输的 1 和 0 的数字模式，然后通过各种电子接收装置，如计算机、移动电话、DVD 播放机、MP3 播放器等等进行还原再现。过去，将不同的媒介形式（期刊、广播、电视、电影）称为完全独立的行业是可以理解的，但这些媒介的条块分割正在迅速崩溃。今天几乎所有的媒介内容都是以数字方式制作的，既可以通过传统的方式（例如，纸质期刊，无线广播和电视，胶片电影）发行，也可以通过数字化的方式传送，其中最典型的就是通过互联网。不过，互联网并非简单的替代传递机制，它已经成为我们的核心媒介，转换并捆绑各种类型和各种来源的媒介内容，充任我们所有数字设备的馈送系统。现在，我们常常听到人们说他们不再看报纸或者看电视，其实他们还在看，只不过他们是通过社交媒介网站看到报刊文章，并且是在笔记本电脑，或者平板电脑，或者手机上进行阅读，就像他们观看的电视节目可能是通过 YouTube 或者奈飞播放的。

媒介公司本身的融合对媒介形式的融合起到了推波助澜的效果，这些媒介公司不再是专门从事报纸或电视业务，而是在各种媒介平台上为观众制作内容。例如，加拿大广播公司70年来一直从事广播业务，随着更大范围内广播、电视和在线业务的一体化，2009年加拿大广播公司转型成为一家多种媒介的公司，并于2014年宣布其数字平台优先的主张。以报纸出版商起家的蒙特利尔媒介企业魁北克公司拥有杂志、报纸、一家图书出版社、一个网络门户、一家有线分销商及一个电视网（以及其他媒介资产）；它使用网络门户（http://fr.canoe.ca）来展示其各种媒介资产涉及范围内的内容。

数字技术最具吸引力的特征之一是其交互能力。作为这些传播服务的用户，我们正在迅速适应一种媒介景观，我们越来越多地选择如何（以及何时何地）听音乐，或者看电视，或者阅读书籍。如果受众消费媒介产品的参与性因素始终存在，数字技术可以让越来越多的人成为制作者，无论是创建自制视频、音乐集锦、网站或博客，还是运用媒介专业人士的成品（例如，制作混剪歌曲，使用录制的音乐作为家庭视频的配乐）。同样，它降低了进入更具持续性的传播项目的门槛，如公民新闻和其他另类的媒介表达方式（见莱斯格，2008）。

假使传播政策适当而有效，就必须将这些变化考虑进所谓的"媒介生态学"。自20世纪80年代以来，政策环境的第二个重大变化是针对国际贸易自由化和消除保护主义的立法压力，包括与传播和文化等领域有关的法令法规。加拿大于1987年与美国签署了一项自由贸易协定，随后于1994年与美国和墨西哥签署了北美自由贸易协定（NAFTA）。加拿大也是世界贸易组织（WTO）的成员，其国际性多边贸易框架可追溯到2007年。这些协议旨在鼓励所有部门的商品和服务的国际贸易，并通过废除歧视性的国家政策来创建公开市场。在这些贸易争端审议中最具争议的领域之一就是文化政策，其目的是为了在民族性的基础上进行严格区分，以保护和促进本土的文化活动和产业。

美国不仅是加拿大最大的贸易伙伴和最邻近的国家，也是世界上打击贸易壁垒的主要倡导者，特别是在电视、电影、音乐及出版业等具有巨大的规模经济优势的行业，而且它是净出口国（美国对区域内的自由贸易热情较低，因为它是净进口国，如软木木材）。美国公司生产的大量文化材料，以及在世界上最富有的本国市场上回收生产成本的能力，为美国文化产业在全球市场上提供了巨大的优势。例如，加拿大电视网络购买和播放美国节目通常比自己生产制作便宜10倍；这些美国制作背后的明星力量和促销力度只会强化这种结构性优势。如果没有任何措施促进加拿大文化产品的生产和分配，加拿大创作者在自己的媒介景观中几乎没有什么空间；从某种意义上说，我们将会回到20世纪初期至中叶我们当初开始的起点。

为此，加拿大谈判代表坚持在原有的1987年与美国自由贸易协定和北美自由贸易协定中实行文化豁免。然而，这种豁免是高门槛的，根本就不是真正的豁免。这些协议不仅允许有一些例外，而且豁免本身带有一个重要限制性条款，允许签署国其中一方采取一种"对等商业效果"的反制形式，以应对保护主义的措施。换句话说，美国可以认为，加拿大的政策措施造成美国文化产业的经济损失，并寻求加拿大政府给予补偿。一宗两国间持续的贸易纠纷就是加拿大通过税收抵免对美国的电影和电视制作人在加拿大境内拍摄进行补贴（见阿姆斯特朗，2010：227—228）。

尽管这个部分一直都在进行讨论，但世贸组织规则下的文化产业也没有普遍的豁免。联合国教科文组织（UNESCO）通过了《保护和促进文化表现形式多样性公约》，加拿大于2005年成为第一个批准公约的国家。美国尚未签署该公约，且迄今为止它对国际贸易法规并无任何影响。加拿大等国将继续承受压力，其被要求遵守对文化产业实行严格的市场监管，而不是坚守将这些行业视为兼具经济和文化双重意义的监管制度。

由于人口成分日益多样化，对于媒介生产者和政府来说，服务加拿大人的传播需求也变得更具挑战性。加拿大人来自世界各地，加拿大乡村、城郊和市区之间，主要城市之间以及各省和各地区之间等等各类社区群体中都存在着巨大差异。如果这使得德韦恩·温塞克（2010）所谓造就一种积极的国家媒介景观，维持"民主国家赖以生存的公民话语权和相互了解"（温塞克，2010：377）的空间的任务变得复杂化，那么由于我们越来越多地随时获取国际传播产品和服务，这种复杂化将进一步加剧。

在本章中，我们将简要介绍主要的传播部门，并在充分认识到媒介形式和媒介行业融合全面展开的情况下，对行业部门特有的政策挑战进行探讨。但是我们还要对第七章进行拾遗补缺，同时承认政策的优先选择不仅仅是由技术和行业的紧迫性所决定，而是最终由我们集体回应一个持续存在的问题所推动：传播究竟是什么？

电信

电话行业历来是电信部门的核心业务，对于日益增长的应用领域来说，电信部门已名副其实地成为中坚力量，它的业务范围从常规和无线电话通信到提供互联网服务。没有什么能比新一代智能手机更好地说明媒介的融合，以及电信行业的发展演变了。智能手机将电话、照相机、视频和音频播放器以及个人电脑功能，全都集中于一个小型的手持设备中，连接到由大型传媒业集团拥有和控制的网络。电信是一个价值440亿加元的产业，拥有六个附属行业：本地有线电话服务、长途有线电话服务、互联网服务、数据传输、私人专线以及无线服务（加拿大广播电视和电信委员会，2013：iv）。加拿大贝尔集团（Bell）、MTS通信、罗杰斯通信公司（Rogers）、肖氏通信（Shaw）和泰勒斯（Telus）五大公司占电信收入的85%。无线服务是加拿大最大并且增长最快的部门，占加拿大国民电信支出的近一半（46%）（加拿大广播电视和电信委员会，2013）。86%的加拿大家庭使用有线或卫星电视服务，81%的人订购无线服务，78%的人能够高速上网。有线电话服务的用户数量正在下降，但仍保持在86.5%（加拿大广播电视和电信委员会，2013：ii）。据报道在2012年，加拿大人平均每个家庭拥有4.5个通信连接（例如本地电话服务，互联网接入，无线服务，有线电视或卫星电视），并且每个家庭平均月消费支出为 185 加元。加拿大人在无线和互联网服务上的花费每年都在增加，占家庭通信支出的三分之一以上（加拿大广播电视和电信委员会，2013：23，29—30）。

作为加拿大人获取媒介内容方式正在发生变化的指标，三分之一的加拿大人至少有时会观看互联网电视，而 60% 的人在线阅读新闻。互联网的前五大用途是：网络视频（72%）、在线音频（61%）、YouTube 视频（61%）、阅读新闻（60%）以及社交网络（59%）（加拿大广播电视和电信委员会，2013：185—186）。2012 年，讲英语的加拿大人每周在线平均花费 20.1 小时，比较而言，讲法语的加拿大人每周平均在线时间为 13 小时（加拿大广播电视和电信委员会，2013：186）。

在加拿大，电信是通过 1993 年的《电信法案》进行管理。根据该法案规定，电信被界定为"通过任何电线、缆线、无线电、光学或其他电磁系统，或者任何类似的技术系统发射、传播或接收情报"。因此，在正规术语中，"广播"是某种电信，尽管《电信法案》适用于技术、基础设施及分布网络等问题，但却不适用于它们提供的传播内容。

就广播而言，加拿大广播电视和电信委员会（CRTC）负责执行《电信法案》所制定的法规。然而，《电信法案》要求加拿大广播电视和电信委员会"尽可能最大限度地"依靠市场力量，并规定"凡有必要，当以对市场力量的干预降至最低限度的方式"（加拿大广播电视和电信委员会，2010C：5）。同时，联邦政府也保留了更改、撤销或重审的权力，以便可以重新考虑加拿大广播电视和电信委员会的所有决定

(帕尔，2012：115）。

电信公司是服务供应商，靠提供传输服务收取费用。有两种类型的电信运营商。公共运营商有义务输送某一企业或个人希望以公平的费用发送的任何信息（内容）。例如，电话公司是公共运营商，仅传输我们的语音信息。另一方面，合同运营商向特定企业或个人提供传输服务，但没有义务向其他个人或公司提供相同的服务。例如，银行签订电话和数据通信服务合同，并获得普通公民无法享有的批量费率。互联网不受公共传输规则的约束。

20世纪最后几十年，电信的主要议题是从垄断服务转向竞争服务。正如传播学者丹尼尔·帕尔所说，"这一时期的一个标志性特征是政策话语的显著转变，不再将传播和信息看作是公共产品，而是将它们视为主要是由私营部门判断主导的大多数技术现象"（2012：116）。到了20世纪80年代，私营电话公司在加拿大指定的区域获得垄断地位，但前提是它们将以合理的价格向城市和农村市场提供平等的电话服务，以远程费率资助免费拨打本地电话。然而，这一体制逐渐转型，1994年9月，在著名的第94—19号"电信决议"中，加拿大广播电视和电信委员会裁定，竞争必须是在所提供的全部电信服务基础上，包括本地的电话服务。该决议要求公司从其他所有服务中剥离提供任何单一服务（比如本地电话业务）的成本，这意味着公司将不再被允许提供交叉补贴服务。

电信政策议题

如上所述，当今电信政策的核心议题是市场监管；融合；网络中立；提供无线服务的竞争；以及外国投资。

就融合而言，通信政策业已将内容服务（广播，通过《广播法案》规范管理）与输送服务（电信，通过《电信法案》规范管理）进行了分离。然而在1996年，加拿大政府提出了允许电信和广播公司之间竞争的政策（帕尔，2012：116）。这一政策导致了一些国内最大的电信和广播公司之间的融合，而如今这些公司（比如贝尔、罗杰斯、肖氏、魁北克）无论是创建和购买内容还是向媒介平台推送内容都是直接地相互竞争；如我们在第九章中所述，内容与输送之间的垂直整合引发了另外一系列问题，包括那些单独拥有电视网络和广播电台的媒介使用分销网络的能力（参见帕尔，2010：117）。

基于对公共传输工具监管的关切，网络中立是指互联网服务供应商（ISPs）平等对待所有内容和应用程序，不得根据其来源、所有权或目标进行降低或优先的排序服务。对非中性网络的关注，来自于担心互联网服务提供商对企业竞争对手或不同用户类别实行区别对待而获得经济利益。事实上，这是围绕公共传输的早期电信政策，旨在防止由于那些传播网络的拥有者对传播加以控制，因而造成不平衡的权利关系。

面对因加拿大人移动电话服务支出过高而产生的关切，联邦政府一直尝试在提供无线服务方面引入更多的竞争。贝尔、罗杰斯和泰勒斯在2001年已收购了大部分用于个人通信服务的无线频谱，并在随后的频谱拍卖中继续扩大其持有份额。这三家公司一直支配着无线服务供应，2012年，仅贝尔和罗杰斯就占有三分之二的无线用户（加拿大广播电视和电信委员会，2013：207）。然而，为无线市场带来更大竞争的努力并不是特别成功，国内市场引入所谓第四位入围者是否会导致价格下降和服务改善仍是一个有争议的问题(法盖伊,2014a,b;刘易斯,2014;斯金纳,2013)。

电信业的另一个不断令人烦恼的议题是外资所有权的问题。《电信法案》促使必须由加拿大人拥有并运营电信公司。认识到随着加拿大公民、政府和企业越来越多地在线处理他们的事务,电信服务及其所传输的敏感数据日益重要。加拿大广播电视和电信委员会认为,加拿大人把通信服务看作是"不可或缺的",并且很难将其对于电信网络基础设施的关切与基础设施传输内容的关切区分开来。"要求加拿大内容的资产保持在本国人手中……要求保留现有对外国所有权的限制"(加拿大广播电视和电信委员会,2010c:214—215)。在未来几年中,这将继续是值得跟踪的政策问题。丹尼尔·帕尔认为这个议题提出了如何诠释公共利益的问题。所谓"公共利益"的界定是否特别惠顾"商业和消费者导向的考量(比如,增加竞争、改进服务、扩大创新、降低价格、协调加拿大的政策及其贸易伙伴")?或许对公共利益的理解将有利于"社会文化的考量……坚持传播信号的传输不能与文化认同、国家主权以及一个民主体制的公共领域分割开来"(帕尔,2012:124—215)。

广播

广播在加拿大是一个价值170亿加元的行业,包括广播和电视以及有线和卫星节目的分销服务(加拿大广播电视和电信委员会,2013:iii)。分销业务是行业中最大的部门,占营收的52%,其次是电视(39%)和无线电广播(10%)。统领行业的五大公司(亚士图、贝尔、魁北克、罗杰斯、肖氏）的营收占总收入的81%（加拿大广播电视和电信委员会，2013：48）。根据最近的统计资料，2012年有86%的加拿大家庭是有线电视或卫星电视服务的用户，而互联网电视明显成长为一个提供服务的竞争者：2012年有超过20%的加拿大人在电脑屏幕和移动设备上观看电视（加拿大广播电视和电信委员会，2013：ii）。

如果就营收而言，无线电广播是广播业界最小的部门分支，但它仍然受欢迎并且有利可图。加拿大有超过1200个音频服务，其中99%仍在无线电广播中播放：使用英语的有878个，法语的有246个，使用第三种语言的有32个（加拿大广播电视和电信委员会，2013：55）。2012年，加拿大人平均每周收听广播19.6小时（加拿大广播电视和电信委员会，2013：59），这个数字一直保持相对稳定。加拿大的广播电台包括私营商业台、国有公共台、社区台、校园台、原住民台以及宗教广播台。私营商业广播占周平均听众的77%，公共广播电台，加拿大广播公司（加拿大广播电台）占13.4%（加拿大广播电视和电信委员会，2013：60）。2013年私营无线电广播公司的平均利润率为20.3%（中波台为8.5%，调频台为22.9%）。加拿大无线电广播行业雇用了超过14000名全职工作人员（加拿大统计局，2014a）。

加拿大电视提供超过700种国内和国际服务，包括常规、付费、按次计费、视频点播和自选特色电视节目。2012年观众平均每周观看电视28.2小时（加拿大统计局，2014b：75—77）。2012年加拿大英语类特定节目的电视观众占35.7%，其次是个人偏好的传统节目（25.6%）、付费电视（6.2%）和加拿大广播公司（5.5%）的节目。

非加拿大电视节目占观看次数的13.9%（加拿大统计局，2014b：78—79），记住这一点非常重要，在加拿大电视频道上大量的美国节目被播放并被观看，意味着加拿大人所观看的美国节目比数字显示的还要多。最赚钱的电视服务是付费和特色节目，2013年的平均利润率为26.5%，是目前最高的；传统的电视新闻报道则亏损0.6%。加拿大的电视行业雇用了19000多名全职工作人员（加拿大统计局，2014b）。

正如我们在论述电信时所指出，广播服务正在向网络迁移，而且越来越多的加拿大人正在通过这些越顶服务（OTT）收听广播和观看电视。最受欢迎的服务之一就是奈飞的流媒体电影和电视节目，而且，尽管该公司不会发布其确切的订阅数量，但推测有29%讲英语的加拿大人在2013年成为该服务用户（布莱德肖，2014b）。如果说使用简便和价格低廉是奈飞越来越受欢迎的两个原因，也许最大的原因与节目选择有关，这引发了加拿大广播电视和电信委员会目前正在竭力解决的一些政策问题（参见法盖伊，2014c；泰勒，2013；布莱德肖，2014B）。

加拿大的电视广播行业受《广播法案》规范。然而，在1998年，加拿大广播电视和电信委员会决定不再监管互联网上新媒介活动，随后于1999年发布"豁免令"，免除了在线广播服务的经营许可（帕尔，2012：116—117）。因此，像以加利福尼亚州为基地的奈飞公司这样的流媒体视频服务不再是广播监管的目标。具体来说，这意味着电视广播机构必须遵从加拿大内容的相关规定，而流媒体服务则不需要；电视广播经销商（无论是有线电视或卫星公司）被强制要求在其套餐选择中包括加拿大频道（例如，加拿大广播公司、加拿大广播电台、加拿大电视网、魁北克电视网、原住民电视网），而流媒体服务可以提供点播节目；而且，广播经销商按规定需要向"加拿大媒介基金"缴纳收入的6%，用于制作加拿大内容（加拿大广播电视和电信委员会，2013：i）。例如，2011年至2012年，加拿大的广播公司上缴了34亿加元用于制作加拿大节目（加拿大广播电视和电信委员会，2013：i）。《环球邮报》媒介作家西蒙·豪普特（2014）将奈飞形容为"寄生在经济和文化上的外来户"。他写道："估计奈飞目前每年从加拿大消费者口袋里拿走3亿加元，但到目前为止，它对加拿大节目的总投资是多少？一季的《公园男孩》：10集半小时的廉价电视剧。"2013年和2014年，加拿大广播电视和电信委员会就这些问题和其他问题举行了公开听证会；讨论的两个主要议题是，对于像奈飞这样的流媒体视频服务实施监管的可能性，以及在用户需要付费观看频道节目时，迫使广播经销商提供更多的选择（见加拿大广播电视和电信委员会，2014a，b；法盖伊，2014c；布莱德肖，2014b）。

世界上的所有国家都对广播进行监管，部分原因是因为空中广播频谱是有限的，需要进行波段分配的管理。不仅要为普通广播电视服务，也要为应急服务的警察、消防、救护以及军事等机构使用。然而，如我们在第七章中所述，与世界上许多其他国家的政府一样，加拿大政府对广播也进行监管，因为它服务于国家、文化和政治的目标。1991年的《广播法案》第3条提出了这些目标。

获取由加拿大人制作的内容是"广播业宗旨的根本原则"。加拿大广播电视和电信委员会宣称，"加拿大内容不仅必须存在，而且还应该面向所有加拿大人，无论其是业内人士还是一般受众"（加拿大广播电视和电信委员会，2013）。该委员会通过一系列的政策确保播出由加拿大人制作的内容,这些政策包括,针对无线电和电视广播公司有关加拿大内容的规定,通过有线和卫星供应商传输加拿大节目,以及加拿大人占有广播网络所有权的最低比例。加拿大广播电视和电信委员会的监管职责来自《广播法案》的第 5 条第 2 款,要求该委员会"以灵活的方式规范和监督广播系统,此外,考虑到地区性的关切,适应科技的发展,并促进向加拿大人提供广播节目"(加拿大广播电视和电信委员会,2010c:5)。这些职责包括:

- 确定广播牌照类别;
- 颁发和更新牌照,最长不超过 7 年;
- 修改现有牌照条件;
- 暂停或撤销牌照(加拿大广播公司牌照除外);
- 发放有线分销商和卫星传送系统牌照;
- 听取对于有关广播系统的投诉;
- 审查媒介公司的兼并。

加拿大广播电视和电信委员会绝不仅仅是一个橡皮图章机构。1999 年,委员会将蒙特利尔调幅广播 CKVL 电台的牌照时间从七年减少到三年,作出这一处罚是针对该台"信口开河的杂谈主持人"安德烈·亚瑟的侮辱性和鄙俗言论,以及电台所有者"都市媒介 CMR 蒙特利尔公司"未能严肃对待公众对亚瑟的大量投诉(加拿大通讯社,1999)。在 2004 年,加拿大广播电视和电信委员会拒绝了魁北克广播电台 CHOI 调频台的牌照更新申请,认为该台,尤其是主持人杰夫·菲利安,一再发表贬损女性、有色人群以及精神疾病患者的评论,这一决定随后被联邦上诉法院所确认(索恩,2005;阿姆斯特朗,2010:89—92)

假使说加拿大广播电视和电信委员会仅仅是通过监管广播体制来实现议会确定的政策目标，那就低估了加拿大广播电视和电信委员会在诠释政策方面所担负责任的程度，同样也低估了其在有线电视、专业电视频道以及新媒介等领域制定自己政策的程度。例如，2010年3月，加拿大广播电视和电信委员会裁定，私营电视网有权商议传输费用补偿，所谓传输费用就是有线和卫星分销商使用信号的费用。这项裁定附带了限制性的条款，如果电视网选择协商费用，它们就放弃了所有有线和卫星分销商使用普通电视网所规定的监管保护，以及在解调器上首选位置的保证。电视网正在寻求新的收入来源，此前它们发布了经营亏损（1.18亿加元），而自1996年加拿大广播电视和电信委员会开始跟踪行业财政状况以来这还是第一次（克拉钦斯基，2010a）。

近年来，广播政策在涉及使用的问题上发生了重大转变，从原来重视信号覆盖过渡到强调参与。自1936年起，加拿大广播政策的基本原则之一就是扩大对所有加拿大人的服务，而私营广播机构在国家广播体系中的作用，始终是向国内所有地区的加拿大人接收无线电收音，以及后来的电视广播信号提供协助（加拿大，1986：5—14）。

一旦广播电视在20世纪60年代形成了广泛地域覆盖，并且建立起私营电视网（加拿大电视网），"使用广播"的概念就开始呈现出另外一种局面，使用成为意味着将所有加拿大节目的内容和制作均包含在内。尽管自从无线电广播出现的第一个十年以来，加拿大内容的问题就一直相当重要，但是直到1959年，广播总监理事会方才实施要求用于播放加拿大制作的电视节目时间不少于最低播出时间比例的想法。

如今，加拿大内容规定来自于加拿大广播电视和电信委员会履行《广播法案》的义务，确保每个牌照持有者"在创作和推出节目时，最大限度地利用加拿大的创意和其他资源"。根据该法案，加拿大广播公司的节目也应该具有"显著而独特的加拿大风格"。

加拿大内容的指标限定从未被私营广播机构普遍接受，它们不遗余力地抗拒每一项要求，并尽量减少传输加拿大制作的成品（见贝比，1979）。2015年3月，加拿大广播电视和电信委员会删除了普通台日间电视内容的规定，并放宽了一些专业频道服务，希望通过减少加拿大节目时间，以刺激广播机构花费更多的资金用于面向国际市场销售的"大预算"制作（加拿大广播电视和电信委员会，2015）。因此，持有牌照的普通电视台不再需要在日间播放加拿大内容的节目，但在晚间时段内必须播出至少50%的加拿大节目。专业和付费电视频道通常需要35%。这些变化对新闻和本地节目的影响尚不明朗。然而，如果体制内的投资模式发生转变，则可播放内容的范围和类型必然会发生变化。

涉及加拿大内容的指标限定纠纷，其主战场在英语电视节目，好莱坞制作现货齐全，购买便宜，广受观众和广告客户的欢迎。多年来，联邦政府已经制定了许多方案协助促进加拿大内容的制作（参见阿姆斯特朗，2010：126—142）。这些不懈努力的最新成果就是"加拿大媒体基金（CMF）"，其2014至2015年度的资金预算约为3.68亿加元。预算资金来自于有线和卫星广播机构（这些机构必须上缴其收入的5%用于基金）以及联邦政府。加拿大媒体基金有两个资助流向："融合流向"，随时随地支持加拿大人为消费而进行融合电视与数字媒介的内容创作；以及"试点流向"，其"鼓励开发创新的、互动的数字媒介内容和软件应用程序"（加拿大媒体基金，未公开资料）。

多年来，加拿大节目的范围已经有了相当大的改进。在20世纪70年代和80年代，加拿大的多元文化构成因素被日益承认接纳，并且要求广播系统对这一现实予以反映。正如洛娜·罗特（1998：493—502）指出，到了80年代初，三分之一的加拿大人已非英国、法国和原住民血统，而联邦政府开始通过以宪法确立的《加拿大人权利和自由宪章》（1982）第15和第27条，以及联邦立法（如1998年《多元文化法案》）来保护文化和种族的多元化。

兼收并蓄是讨论的中心主题之一，并导致1991年通过了修订的《广播法案》，这可以在第3条第1款（d）（iii）中得到印证（见雷波伊，1995b）。加拿大的广播体系应该通过其自身运营产生的广播节目和就业机会，服务于加拿大男女老幼的需求和利益，并反映出情势与期许，这包括平等的权利、双重性语言、加拿大社会多文化与多种族的性质，以及在该社会中原住民的特殊地位（加拿大，1991）。

加拿大广播多元化的标志性成果，就是建立了世界上第一个"原住民电视网"，它于1999年获得牌照成为一个全国性的电视网，原住民电视网提供各种新闻、综艺以及剧情类节目，广播的语言包括英语、法国以及多种土著语言：因纽特语、克里语、Inuinaqtuun语、奥吉布韦语、Inuvialuktun语、莫霍克语、提纳语、吉维克琴语、米克马格语、Slavey语、多吉语、奇佩维安语、特林基特语和Michif语。该电视网80%以上的节目出自加拿大制作人之手（原住民电视网，2014；亦见，罗特，2005）。

加拿大广播电视和电信委员会并非广播的唯一监管者。加拿大广播标准理事会（CBSC）和加拿大广告标准委员会（ASC）是提供自律措施的行业协会。例如，加拿大广播标准理事会掌握关于公平报道、暴力行为、道德伦理以及新闻独立的各种政策，虽然只有在收到投诉时它才开展调查（加拿大广播标准理事会，2014）。加拿大广告标准委员会负责执行《加拿大广告标准准则》，其中包括《儿童广播广告准则》。这个儿童准则作为广告指南，包含了涉及真实地展示产品和服务、产品禁令、推销压迫、比较声称以及每个节目广告数量的限制（加拿大广告标准委员会，2014）。根据《魁北克消费者保护法案》，魁北克禁止在儿童节目中出现电视广告（阿姆斯特朗，2010：153—154）。

音乐录制

无线电广播的重头戏当然是录制音乐。无线电广播的政策与旨在鼓励制作和传播加拿大音乐的政策之间存在重要的共生关系。就历史而言，加拿大音乐录制最重要的政策制定于1971年，由于认识到无线电广播和唱片销售之间的关联，加拿大广播电视和电信委员会建立了无线电广播中加拿大内容的额定指标。该额定指标是针对当时加拿大广播电台本国艺术家录音代表性不足的回应。例如在1968年，加拿大音乐在加拿大广播电台播放的所有音乐中只占4%至7%，在流行音乐爆发期，加拿大音乐家如戈登·莱特富特、伦纳德·科恩、尼尔·杨以及"猜猜是谁"乐队都是当时引爆乐坛的一部分（菲利翁，1996：132）。一种称为MAPL（音乐、艺人、演唱、歌词）的积分系统被设计出来，以确定这些录音作为加拿大音乐是否达标，不是基于它们的实际内容，而是基于由谁来制作。

自 20 世纪 80 年代以来，无线电广播作为音乐推广首选载体的地位一直在下降，起初，音乐录影台（在加拿大播出的 Much Music 和 Musique Plus 频道）成为音乐迷们热衷的电视圈子，最近，MP3 播放器、社交媒介网站、网络广播和流媒体音频等彼此结合的服务异军突起。网站允许乐队上传和推广他们的音乐提供了更为多样的音乐流派，相比之下，由于受自身所限，传统的无线电广播只能汇聚主流流派的音乐。例如，加拿大广播公司广播 3 台（music.cbc.ca/radio3），播放来自加拿大独立音乐人的流媒体音乐，许多人的音乐很少或者从来就没有在主流的无线电广播中播放过。而像苹果公司的 iTunes 这样的下载网站可以提供数量巨大的各类新旧音乐，没有一个实体唱片商店的库存可以与其匹敌。

数字音乐的日益普及体现在录制音乐的销售方面，如果说在 2007 年，数字销售（主要是下载）仅占加拿大行业销售收入的 10%（总收入包括实物销售、数字销售和现场演出播放权），到了 2013 年，数字销售占行业收入的 49%（加拿大音乐行业协会，2012，2013）。然而，该数字低估了数字音乐的来源；数字音乐的销售，无论是下载还是流媒体，都与实物销售下降所造成的收入损失不相符合（加拿大音乐行业协会，2014），而且据行业估计，大约有三分之一的互联网用户定期访问未经授权的音乐网站（加拿大音乐行业协会，2013：9）。到了 2014 年，音频流的普及意味着连下载量也在减少。

流媒体是一枚双面硬币，对于听众来说这是一种福音，听众可以在任何时间选择在他们认为最方便的数字平台上收听大量各种各样的音乐，而那些制作音乐的音乐家和唱片公司则拿不到多少钱。在 2013

年的一份报告中，加拿大音乐行业协会提到以下版税费率：Padora 应用软件上每首单曲是 0.001 美元，Sirius XM 是 0.002 美元，Spotify 是 0.004 美元。报告指出："整体来看，可能需要每小时从 Padora 上下载 10250 首单曲，才能为一个乐队成员提供加拿大的最低小时工资"（加拿大音乐行业协会，2013：8）。加拿大音乐行业协会以及非营利机构 Re：Sound 公司，负责收缴和分配这些版税付款，它们认为这些税款实在是少得可怜（加拿大音乐行业协会，2014；Re：Sound，2014）。由于无线电播放的重要性逐渐缩小以及数字版税的微不足道，加拿大音乐行业协会声称，现场表演正在成为吸引观众、建立粉丝群体并赚钱谋生的更重要手段，特别是对于那些在本国或国际上并不太知名的音乐家来说（加拿大音乐行业协会，2013：10）。

加拿大音乐界业内财务方面已经显著缩水。2001 年该行业从录制音乐和现场表演的销售中获得了 7.65 亿加元的收入，而 2013 年则仅为 4.37 亿加元（加拿大音乐行业协会，2013）。四大音乐录制公司，加拿大索尼音乐娱乐公司、加拿大百代音乐公司、加拿大华纳音乐公司和加拿大环球音乐公司就占了销售额的 70%（加拿大音乐行业协会，2012：2）。

除了有关加拿大内容规定外，第二个重要的政策措施是在 1982 年成立了"加拿大音乐人才援助基金（FACTOR）"，当法语基金部分加入后，该项基金以 FACTOR/MusicAction 的名称为人所知（网址：www.factor.ca, http：//musicaction.ca）。为了向加拿大音乐行业注入资金，在加拿大广播电视和电信委员会的推动下，该基金由几家广播公司（CHUM 广播电台，莫弗特通信公司，罗杰斯广播公司）与两家主要行业协会（加拿大独立音乐协会 www.cimamusic.ca，加拿大音乐录制版权代理协会 www.cmrra.ca）合作创建。2010年加拿大音乐人才援助基金和 MusicAction 基金会一起为行业出资近2700万加元（加拿大音乐行业协会，2012：14）。譬如，提供资金用于制作演示录影和推广视频片段，以及组织音乐家的巡回宣传。

2001年5月，加拿大文化遗产部宣布了一项新的加拿大音乐录制政策，命名为"从创作者到观赏者"。目标是对音乐录制过程的每一个层面均提供支持，政策内容文如其题，包括从创作者的成长发展到观赏者的产生形成。因这一政策成立了"加拿大音乐基金"，它吸纳了原有的音乐录制发展计划，并承诺：

- 对创作者提供支持并提高其技能；
- 支持制作和发行"反映加拿大声音多样性的专业化音乐录制"；
- 为新兴艺术家提供项目支持；
- 提高加拿大音乐企业家的商业技能；
- 确立对加拿大音乐作品的保护；
- 支持各类音乐录制行业协会、各种会议以及各项奖励计划；
- 监督行业业绩表现。

政府于2009年改造和重组了加拿大音乐基金，至2014年，它正在运营多个项目支持加拿大音乐（加拿大，2014d）。

电影

恰似音乐界与广播的关系一样，电影业与电视也始终享有同样的共生关系。鉴于加拿大国产故事片长久以来一直难以在加拿大电影院线上立足，电视历来是它们最可靠的发行手段。然而就像音乐，数字平台（在线连接和无线移动设备）正在逐渐成为各种形式视听制作的越来越重要渠道。加拿大电影在何种程度上将以这种方式成功地吸引观众，以及它们的创作者和制片人是否将得到适当的回报，仍然还存有疑问。

加拿大院线电影业规模相对较小，在2012—2013财政年度仅仅产生3.51亿加元的消费支出，共制作了93部故事片（英文片59部，法文片34部）。英语故事片的平均预算为460万加元，法语故事片为300万加元。大部分的影片是在安大略省（46%）和魁北克省（42%）制作的（加拿大媒介制作协会和魁北克媒介制作协会，2013：68—69）。

政府的主要政策措施体现在电影业的制作部门，而不是发行或放映方面。拍摄加拿大故事影片的资金一半以上（59%）来自政府的资助项目：各省地方税收减免（21%）、加拿大故事影片基金（19%）、联邦税收减免（6%）以及其他公共资金来源（13%）。加拿大故事影片基金成立于2000年，由加拿大电视电影协会（Telefilm Canada）负责管理，每年为电影的开发、制作、发行和营销出资超过9千万加元（加拿大媒介制作协会和魁北克媒介制作协会，2013：75—76）。

自20世纪之初，加拿大联邦和各省政府便以这种或那种形式赞助电影的制作，而加拿大政府自1918年以来就延续不断地运行管理着一个全国性电影制作组织。然而，加拿大更为成功的领域在于工业教学片和纪录影片的制作。例如，创立于1939年的国家电影局（NFB）制作的影片就获得了12项"奥斯卡奖"。我们在电影院里所看到的电影类型，更为引人注目的是故事曲折的剧情长片，在这方面的制作则非加拿大所长。这一领域里好莱坞是加拿大市场的主导者，占有

2012至2013年度票房收入的82.4%，相比之下，加拿大电影只占2.5%（加拿大媒介制作协会和魁北克媒介制作协会，2013：82）。尽管像迪帕·梅塔、布鲁斯·麦克唐纳、蕾雅·普尔、阿托姆·伊戈扬、弗朗索瓦·基拉德、丹尼斯·维伦纽瓦、萨拉·波莉、沈小艾、丹尼斯·阿康特、让马克·瓦雷和哈维尔·多兰等导演，自20世纪80年代初以来不断为加拿大故事片电影制作注入新的活力，但国产片平均只有2%到6%的票房收入，以及不到5%的加拿大院线放映时间。

对加拿大观众而言，在一定程度上我们自己的国产影片反倒成了外来电影。历史上大多数时期里，加拿大电影市场已被视为美国市场的延伸。电影行业具有垂直整合的特点，其中制作故事片的同一家好莱坞制片厂也拥有电影发行公司和电影院线。垂直整合确保了好莱坞制片厂电影的发行和放映，使独立电影制片人难以与其竞争。直到2004年至2005年期间，拥有好莱坞主要制片厂的那些公司也拥有加拿大的主要院线"大玩家"和"电影城"，以及为院线提供影片的发行公司。

今天，电影城娱乐公司（www.cineplex.com）是加拿大唯一重要的院线，全国各地拥有163个影院和1643块屏幕。该公司于2013年购买了属于加拿大第二大院线帝国影院的24个影院，而AMC娱乐公司已经将其国际控股脱手转而专注于美国市场。加拿大人的观影方式正在明显地发生变化，但加拿大人仍然喜欢去影院；票房收入从2007年（14亿加元）到2012年（18亿加元）每年都在增加（加拿大媒介制作协会和魁北克媒介制作协会，2013：84）。

好莱坞历经数十年盘踞加拿大的电影屏幕，我们已经将电影与好莱坞联系在了一起，使得所有其他国家制作的电影都成了"国外片",包括加拿大影片。最近统计数字表明,2012年至2013年,加拿大电影几乎占到了加拿大影院上映电影的五分之一,但票房仅占寥寥2.5%:1.5%在英语片市场,与好莱坞电影竞争最激烈,9%在法语片市场(加拿大媒介制作协会和魁北克媒介制作协会)。2012年至2013年,没有任何加拿大电影进入票房收入的前10名,但却有7部电影的票房收入突破了100万加元(加拿大媒介制作协会和魁北克媒介制作协会)。

尽管战后时期联邦政策主要关注于不断增加针对影院、家庭录像或DVD以及电视播放加拿大故事片的制作和发行,但各省政府(特别是魁北克、安大略和不列颠哥伦比亚省)制定计划鼓励好莱坞制片人在蒙特利尔、多伦多和温哥华等城市取景制作电影和电视节目(见加什尔,2002;埃尔默和加什尔,2005)。2012年至2013年,这些国外外景拍摄制片的花费为17.4亿加元,接近不列颠哥伦比亚省此类服务的三分之二。美国制片人在该年度的220个国外外景拍摄服务项目中占比为78%(加拿大媒介制作协会和魁北克媒介制作协会,2013:89)。

历史

上个世纪初,加拿大认为电影是构建民族国家的媒介。加拿大首批国家赞助的电影是用于促进从英国移民到草原地区的工具,相信在1900年至1904年期间,电影为加拿大吸引300万移民起到了关键作用。早期的电影也被用于吸引工业和投资资本(莫里斯,1978:133—135)。第一次世界大战期间将电影用于宣传媒介,致使政府在电影制作中发挥越来越大的作用，而加拿大也成为世界上第一个拥有政府电影制作单位的国家，尽管加拿大政府对于遏制美国商业电影部门垄断的呼声一贯充耳不闻。官方在政府制作功能性电影与娱乐性影片之间作了区分（马格德，1985：86）。在约翰·格里尔逊的领导下，1939年建立了加拿大国家电影局，巩固了官方为了民族国家建设目的作为电影制作人的地位。

自1945年第二次世界大战结束以来，越来越多的声音呼吁联邦政府解决商业电影部门的问题。加拿大政府促进本土故事影片制作的第一步认真的尝试是在1967年成立了加拿大电影发展公司（现在的加拿大电视电影协会），加拿大电影发展公司获准投资加拿大故事片项目；贷款给制片人；为优秀影片颁奖；通过资助电影制作人员和技术人员，支持电影工艺的发展；以及为制片人发行他们的电影"提供建议与协助"（马格德，1985：148）。

加拿大政府始终不愿意对电影业施加保护措施，尽管在整个20世纪里加拿大政府反复听到在加拿大电影院中实行银幕配额制的呼吁。问题的一部分肯定是电影院的运营属于各省管辖范围，而全国范围内的银幕配额将需要在10个省份之间进行协调。但是，绝对没有公众希望减少任何好莱坞对加拿大市场的束缚。大多数加拿大人，包括魁北克法语区的人，认为看电影就意味着看好莱坞电影。而现实情况更加糟糕，至少直到20世纪80年代后期，可能都没有足够有质量的加拿大故事片片源，以保证银幕配额的实行。虽然马尔罗尼政府在20世纪80年代措辞强硬地声称收回对加拿大商业电影业的控制，但它同时也正在和美国商谈贸易自由化协议。到头来，这势必造成加拿大电影业的结构调整与当时拟议中的自由贸易协定的精神和内容相抵触（参见加什尔，1988）。

由于加拿大电影难以进入加拿大影院，自20世纪80年代以来，电视成为加拿大私营影视公司最大的收入来源。有鉴于加拿大所有权和加拿大内容的规定，加拿大广播公司对于加拿大内容必然的兴趣，以及20世纪80年代专门用于播放剧情长片的付费电视和专业频道的牌照许可，电视已成为加拿大电影一个更为融洽的平台。作为对电视履行承诺的认可，联邦政府于1983年修改了加拿大电影发展公司的管理权限。联邦通信部引入了3500万加元的加拿大广播发展基金，交由加拿大电影发展公司管理，该公司随后在当年更名为加拿大电视电影协会，反映了其开始强调电视的重要性。尽管广播基金的金额可能看上去无足轻重，但制片企业获得其他投资来源的能力则大大增强了，并且鼓励加拿大电影制片人越来越重视电视制作。

自20世纪80年代初以来，加拿大政府已经逐渐将其在电影政策领域的领导作用交予了私营部门和各省政府。尽管加拿大电视电影协会仍然是资助电影的最重要单一来源，但没有一部电影仅靠它的资助就能拍摄完成。电影制作人发现他们必须利用数个资金来源才能拍成电影。加拿大主要的银行和广播公司已成为电影电视制作项目开发的重要资金来源。这些资金来源包括哈罗德·格林伯格基金、贝尔广播和新媒体基金、出彩基金、通用通信公司计划发展基金、罗杰斯基金集团、独立制作基金、肖氏火箭基金和魁北克基金。

加拿大各省政府一贯采取双轨的电影策略。全国各省都设有一个影片摄制办公室，推动本地作为电影和电视制作的取景地，主要面向好莱坞制片人。此外，各省通过赠款、贷款、直接投资和劳动力成本税收减免等资助手段向本土制片人提供开发、制作以及（或者）后期制作的支持。加拿大媒介制作协会提供现行公共部门和私人商业资金来源和计划的目录（见 www.cmpa.ca/business.affair.production.tools/funding.opportunities）。

数字化迫使影院公司将其放映系统从 35 毫米胶片转换为数字电影，能够提供封闭性字幕、语言选择以及 3D 功能。影院公司的业务包括在线票务和售买 DVD，内部媒介（预告宣传、电影杂志）以及衍生商品的销售。

这让人回想起 20 世纪 40 年代末和 50 年代初电视出现的时候，而电影院今天的竞争对手是日益精密的高清晰度和宽屏幕家庭影院，以及越来越多的在线电影服务。例如，iTunes 自 2008 年以来一直提供电影下载，正如我们在论述电视广播章节中所言，奈飞以其吸引力和廉价提供电视和电影产品而正在成为有线和卫星电视供应商的威胁。恰似他们在电视刚刚出现时的做法，电影制作人正在寻求使电影的体验有别于竞争对手的观赏平台（比如，通过进行 3D 放映、超大屏幕、数字音响的实验）。

新媒介

尽管对于许多人来说，今天的"新媒介"似乎看起来并不那么新，自 20 世纪 90 年代以来，媒介景观已经发生了很大变化。许多新的特征装点了当前的媒介景观。我们在这里所提及的新媒介技术、新媒介形式以及新媒介应用，都是通过融合计算机化传播网络进行数字化信息制作与散发的宽泛概念。这些技术包括互联网、CD-ROM、DVD、手持移动设备以及各种便携式电脑。新媒介应用同样包括互动游戏、发送信息、视频会议、网络重组以及社交网络（伯凯尔，2010：314—317）。由于新媒介是数字化的，允许存在一个融合的和网络化的架构，并且准许（甚至鼓励）互动操作和内容处理。据加拿大统计局资料（2013a），2012年有83%的加拿大家庭使用互联网，利用台式机和笔记本电脑、上网笔记本、智能手机、移动电话、MP3/MP4播放器以及游戏机连接互联网。联邦政府希望通过2014年7月推出的计划进一步增加这一数字。通过一项补贴互联网服务提供商的方案，"国民连线"计划力图将高速互联网接入到农村和偏远地区的另外28万个家庭（加拿大工业部，2014）。

加拿大工业部（2014）名下有一个汇集3.3万家公司，价值1550亿加元的信息和通信技术行业部门，雇用人员5.2万。其中有87%的公司参与软件和计算机服务行业，包括软件发布、计算机系统设计、数据处理、电讯服务、程序发行。该行业部门的特点是公司小型化（大多数公司的员工不足10人），受过良好教育的劳动力（超过45%的员工拥有大学学历），以及私营部门在研发方面可观的支出（加拿大工业部，2013）。

如上所述，数字技术对加拿大广播电视和电信委员会构成新的监管挑战，而电信和广播部门连续不断地做出各种规定以努力跟上步调。但是到目前为止，加拿大广播电视和电信委员会仍决定不对加拿大人的互联网活动加以管制。面对诸如越顶（OTT）服务的兴起这类监管方面的挑战，委员会是否继续放任对这一领域的监管仍有待观察。

互联网当然不是完全游离于政府监管之外；网络活动仍受《加拿大刑法典》的规范，而且随着警察部队在使用数字技术方面变得更加熟练，刑事指控也随之增加，特别是在商业情报活动、有组织犯罪和儿童色情等领域。例如，在2014年，埃德蒙顿的一名退役士兵被判定互联网性犯罪，而在不列颠哥伦比亚省的少女阿曼达·托德的案件中，加拿大皇家骑警（RCMP）对一名荷兰男子提出指控，她在受网络骚扰后自杀身亡（科米尔，2014；黑格，2014）。蒙特利尔的少年黑客迈克尔·卡尔斯（化名"黑手党男孩"）在2000年2月对5个主要网站（包括雅虎、易趣网和美国有线电视新闻网）发起拒绝服务攻击，被捕后他承认了被指控的56项罪状，并在教养院里劳役8个月（加拿大广播公司新闻，2008）。政府官员也会进行网络巡查以防止网上欺诈和隐私侵权，包括盗用身份。

此外，如温达·里德奥特和安德鲁·雷迪克（2001：256）所指出，新媒介受到市场经济的调控，有效地剥夺了加拿大公民的政策意见和建议。它们所关注的焦点之一就是融合媒介企业可以在数字市场中施加商业影响力。"有所不同之处在于，鉴于特定的企业（在过去）可能掌握着传播部门的一个部分或一些部分，而如今，随着企业、技术和内容的融合，少数企业正在把持整个传播市场"（里德奥特和雷迪克，2001：273）。

出版

图书、杂志和报纸出版行业面临着诸多挑战，尤其是从模拟到数字化制作和发行的转型阶段。500多年来，出版意味着印刷、运输以及收藏物态的相对笨重的阅读材料，并且与出版相关的大部分成本都包含在这些实物材料的实际生产和发行之中：印刷机、纸张、油墨、运输以及从事这些工作的熟练行业人员。加拿大幅员广阔，人口相对稀少且居住分散，进一步加重了这些费用的负担。随着越来越多的人们通过互联网、平板电脑、智能手机以及电子阅读器获得电子化阅读材料，出版商大幅度降低生产成本，并且与此同时扩大读者群。但是在这个转型时期，由于无法保证电子出版物快速增长的市场，至少在短期内可以产生如同纸质出版物一直以来所提供的收入，大多数出版商不得不同时制作纸质版和电子版。在接下来的两章中将对报纸行业进行相当详细的探讨，所以我们此处的重点是图书和杂志的出版。

图书出版

图书出版在加拿大是一个价值18亿加元的行业，尽管它拥有1500家出版社，雇用约9000名工人，但是收入和利润率都在下滑，而且在印制加拿大本土著作与引进国外图书的出版社之间差异很大（加拿大统计局，2014c：4；博格斯，2012：95）。该行业主要集中在多伦多和蒙特利尔；2012年，安大略省和魁北克省的出版商占行业收入的94%（最新的统计数据）。出版商销售收入的四分之三来自于在国内销售自有图书和拥有独家使用权的图书。加拿大控股的出版社70%的收入来自于销售自有图书。教科书占加拿大市场的45%，成人图书占36%，儿童图书占15%（加拿大统计局，2014c：9）。

如本章提及的所有传播行业一样，图书行业正面临着数字化的挑战。数字化在许多方面具有发展前景：无论是通过网上售书、电子出版、按需出版、个人出版、直接订单，或者供应链管理计划，数字化都有助于降低印刷、存储和转运成本；促进图书推广；增加作者与读者之间互动；并为更多的加拿大人提供更多的书籍（洛里默，2012：

260—286）。数字化对出版商和零售商的直接益处之一，就是创建数据库，通过系统来追踪图书的流通。2002年创建的加拿大图书网络（BookNet Canada）提供了个人图书、书店库存水平以及每周销量的仓储数据（洛里默，2012：171）。在这种经手大件物品的行业中这一点也是至关重要的，零售商在指定时间段内保留返还未售出书籍的特权。

然而，数字化也为实体店书商带来了重大挑战，并且影响了作者与出版商的关系。像亚马逊和AbeBooks这样的网上零售商对购书人来说很方便，但是它们减少了专为顾客服务的本地书店的顾客流量，相比零售商通常可以获得的折扣而言，网络经销商可以向出版商要求更高的折扣（洛里默，2012：226）。加拿大较小的独立书店的竞争者不仅有全国连锁垄断书商Chapters / Indigo，还有越来越受欢迎的大型零售商如沃尔玛和好市多等新来者。网络零售商能够吸引对于作者更多的关注并促进作者本人图书的售量，同时还可以通过与作者的直接协商来降低版税费率，并增加二手图书的利用，而作者不会从中收取版税（见博格斯，2012：98—99）。在图书制作方面，学者杰夫·博格斯（2012）认为，网上出版商的出现可能会对加拿大本国行业产生不利影响，因为他们的经营超越了加拿大版权法，该法管辖加拿大市场上书籍的实际进口和发行。"数字图书可以从其他司法管辖区的网站购买，减少了加拿大版权空间内的图书需求"（博格斯，2012：98）。

最容易受冲击的商业部门属于加拿大本土图书的出版业务，而这也是加拿大本土出版商的主要角色。行业学者罗兰·洛里默（2012）坚持认为，大量的"市场扭曲"妨碍了加拿大作品在国内行业的生存能力,因此需要政府规划提供行业和文化的支持。他引证的第一个市场扭曲是进口外国出版的再版加印图书;因为这些图书的定价基于其巨大的销售量,所以对于面向规模较小的加拿大国内市场的加拿大图书价格造成下行压力。第二个市场扭曲是,当美国公司购买国际畅销图书的北美地区出版权时,加拿大市场经常被囊括其中;这代表加拿大出版商在本土市场上失去了机会。第三,加拿大只有一个全国性连锁书店,Chapters/Indigo 的商业模式青睐大批量销售,为加拿大出版商倾向于专营非主流和销量平稳的图书留下了很少的货架空间(洛里默,2012:48—49)。洛里默形容加拿大图书生产的结构具有"封建本质":"无论出版商同意与否,作者都是在不付薪水的情况下辛苦劳作完成书稿,换取比例很小的回报,而对于籍籍无名的作者而言,常常只有零售价的区区 5% 而已。"鉴于加拿大本土图书的平均销售额在 1.4 万至 2 万加元之间,这意味着作者的版税收入在 700 到 1000加元之间(洛里默,2012:316)。这就是为什么许多加拿大作者需要一份平日的工作。

法语出版商在争取读者方面取得了极大的成功;超过 90% 的加拿大法语图书进行全国发行,并且接近 90% 的图书发行到了全国各地(爱迪诺娃,2008:8)。这个优势部分原因在于他们与英语出版商不同,不必与美国竞争者正面交锋。但还有另外两个因素,一个是1981 年通过的保护加拿大本土书商的《魁北克第 51 号法案》。51 号法案建立了一个认证制度,从而要求学校和图书馆等公共机构通过经认证的本地零售商(而不是直接从出版商或批发商)订购书籍。经认证的出版商、发行商和零售商也有资格参与魁北克政府的资助计划(爱迪诺娃,2008:20—22;另见加拿大,2014a,b)。法语出版业也采用了一种高效的图书订购体系,称为"供书系统"。根据发行商和零售商之间的协议,新发行的图书按照预定的数量自动运送到书店。发行商承担运输费用,零售商承担返还未售出图书的费用(爱迪诺娃,2008:19)。该系统确保加拿大法语作家的新书能够及时并源源不断地发往各地。

联邦政府通过立法和资助计划支持图书出版。洛里默将《版权法案》形容为"针对行业最重要的结构性支持"(2012:166)。2012年修订后的法案,给予加拿大进口商和发行商"唯一供应商地位",赋予其向批发商和零售商提供图书的专营权。政府的主要支持计划是"加拿大图书基金"(之前的"出版业发展计划"),2014年获得联邦预算中3950万加元的固定年度资金。加拿大图书基金有两个组成部分:支持出版商,通过向加拿大人拥有和掌握的出版社提供经济资助,帮助制作和推广加拿大作者创作的图书;支持组织机构,由行业组织和协会通过市场营销、专业开发、战略规划、提供实习以及技术项目的计划(加拿大,2014a,b),促进推广加拿大作者创作的图书。加拿大文化艺术理事会,一个成立于1957年的皇家法人团体,每年向加拿大各种类型风格的作家提供赠款。"国家图书出版翻译计划"是一项支持翻译加拿大作家作品的基金:加拿大国内英文和法文的互译,以及国际市场上将英文、法文译为其他语言文字。"公共借阅权"根据图书馆阅览出借作者书籍的情况,向作者本人支付年度补偿金(加拿大文化艺术理事会,2014)。

联邦政府还通过所有权限制措施保护加拿大图书行业,该政策可以追溯到1974年。现行的投资政策限制外国对加拿大人控股的合资企业的新业务进行投资,禁止非加拿大人直接收购加拿大控股的企业,根据对加拿大的净收益情况审核间接收购，并规定非加拿大人有意愿出售现有的图书行业企业，须确保加拿大投资者有充分和公平的机会投标（加拿大，2010b：8）。外商投资政策审查委员会申明，由加拿大人掌握加拿大图书出版业，是这一领域政府政策的最为重要且长期坚持的原则，因为加拿大本国企业致力于认同、开发和支持范围广泛的加拿大作家作品（加拿大，2010b：9）。这一政策在2010年决定批准建立亚马逊公司加拿大发行中心时发挥了作用，亚马逊是总部设在美国的最大网上书商之一，上述决策断定此举对加拿大最为有利（加拿大，2010b：11—12）。

与其他传播领域一样，对于图书出版，加拿大各省也都有自己的支持体系。譬如安大略省就有"安大略文化艺术理事会"，它向出版社和作家提供资助款项；安大略图书出版税收抵免；"延龄草奖"奖励安大略省内有杰出成就的作家；以及安大略媒体发展公司的图书基金、出口基金以及资助安大略出版物改编为影视作品的基金（见安大略文化艺术理事会，2014；安大略媒体发展公司，2014）。

魁北克税务局为图书出版商提供了税收抵免的政策，并且免征作家的版税收入地方所得税。魁北克文化企业发展公司（SODEC）拥有针对图书出口、书籍出版、特殊版本印制、书展、图书馆、图书运输，以及图书数字化的资助计划，并且支持图书出版行业部门的群体组织和各类协会（魁北克文化企业发展公司，2014）。

杂志

加拿大的杂志出版业是一个价值20亿加元的行业，有2000多种刊物出品。恰如图书出版方面的情形，安大略省和魁北克省聚集了行业大部分的活动，根据最新的统计数据，2011年占了行业总收入的近八成（加拿大统计局，2014d）。与加拿大图书一样，加拿大杂志的竞争对手也是美国的期刊，但在过去30年中加拿大杂志的市场份额却有所上升。美国杂志倾向于占领零售报摊，而加拿大杂志则引领订阅销售。类似于报纸行业所发生的情况，杂志的网络读者不断增加，而纸质期刊数量在下降；"印刷品计量局"对30个杂志网站的研究显示，上升的读者人数增加了25%，而印刷品阅读量则下降了。加拿大市场排名前10位的杂志中有8份报告说，2013年至2014年期间读者数量的损失在1.8%到14.8%之间；只有《电影城杂志》（5.1%）和《加拿大汽车协会杂志》（2.3%）出现了读者群的上升。法语杂志前3名的《旅游》《烹饪探究》及《食指大动》，在同一时期保持住了它们的读者数量（数字读者，2014）。

面对激烈的竞争和居高不下的发行成本，杂志行业是加拿大波动最大和最为多样化的媒介部门之一。一些杂志是由像跨大陆、魁北克和罗杰斯等这样的大型媒介公司出版，而另外一些杂志由基金会、协会和艺术家团体制作。每年都会出现新的杂志刊物，但其中许多刊物却不能持久。2007年至2012年期间，共有100多种新杂志面市，而当今发行的加拿大杂志近60%是在1989年互联网广泛应用之后推出的（加拿大杂志协会，2013b）。加拿大杂志收入的75%来自于广告，而订阅杂志的收入约占25%，尽管每份杂志之间的情况都有很大差异。

加拿大杂志行业的不稳定性反映在其劳务操作中，杂志往往比报纸的编辑人数要少很多，因而相当数量的内容来源于自由撰稿人、摄影师和插图作者，自由职业者撰文通常是按篇签约，意味着他们为了获得下一篇约稿要不断地抛出故事设想。而向他们支付的稿酬费率自20世纪80年代以来基本未变（科恩，2012），从小杂志的每字30加分到发行量大的刊物每字1加元或2加元（加拿大专业作家协会，2014）。2014年4月，安大略省劳工部正式通知，无报酬的杂志实习违反了《就业标准法案》，敦促取消了若干杂志的无薪实习，包括《多伦多生活》《海象》以及《加拿大地理》（《刊头》，2014b）。无薪实习是加拿大杂志和报纸的普遍现象；一方面，它们为学生和那些有抱负的记者和作者提供机会，使他们获得可能在其他地方无法得到的经验和人脉联系，但另一方面，这也是一种剥削行为，无偿使用实习生的免费劳动力，与其他人干着同样的工作，而不需要支付任何报酬。

杂志出版政策与图书出版政策是由相同逻辑驱动的：首先，需要在一个相对较小而分散的市场里，为加拿大人在一系列话题上的观点创造出空间，从时事到大众文化，从艺术到体育以及休闲活动；其次是支持国内产业的愿望。对杂志出版商来说，最重要的政策工具就是《所得税法案》第19条。

政府资金的主要来源出自加拿大文化遗产部的"加拿大期刊基金"，该基金于2010年取代"加拿大杂志基金"和"出版物援助计划"。它包含三个部分：资助出版商，支持加拿大杂志（印刷版和网络版）和非日报的内容创作、制作、发行、网上活动以及业务发展；业务创新，为中小型杂志（印刷版和网络版）提供资金；以及共同行动，资助各组织的主动作为，增强加拿大杂志和非日报行业的整体可持续性（加拿大，2014c）。

然而，最大的变化是政府2009年取消了加拿大邮政公司用于支持"出版物援助计划（PAP）"的每年1500万加元补贴。鉴于杂志行业依赖于向读者邮寄订阅的邮件，加拿大杂志协会将加拿大邮政公司补贴的出版物援助计划形容为"加拿大政府最成功的文化产业政策"（加拿大杂志协会，2005：10）。对杂志出版商来说，发行费用已成为上涨最快的经营成本。

邮政服务

尽管邮政系统是我们最古老的大众媒介，它通常被传播学者们所忽视，而且每年都会持续不断地移动着近100亿件信函，包括书信、通知、票据和包裹（加拿大邮政，2014：1）。邮政的历史与加拿大交通运输的历史保持着密切相关的联系（见让德罗，2000）。邮局是1867年建立联邦以后首批联邦政府部门之一，但在殖民地早期，法国和英国的殖民政府就开办了邮政服务。17至18世纪，法国人乘船自法国出发，横跨大西洋并沿圣劳伦斯河谷溯流而上运送邮件。邮件由旅行者和毛皮商人经由陆路传递，组成了"人体通信网络"（威利斯，2000：36—37）。英国于1763年沿着圣劳伦斯河谷建立了一个正式的邮政系统，由邮政副总监负责管理。邮政服务于1785年被引入新斯科舍省（威利斯，2000：39—40）。加拿大的邮政自1868年以来一直作为联邦政府的一个部门直接进行经营，1981年成立了皇家国有企业，现通过《加拿大邮政公司法案》（1985）进行管理，公司拥有接收和递送500克以下信件的专营权（加拿大邮政公司，2014：18）。不过，加拿大邮政公司在这些日益发展的行业部门中遭遇到其他私营直销和快递公司的竞争（见麦肯纳，2014）。

自2006年以来，投递诸如信函、文件、贺卡、发票和银行对账单等邮件逐渐下降，大部分被电子邮件所替代，加拿大邮政公司因此而遭受损失也就毫不奇怪了（加拿大邮政公司，2014）。皇家国有企业2013年上报亏损2.69亿加元，邮递量连续第五年下滑。公司业务增长的领域是邮包服务（由于网络购物日益普及，2013年包裹的邮递量增长了6.9%）及其数字服务：电子邮局和加拿大邮政网（canadapost.ca）网站，以及相应的移动应用软件（加拿大邮政公司，2014：1—4）。

为证明其具有继续生存的能力，加拿大邮政公司在此压力之下于2013年12月引入了一项降低成本和实现增效的五点计划。该计划包括，截至2018年将取消门到门的入户邮件投递，代之以社区邮箱；采用信件投递阶梯定价制度，以及增加特许经营邮局的数量（加拿大邮政公司，2014：19）。

加拿大邮政公司是国家邮政服务全球网络的一部分，其运营是建立在为公民提供公平普遍服务的基础之上。根据国际协议于1874年成立的"邮政总联盟"（后更名为"万国邮政联盟"），确保了邮件在各会员国境内的自由转运，以及各国之间收取邮递服务资费的标准化（哈姆林克，1994：7）。作为一家提供被认为是关键通信服务的皇家国有企业，联邦政府要求加拿大邮政公司承担特殊的义务。这些义务包括提供加拿大公民和指定政府成员之间免费的邮件服务；降低图书馆之间运送书籍的邮政费用；将富含营养、不易保存的食品及其他必需品运送到各个偏远的北部社区；并且为盲人免费邮寄资料（加拿大邮政公司，2014：21）。有鉴于加拿大邮政公司所面临的财政挑战（邮件数量减少、国内邮寄地址日益增加、常年赤字、免费电子邮件的替代、私人快递服务竞争的加剧），未来数年内，我们将拭目以待其增效计划的结果。在一个维系每个加拿大社区的传播网络中，联邦政府能在多大程度上继续支持公平普遍服务政策原则，这将会是非常有意义的。

第九章　所有权与媒介经济

概述

媒介内容的生产、经销和消费背后的经济因素是我们这个时代的核心关注点之一。相关基本原则并未改变，媒介经济的重点在于确保满足社会的传播需求和愿望，同时保证各个环节制造商和经销商得到充分的补偿。

但是由于一些关联因素出现，媒介经济的社会背景近来也发生了巨大的变化。主流媒介公司正日趋成为集约经营的大型企业集团的一部分，进一步强调创收。这些公司面临着日益加剧的巨大竞争，不仅来自在全球数字平台网络中发布媒介内容的其他大大小小制作商，而且来自通过互联网连接的各种自制内容（DIY）的制作者。投放大量这类内容不会对消费者造成任何直接的费用，破坏了传统的订阅内容和推出广告的收入渠道。同时，具有预算意识的政府正在撤出补贴和其他支持，越来越多地让市场调节主导传播部门。由于媒介公司愈加依赖灵活的工作合同，传播从业者面临竞争加剧和不确定的劳动力市场，而且对技术劳动力的需求受到所谓"生产消费者"的影响：媒介内容消费者也成为生产者。数字化预示着媒介的所有模拟形式将被废弃，但至少目前，数字化还不能给商业生产者带来可持续的收益。消费者坚持要增加对于内容以及方式、时间、地点的可选择性，又不愿意为此付出代价。如前面各章所述，传播的领域范围正在急剧改变，寻求新的可持续经济模式。在本章中，我们探讨大众传播的经济架构和结构重组。

所有形式的大众传播都需要资源。生产媒介产品需要时间、资金、劳动力和原材料的资源，经济学家寻求理解这些资源如何相互作用，以满足人们的传播需求和愿望。

媒介经济学家罗伯特·皮卡德确定了媒介服务的四类群体：媒介所有者、受众、广告商和媒介从业人员（1989：8—9），为此我们将添加第五类：各级政府。这些群体中的每一类别都是多层次的，需要一些详尽的说明。例如，媒介所有者的类别可以从融合型上市大公司的复杂管理团队（如魁北克传媒公司或贝尔加拿大集团）到拥有自己网站的社会团体或个人。其中一些群体主要是受利润驱动；另外一些群体则是为了某种公共服务或社会目标。媒介所有者包括政府（如加拿大广播公司／加拿大广播电台，国家电影局）、政治团体（如加拿大共产党机关报，《人民之声》）、非营利性基金会（如《海象》，由"海象基金会"出版）、非政府组织（《绿色和平杂志》）、合作社（如"大西洋电影制片人"合作社）以及个体商界人士（如《不伦瑞克新闻报》）。无论他们是谁，或者他们的动机是什么，媒介所有者都以某种方式参与了经济。

我们曾经将受众视为媒介产品和服务的被动消费者。但如前所述，研究表明受众在选择、接受、解释和利用媒介的方式上比以往所理解或认识的行为更为积极主动。在媒介消费者也可以变身为媒介制作者的数字媒介时代，这些受众变得愈加活跃，无论是通过入群参与在线

第九章 所有权与媒介经济

讨论，自编 MP3 播放器的音乐精选歌集，在 YouTube 上分享商业性电视节目和电影，通过推特提醒关注突发重大新闻，还是进一步制作混搭网页或博客，节录音乐或在脸书上记录自己的日常生活。不管他们使用媒介的性质如何，受众对于媒介的经济活力至关重要。

广告商不仅使用媒介宣传他们所要推销的商品和服务，而且展现突出某种品牌的识别度。考虑一下有多少公司通过使用广告来打造自己"绿色"的形象。从经济学的立场观点看，广告商在寻求向受众描述他们所要推销的产品和服务过程中为媒介机构带来了收入；当他们做广告时，他们所购买的是接触媒介受众的机会。

媒介从业人员由一个成分混杂的群体构成，从好莱坞大片的明星导演和演员到那些靠电影业挣钱谋生的木匠、电工、司机和美发师。换句话说，一些媒介从业人员在创建我们所看到的屏幕内容方面发挥了核心和直接的作用，而众多其他的人员在媒介支持网络中扮演了不可或缺的角色：印刷材料、录入数据、推销广告、造型化妆、维护系统。其中一些人能够收取特许使用费或拥有所有权股份，因此在企业的福利中拥有明确和直接的财务利益。其他根据项目聘用的人员，在合同限期内按小时薪金支付工资。所以媒介机构的员工在运营管理、任务目标以及整体福利方面的利害关系都相当不一致。

如我们在第七章和第八章中所述，各国政府通过文化政策机构，运用原则指导和法律法规，迫使媒介机构为全国或地方选区支持者的需求和期望服务并确保加拿大人获得媒介提供的参与文化和经济的机会。加拿大政府早已认识到媒介在促进民族认同感中的作用；本尼迪克特·安德森（1983）曾突出强调了媒介在创造"想象的共同体"方面发挥的作用，而这一点仍然是当今文化政策的核心驱动力。

媒介经济的特性

资源是媒介生产者创造和散发传播内容所必需的构成要素；媒介经济学研究如何获得、配置和偿付这些资源。通常这些资源被分为五类：时间、劳动力、技术、资本以及原材料资源。相比其他形式而言，一些资源密集型媒介形式需要更多的投资。例如，电影制作通常需要具备各种高技能员工的大型团队，精心制作的服装和道具，大量的先进技术和高额的资本投入。各大电影公司还有自己的发行网络，能够获得这样资源的公司为数不多。尽管也有低成本电影的制作和发行，但电影制作仍然是一种资源密集型的艺术形式。其他媒介形式的进入门槛要低得多；一部小说主要通过独自一人的时间和劳动就能够完成，而一个简单网站的制作可以使用一台个人电脑单独进行。

对媒介生产而言，所需资源的问题十分重要，因为它直接涉及大众媒介如何组织，什么人拥有媒介，以及究竟是为了获得利润、为了公共服务、为了宣传、为了声望，还是兼而有之等等问题。资源问题直接影响到生产制作并向我们提供的图书、音乐、电子游戏、电影和杂志的种类。

我们通常可能不会将时间看作是一种资源，但是，生产媒介内容当然要花费时间的投入。这在基于预期而制作内容的情况下尤显重要，比如投入时间写作一本没有把握出版的书稿，以及业余爱好者利用闲暇时间制作的内容，例如在 YouTube 上推送视频或音乐。但这也同样适用于花钱雇用员工制作内容。

劳动力类别包括需要的所有人力资源，其范围可以从单独写作并上传每日博客的个人到制作每周电视连续剧需要的几十人，再到参与一部大预算故事片制作的数百人。人员数量和技能水平对生产质量产生显著影响，大众媒介将专门从事特定创作过程的人员与那些善于商业方面经营的人员结合在一起。媒介公司规模越大，这些群体之间的隔阂往往也就越深。

技术问题还涉及设备，而越来越多地涉及媒介机构需要的具体软件应用。很显然，一些大众媒介（比如电影、电视、音乐、电脑游戏）与其他相比需要在硬件和软件方面更多的投资。但如我们在第六章中所述，技术还涉及组织生产和传播的具体步骤过程，以及劳动在各种生产任务之间如何分配。一般而言，大型媒介机构将生产过程划分为一系列具体的任务（类似一条流水线），而较小的机构通常要求员工完成多项单独的任务。数字化使得多任务工作更加容易，促使大型媒介公司削减员工，并且作为一种节约成本的措施，或者外包生产任务，或者进行内部整合。例如，计算机化促使报刊企业于20世纪70和80年代取消了部分生产部门（比如，资料排录和编码，照片缩放，版面设计与编排），并将这些生产任务转交给那些使用简便实用软件应用程序的记者（见麦克彻，2002）。

资本指的不是单纯的资金，而是指投资于媒介企业并期望获得投资回报的资金。最常见的回报是财务上的，但还有其他种类的回报。就商业媒介而言，投资者所追求的财务回报至少要与投资于任何其他企业的收益相当。但他们也可能对拥有媒介公司或参与媒介项目所产生的声望感兴趣。权力和影响力是商业投资者的其他回报形式。拥有或投资于大众媒介的政府，对于诸如发展文化事业、区域产业发展、民族国家建设、创造就业机会，或者扩大文化产品种类以及在其管辖范围内加强政府的声音等方面的回报都怀有极大的兴趣。政府也可能会将其媒介转变为宣传自己政纲和展示自身成就的手段，尤其是在选举之前。非营利性社团、合作机构以及利益集团可能会参与媒介，以填补他们所认为的媒介内容，但也有可能仅仅是为了宣传。

媒介同样使用物质材料的资源：印刷图书、杂志和报纸的纸张；生产 CD 光盘、DVD 光盘、电子游戏机和手机的塑料；制造电视机、电脑、DVD 播放机和音响系统的金属；生产油墨的化工品以及运输车辆的燃料。这些材料不仅耗费资金，而且还将媒介经济与其他经济，以及影响这些经济的法律法规和挑战难题联系起来。电子出版物的吸引力在于免除了纸张、油墨和运输车辆燃料的巨大成本，并且还使得出版商避开了因使用纸张、油墨和燃料造成的环境影响。

事实上，数字媒介激动人心之处，大部分原因在于它们比旧媒介同行的资源密集化程度低得多。对于旧媒介生产者来说，这意味着显著地降低了成本，而且也降低了经济学家所谓新的媒介生产参与者的进入门槛。例如，建立网站需要相对较少的技术和资本资源，如果网站内容想要保持质量标准，从而与所有其他类似网站竞争以吸引观众，则可能需要数量和技能水平与旧媒介相当的人力资源。

经济市场存在着两个方面，其一是商品或服务的供给，其二是实现这种供给的界限范围。媒介经济学家罗伯特·皮卡德解释说："市场是由面向同一群消费者，提供同样的商品或服务，或者近乎可替代性的商品或服务的每一个卖方构成的。"（皮卡德，1989：17）研究加拿大的大众传播经济状况，必须考虑到加拿大市场所具有的一些显著特征。近年来，媒介市场在上述两个方面均发生了重大变化。首先，融合意味着对于传播产品和服务来说，出现了越来越多的卖方。其次，数字传播网络的全球普及，意味着市场边界已经转移，为媒介市场带来了更多的竞争者。下面我们将更详细地讨论这个问题。

媒介市场与其他类型的市场不同，它们同时服务于两个市场：受众市场和广告市场（见皮卡德，1989：17）。受众为使用媒介内容花费金钱和（或）时间。广告商向媒介制作人员支付费用以获得接触受众群体的机会，而这些受众在人口统计学方面的特征符合广告商寻求吸引的客户背景。

满足需求和愿望

每个社会都会就如何组织经济来满足自身需求和愿望做出决策。西方民主国家建立在一些基本自由的基础上，包括个人的自由，既是作为一个政治行动者，也是一个经济参与者。这些国家以自由市场或资本主义的经济为主，个人有权经营私有企业，根据自己的利益生产和消费。但没有一种经济是完全自由的，各级政府均参与经济，在某些情况下提供促进私营企业蓬勃发展的基础设施，例如建设道路，供水供电，资助公共教育，提供补贴，制定优惠税率。在其他情况下，当它们觉得符合公共利益时，就会调节市场力量，尽管所谓利益可能是被界定出来的。政府通常通过限制和刺激措施来调节市场力量。

在20世纪的大部分时间里，加拿大对文化产业采取了国家干预主义的立场。但是，自20世纪80年代初以来，不仅在传播领域，而且在医疗保健和教育领域，政府已经越来越愿意让市场决定生产的价格和成本。自由市场经济在全球范围内变得越来越受欢迎，甚至那些前共产主义国家也渴望成为致力于自由贸易的国际组织中的一员。国际贸易壁垒的崩溃和技术的进步增加了跨国界传播服务的全球流动，致使我们比以往任何时候都有更多的来自外部世界的文化选择。而全球化进程（我们在第十三章中详细讨论）对社区和地域的传统概念提出了质疑。人们对自己如何属于民族共同体的感觉已经发生变化。总而言之，政府越来越难站在选民的立场思考并调节对文化生产行业的管控力度。

这些变化涉及大众传播如何构成以及服务于何种目标的问题。一些媒介机构属于私人所有（以个人和公司名义），它们顺从利润的驱动，在最有利可图的产品与消费者需求之间达成妥协。另外一些媒介机构属于公共所有（以政府、非营利性社团和合作组织名义），服从它们所认为的集体需求和愿望，其所在的经济领域大多是私营企业无法可靠地满足集体的需求和愿望。更确切地说，媒介产品对于个人和社会都具有价值，在不同的时间以不同的方式为我们服务。它们有时候把我们作为公民服务，它们的价值来源于它们具有告知和启示作用的程度。它们其他时候把我们作为消费者服务，而它们的价值来源于它们吸引观众的能力。还有一些时候，媒介行业服务于我们的职业抱负，为我们提供了谋生或满足表达需要的场所。从历史上说，我们试图在加拿大取得这些价值观之间的平衡，尽管有越来越多人相信，最流行的媒介产品就是最好的，并且贬低那些为少数民族或边缘受众服务的产品。需要特别说明的是市场上的成功并非值得信赖的价值标准。

一个根本性的问题是，许多人（特别是经济学家）倾向于将自由市场的观点应用于可能并不完全适合的经济部门。经济学家往往认为，如果电影、图书、电视节目、杂志以及音乐制品不能在市场上生存，那么它们就没有生存的必要。他们还认为，通过干预支持大批观众并不感兴趣的产品，等同于利用国家来补贴精英的品位。尽管经济主义

第九章　所有权与媒介经济

（认为文化生产与商业企业经营并无二致）的功过是非肯定可以辩论下去，但进一步研究先前关于经济投资回报的讨论，并非所有的回报都是财务方面的，不是所有的回报都是即时兑现的；同样，也并不是所有的费用都是财务方面的。这一点很重要，因为它直指问题的核心：我们如何认识文化生产，以及我们分派给大众媒介什么样的社会角色。

经济学家谈论市场外部性，市场外部性是指经济活动中未被买卖双方之间的直接经济交易计算在内的（也就是外部的）成本和收益。例如，形象逼真的暴力电影和电子游戏的批评者声称，这样的电影和游戏产生社会成本（在执法、医保、社会福利方面），它不属于这些产品本身的生产成本或销售价格的一部分。相反，这些成本一般来说是由社会承担的。另一方面，外部性可以是正面的：良好公共教育对于社会的益处（读写能力、计算能力、批判性思维能力、专业知识等）一般来说远远超出学生和学校之间缴纳和收取学费的范畴。

市场经济还有其他一些局限。在政府参与的对加拿大文化活动的全面调查中，阿佩尔鲍姆赫伯特委员会（加拿大，1892）指出，当市场没有或不能充分满足社会的文化需求时，在市场失灵的情况下，政府往往介入文化领域。例如，市场通常不承认文化产品的经久生命力，这些作品可能是由一代产生，并通过数代后人保持其价值。回顾一下那些众多的艺术家，梵·高、伦勃朗，或者我们本国的艾米莉·卡尔，如今他们都因天赋而闻名于世，但是在他们自己生活的年代里，他们的创作并没有得到相应的回报。市场可能也无法适应新生产业：新的国内产业无法马上就与成熟的大型跨国产业竞争。加拿大电影故事片和电视剧在这方面堪称行业典范，其在好莱坞长期盘踞国内商业影院和电视屏幕的背景下不断努力寻找市场。文化生产也印证了市场经济的谬误,因为它承受了大量的风险,需要社会资源巨大的投入,而且还由于公众本身也是"众口难调"。不过,在文化领域中涉及市场失灵最常见的例子,就是通过文化活动"申请获得全部收益"(加拿大,1982a,64—71)

自由市场或自由放任的经济将所有的货物和服务简化为商品的形态,即通过市场交换获得价值的标的物。尽管我们往往认为市场经济能够对消费者的选择需求作出回应,但文化理论家雷蒙德·威廉姆斯(1989:88)却提醒我们,在资本主义经济框架内,传播机构施行"商业约束",所以"你可以这样说,有时候自由在我们这种社会里就相当于自由地说任何你想说的话,只要是你说的能够有利可图"。根据定义,商品是严格地通过销售来"验证"(见第三章)。如果我们认为书籍首先是交换的商品,那么衡量它们的价值就是零售价格。

经济主义还将个人描述为在经济中发挥有限作用的消费者,而不是在民主社会中发挥更大作用的公民。电视节目、戏剧表演和博物馆展品不仅仅是我们购买和销售的商品或服务,也是对于文化理解至关重要的各种沟通机会。它们是对于一种生活方式以及一种信仰与价值体系的表达。它们是思想和观念的表达,有助于人们在文化中想象自己,并对重大文化事项建言献策。

不可否认,公共利益与私人商业利益之间存在冲突。加拿大的《广播法案》承认这些矛盾,因而为所有广播和电视牌照的持有人指定社会责任,包括最低限度加拿大节目内容的规定以及公共部门的特别额外责任。《所得税法案》第19条规定所给予加拿大人的奖励,实际上是限制对加拿大的报纸、杂志和广播电台电视台(即任何接受广告的媒介)外来控股的形式。然而,这一规定已经大幅削弱,联邦政府承受了压力并放宽这一限制，以便进一步增加潜在买方的基数，从而减少集约化的媒介公司在加拿大拥有的资产。加拿大文化遗产部对于文化产业的支持政策中体现了这一传播公共目标，即使这些计划因联邦政府承诺平衡收支而受到审查，并且面临美国通过世界贸易组织对其提出质疑的压力。

历史上，文化生产与启蒙运动价值观和资本主义经济的出现相关联。如我们在第三章中所指出，启蒙运动是以基于科学和理性观察世界为特点的思想方法，这是世界观的根本性转变，它为了科学战胜神学，正义战胜滥权，以及针对个人权利和自由的社会契约战胜国王和教士的专制统治。资本主义的起源可以追溯到15世纪末期，它是一个基于交换关系，生产资料私有制的经济体系，并且使资本（生产资料所有者对于利润的追求）和劳动（工人为满足他们对于食物、住所、衣物的物质需求，通过劳动换取工资）彻底分离。

组织架构

在加拿大，没有任何一个媒介行业是完全按照自由市场经济来进行管理的。各省和联邦政府都以这样或那样的形式牵涉到每一个媒介行业的结构之中，作为所有者（加拿大广播公司、国家电影局）；保管者（博物馆、画廊、剧院）；赞助者（委托，拨款，资助）；促成者（税收优惠，补贴）；或监管者（加拿大广播电视和电信委员会）。其结果是我们的大众媒介被组合成公有和私营企业复杂的混合体。

报刊出版业最接近于完全私营企业化，但即便如此，《所得税法案》第19条保证加拿大的报纸一直由加拿大人拥有；报刊行业受国家保护，避免来自国外的收购和竞争。报纸被政府认为是相对而言不可染指的行业，因为它们与历史上为新闻（以及此后其他借助于媒介表达思想的形式）自由而进行的斗争密切相关。在第二次世界大战结束后的一段时期里，加拿大、英国和美国的政府均对于干预报业的合理呼声置之不理，这些声音呼吁确保报界在发布新闻的自由与它们保证公民知情权的责任之间取得平衡。戴维委员会（加拿大，1971：255—256）和肯特委员会（加拿大，1981：237）都对加拿大报业所有权的集中度表示担忧，并提议制定法律的机制着手解决该问题。参议院运输和通信常设委员会（加拿大，2006a）于2003年重新审议了这个问题，除了回应以前的委员会关于企业集中度的议题，还将企业合并和跨媒介所有权添加进了关注企业集团所有权的清单中。肯特委员会提出制定加拿大《报纸法案》，以平衡新闻自由的权利和责任，提议立法纠正最严重的企业集中的情况，并禁止进一步集中所有权。加拿大的杂志出版在这一点上与报纸经营有所区别，为了在一个由美国出版物占主导地位的市场上生存，它依赖于政府补贴（如直接拨款）和保护主义立法（《所得税法案》）（见杜宾斯基，1996）。

表9-1罗列了加拿大日报所有者群体，可以看出这一经济部门的企业高度集中（最新的统计数据可查询www.newspaperscanada.ca网站）。"邮报传媒网络公司"的43份报纸占加拿大全国每周发行量的三分之一以上，排在前六名的公司（邮报传媒网络公司、魁北克集团公司、多星公司、环球邮报、首都媒体集团、电能公司）加在一起占每周发行量的84%左右。而且有数据显示，数字版报纸的重要性越来越大。

表 9-1　2015 年加拿大日报所有者群体

所有者	付费日报数	平均日报（印刷/电子）	加拿大日报占比（%）	周报总数（印刷/电子）	周发行量总占比（%）	仅电子周报总数*	电子周报总占比（%）
阿尔塔报纸集团/冰川	3	31,856	0.62	203,575	0.65	3,831	0.06
黑人报刊	7	31,975	0.63	157,895	0.51	336	0.006
布伦斯威克新闻报有限公司	3	36,751	0.72	220,506	0.71	0	0.00
加拿大大陆报业有限公司	3	39,747	0.78	278,228	0.89	1,424	0.02
F.P. 加拿大报纸有限公司	2	124,834	2.44	759,303	2.44	164,626	2.81
冰川媒体	7	117,663	2.3	667,960	2.15	12,283	0.21
环球邮报	1	356,561	6.98	2,139,363	6.88	730,142	12.45
首都媒体集团	6	233,018	4.56	1,505,337	4.84	154,096	2.63
哈利法克斯先驱有限公司	1	82,483	1.61	577,382	1.86	79,855	1.36
独立报	6	72,800	1.42	427,597	1.37	42,987	0.73
邮报传媒网络公司	43	1,786,475	34.95	11,036,075	35.49	2,656,471	45.31
电能公司	1	250,045	4.89	1,500,260	4.82	535,782	9.14
魁北克集团公司 2	437,439	8.56	3,062,075	9.85	947,432	16.16	
明尼阿波里斯文化媒体	11	313,933	6.14	1,692,295	5.44	78,010	1.33

续表

所有者	付费日报数	平均日报（印刷/电子）	加拿大日报占比（%）	周报总数（印刷/电子）	周发行量总占比（%）	仅电子周报总数*	电子周报总占比（%）
多星公司	13	1,195,202	23.39	6,871,846	22.09	455,445	7.77
星岛报业	1	NA	0.00	NA	0.00	NA	0.00
总数	110	5,110,781	100.00	31,100,424	100.00	5,862,720	100.00

* 来自2013年的流通数据

来源：加拿大报纸

在广播部门中政府的存在更加明显。例如，无线电广播行业，私营商业广播电台与公有广播公司（即加拿大广播公司及其法语广播）以及社区电台同时运营。加拿大广播公司和加拿大广播电台与商业广播机构争夺听众，但在大多数情况下，它们不会因为做广告而竞争。自1974年以来，加拿大的公共广播电台彻底非商业化，使公共广播机构的运营完全依赖于联邦政府的资助。但出于经济压力，加拿大广播公司于2013年获得了加拿大广播电视和电信委员会的许可，在其二线节目（加拿大广播公司广播2台的英文播音节目和法语播音的"音乐空间"节目）里每小时投放四分钟的全国性广告（英芬特里，2013）。加拿大广播公司主要的广播节目仍保持不播放广告。社区广播电台由具有民主管理结构的非营利性社会团体经营，并通过广告、政府补贴以及诸如听广播玩宾果游戏等募款活动筹集资金。如我们在第八章中所述，加拿大广播电视和电信委员会监管所有广播电台；经营电台需要符合发放广播牌照的具体条件以及满足加拿大节目内容的指标。国内音乐录制行业尽管由私人利益集团所有，但却是无线电广播有关加拿大节目内容规定的主要受益者。

无论是公有还是私有，所有媒介都需要吸引、保持和扩大它们的受众群。

电视和广播一样，也是私营、公有和社区电视台的组合。一个重要的差别就是加拿大广播公司及其法语广播的各家电视台，包括加拿大广播公司新闻网及其法语节目在内，与私营广播公司在吸引观众和播放广告方面都存在竞争。在与私营广播公司的竞争中，广告业务长期以来一直频频得手，私营广播公司感觉到加拿大广播公司侵蚀了它们的生意，尤其是当公共广播公司播出的节目对观众和广告商特别具有吸引力的时候（比如，职业体育赛事、美国游戏节目、好莱坞电影大片），但这些似乎与加拿大广播公司及其法语广播的公共服务任务无关。甚至公共广播的支持者有时也认为广告竞争扭曲了公共广播机构的使命。然而，加拿大广播公司声称，由于削减了政府资金，他们需要这笔收入才能做到收支相抵，并且同时制作出高质量的加拿大节目。此外，正如20世纪30年代加拿大广播公司第一任主席莱纳德·布罗金顿所说，加拿大广播公司是唯一一家以制作加拿大节目的形式，并将做广告赚取的收入100%地返还给纳税人的公司。私营广播公司的利润流向了股东而不是公众。

加拿大的私营和公共电视台都受到监管（比如，运营牌照、加拿大节目内容指标、广告限制），无论是私营还是公共广播机构均受益于联邦和各省的补贴，用于制作加拿大电影和电视节目。专业频道在所有权格局中另立山头，在未来几年内将受到最严格的监督；随着观众群的碎片化，这些服务对于公共和私营广播公司以及有线和卫星节目经销公司来说都是特别有吸引力的资产和增长领域。如我们在第八章所述，加拿大广播电视和电信委员会在2014年举行了公开听证会，目的是在经销商提供的标准套餐之外，为加拿大人提供更多的接收电视频道的选择。

  加拿大的电影行业是一个特例，因为它既有公共的制片厂，也有私人的制片厂，但行业的发行和放映部门是按照私营企业的原则组织的。如我们在第八章中所指出的，加拿大各级政府从20世纪初开始，就一直作为赞助方、幕后推手和监管机构参与了电影制作。在20世纪20年代，好莱坞开始主宰蓬勃发展的商业电影业，第一次世界大战后，正值加拿大民族主义兴盛时期，加拿大人并不接受这种现实。联邦政府在1939年成立了加拿大国家电影局，以此作为一种在电影屏幕上维护更多加拿大存在的手段。然而，国家电影局在很大程度上仅仅局限于摄制那些往往不在商业影院中放映的影片（例如纪录片、实验电影、动画片和电影宣传片），而将剧情故事片的制作交给了私营部门（大多是美国的公司）。如果国家电影局和私营部门生产者之间存在竞争矛盾，那么问题出在政府部门和企业因为委托拍摄电影而产生的合同上，这类影片一般是为了宣传教育和市场营销的目的。即使是加拿大故事片的私人制片人，他们在制作、发行和营销方面也严重依赖政府的补贴和税收减免政策，而公共电视台也是加拿大电影最可靠的放映场所之一。

  直到最近，电话服务才被加拿大政府定义为"自然垄断"，而加拿大的私有（比如，不列颠哥伦比亚电话公司、加拿大贝尔公司）和省属（比如，萨省电信公司、马尼托巴电信服务公司）垄断公司始终是并驾齐驱的。然而，加拿大广播电视和电信委员会从20世纪80年代开始放松行业监管，首先开放了长途电话竞争，并于1994年开放所有电话服务竞争。同样，直到私人公司于20世纪80年代建立起专门从事快递服务的市场之前，国有加拿大邮政公司一直垄断着邮寄服务业务。

由于展演内容来源自公共和私人部门，甚至连美术馆、剧院、音乐厅和博物馆，目前也被视为具有公有和私有混合所有制的大众媒介。我们称之为互联网的联网计算机的国际网络并没有单一的所有者，而它也是依靠公共和私营部门主动提供运营和内容。网络空间是各种传播的交换媒介，难以归入任何简单结构的类别。

造就和维护加拿大的民族国家认同与刺激经济增长的不同目标在传播领域中始终处于持续的矛盾状态，加拿大媒介的各种所有制结构也提示渥太华为保证达成上述两个目标而不断地努力。加拿大民众在何种情形下适应这种局面是一个重要的问题。同时，加拿大人是带有不同利益的公民、受众、劳动者、消费者和纳税人，而且他们既支持私营企业又支持公共服务的态度也促成了围绕所有制结构产生的矛盾。

公有制

公有制和私有制形式的区别与投资回报问题相关。如果说私人企业主要对财务回报感兴趣，公有企业则寻求其他回报：文化发展，产业发展，创造就业，形成民族认同等。公有制致力于将提供传播作为基于公共目标的某种公共服务：实现公民意识，培养区域和国家层面的社区意识，促进区域性和全国性的文化事业。私有制提供传播则完全是为了利润。如果不考虑上述私人和公有企业的混合所有制，这种差别带有根本性。而且，如果我们要在媒介的所有权结构与其提供传播的目的之间建立起联系，我们就要时刻牢记这一点。

公共服务的理念是将大众媒介用于社会目标。这可能意味着向所有加拿大人提供普遍和公平的服务，如电信、邮政、广播和电视行业的服务。它可能意味着强调传播的教育成分，这在一定程度上将浸染所有的文化政策。或者它可能意味着确保加拿大在电影、广播、电视、出版和流行音乐方面的发言权，加拿大声音仍然存在着明显有被美国声音淹没的风险。作为公共服务的传播在本质上具有很强的包容性，将受众作为公民而非消费者对待，并维护公民的传播权和知情权。

当然，在原则付诸实践的过程中，公共服务的理想并非没有缺陷。在加拿大，公共服务通常意味着为国服务（即传播为建设民族国家服务）。这也意味着电影、广播和电视服务集中于加拿大中部，造成了等级差别，安大略和魁北克的"全国性"关注有别于其他省份和领地的"地区性"关切。

尽管公共企业的核心伦理与民主理想紧密相连，但更具体地说，它所提供的公共服务，既是面向服务用户也是面向全体人民。如果私营企业的运营以简单的用户付费为基础，公共企业则采用更复杂的成本结构。公共服务的使用者不会支付提供该服务的全部费用，费用由所有纳税人共同分担。例如，加拿大国家美术馆的访客缴费入馆参观，但全部收费不足以支付美术馆运营，或者购置和维护自身艺术品收藏的所有费用。其余的费用由联邦政府通过税收支付。资金从每个加拿大人身上收取，但大部分人从未参观过国家美术馆，而且似乎也不太可能前往。这种成本结构的根据是促进民族文化的需要，并坚信严格的用户付费制度将不会达到这一目标。国有邮政系统，加拿大邮政公司的成本结构略有不同，但适用于相同的原则：我们都共同分担成本以维持基本的和必要的通信服务。就加拿大邮政公司而言，不是根据邮寄信件的成本来确定资费（比如，本地邮寄信件成本比发往外埠成本要低），加拿大邮政公司收取我们相同的资费，我们的信件上贴着相同面值的邮票，不管它的邮寄距离是三个街区还是三个时区。这种成本结构的根据是需要向所有加拿大人提供公平的邮递服务，无论是他们居住在人口密集的城市中心或者是偏远的北部社区。

公共企业在每个西方国家都有悠久而辉煌的传统。在整个加拿大历史上曾广泛使用公共企业，最常见的形式就是皇家公司，但它并非没有缺陷。正如马克·雷波伊在其关于加拿大广播政策的经典研究《错失良机：加拿大广播政策沿革》（1990）中所指出的，国有性质的公共传播机构能够变成为国家主义服务，符合国家的目标，而不是迎合全国各地存在分歧以及可能彼此对立的目标。例如，加拿大广播公司不断努力吸纳构成我们民族文化的极其多样化的观点。同样，这些服务的生产总部往往被收缩集中（加拿大英语区在多伦多，法语区在蒙特利尔），远离了它们所授权服务的社区。在一个像加拿大这样幅员广阔且多样化的国家，这可能会对接触这些机构（作为观众、文化生产者）以及它们所服务的利益和关切产生负面影响。也就是说，在全国性舞台上运营的私营媒介面临着相同的挑战（比如，全国性报纸《环球邮报》和《国家邮报》，以及私营电视网络加拿大电视网、环球电视网和魁北克电视网）。

公有制从我们涉及媒体消费的决定中去除了选择的要素，而且可能会引发纳税人的不满，他们的税款被用来支付那些他们并不使用的服务。我们全都为加拿大广播公司的广播电视节目、国家电影局的纪录片以及国家艺术中心的表演付了费，但并非所有人都是忠实的消费者，而且我们中间的一些人很可能对于它们的节目选择不以为然。

公有制在决定何时、何地以及如何干预传播经济方面，赋予政府大量的责任和权力。一旦政府发生变化，国家的文化优先事项也会随之变化。更重要的是，公有制造成了政治干预的机会。即使公有媒介公司设法与现政府保持一定距离，但仍然依赖于政府的委托项目和经营预算。例如，加拿大广播公司已经发现其年度议会拨款（公司最大的收入来源）在过去20年中急剧减少，从20世纪90年代初期的约15亿加元，到2011至2012年度的11.6亿加元，与此同时还要承担更多的服务。2012年联邦预算宣布三年内进一步削减加拿大广播公司资金1.15亿加元（加拿大广播公司，2012）。

尽管直接的政治干预非常罕见（也可能施加于私营媒介公司），一些备受瞩目的事件成为国家保留这种权力对公共机构施压的警示。1990年，国家美术馆因斥资180万加元购买美国纽约艺术家巴尼特·纽曼所作现代主义绘画作品"火焰之声"而招致激烈的批评，该作品曾悬挂于1967年蒙特利尔世界博览会的美国馆中。在这些批评者中间就有进步保守党议员费利克斯·霍尔特曼，他担任议会传播与文化委员会的主席（格迪斯，2010）。1992年，加拿大广播公司电视台因播放三集第二次世界大战系列片《勇气与恐怖》，引发了加拿大退伍军人和参议院退伍军人事务小组委员会主席杰克·马歇尔参议员的愤怒，该片由蒙特利尔纪录片制片人特伦斯和布赖恩·麦肯纳制作（纳什，1994：526—533）。该系列片的第二集和第三集异乎寻常地批评了加拿大参与对德国城市的地毯式轰炸和诺曼底登陆。在参议院小组委员会的听证会上，加拿大广播公司因播出这一系列片而受到谴责，加拿大广播公司监察专员撰写报告并得出结论，指出该系列片"存在缺陷，不符合加拿大广播公司设立的政策和标准"（纳什，1994：531）。2008年，斯蒂芬·哈珀的保守党政府通过了《所得税法案》修正案"C-10

议案"，允许联邦政府拒绝因暴力、仇恨或性行为而被认为含有冒犯内容的电影和电视节目的税收抵免。据报道，该法案的提出是由2007年发行的加拿大喜剧电影《花花性事》所引发的。

私有制

私营部门的所有权具有两种基本形式。公司的所有权可以被紧紧掌握在个人或非常小的群体（往往是家庭成员）手中。一家公司的所有权可以由一大群股东广泛持有，他们通过股票市场买卖其在公司里的权益。在后一种情况下，公司将组成一个向股东负责的董事会。

私营或商业媒介渠道的普遍伦理是在利润驱动的市场中求得生存和增长。这种伦理不仅仅源自私营部门所有者的个性特征，它其实是结构性的。组织商业企业的目的是为所有者赚取回报，企业根据它们的能力为产品或服务寻找市场，而且以其能力适应并最终扩大该市场。如果公有媒介有义务为所有加拿大人服务，私营媒介只服务于构成其目标市场的人群：那些对广告商最具吸引力的受众。

由于私营部门的底线是利润，私营媒介公司在改变行为方式以获取经济回报最大化方面有相当大的自由度。就无线电广播而言，这可能意味着重新定位市场，通过引入新的节目栏目，或者进行彻底的改版，例如，从纯新闻节目改为播放怀旧金曲。图书出版商可能会决定停止签订诗歌或前卫小说的合同，而专注于各种入门书籍或名人传记。更为激进的是，一家传播公司可以彻底地转入其他行业，无论这些市场是否属于传播领域。看一下汤姆森公司的例子，现在被称为汤姆森路透集团，该公司在20世纪30年代以安大略省蒂明斯的一家小型报纸出版商起家，并于20世纪80年代拥有加拿大两家最大的报纸之一，到了90年代，其在美国和英国持有大量报纸股份。主要从事报刊出版半个世纪的汤姆森公司于2003年完全放弃了报业，该公司董事们认为有其他更好前景的行业：金融、法律、科学、保健出版以及医疗和旅游出版。汤姆森公司于2008年与世界最大的新闻服务公司之一路透社合并后，再次回到了新闻界（汤姆森路透集团，2009）。当集团子公司伍德布里奇公司于2010年回购了《环球邮报》85%的股份时，汤姆森家族回归到报纸业务。据认为到2015年8月其家族企业将拥有《环球邮报》全部所有权（拉德兰特，2010）。

在私营部门内存在相当多样化的所有制结构。单一企业，顾名思义就是一种企业形式，其所有者将自己局限于一种与其他公司无关的经营活动。它是一个单一的独立公司，通常是小规模运营。有一些实例一直存在，特别是在杂志、社区周报和小城镇广播电台当中。但单一企业越来越少，因为大大小小的连锁企业将其吞并或迫使它们停业破产。

连锁所有权是加拿大媒介组织的常见形式，它是一些同业公司（通常是报纸、广播电台或电视台）相互关联或横向一体化占领不同的市场。连锁企业通常在地理上分散布局，但有时连锁企业成员会占据相同的地理位置，却针对不同的受众。温哥华的两家日报，例如《温哥华太阳报》和《省报》都是庞大的邮报传媒集团旗下报纸，但他们在不列颠哥伦比亚低地大陆寻求不同的读者和广告客户。连锁成员公司之间可能会以协议的方式购买和销售彼此的服务。例如，邮报传媒集团旗下的成员报刊之间共享编辑内容（新闻和图片），并拥有自己的新闻通讯社。此外，连锁企业经常整合行政资源，使会计和营销服务部门或技术创新部门能够为连锁企业的所有成员服务。电视网也是连锁形式，例如，加拿大电视网在八个省份设有下属电视台，通过多伦多总部协调节目播出（加拿大电视网，2014a）。相对于单一企业，这种资源共享为连锁经营提供了巨大的成本优势。一般来说，连锁所有权提供了减少竞争并创造规模经济的优势。

纵向一体化是指某一特定业务范围内的企业集中度，从而延伸公司对整个生产过程的控制。例如，一家垂直整合公司的下属各子公司参与一个行业的各个方面。纵向一体化最常见的例子是商业电影业，好莱坞大公司不仅拥有自己的电影制片厂和发行公司，而且还有下属公司参与影院放映、电视以及视频/DVD租赁，以确保它们的电影覆盖观众并创造收入。纵向一体化具有相当大的内在优势，一家垂直整合的公司能确保自己的资源供应和销售市场，并最大限度地减少诸如竞争之类与生产环节相关的其他不确定因素。

企业集团所有权的特征是大公司在一些相关和不相关的业务中都拥有下属子公司。除了规模优势外，由于企业集团不依赖于任何单一行业的利润，降低了股东的风险。融合是指媒介企业集团试图在其媒介资产之间创造协同效应的经济战略。加拿大最具融合特征的企业集团之一就是魁北克公司。通过其各类下属子公司，该公司拥有两家主要的日报和超过75种杂志。魁北克公司也经营电视（加拿大电视网）、电信和有线分销（Videotron公司）、新媒介（Cannoe公司）、出版（TVA出版社）、视频游戏开发（BlooBuzz工作室）和零售（Archambault连锁书店）等业务。该公司也是竞标国家冰球联盟特许经营权回归魁北克市的背后推手。

由于如今具有了数字存在，媒介公司不再局限于它们以往的行业

"条块分割"。对于媒介的大部分过往历史中,将各种类型的模拟媒介形式(图书、报纸、广播、电视、电影)作为分属不同行业的技术进行谈论是有意义的。随着电脑化进程以及所有类型的信息被翻译成0和1的通用数字语言,这些媒介条块分割已被打破。数字化和计算机网络的结合已经导致所有媒介的整合,从而可以在全球范围内即时交换各种媒介内容(加什尔,2013)。

媒介私有制的影响

对于一些人们来说,他们认为围绕所有形式进行的传播远不止于满足市场的需要,因而私营企业在大众传播领域中占有越来越大的份额是十分令人担忧的。尽管经济学家认为,文化生产的自由市场结构是满足消费者需求最有效的手段,但政治经济学家坚持认为,文化生产的商业性结构限制了选择,并且对于那些是否将可支配收入花在广告产品上的公众加以区别对待。当企业集中度限制了生产者和经销商的数量以及它们之间的区别时,情况尤其如此(见莫斯可,2009:158—175)。

在大众媒介领域,私营企业被认为具有两个特殊的社会效益。第一,它刺激了价格合理的商品和服务的供给,而消费者是通过购买决定来表达其需求或意愿。第二,由于广告补贴媒介,消费者能够免费或以最低的费用获得媒介内容。当然,这些好处不像它们看上去那样直截了当。首先,尽管有市场调查和焦点人群,预测消费者将会购买什么商品是一门不精确的科学。消费者只能在已经提供的产品和服务中间进行选择(供应在很大程度上可以控制需求),而媒介经理们在确定哪些新服务将在吸引消费者的尝试中屡遭挫折。例如，媒介经济学家已经证明，大多数主流好莱坞影片都会亏损，而制片厂依靠它们风靡一时的大片来弥补数量更多的亏损电影（见戈梅里，2004）。这些同样适用于电视剧；每个秋天新的上映季开始，都会有比赢家更多的输家登场，节目仅仅播出几星期就被取消。当然，在围绕新的电影、电视节目、音乐录音和图书发行产生热情和消费需求方面，广告、社交媒介提示以及其他形式的宣传推广发挥了作用，但消费者的品位仍然是难以逆料。

第二，由于有了广告，关于消费者可以免费收到一些媒介节目的说法并不完全准确。相反，消费者以间接迂回的方式支付节目费用。即使我们不直接把钱交给广播电台来听节目，但我们每次购买广告产品时都要为这个节目付费。换句话说，广告成本构成了薯片和早餐谷物销售价格的一部分，所以我们花在杂品、小吃、服装、啤酒、汽油和化妆品上的一部分钱用于了媒介节目制作。

媒介经济学家还认为，我们付出了时间（我们真正付出的是注意力），每当我们消费媒介服务，广告商所寻求的是时间和注意力。理解商业媒介在经济体制中如何运行的重点在于产生利润，商业媒介的经营者为了将受众出售给广告商而设法用他们的节目吸引受众。传播理论家达拉斯·斯麦兹（1994：270—271）广为人知的论断，广告商购买的并不仅仅是播放时间或报纸版面，而是"具有可预测规格的受众服务，这些受众将以可预测的数字在特定的时段关注特定的传播手段"。通过越来越成熟的受众测量技术，媒介经营者收集受众数据（不仅是确定受众规模，而且还包括诸如收入、教育、年龄和性别等人口特征的因素），并向广告商出售有兴趣购买客户产品或服务那类受众的接触机会。因此，大众媒介内容只是"一种诱惑（馈赠、贿赂或"免费午餐"），旨在吸引潜在的受众，并使其保持忠诚度"。斯麦兹写道："免费午餐包含刺激受众胃口的材料，因而（1）吸引并使受众持续观看节目，阅读报纸或杂志，（2）培养一种有助于对显性和隐性的广告商信息产生良性反应的心态。"（1994：270—1）

互联网上免费媒介网站的激增，需要重新思考如何承担媒介内容的制作和传播的费用。

传播媒介的私有制引发了四种特别的担忧。一是私营企业将文化生产当作商业项目，因此传播的目标就成了创造利润。这种组织形式对传播施加了商业性的约束。传播作为商业项目承受各种压力：最大限度地实现娱乐价值，尽量减少难度和复杂性，并在便利广告或消费的环境里提供传播。例如，在电视媒介中，竞赛类节目只是按一下遥控器就换台了。难度大、有挑战或慢节奏的节目不易吸引观众的注意力，广播公司可能很难支持这类节目。包括新闻广播在内，按照对于商业项目的期望值，需要在竞争环境中最大化收视率，即使这意味着牺牲其新闻报道的质量和完整性。

第二个担忧是媒介资产的日益融合强化了利润动机，并使企业所有者进一步远离其核心业务领域。也就是说，企业集团从事经营为的是赚钱，而不是为了制作电影、报纸、图书或视频游戏。企业集团的目标一般来说只是为股东及付费客户而不是社会服务。由于利润动机高于一切，所以创建企业集团削弱了企业所有者对核心业务领域的承诺；在集团内部，媒介资产相比其他资产，比如持有不动产可能成为较为次要的重点，经营者可以修改企业集团的宗旨，或者放弃全部媒介业务计划，转向利润更为丰厚的行业。

与此相关的是第三个担忧。企业集团的影响涉及面越广，涉及的业务越多，其媒介业务与其他持有资产的利益冲突几率也就越大。报纸杂志报道，电影电视纪录片或广播节目的重要主题（例如环境保护主义、劳工法规、贫困现象）可能会威胁到企业集团其他持有资产的收入和群体名声。在此情形下，企业集团的媒介资产将面临回避某些话题领域，剥夺公众对重要的社会问题充分表达意见或将其讨论限制在安全范围内的压力。例如，气候变化问题引发了关于资本主义作为一种经济体制的严重质疑（见克莱因，2014）。

最后，正是在这个历史时刻，当我们为了解世界而对传播媒介的依赖度业已增加之时，企业集中的趋势大大减少了我们的信息来源。林林总总可以为我们所用的电视和广播频道、网站、图书、杂志、报纸、音乐录制以及视频等其实都是虚幻的；它隐瞒了这样一个事实：许多这些媒介仅仅是少数几家大型公司的产品，而另外一些（比如，各种网站）主要是其他媒介的发行渠道，并非原始内容的创作者。倘若认真履行民主社会的公民角色，我们应该鼓励尽可能多样化的信息来源，并且增加任由我们表达自己的不同媒介渠道。综上所述，这些私有制的趋势减少了我们的信息来源，限制了言论的内容，并缩小了表达的范围。

新劳工问题

我们一直在讨论的转型问题已经对媒介工作者产生了巨大的影响。媒介工作变得愈发不稳定和具有弹性。代表 6000 名媒介工作者的工会组织加拿大媒体同业公会估计，2008 年至 2013 年期间，在裁员和收购共同作用下，加拿大媒介丧失了一万个工作岗位（黄明珍，2013）。过去由全职工资员工从事的工作越来越多地外包给临时工或自由职业者，这些人的收入远低于全职雇员的薪酬且不包括福利。实际上，自由新闻撰稿人的报酬在30年间并无变化，尽管他们的文章可能被用在一些不同的平台上，甚至被留存以供将来销售（科恩，2012）。一些这类的媒介工作也已交给无薪实习生（见麦克奈特和纳叟，2014）；在加拿大的新闻、传播以及电影学院校内，到处都是渴望通过实习和其他自愿服务安排能够成功打入行业的学生，这大大改变了劳动力市场的供求关系。

对于那些仍然在岗的媒介工作者来说，他们的工作岗位变得更加具有弹性特征，这可能意味着某些情况：随着生产需求的变化，招聘和解雇员工，致使工作岗位愈发临时；按照现时生产需求的上升和下降，调整员工的工作时间（见代尔维兹福德和德佩特，2006）；将劳动过程分割成独立的工作任务，在不同工作地点，往往是在不同的国家进行（参见克里斯托弗森，2006）；通常使用数字技术和软件应用程序将过往不同的工作任务合并；以及要求员工针对几个不同的媒介平台重新规划工作。

与上述关于实习和其他志愿者工作的观点相关，用户的内容生成正在成为一种某些有抱负的媒介工作者的无薪学徒形式（见谢泼德，2013）。音乐家、摄影师和作家向社交媒介网站推送材料，期望获得拥趸，并且或许也可以因袭贾斯汀·比伯所铺设的成名之路。在四名蒙特利尔此类学徒的案例研究中，塔玛拉·谢泼德将用户生成内容隐含的劳动定义为，"由对未来自动就业信口开河的保证"所驱使的"无报酬培训场所"（2013：41）。大多数用户生成的内容被发布到商业数字平台上，并成为它们的财产，企业通过无偿劳动创造价值。而与电工、水暖工或木工的学徒不同，这种媒介学徒是完全无组织的，超出了文化政策机制的范围（谢泼德，2013：42）。

假使用户生成内容的领域中充斥着剥削的可能性，那么提供这种免费内容（其中一些还具有很高的品质），也会降低文化产业工作的价值，而业内人士正是试图通过这些工作过上体面的生活。尽管劳工组织因为裁员、企业收购和外包工作而遭受会员规模的损失（例如，2009年至2011年期间，由于合同纠纷被魁北克公司强制脱岗的253名就职于《蒙特利尔报》的工会成员中，只有62人重新回到工作岗位），但从长远来看，文化产业工作条件的恶化可能会强化工会存在的理由。视频游戏行业过度扩张的员工规模正在寻求建立组织（代尔维兹福德和德佩特，2006：612），而工会正在通过自身的融合抗衡融合化媒介企业的势力（莫斯可和麦克彻，2006）。在美国，国际印刷联合会、报业公会和全国广播工程技术人员协会加入了美国通信工人工会；美国通信工人工会代表了一些加拿大广播公司的英语工作者。在加拿大，加拿大通信、能源和纸业工人工会与美国国际印刷联合会、报业公会和全国广播工程技术人员协会的加拿大分会合并，代表了传播领域全行业的工人（代尔维兹福德和德佩特，2006：736）。加拿大通信、能源和纸业工人工会随后于2013年与加拿大汽车工人工会合并，组建了加拿大最大的私营部门工会Unifor，代表着30.5万名工人（Unifor，2014）。

媒介民主化

随着数字化以及从个人电脑到数码相机和录音设备等一系列通信技术更多的普及，媒介所有权和分享参与的障碍已经大幅度减少（见吉尔摩，2004；舍基，2008）。媒介民主化意味着公民更多地参与制作和传播各种媒介内容。我们已经提到用户生成的内容，但民主化将包括一些结构性的安排，诸如建立组织致力于扩大公众参与以及拓展媒介视角，特别是在新闻和时事领域。

媒介民主化的理念至少可以追溯到20世纪60年代和70年代，当时建立了合营广播电台，电影和录像合作社以及另类的或"地下"的报纸。例如，在20世纪60年代，国家电影局发起了"挑战变革"的计划，让公民掌握电影摄影机，讲述自己的故事。而在20世纪70年代，加拿大的"本土传播计划"帮助了一批原住民报纸的建立（斯金纳，2012：37），然而，近来互联网的相对普及，上述公有和私有产权形式的不充分，以及伴随全球化而来的过度商业化等共同作用，重振了媒介改革运动并建立起另类媒介的机构。

改革现有媒介的建议涵括如下：对所有权集中度进行限制，特别是跨媒介所有权；修改《竞争法案》，对于新闻和观念的表达多样性承担责任；制定媒介组织的职业操守或道德准则；重组各省新闻理事会，并且（或者）设立一个全国性的媒介委员会；以及制定关于答辩权的法规，这将使得在媒介中被歪曲的人可以进行观点上的纠偏（斯金纳，2004：16—17）。戴维·斯金纳认为，"这些改革有助于确保企业的新闻观点多样性，为记者提供一些独立于公司雇主的机会，并提供一些对媒介和公众之间关系的检验"（2004：18）。然而，改革的倡议未触及公共和私营媒介机构的基本结构。

另一方面，另类媒介积极进行传播和文化的生产，以扩大公众争论的范围，构建社区，倡导社会正义和挑战集中化媒介的势力（见科佐兰克等，2012）。科佐兰克等指出，"这些媒介占据着颇多争议和不断转变的领域，而且它们所包含的信息和观念在任何更大的社会意义上都是不着边际的，但这也表明为了更加民主的媒介和社会而持续努力在目标上是一致的"（2012：2）。在服务这些目标的媒介机构中，有校园和社区广播电台、社区电视频道，诸如《间距》《荆棘》《加拿大维度》《本刊》《泰伊》（仅有网络版）等杂志，还有网络报纸《自治领》（斯金纳，2012：37—43）。另类媒介组织和它们的其他公司面对的挑战是实现经济上的可持续性。正如戴维·斯金纳所指出，"绝大多数情况下，这些媒介已经形成了只关心表达一套特定的理念和价值观这样一个目标，而商业模式的考虑一般都退居其次"（2012：26）。另类媒介组织机构往往较小，无法享有规模经济，为它们工作的人员常常报酬很少或是分文不取。受众的规模和人口特征往往也是不得而知，很难招徕广告和产生订阅销售量，而它们的意识形态内容也限制了其对广告商的吸引力（斯金纳，2012：26）。

第十章　作为内容生产者的新闻记者

概述

内容制作者是大众传播的核心。在这个不断变化的经济和技术时代，我们经常听到媒介分析人士宣称，"内容为王"。广播主持人、杂志摄影师、网页设计者、电视制作人、电影剪辑人员和歌曲作家都有着完全不同的职业描述和工作环境，但他们都制作或生产媒介内容。我们见到和听到的故事和形象，无论是基于事实还是出于想象，都不会简单地或"自然地"加以呈现，而是由具有技术和审美能力特定组合的人们精心构建，在特定生产环境中进行组织，并结合理想模式、意识形态、传统习俗、法律法规和体制要求加以引导。换句话说，这些故事和形象都是调和的产物。调和涉及关于创造内容的一系列选择（什么内容、如何创造、为何目的、为谁服务），姑且不论做出这些选择是有意识的还是无意识的。用户生成的内容势必需要相同的选择，即使这些选择较少刻意构建，而且即使用户对此认识不足或关注不够，但他们正在运行着各种与背景有关的决定性因素。

本章中，我们将新闻设想为内容制作的一种特殊实践，尤其令人感兴趣的是，新闻在我们这个时代被赋予了不断发展的新方法，为人们参与新闻与评论的制作及传播创造了新的开端，人们有了新的机遇开始讨论新闻报道和新闻事件，以及这些对主流或商业新闻行业造成的挑战。我们已经看到各种致力于新闻的运动，新新闻、公共或公民新闻、另类新闻、宣传新闻、市民新闻、和平新闻以及全球新闻等。但是无论其形式如何，新闻是一种特殊的内容，新闻记者在特定的环境中操作，在一系列理想模式、叙事惯例和观众期望的引导下，将这种实践活动与其他内容制作区别开来。而且大多数新闻的原始报道（无论我们最终是通过社交媒介渠道如推特或脸书收到的，还是通过聚合内容发送给我们，或者在像谷歌新闻这样的新闻聚合器的网站上找到它）仍然由那些为传统新闻机构工作的新闻记者制作，他们参加会议，进行访谈，着手原始材料研究，制作原创报道（见查尔斯，2014：48—50；达尔格林，2013：160）。

对于本章来说，新闻是特别适合的一种传播形式，因为我们通常不会认为它是被加工或制作出来的；一些新闻记者仍然宣称自己只是再现或反映现实，他们只是报道发生了什么。毕竟，新闻自封的使命是为我们提供具有新闻价值的人物、机构、事件和趋势的清晰报道，以及有根据的分析。用最简洁的定义来说，新闻通过解决何人、何事、何时、何地、何因、如何这些最基本的问题，向公众提供关于当前事件的真实信息和可靠评论。但正如我们所发现的，新闻在所有情况下都是经过加工的制成品。

新闻作为内容生产

如同所有形式的内容，新闻都是制作出来的，酷似其他大众媒介形式，新闻是以叙事的形式制作和呈现的。新闻报道通常被称为"故事",像所有故事一样,它们包括人物,人物之间的冲突,时间和地理的背景环境,以及吸引我们从头到尾阅读的叙述手法,即便是通过报刊连载、新闻广播连播和数字版本分集播放一个故事,也是通过这个过程而完成的。新闻制作对我们如何认识新闻以及新闻在社会中的作用产生影响。新闻报道虽然是反映实际的事件和真实的人,但根本不会像一些记者声称的那样是反映现实的镜子。毕竟,一面镜子只映照摆放在它前面的东西,不多也不少,并且将其如实呈现;手持镜子的人可以掌握照向何处,但镜子提供的描述总是一个简单、直接和无序的映像。镜像隐喻和相关映像的观点没有充分描述新闻记者作为内容制作者的作用。

新闻并非简单地收集消息,这种概念低估了投入制作新闻报道的甄选程度,以及事件必须满足制作者关于"新闻价值"的理解程度。新闻记者每一天都面对无数可用于制作新闻报道的事件。收到的新闻发布会邀请比他们能够出席的更多,发布的新闻内容比他们可以使用的更多。人们甚至通过社交媒介重新发送新闻或向新闻机构上传照片或视频剪辑来处理他们认为从某种意义上非常重要的,值得人们关注的事件。

新闻记者进行选择的依据是,他们认为具有"新闻价值"的报道,符合他们在组织机构内的特定报道领域(政治、商业、体育、犯罪、艺术),以及他们认为能引起受众兴趣的内容。决定何为新闻是一种主观性的操作,它使新闻记者陷于一个错综复杂的、反复切磋的、有时是激烈争论的选择过程。新闻记者在现场的时间压力下,根据他们的经验和专业知识凭直觉对新闻加以判断(见舒尔茨,2007),但媒介学者已经确立了一些标准,断定一些事件构成新闻,而其他则不属于新闻。例如，麦尔文·门彻（2006：58—65）确定了新闻价值的七个决定因素：时效性（即时或近期的事件）；影响力（对众多人有影响的事件）；知名度（涉及著名人士、场所或机构的事件）；接近度（在地理上、文化上或"情绪上靠近"受众的事件）；冲突性（事件造成彼此双方针锋相对）；异常性（背离生活常态的事件）；以及流传度（长期酝酿忽然显露成为关注对象的事件）。

显然，门彻的新闻价值要求新闻生产者对于什么是新的，什么是重要的，什么是目标受众应该知道或关心的东西进行主观判断。新闻并非是对平淡无奇活动的描述，而是撷取令人惊奇，非同寻常，意义重大或出乎意料的事件。引用一个简单的例子，当地城市高速路的正常高峰时段交通流量不是新闻，而七辆车连环相撞，造成三人死亡并关闭高速路几条车道数小时，这绝对是新闻。这种选择过程使得一些理论家将新闻记者（特别是编辑和新闻主管）视为把关者，这些人从大量事件中进行筛选，并决定报道哪些事件以及哪些报道可以被刊发播放。但是把关者只是部分地解释了新闻的制作过程，仅适用于选择的某些阶段。例如，一个报纸责任编辑，从各种五花八门的例行日常新闻发布会、会议和演讲中进行挑选，并决定是否调配记者前往。不可否认，这是一种把关的形式。同样，通讯社编辑人员也会从每天世界各地数百条通讯社消息中甄别整理，以选择出那些将被发布的消息。这也是一种把关。

把关一说解释了新闻机构将会报道什么的问题，但它撇开了同样重要的问题，那就是对事件如何进行报道。例如，它忽略了编辑们到底对通讯社消息做了多大的修改，以及从一个接一个的新闻机构那里收到的不同"编排"（长短和重点）。相同的一则新闻可能会在一个

第十章 作为内容生产者的新闻记者

频道上占据六点钟新闻的头两分半钟，包括采访和解说镜头片段，而在另一个频道上主播只用时15秒钟播报。同一个新闻事件，有着不同的新闻报道。报纸、网站和新闻聚合者也是通过编排报道体现新闻相对不同的重要性，或者突出在显要位置或者掩埋在一大堆其他内容中间。同样，从一个到另一个新闻提供者，相同的事件可能会得到完全不同的处理。

把关的比喻也忽略了内容制作的创造性。每个新闻机构通过其具体操作的新闻风格（比如，一本正经和刨根问底，诙谐有趣和简明扼要）来建立自己的声誉：获得其观众和广告客户的认可。通过资源分配和内容塑造建立某种编辑模式来发展和维持这种认可。例如像《多伦多太阳报》和《蒙特利尔日报》这样的小报对犯罪案件给予了相当多的关注，集中报道警察暴力执法和法院案件审理。它们的新闻报道相对较短，写作风格生动形象且具有煽动性，版面充斥着醒目的标题和大量的图片。小报一般是通俗性的报纸，专门致力于服务它们所认为的普通人的利益。另一方面，更为严肃的大报，如《环球邮报》和《义务报》，更加重视政治、外交和文化报道。这些报纸往往以大篇幅和深度报道见长，这些报纸感兴趣的是截然不同的新闻故事和新闻报道，迎合它们所认为的更加具有辨别能力的读者，并渴望被社会中的意见领袖所阅读；它们以不同的方式定义新闻。就所谓"注意力经济"（如我们在第九章中所述）而言，标榜品牌的观点特别适用于当今拥挤的媒介景观。研究每个新闻机构是如何创造自己的编辑风格，开启了选择过程中更多的因素，而这些因素都不在把关概念所能够容纳的范围内。尽管如此，把关者的隐喻还是引起了我们对于选择过程之外被忽略遗漏因素的关注。

对学习大众传播学生的有益训练就是研究一个受人欢迎的新闻提供者的媒介内容，并探讨新闻提供者为目标受众组合一个特定新闻包的方式。首先它涵盖了哪些主题？它是专门针对一个或几个主题（比如政治，商业），还是提供广泛的论题？那么它如何涵盖这些主题？它使用什么样的语言？它突出了什么方面的情节？包含了何许人的声音和图像？它对于其他事件、人员或机构有什么参考？它在多大程度上属于原始报告和评论？有多少材料获取自其他来源？这些问题的答案对于有关新闻提供者旨在构建什么样的受众群体，谁被包含其中而谁又被排除在外，以及强化媒介和观众之间对话关系给出了线索。

循此思路，通过这个框架的比喻，有一种更准确的方式来思考新闻记者作为内容的制作者。通过文字、图像、声音和情节主题，新闻记者"框定"现实。如果我们将空版面或空屏幕视为空白框架，则新闻记者决定如何填充该框架，他们将特定的故事情节、视觉和图形内容插入框架内，而且有更多的材料被省略掉了。他们不仅决定哪些事件包含在新闻框架中，还要决定如何描绘这些事件，以及赋予故事情节什么样的重要性；强调故事情节的那些方面或角度；听取谁的观点；鼓励受众从故事情节中汲取什么意义。我们有必要提醒自己，新闻故事、新闻版面、新闻广播、新闻网站的每个元素都是在牺牲其他内容的情况下添加进去的。

首先，这个框架的比喻意味着一个新闻机构能够恰当地呈现新闻内容是存在限制的。这些限制的确定是根据一些实际的考虑，诸如"新闻洞"（可用空间或时间）的大小，制作新闻报道所涉及的费用（是否涉及旅行和酒店住宿？）以及可用的报道人员或其他信息来源。即使是拥有更多内容容量的在线新闻网站的制作人员，也要决定囊括和排除的内容，以及在主页上突显哪些内容。就像我们在前文所提及，这些限制也受到事件新闻价值更加主观标准的制约，以及如何更好适应新闻机构本身的特定报道领域。我们希望一个专门报道艺术活动的新闻提供者将自己的新闻记者派往多伦多国际电影节或朱诺奖，而不是依靠加拿大通讯社的电讯服务，就像我们希望一个专门报道体育运动的新闻机构派遣自己的记者到斯坦利杯决赛，不管是哪支球队的比赛。

无论这种立场是否曾经明确地表达，新闻报道还受到特定新闻机构的特定政治立场所左右。思考一下新闻机构在它们的报道中可能会有如何不同的反应，即使是十分微妙的区别，这些报道涉及劳资纠纷、同性婚姻立法、削减社会支出或者环境问题。在她开创性的新闻实践研究中，媒介学者盖伊·塔奇曼（1978：1）在《制作新闻：对现实建构的研究》一书里，使用框架隐喻来强调世界上的新闻报道必然受到局限的观点：

> 像任何勾勒世界的框架一样，新闻框架可能被认为是存有疑问的。透过窗户看到的景色取决于窗子的大小，窗棂的多寡，玻璃的明暗，窗口是朝向街道还是后院。风景的展现还取决于你站立位置的远近，是伸着脖子望向一边，还是凝视前方，双眼与窗户所在的墙壁保持平行。

没有一个新闻机构能够从所有可能的角度报道每个事件。因此，它包含和排除怎样的报道内容可以揭示出大量关于制作新闻包时所应用的新闻判断。这种判断是主观行为；常见的情景是，在一个新闻编辑室的制作环境中，聚集了各种各样的人员组合，记者和编辑们为一个事件究竟是否具有新闻价值，或者如果有新闻价值，又应该如何报道以及应该如何播发而争执不下，甚至有时候还非常激烈。

如上所述，这种框架理论的实践发生在一个由许多因素塑造的生产环境中：将新闻与制作其他类型内容区分开来的理想；使用新闻语言（文字的、听觉的和视觉的组合），并且将报道新闻打造成赋予新闻事件意义的新闻报道；制作新闻报道的特定社会政治的文化；管理新闻的法律法规；新闻生产的经济体制；以及可供记者使用的技术基础设施。

新闻的理想

如果新闻是被建构的，那么它也服从于特定的理想，这种理想将新闻与其他叙事的形式区别开来，而且将像加拿大这样的西方民主国家的新闻报道方式与其他地方实行的方式区别开来。我们有理由对于新闻工作者以及他们所工作的新闻机构践行自己职业理想的程度持怀疑态度。理想毕竟是崇高的原则，甚至是完美的标准，但它们确实为无论是评论家、从业者还是受众提供了评价表现的衡量标准。这些理想来自于一种什么是"好新闻"的黄金标准，并且它有助于区分新闻工作与其他的传播活动。

据我们所知，新闻工作在加拿大有一个根本的指导理念：寻求事实真相。这种追求非常理想化，因为对于易犯错误的人类来说，真相并不总是轻易可以获得的。而且，大多数记者在背负各种限制之下获得真相当然更非易事。即便是最认真负责、勤勉努力和谨守道德的新闻记者也面临着时效的限制，新闻记者还受到采访的限制（针对人、文件、事件），以及自己的专业知识和分析能力的限制。报道会议、冲突以及民众示威活动期间发生的情况，这些看似简单的任务也总是受到人们的观念、诠释方法和先入为主的观点影响。我们越来越多地认识到，通常有不止一个真相在发挥作用，我们可能会对一系列基本的事实达成一致意见，但如何使这些事实获得意义，进而反映所谓的真相，则因人而异。虽然如此，新闻通过向公众提供有关时事的可靠描述取得威信。信誉是新闻媒介交易的筹码，没有新闻机构希望被认为缺乏信誉。

新闻履行追求真相的功能与第二个理想有关：服务民主。寻求真相是新闻自由的基础，这是一种可追溯到启蒙运动的所有民主政治的基本自由，而且在《加拿大权利与自由宪章》（第2条〔b〕）中被明确指出。新闻所肩负的任务是为所有人的利益生产和传播信息和思想，将属于所有个人言论自由的基本民主权利扩展到大众媒介的领域。科瓦奇和罗森斯蒂尔在评价当代新闻的现状时坚称："新闻的主要目的是为公民提供自由和自治所需的信息。"（2001：17）著名的传播理论家詹姆斯·凯瑞宣称："除非在民主的环境背景下，否则新闻工作是不可想象的。事实上，将其作为民主的别称有助于对新闻的理解"（凯瑞，1997：332）。

一些学者批判了这种将新闻当作民主实践的标准定义。新闻史学家迈克尔·舒德森这样表达他的观点："新闻对民主的重要性毋庸置疑，但新闻本身并非民主，也无法创造民主。"（2003：198）政治学学者安妮玛丽·金格拉斯（2006）赞同上述观点，根据她所说的三个"困惑"，引证了媒介与民主之间关系的一个严重误解。第一，尽管言论自由是民主政治运转的一个必要条件，但就其本身而言并非充分条件，因为它不能保证广泛社会阶层的政治代表性，也无法建立起公民社会与国家之间真正对话所必需的机制。第二，言论自由与媒介信息的质量无关，尤其是真实性。第三，传播不能保证和谐或共识（金格拉斯，2006：3—4）。金格拉斯认为，媒介在它们的商业利益与政治责任之间陷入了冲突；生产优质信息并不能确保商业上的成功，商业上的成功也未必会导致产生高质量信息（2006：8）。传播理论家贝亚特·约瑟菲（2012）彻底颠覆了新闻与民主之间的关系，她认为没有民主政治体制的支持照样可以从事新闻活动。她指出，我们通常认为好的新闻其先决条件是言论自由和相对新闻自治，相反她列举了亚洲非民主国家稳定的新闻报道作为实例，亚洲出版了全球三分之二的报纸，而中东则是半岛电视台的主要经营基地（约瑟菲，2012：484—486）。

如大家所知，争取新闻自由的斗争还在继续。而新闻工作者处于这些努力的前沿，他们正在以正式和非正式的方式扩大公众对于信息的获取渠道。

新闻记者往往高度依赖官方来源和他们自己的人脉获得信息，新闻界作为第四等级的角色赋予记者道德权威，使他们能够接触到出现在他们报道中的人物和机构：政客、官员、警官、社区领袖、社会名流、议会、法院系统、股票交易所等等。这些人和机构迫于压力，不得不接受网上突然出现的许多新兴新闻机构代表作为合法的新闻记者。

如我们在第三章所述，所谓第四等级是指新闻媒介在管理民主社会中发挥的作用，起源于18世纪末19世纪初新闻记者争取获得英国议会旁听权的斗争。这是对新闻界地位的一种肯定，它代表公民监察他们的管理者。

如今新闻媒介通过报道立法辩论和其他政府事务，以及通过迫使政府增加获取信息的途径，履行第四等级的角色。加拿大所有的立法机构都有为议会记者团准备的新闻记者席，而记者也定期出席各个市政府的公开会议。在新闻媒介提供的所有报道中，政治性报道被认为是与新闻界在民主社会中的作用最为密切相关：为公民提供自由和自治所需的信息（见科瓦奇和罗森斯蒂尔，2001）。如果第四等级的原始概念是监察我们的管理者，那么它已经扩大到包括监察企业部门在内的所有权力机构。但是，正如我们讨论的其他核心新闻价值观一样，对第四等级的理想化也受到批判。尽管新闻媒介可以作为权力的监督者，当它们对政府和企业进行毫无批评的报道时，它们也同样可以成为权力的驯服者。

新闻媒介作为第四等级的概念与新闻的独立性有关。理想的情况下，新闻记者是为公众服务的独立代理人，只关心公益，超越强大的私人利益集团的影响力。这当然是一个幻想。一方面，新闻记者是具有自我价值观和信仰的主体，他们不管是有意识还是无意识地甘心服务于自己的思想或政治的利益。即使最有良知和自省的新闻记者也不能免受外界所施加的影响，这些包括记者自身新闻机构的政治和（或）商业议题；服务于政府、企业和其他组织的公关行业；以及新闻报道中提供信息和评论的参与者的动机，他们往往怀有各自的目的。我们的主流新闻机构并不完全独立于加拿大商业和政治的力量，而是与这些权力机构存在着千丝万缕的联系。近年来出现的另类新闻提供者，主要的存在理由恰恰就是要重申新闻对于政治和经济权力的独立性。

也许最有争议的新闻理想是客观性。鉴于我们对所有关于传播媒介及其运作方式的了解，因此断言客观性并不存在已经变得司空见惯。然而，这种反应不能令人满意，因为我们对客观性的某种期待不仅来自于新闻界，而且同样来自于其他机构，例如，法律系统、学术界以及医疗体系。客观性往往被认为是绝对化的；换言之，一种主张要么是100%的完全客观，要么丝毫都不是。但如果这样定义自由（作为绝对的自由），我们会说自由并不存在。无论是客观性还是自由，这两个概念最好被理解为具有相对性；就客观性而言，我们真正谈论的是相对客观性。

讨论客观性是十分重要的，因为至少在主流新闻界看来，它仍然是新闻的核心价值观之一。新闻记者应客观地进行报道，这通常被理解为意味着将报道确凿的事实与强调价值观和主张明确地分离。就传统的新闻报道而言，事实通常是记者的声音，而价值判断则来自于其他人，无论是直接援引还是解释性陈述。报纸的惯常做法是将新闻报道与评论（专栏、社论、致编辑的信件、特邀署名评论）进行实际的区分，刊登在明确具体的版面上。在其他平台上运营的新闻提供者通常采用同样显而易见的手法为受众区分事实陈述和价值判断。

将事实与价值观念或观点主张分开，说起来比做出来要容易得多，当然这就是为什么许多人完全否认客观性的概念。首先，如前所述，新闻涉及选择，它直接引起了一系列主观判断：什么是新闻？为什么它有新闻价值？应该从什么角度挖掘故事？应该采访谁？这个新闻事件对公众意味着什么？例如，2014年西非埃博拉疫情暴发的确凿事实产生了各种不同的新闻报道方式。其次，就像我们在下一节所讨论的那样，使用语言描述新闻事件不可避免地将意义强加于这些事件之上。根据定义，新闻是记者认为对于公共利益而言重要或重大的消息：这是对任何新闻报道的第一要义，并且通过决定新闻报道的数量和类型将新闻的意义进一步放大。

并非完全反对客观性，而是以更为复杂的方式对此进行思考。我

第十章 作为内容生产者的新闻记者

们概括出两种方法：传播学学者罗伯特·哈克特和赵月枝（1989）的"批评现实主义"和伦理学家及前新闻记者史蒂芬·沃德（2004）的"实用主义的客观性"。

罗伯特·哈克特和赵月枝反对客观性的传统"实证主义"模式，它将真相视为直接观察和准确记录的相对简单的产物。实证主义模式宣称，处于真实现实与新闻报道现实之间的所有这一切都是有益的报道实践，这种说法不能充分反映出新闻记者的调协作用，她所使用的语言以及她所承受的社会化历练（1998：109—166）。不过，哈克特和赵也反对后现代否定客观性的立场，其认为客观性是无法实现的，由于缺乏传统观念、理论、意识形态和价值观的调协，缺乏语言（所有语言形式）的调协，而且我们也缺乏一个客观的渠道认识这个世界，因此，现实世界是不能被直接感知的。

尽管哈克特和赵有关客观性的批判现实主义理论，承认实证主义和后现代主义所发现的局限性，但仍然坚持认为现实世界是可以理解、可以认知和可以描述的。他们坚称，由于知识不断地产生和修正，我们有关范畴、概念、价值观和风俗习惯受到的调协影响，不过是"主体与客体，概念与现实之间的辩证往复或相互作用"结果的显现，认清关于世界的真理是一个永无止境的过程（哈克特和赵，1998：129）。换言之，即使不能通过直接观察表面意义来获取关于现实世界的知识，并且知识的产生总是受到各种各样的调协影响，但是知识和真理还是可以通过缜密细致和深思熟虑的研究而显现。"世界是可知的，但不是一望便知的"。

沃德也反对他所谓的"传统客观性"，因为这是从事实与价值判断和真理与诠释的二元论出发，它"扭曲了我们关于认识、解释和价值判断的理解"（2004：261）。他追溯到 19 世纪的传统客观性，当新闻记者以被动记录者的身份开始向公众呈现新闻事件时，十分类似于我们前文所述的镜像比喻（2004：262）。与此相反，沃德将客观性重新定义为"实用主义的客观性"，它是一种强调过程，更多反思和实践的方法。"实用主义的客观性理论的目标是在事实、价值观、理论和实际利益相互缠绕交织的世界中为客观性找到一个位置"（2004：263）。

沃德坚持认为，首先，追求真理永远是一个发展的过程，产生"暂定结果"，受到质疑和修正。其次，他指出所有形式的调查（无论是新闻还是其他寻求真相的职业，诸如法律和科学）都是基于解释。询问者从来都不是被动的，而是"一个在社会环境背景中活跃的，目标驱动的主动者"（2004：264—265）。最后，它们是基于更大的知识系统或概念体系，就这方面而言，这些解释的行为是"整体性的"。例如，当日落时分太阳出现红色时，我们清楚太阳在白天并没有改变颜色，但此时它的光线正穿过地球大气层被折射（2004：372）。我们不断解释说："由于我们没有与现实直接的认知联系"，解释的行为也是"普遍存在的"。沃德写道，"即使看似我们对物体的直接感知，也是我们感知系统对刺激进行大量加工处理的结果。思维必须根据我们的范畴、信仰和期望来解释刺激"（2004：273）。沃德将客观性描述为"一种容易出错的、受语境制约的，整体论的验证性解释方法。根据概念系统的最佳可用标准，如果它有良好的支持，我们判断某个解释可能是客观的"（2004：280）。

要采纳沃德的"客观立场"，那就要求追求真理的人接受"四种意向"：开放理性，或满足逻辑断言要求，面对事实，提供适当解释证据的意愿；有所超越，或修改解释的意愿；客观真相，或批判性反映解释的能力；以及心智完整，或诚实地产生解释的意愿（2004：281—282）。在具体环境下，新闻记者寻求真相必须面对相互矛盾、冠冕堂皇的言辞，受人操纵的信息来源，未经证实的报道，强势的雇主，有限的资源，缺乏专业的知识以及时限要求（2004：290—292）。

尽管艰难，但这种追求是绝对必要的，因为新闻界处于"信息空间"，它是与生物界和社会领域并存的一个领域。"（新闻）产生信息和意见，这些成为决定公共政策的社会讨论体系的一部分，新闻消息不仅是提供给个人的事实，而且对公民政治来说也是十分重要的"（2004：289）。

一些新闻记者更倾向于代之以平衡和公平的价值观作为回避客观性问题的手段，但这些替代方式存在很大缺陷。平衡通常意味着介绍新闻事实的两面，这是在主流新闻报道中常见的做法。回想一下新闻节目中同一个主题有多少次出现意见相左的双方评论员。不过，平衡提出了一些无法维持的假设。首先，对一个新闻故事来说，多数情况下不止存在两面，将展示限制在两面通常意味着选择最极端的立场，撇开了更温和的观点，而且使两个极端的立场不可调和，这是和平新闻运动的争论之一（见林奇和麦克古德里奇，2005）。其次，平衡概念会产生一种印象，即新闻故事中提出的两种观点同样合理。例如，气候变化的新闻报道，通过科学家和那些质疑他们主张的人士双方表达各自观点，往往给人造成的印象是有一场关于气候变化是否存在的严肃辩论，报道对于双方的立场不偏不倚。新闻记者拒绝辨析这些观点，因而也不能引导我们更接近事实真相。

同样，公平是客观性蹩脚的替代品。新闻界最常采用的公平举动是为有意见的人士提供公平的听证会。然而，这些意见对于事实真相来说可能并不公平，就像上述气候变化的例子一样。无论是平衡还是公平都使新闻记者变成了纯粹的速记员，免除了他们在观点之间进行核实或区别对待的责任。

新闻作为文本实践

有一点应该十分清楚，记者不是简单地在新闻报道中再现或反映世界，而是制作或构建他们认为最具有新闻价值事件的故事。常言道，故事讲不完，图画画不全。新闻故事的讲述需要通过语言媒介，也就是一系列符号的系统：书面或口头的词语、图像、声音、符号、举止，甚至颜色去传达。新闻叙事是文本，而不是对世界的忠实复制，它们是通过语言的高度建构对于世界的再现或描述。文化理论家斯图尔特·霍尔（2013：2）将再现定义为"通过语言产生意义"。换句话说，新闻记者呈现他们报道的对象。如我们在第四章中所述，所谓呈现是通过语言来表述，或者描绘，或者代表。既然如此，新闻语言就包括：新闻照片、音频片段、电视报道、报刊文章、多媒体数据包等。在这一过程中，新闻记者不可避免地赋予这些对象意义。

从最简单的层面上来说，决定报道一个事件，从一开始就要将其确定为重要的、有意义的、有实质内容的以及（或者）有趣的。第二层面的意义是关于如何准确严谨地报道新闻故事。例如，这个故事应该如何结构？为什么它具有新闻价值？这是一个好消息还是坏消息，正面的还是负面的，自然灾害还是人为悲剧？这是一个商业故事，一个涉及消费者的故事，还是一个劳工的故事？是值得大张旗鼓地对待还是简单的一条新闻简讯？最后，选择什么字眼来标注事件？选择什么画面来描述事件及其主要参与者？听取谁的意见？正如达尔格伦所指出的，"语言使用……总是涉及社会领域、前理解和权力关系；具有强烈意识形态意味的话语可以有意或无意地形成被报道事件的意义"（2013：166—167）。他补充道，"新闻叙事不仅仅是内容的载体，它们也具有认识的维度，叙述包括了解和关联世界的方式，提供了不同的视野和经验"（2013：168）。

如果语言是产生意义的媒介，这个过程如何进行？

瑞士语言学家费尔迪南·德·索绪尔论证了语言的作用是在一个能指（一种语言的表达，比如一个单词，一幅图像，一个符号，一个手势，一个声音）和一个所指（当我们看到或听到一个特定的语言表达时，在我们头脑中产生的形象）之间的关系中产生意义。尽管我们通常这样做是不假思索的，但这恰恰是我们在婴儿时期所经历掌握语言技能的过程，以及如果我们以后打算掌握第二或第三种语言，我们可能会体验的过程。举个简单的例子，当我们听到或看到单词"树"（能指）时，我们在头脑中勾勒出一棵枝繁叶茂的木本植物（所指），即使我们可能不知道指的是哪棵特定的树。另一方面，能指 arbre，baum 或 coeden（分别为法语、德语、威尔士语的树）对我们来说毫无意义，除非我们懂法语、德语或威尔士语。

当我们阅读或听到像"家庭"或"婚姻"这样的常用词语时，即便表面上足够明确，但这个过程会迅速变得更加复杂（甚至产生争议）。这些词语的意思是什么？不是什么？对于我们中的一些人来说，"家庭"代表核心家庭；对另一些人来说，它表示一个大家庭。我们可能会将其他类型家庭的联想排除在外，如收养孩子的同性家长；未婚生子的父母等等。当新闻记者使用"家庭"一词时,那么他们确切的意思是什么,不是什么?同样,当我们看到"婚姻"这个词时,我们又怎么想呢?这包括和排除哪种结合呢?两个同性恋的人可以结婚吗?没有任何形式的正式婚礼或结婚证而同居多年的两个人可以被认为是已婚吗?就连婚姻的定义往往都是新闻故事的主题。在魁北克的新闻报道中,魁北克人这个词可以具有包容性的含义(魁北克所有居民)或排他性的含义(讲法语的加拿大魁北克居民)。这种区别十分重要,当媒体讨论关于魁北克主权和作为一个国家的地位时尤其如此。甚至像"我们"这样简单的词,其主格和宾格在涉及移民的新闻报道中也可以具有特殊的含义。新闻记者使用这些词语有可能促进特定的理解,这取决于所讨论的新闻故事的更大背景,从而使某些定义受到了特殊对待。

让我们来探讨一下这个过程的另一面。新闻记者通常是始于所指(他们报道的事件、人员或机构),并且需要赋予报道对象能指或语言描述符。因此,他们选择语言来标注和描述他们所报道的内容,然后这些标识具有了意义。譬如,考虑一下新闻记者描述抗议示威者的方式。这些示威者是被描绘为行使其民主权利的有使命感的公民,还是被描绘为暴乱煽动者和麻烦制造者?在新闻照片中选择哪些示威者用于说明事件的性质:是穿着保守的和平行进者,还是打破玻璃橱窗,与警察对峙的暴力抗议者?通过新闻故事和图片,同样的示威者和同样的示威活动,可以被用来表达一系列的含义。

尽管一些记者可能会有意做出这些选择,但这些意义往往是不由自主地产生于记者们简单地遵循新闻的习惯做法(比如,暴力示威者比和平行进者的照片更加引人注目),或者是赞同他们所认为的受众持有的常识性观点（比如，劳资纠纷给公众带来破坏性的不便）。无论我们是否可以确定其意图，新闻记者的主观性和新闻报道的传统观念都会再度发挥作用。

这里的重点是，新闻记者以三种具体方式与"意义生成"的过程密切相关联：

- 新闻记者决定什么是新闻；
- 新闻记者相对予以重视的新闻事件；
- 新闻记者通过构成其报道的语言选择来解释这些事件。

这种意义的产生是重要的，因为作为传播学者的托尼·贝内特（1996：296）发现，"媒介从其现实定义能力中获得的权力，可归因于它们所提供的服务，这使得我们间接地见证了我们并没有第一手知识或经验的事件"。

作为社会文化组织的新闻业

新闻业既发布信息又从它所存在的社会和文化中获得信息，从这个意义上说，新闻业是一种社会文化组织。作为社会组织，新闻业与政治融为一体，因为在像加拿大这样的民主社会里，它通过其真相调查的使命来承担起服务民主的角色。同时，新闻业与经济融为一体，因为它本身就是一个行业，新闻媒介是一种主要的广告载体，而且大规模的新闻行业中，新闻机构的组织结构与加拿大社会的大型经济组织是一致的，加拿大社会里主要的企业和商业实体构成并左右了国家的经济。

新闻业也是文化组织，因为新闻记者撰写稿件，描述我们生活的社区，推崇某些群体的价值观和行为，确定至关重要的问题，并将我们的社区置于更广阔的世界之中。新闻报道反映出社会中权力的核心机构及其最具影响力的人物；新闻报道往往涉及这些机构，政府、法院、警察部门、学校、企业；以及掌管这些机构的人，政客、律师和法官、警官、教育管理者、商业负责人等。

通过媒介，我们看到了我们社区的情形，社区成员以及他们最关心的焦点问题。媒介还提供是与非、合理与不合理的价值判断，无论是关注我们如何行为，如何穿戴，如何驾驶车辆，如何餐饮，还是我们持有什么样的政治信仰。同样，新闻报道还在各个方面划定界限，并且确定了什么对于特定社区群体而言是重要的和相关的（加什尔，2015）。正是以这种方式，新闻将社区内部人士和外部人士区分开来，建立了"我们"和"他们"的意识。正如传播学者约翰·哈特利（1992：207）所言，新闻"包括每天发生的故事，使每个人都能见识到一个比他们自己所直接接触更大的统一体或社区，并将新闻渠道认同为'我们自己的'讲故事的人"。这些被确定为我们和他们之间的边界并不等同于任何正式的政治或国籍的边界，但却有许多划分的方法，例如性别、种族、阶级，或者族裔。按照哈特利的说法，新闻媒介不仅有助于确定并构成社区，而且也在划定边界线，将社区划分为我们的和他们的领地。

对新闻记者来说，提供一个关于我们社区的描述（什么人构成了社区，它的历史是什么，最迫切的问题是什么，它的道德规范和价值观是什么）是一项复杂的任务。在我们所体验的社区生活现实与媒介提供给我们的构建现实之间，即真实世界与新闻世界之间，总是存在着隔阂。尽管如此，在像加拿大这样的大众社会里，我们大多数

第十章 作为内容生产者的新闻记者

人都居住于大而无当的都会市区，新闻仍然是政治理论学家哈贝马斯（1996：55）所谓的公共领域的重要组成部分：

所谓"公共领域"，我们首先要表达的是我们社会生活中的一个范畴，而在其中能够形成某种诸如公众舆论的东西。对所有公民来说，进入公共领域原则上是开放的。民众个人汇聚形成公众，而他们的每一次交谈都会构成一部分公共领域。也就是说，他们的行事方式既不像商业人士或专业人士那样从事自己的私人事务，也不像法定合伙人那样受到政府官僚机构的法律监管并承担服从的义务。当公民们在不受胁迫的情况下处理大众利益的事务时，公民起到了公众的作用；从而保证了自由地集会和结社，以及自由地表达和发表意见。倘若公众规模庞大，则需要某种传播和影响的手段进行这种交流。如今，报纸杂志和广播电视就是公共领域的媒介。

哈贝马斯将理想化公共领域的出现追溯到了18世纪，一个民主政治发展的时期，当民众个人在沙龙、咖啡馆和酒吧平等地聚集在一起，探究和讨论时下的问题，并就此产生某些结论，这就形成了公共舆论。公共领域在社会与政府之间进行调和，从这一方面说，它为没有官方政治权力的公民个人提供了一个公共场所，以便他们能够聚集起来，通过理性的讨论对当政者施加影响。当时的报纸就成了"舆论的工具和导向"（哈贝马斯，1996：58）。令哈贝马斯感到遗憾的是，当代社会的公共领域不再是以平等相处的公民个人理性讨论为基础，而是变成一个以"强制对抗的粗暴形式进行利益之间竞争的领域"（1996：59）。如果媒介为公民提供一些发言的空间（在数字时代这种情况越来越多），新闻报道的重点几乎完全集中在所谓的意见领袖：政界人物、商界人士、行政人员、民调分析员、公关发言人、研究人员、知识界人士，以及其他各类专家和官员。这些人并不为自己发声或秉公执言，而通常是代表社会最强大的既得利益。这再次说明了诸如博客和公民新闻网站等其他另类新闻形式的潜在意义，它们通过讲述我们通常听不到的意见和观点，并通过让那些往往没有机会利用主流媒介讲话的人们发声，寻求恢复公民对于媒介景观的发言权。

鉴于我们在了解世界方面依赖媒介的程度，新闻媒介在公共领域的作用十分重要。作为公民，当我们探讨时事问题时，诸如中美洲帮派暴力活动，或者通过管道或铁路运输石油的相关风险，我们通常依靠新闻媒介了解相关知识，并且通过媒介，意见领袖为我们提出了这些问题的答案。

媒介作为社会化组织也提供各种对于种族、民族、移民、性别角色、老年人、青年文化等的公众表态，不仅仅是出现在新闻报道里，当然还体现在广告、电影、音乐视频和电视节目之中。通过媒介展示，我们得以见到我们社会和组成我们社区人们的画面。由于这些画面是具有代表性的，它们经过精简和遴选，往往具有一个理想化或规范化的维度，暗示"我们就应该这样看"。通过媒体，我们"遇见"与我们并没有实际个人接触的社区成员和社区领袖。

罗杰·西尔维斯通认为媒介构成了一种环境，并强调"媒介对于我们在世界中的取向具有重要意义……媒介既是环境背景，本身又是被环境背景化的，它们既构建了一个世界，又被这个世界所构建"（西尔维斯通，2007：6）。他所谓的"媒介政治"是我们面对他人并做出判断的一个重要道德空间：

第十章 作为内容生产者的新闻记者

（媒介）将读者和观众引向一个体现由社会产生的主要价值观的世界，尽管在这些问题上社会内部和社会之间存在不可避免的分歧和矛盾。它们在全球和国内报道中刻画出善与恶，仁爱与歹毒的评判，就像改编自虚构的小说。所有这些框架中都有关于我们与他们、起源与未来、范围界限的叙述以及对差异的表达，缺少这些东西，我们的文化，其实任何文化都一样，是无法存续的。（西尔维斯通，2007：62）

新闻与所有的媒介形式一样，既是文本又是语境背景，是一个信仰和价值观得以发展和传播的场所，以及它们可以被强化或挑战的地方。从这个意义上说，新闻记者是大量牵连在这个过程中的社会行动者。

即使不同于医学和法律专业，新闻工作通常也被称之为一种职业，它没有独立的监管机构，不需要强制性的正规培训。任何从事新闻工作的人都是新闻记者，无论其是自由职业者，博客写手，还是新闻机构的工作人员。可惜的是，我们目前没有关于加拿大记者的最新数据，最近的研究报告数据收集于2004年（见米勒，2005/2006），而且收集这些信息的任务变得越来越复杂，因为主流媒介通过裁员、并购以及外包更多的工作，缩小了它们新闻编辑部门的规模，并且出现了一大批公民记者和专门从事新闻和评论的另类媒介团体。也就是说，引起人们普遍关切的是，新闻行业仍然是一个排他的职业，而负责产生大部分原始报道的新闻编辑部远远不能反映加拿大的人口构成情况。

在政府监管的广播领域，包容性是《广播法案》（1991）的突出主题。该法案第3条（d）（iii）明确加拿大广播系统应该通过其经营而产生的节目和就业机会，服务于加拿大男女国民及儿童的需要和利益，并反映他们的生活状况和愿望期许，包括平等权利，加拿大社会的双语特性和多元文化与多种族性质，以及社会之中土著居民的特殊地位。（加拿大，1991）在全球化的时代，包容性对于加拿大这样一个多元化的国家来说，是必不可少的。新闻生产行业应与加拿大的国情相匹配，包括所产生的内容和所雇用的人员；谁报道新闻；报道什么内容；如何报道以及向谁报道具有影响（见尼尔森，2009）。

如前所述，在判断新闻价值和恰当陈述特定事件或问题方面，仍存在相当大的解释空间。因此，新闻记者的生活经验（他们的臆断，他们的偏好，他们的成见，他们的价值观）都影响到他们的报道。在加拿大种族关系基金会的一份报告中，研究人员弗朗西丝·亨利和卡罗尔·塔特（2000: 169）的研究结论认为，新闻记者"自身的社会处境、经验、价值观和世界观等意识观念，以及出版商和报纸所有人的利益和立场，作为一个看不见的过滤器，筛选出其他的看法和观点"。例如，相对较年轻的新闻报道人员对有关加拿大人口老龄化的问题，如加拿大养老金计划的前景或处方药的费用等可能既不太了解，也不太敏感。一个以男性为主的新闻编辑部可能不太善于接受与妇女有具体关联的问题，例如儿童保健、生殖权利和性别歧视，并且有可能对某些特别涉及妇女的问题倾向于父权制的观点，如性侵犯、家庭暴力，以及同工同酬（见古德伊尔格兰特，2013；基梅尔和霍勒，2011；吉登吉尔和埃弗里特，2011；以及波因德克斯特等，2008）。

亨利和塔特认为，对于加拿大少数族裔社区来说，媒介是尤为重要的信息来源。但由于加拿大非白人新闻记者只是少数，而且因为加拿大有色人群很少被记者采访，除非一则新闻直接涉及种族问题，在加拿大新闻报道中基本上很难体现少数族裔的男性和女性群体所面临的问题。这种隐形不见"传达出了他们并非加拿大社会充分参与者的信息"（亨利和塔特，2000：52）。传播研究一再确定，当新闻报道中出现有色人群时，通常他们会以负面和带有成见的方式被描述。亨利等人写道："新闻和（剧情片）节目的普遍主题是将有色人群描绘成'局外人'，强化了'我们与他们'的心态"（2000：296—310）。有色人群缺乏对媒介的运用以使他们的声音得到倾听。新闻教育者约翰·米勒（1998：137）认为，这也导致了新闻报道中的"盲点"："如果几乎没有妇女或少数族裔能够占据报纸中的重要位置，那么他们的问题可能不会得到适当的关注或成为公共辩论的议程。

重点不在于把新闻媒介变成提倡争权夺利的机构。相反，科瓦奇和罗森斯蒂尔（2001：108）解释道："新闻编辑部多样性的首要目标是创造一个智力交融的环境，其中每个人都坚持新闻独立的理念。结合他们的各种经验，融入并创造一个比他们单独创造更丰富的新闻报道，最终可以为公众带来更丰富、更全面的世界观。"

管制新闻的法律因素

新闻自由是民主社会最基本的权利之一，加拿大的新闻工作是在新闻自由的环境下进行的。1982年《加拿大权利和自由宪章》第2条在"基本自由"标题下保护言论自由和新闻自由：

2.每个人都享有以下基本自由：

（a）信仰和宗教的自由；

（b）思想、信念、观点和言论的自由，包括新闻及其他传播媒介的自由；

（c）和平集会的自由；

（d）结社的自由。

加拿大宪法小心翼翼地将新闻自由的历史权利扩展到了所有其他媒介。正如新闻教育者和前新闻记者迪安·乔布所指出的，"图书、戏剧、电视纪录片、网站、视频、DVD光盘、网络聊天群、在线杂志、社交网站、尚待发明的媒介技术新的形式，无论何种媒介，加拿大人都可以自由地发布和传播图像和观点"（乔布，2011：59），作为《宪章》第1条的说明，它仅仅受到自由民主社会的"合理限制"。而第2条（b）非常宽泛地解释言论自由，包括比如商业广告以及工会会员在劳资纠纷期间通过和平抗争来表达不满的权利（乔布，2011：60）。

然而，这并不意味着这种自由是绝对的，记者可以自由地报道任何他们想要报道的事情。加拿大的新闻自由受法律约束，确保新闻记者的自由不会损害国家的安全或其他公民的自由。而且，关于记者是否有别于所有加拿大公民，在享有的言论自由方面具有特殊地位，仍然是法律上存有争议的问题（乔布，2011：61—63）。法院判定，广播新闻记者还要受到加拿大广播电视和电信委员会适用的许可条件和其他规定的限制，如我们在第七章和第八章中所概述的那样。

新闻自由是所有现代民主国家的核心权利。但是，并非所有民主国家都以同样的方式解释这一自由民主的信条，迫使新闻记者在国内与国际的法律和政策框架内做出努力。在国际层面，《世界人权宣言》第19条（联合国，1948）提供了道德的依据。它指出，第1款：人人有权不受干涉地持有主张。第2款：人人享有言论自由的权利；此项权利包括不论国界，以口头、书面方式，或者以印刷、艺术形式，

第十章 作为内容生产者的新闻记者

或者通过任何人们选择的媒介寻求、接受和传递各种消息和思想的自由。第 3 款：行使本条第 2 款所赋予的权利须承担特殊的责任和义务。因此可能会受到某种限制，但这些限制须由法律规定，并出于尊重他人的权利或声誉，或为保护国家安全或公共秩序、公共卫生或公共道德之必需。

宣言第 12 条还涉及侵犯隐私权和对荣誉和名誉的攻击："人人有权享受法律保护，以免受这种干扰和攻击。"言论自由和隐私权这两项权利彼此一直存在着紧张的关系。新闻记者或许有权利，但也有法律义务和道德责任。

加拿大新闻记者在享有新闻自由的同时，也受到国内和国际法的约束，不得不认同各种针对新闻制作从业人员的道德准则。这些准则作为操守而不是法规，虽然它们确实可以鼓励负责任的新闻实践，但其主要目标是避免立法干预。

除了指导加拿大新闻制作者进行公正准确报道的道德守则和监管机构外（见麦卡特尼，2013；沃德，2014），具体的加拿大法律也协助或者限制新闻制作的过程。这些法规旨在保护公众利益，并涵盖诸如获取信息、诽谤、隐私和藐视法庭等领域。

作为扩大信息自由权的一种方式，最近在北美颁布了获取信息的法律。其基本原则认为，在民主的名义下，大多数政府信息应该向人民公开。例外情况应该是罕见的，只有当公众获取信息可能对国家安全、个人隐私或某些政治讨论的保密性（例如公务人员对内阁部长的建议）构成风险时，例外才是正当的。联邦政府以及所有省级和地区政府都有获取信息的立法，明确了哪种政府信息需要审查，以及新闻记者和普通公民如何能够获取（见乔布，2011：191—195）。

有两个原因使得获取信息的法律对于新闻记者和普通公众都十分重要。首先，政府是如饥似渴的信息收集者，并拥有相当可观的数据，从预算和支出的文件到纳税申报单和详细的人口普查统计数据。新闻记者要求得到这些资料，以确保全面了解他们所报道的社会、政治和经济问题。例如，联邦保守党政府2010年决定放弃强制性长表普查，新闻记者是其中受负面影响的群体之一；普查信息对任何有兴趣详细而全面了解加拿大人口状况的一方（新闻记者、研究人员、政策分析师、地方政府）都具有极大的价值。第二，政府的大部分日常工作和决策并不会在公开会议中得以体现。为了让记者监督政府的活动并向加拿大民众报告，他们需要知道公共论坛之外发生了什么。此外，报道和评估政府的表现也需要获取这类信息。

虽然言论自由的法规确定了新闻业界的积极基础，但限制性法律规定了新闻记者必须遵守的负面约束条件。例如，诬蔑罪（更常称之为诽谤罪）是出版或播放针对个人或组织声誉的虚假性和破坏性的陈述（乔布，2011：91），这包括在网络上发布材料。乔布写道："像任何其他有价值的东西一样，声誉也是十分珍贵的，它可能会被遗失，盗窃或损毁。诬蔑罪是侵权法中的一种违法形式，每个人都有权保护自己的名声不因对他人非正当的指控或指责而受到玷污。"（2011：90）他坚持认为，诽谤罪法保护了名誉以及良好的新闻实践，因为"普通法和地方性诽谤法规提供了保障手段，以保护在真实性上正确、平衡和公允的新闻叙事和评论"（2011：90）。换言之，真实而公允的评论，是避免诽谤罪指控的保障（2011：109—115）。

然而，新闻记者仍然关注由昂贵且耗时的诽谤罪诉讼威胁引发的所谓诽谤罪恐惧，这类诉讼来自寻求消弭公众批评的个人或组织。良好的新闻实践可能是针对诽谤罪诉讼的最佳辩护，但要通过漫长法庭程序的高昂费用足以让人望而却步，而新闻记者或新闻机构的责任仍然是证明出版或广播所表达的观点构成真实和（或）公允的评论。魁北克在 2009 年通过了一项法律，以防止这种对于法律制度的滥用（乔布，2011：135）。

加拿大记者面临的最大的法律约束之一是涉及刑事和民事法庭的报道。名目繁多的藐视法庭罪确保了法院制度的完整性，并体现了对被告进行公正审判的宪法权利。援引 1967 年的"赫伯特诉魁北克"案，乔布将藐视法庭罪定义为"任何倾向于导致法律的权威和实施陷于不被尊重或不予理会"的行为，或倾向于"干涉或妨害涉及法庭案件的人员"（2011：241）。对新闻记者施加的最常见的限制之一是发布内容禁令，禁止查明 18 岁以下与性犯罪有关的受害者以及此类犯罪行为的见证人（乔布，2011：281），并且遮蔽年轻嫌犯和任何未满 18 岁的受害者或证人的身份（乔布，2011：299—301）。加拿大最高法院于 2010 年 5 月裁定，新闻记者在警察调查取证期间不享有保护其信息来源身份的宪法权利，但最高法院同意某些来源可能需要根据具体情况提供保护（麦克查尔斯，2010）。法院裁决维持了 2001 年对《全国邮报》编辑人员的判决，迫使他们公布记者安德鲁·麦金托什收到的文件，他当时正在调查时任总理让·克雷蒂安在沙威尼根门丑闻中所扮演的角色。

显然，并不存在简单明了或普遍适用的新闻自由定义。在加拿大，新闻自由是在现行法律以及根据案例对宪法保障进行司法解释的背景下加以界定的。

新闻生产的经济因素

正如我们在第9章中详细讨论的那样，随着媒介条块分割的崩溃，媒介市场的外溢扩张，消费者淹没于铺天盖地的免费网络内容，各种付费订阅变得更难推销，广告客户因更廉价的数字平台而放弃传统媒介，新的竞争对手出现，融合化和集约化的媒介公司重申节约成本以应对收入的减少，因而媒介生产的经济体制在融合时代发生了巨大的变化。我们正处于新闻机构寻找新的经济模式的时期，因为旧有模式（基于付费订阅，付费广告和政府资助的某种组合）在上述情况下正分崩离析。宣布新闻行业甚至于报刊行业行将灭亡还为时过早，但是可以断言的是，新闻行业将迎来重大变革（见埃奇，2014）。

尽管人们愿意将传统新闻机构面临的经济挑战归咎于数字媒介，但越来越多的学者坚称，新闻行业的问题始于20世纪70年代（万维网到来之前的20年），新闻机构在那时已成为集约化企业的一部分（参见康普顿，2010；麦克切斯尼和尼克尔斯，2009；库珀，2011；埃奇，2014）。马克·库珀直言不讳地说："新闻行业的高品质受到商业企业模式的破坏，这种模式试图通过压缩可变成本（新闻记者）以较少的投入生产更多的产品，以便从高度集中的市场中挤压出高额的利润。随着产品质量的下降，企业的价值也下降了。"（2011：320）。库珀的分析追踪了始于1970年的"新闻业内大量投资的不足"，他发现，从1970年至2000年间，新闻机构的净广告收入增长，但这些资金不再投资新闻行业（2011：329—330）。詹姆斯·康普顿认为，自20世纪70年代以来，加拿大新闻行业的产业化导致流动资本投资的竞争加剧，对于股东的敏感度不断增加，并造成新闻从业者更多的弹性就业（2010：592）。这些进一步转化为商业化的压力，通过改造内容来瞄准最具吸引力的受众市场，迫使新闻记者向多个媒介平台提供内容，与此同时降低成本，包括缩减新闻编辑部记者和编辑人员的数量，不管这意味着偿还累积的债务，还是（或者）减少工资支出。

历经数十年的趋势不断加剧，就受众和营收而言，当今新闻运营的网络环境带来了更多的竞争，无论这些收入是来自广告费还是订阅费。一方面是针对受众的多媒介形式的竞争；报纸不再仅仅与其他报纸竞争，而是在数字平台上与所有媒介（其他的报纸，当然还有杂志、广播、电视以及新的数字新闻提供商）竞争。另一方面，这种多媒介竞争大大消除了传统新闻市场的外部边界；虽然对当地或本地区新闻报道依然存在强烈的兴趣，本地媒介现在将以国内外著名机构为对手，在一般新闻类报道方面进行竞争，并且还要与诸如商业、体育等领域的专业媒介竞争，因为内容已逐渐从传统媒介的综合性新闻报道中被"拆分"出来（参见安德森等人，2012：8）。

由于所有的媒介如今都共享同一个数字新闻窗口，新闻机构声誉的价值比以往任何时候都重要。像英国广播公司和《纽约时报》等大型新闻提供商成为国际新闻和分析的可靠来源，而较小的机构则寻求自己的商机，那种可以让他们争取到受众关注的新闻组合。安德森等人解释道："目前有如此之多的新闻来源，任何出版物所具有的准确性、诚实性或严谨性名声都比一般性的竞争力有优势。"（2012：97）

广告竞争同样具有两面性。同一市场的新闻机构继续为广告而竞争，但新出现的情况是越来越多的广告正在向数字平台转移。这对新闻行业产生了负面影响，因为数字广告收入并未接近于取代传统平台上的广告收入，而且很大一部分的数字广告流向了非新闻网站，如

Craigslist、雅虎、脸书和谷歌。这是特别令报纸行业困扰的问题，因为报纸通过提供印刷和数字两种形式的选择来维持读者群体数量，但收入并不能保持同步。世界报业协会（2014）的一项研究指出，尽管全球数字广告收入在2009年至2014年间上涨了47％，但并不能弥补同期下降13％的印刷广告收入。报刊的数字广告"仍然是整个互联网广告中相对较小的一部分，大部分互联网广告收入流向屈指可数的少数几家公司，而且其中绝大部分流向了谷歌"。在全球范围内，世界报业协会的报告显示，全部报纸收入的93％由印刷版产生。这个总体趋势也适用于加拿大，即使数字收入增加，印刷收入仍然是"行业的基础"（汉密尔顿，2012）。报刊企业的困境是报纸的印刷和实际发行占其生产成本的一半左右；但是报纸的印刷版还要继续支付各种账单。

改变对待受众的态度是行业面对新经济挑战的一种无奈之举。随着新闻机构通过追逐市场而不是公众来应对日益激烈的融合竞争，已经逐渐发生的这种情况变得更为变本加厉。如果新闻机构曾经感到不得不将一般受众视为公共服务意识的一部分，而大势所趋就是转向对广告商最有吸引力的读者、听众和观众。这可能意味着更多地强调对商业和体育等主题的报道，以及改变叙述新闻内容的方式。例如，有关劳资纠纷的新闻是从企业和消费者的角度，而不是从受影响的工人的角度进行报道。像贫困和无家可归这类话题的新闻报道，对象是富裕的中产阶级而不是穷人本身，而且它们是从观众的角度来界定贫困和无家可归问题。（见尼尔森，2009；杰克逊等，2011）。一个具有启发性的活动是阅读一下《环球邮报》周六版的旅行或时尚版面，并问问自己这些内容到底是写给谁的。

第十章　作为内容生产者的新闻记者

当今新闻行业的经济不确定性,对于新闻记者的工作条件和可用资源,都会产生严重的影响,无论他们是为商业新闻机构还是新成立的网络企业工作;无论他们是长期雇员、合同制员工还是自由职业者;也无论他们是否刚从学校毕业就直接进入了就业市场。新闻首先是人力劳动的产物。某个新闻报道的想法,内容背后进行的研究,贯穿其中的各种访谈,以及这则新闻本身的最终成型都需要娴熟的人手。如安德森等人所形容:

> 从目击者那里获取重要的只言片语描述性零星信息,尖锐地质疑老练的政府官僚的口头答复,确切地知道在哪里找到关键性的文件,或自如地应对复杂的现代机构的日常工作和特有风格,这是一种不同寻常的脑力劳动,而且是一种公益活动。在许多情况下,独特的新闻工作最重要的方面仍然是他们始终保持着他的最擅长的能力:进行采访、直接观察和分析具体的文件(2012:23)。

更不用说将这些信息制作成一个简洁明了且引人入胜的完整新闻故事了。

当加拿大的新闻编辑部缩小规模、裁员或解聘新闻记者、编辑、摄影师时,对这些新闻编辑部所产生的新闻有着质的影响。留下的记者承受制作更多内容的压力(通常每天要提交几个报道,每个报道所花费的时间和精力则不及以前),并提供网络和移动平台的更新以及向社交媒介推送促销信息。这种压力导致有进取精神的报道机会减少;更多的新闻报道来源单一;更多的新闻内容主要基于新闻通稿,新闻发布会和官方公告;对新闻内容未进行充分研究或实际核查;而且在更多的新闻记者所撰写的新闻故事中,他们对所涵盖的话题缺少经验或知识。随着新闻机构缩小编辑部的规模,更多的新闻记者在短期雇佣合同下进行工作,或试图依靠自20世纪80年代以来就从未增加过的自由职业者酬金来养家糊口(见科恩,2012)。

在这些压力之下,记者被要求在吸引受众方面发挥更积极的作用,以便能将他们出售给广告商。新闻独立的概念,曾经意味着新闻机构的编辑部门和经营部门之间在某种程度上保持明显的分离,特别是在报纸方面。这个所谓的壁垒从来都不是完全不可穿透的;报纸负责旅游和汽车版面的部门总是与销售广告有关,而与新闻无关。大大小小的报纸往往将重点推出的社论式广告或宣传材料掩饰为新闻故事(通常使用不同的字体并且通过社论式广告的标志加以识别)。但是,广告和编辑部门之间的壁垒正在崩塌。即使是久负盛名的报纸如今也允许在它们的头版上做广告,而且编辑人员经常被要求与销售人员协作,针对具体的活动策划不同的内容部分:重大体育赛事、文化节、贸易展览等。在这个方面的最新举措称之为品牌新闻和原生广告,其中记者应招而来制作内容,使其成为介于新闻与促销之间有意为之的混合物。

如我们在本章中所指出,新闻故事是对我们周围日常事件的情形进行选择性表达。无论是所叙述的故事还是故事叙述的方式,都要仰仗于定义新闻报道价值的通行价值观,新闻机构的特殊内容需要和本身的预算,以及在社会中占据主导地位的信仰和观念。什么是新闻?对该问题的任何考虑都有很多因素在发挥作用。雅普·冯·吉内肯(1998:60—63)有效地确定了五种"价值观",这些"价值观"被广泛而持续地推广,因此,在西方民主国家新闻报道中往往占据着主导地位。

第十章 作为内容生产者的新闻记者

1. 自由企业和自由市场的经济价值观；

2. 个人主义和社会流动的社会价值观；

3. 实用主义和妥协克制的政治价值观；

4. 物质主义和人身自由的生活方式价值观国；

5. 以科学理性为基础的西方观点和以教条为基础的发展中国家及非西方国家观点的意识形态价值观。

冯·吉内肯断言，这些价值观在西方新闻记者中间被广泛地分享，其结果是将它们认为是理所当然的，并通过新闻媒介的话语使其变得"浑然天成"。当这些观念被认同，尤其是被那些当权者认同，它们就形成了一个社会的"主导意识形态"。因此，其他诸如相信市场监管的必要性或保持个人与集体权利平衡等等的观点，统统被定性为离经叛道或者"格格不入"。

新闻业的未来

没有人能够确切地告诉我们，从现在算起的十年之后，新闻业作为一种实践或一个组织将会是什么样子，尽管不乏有人声称可以预知未来（见安德森等，2012；舍基，2008；雷特贝格，2008；吉尔默，2004）。传统的新闻机构会进化并生存吗？如果会，会是哪些？报纸会继续印刷并发行纸质版，还是会关闭印刷工厂并彻底数字化？数字初创企业是否会在作为新闻业根基的原始报道中取得更大的份额？哪些初创企业会建立一种可行的商业模式，并能够为新闻记者的工作公平地支付报酬？这些新闻机构制作出来的新闻将会是什么样子？所有的新闻渠道都会变成多平台吗？我们会看到越来越多的题材专门化以及继续将受众作为市场来对待吗？

所有这些悬而未决的问题都意味着，现在正是一个研究媒介的大好时刻，因为我们可以目睹这些事态的发展，甚至可能参与其中。但是，我们必须冲淡我们一厢情愿的想法（数字革命，新闻业的新黄金时代，或者至少是财团媒介受到报应），而对正在发生的事情进行仔细的分析。新闻业正在重组，为新闻生产创造新的条件。这些新条件会是什么呢？

至少是从20世纪60年代起，主流新闻的替代品就已经存在：校园广播电台和报纸、非盈利社区广播电台、社区节目电视台、纪录影片合作机构、"地下"或另类周报（见斯金纳，2010：225—231）。这些媒介讲述不同的故事，采用不同的叙事风格。但自20世纪90年代中期以来，新闻提供商和经销商出现了真正爆炸式增长。意识到对新闻行业其他方法的需求，他们最初借用互联网的可及性和传播能力，而最近又利用了越来越普遍的手持通信设备，这导致了娜塔莉·芬顿（2010）所说的"新闻生产轨迹的扩张"。这种新的媒介生态，包括社交网站既作为研究资源（比如，推特、脸书、维基解密），又作为传播场所（比如，推特、脸书、YouTube）。虽然大部分的辛勤工作，以及大多数最好的新闻，仍然是由主流新闻机构生产的，但很显然，新闻业的未来将是数字化的，并且将包括更多的"天生数字化"新闻提供者。

传统的新闻媒介是20世纪90年代中期最早一批互联网弄潮儿，即使它们在数字业务上投入资源的速度十分缓慢，它们继续发展自己的网络业务并吸引了大量的受众。数字技术的易用性和负担能力，互联网的可及性，以及越来越多的人与日益增加的媒介生产技能相结合，大大降低了进入新闻业界的门槛，从而在新闻生产、传播和评论领域产生了成千上万全新的参与者。其中的一部分，如"泰伊"（thetyee.ca），"乌合之众"（rabble.ca），"自治领"（www.dominionpaper.ca）和"真正的新闻网络"（therealnews.com）等都在寻求提供独立和原创的新闻报道及评论。许多网站则汇总来自其他提供商的新闻（例如 canadanewsdesk.com，national news.com），或者放置专业和业余评论者关于世界上所有话题的个人博客（例如www.blogscanada.ca）。

很显然，一些趋势似乎具有持久力。安德森等人（2012）概述了他们所谓新的"后工业时代的新闻业"，包括内容的分类付费或专业化（他们称之为"行家新闻"）；不断增强与其他信息提供者（比如维基解密、各类基金会、大学的各种研究中心）的合作伙伴关系；加大使用公开的数据；更多地依靠大量人手和计算机程序进行数据收集和分析；新闻记者与公众人士、各领域的专家以及技术等各方面之间更广泛的合作。从新闻消费者的角度来看，作为未来的一部分，移动性这一点似乎是显而易见的，我们将随时随地阅读新闻。如果说报纸和杂志是原始的移动媒介（谢勒，2014），现在各种媒介内容已经传输到了我们的手持设备，并且根据我们想要阅读的新闻内容以及我们想要阅读的时间和地点，在众多的设备上提供相关新闻。路透社新闻研究所（纽曼和利维，2014）在十个国家的调查中发现，一个重大改变是人们脱离单一设备阅读新闻。有39%的受访者至少使用两台设备来获取新闻，而12%的用户使用三个或更多。计算机是最常见的接入口，其次是智能手机和平板电脑（纽曼和利维，2014：9）。有一种趋势未来需要关注，通过智能手机访问新闻的人倾向于比通过计算机或平板电脑的人依靠更少的新闻来源。55%的英国受访者表示，他们在使用智能手机时只访问一个新闻来源（纽曼和利维，2014：11）。

尽管这些新的可能性很有趣，但核心问题仍然是资源问题。数字初创企业、另类媒体和公民新闻活动的领域如何维系下去？正如我们在前文所强调的，新闻是由具备一套获取有新闻价值信息技能的人们制作的，他们使信息具有意义，并以简洁而令人信服的方式将其与受众联系起来。当这些新闻记者得到一个声誉良好、资源充足的新闻机构支持时，他们的工作往往最富成效，这样的机构能够为他们开展工作、协助编辑和获得法律支持（如果需要的话）提供适当的时间和资金，更不用说正常的薪酬了。

如我们在第六章中所述，新媒介技术本身并无生命，它们被嵌入在一个由历史、政治、经济和文化所赋予的环境中。正如戴维·肖利（2002：9）所说，"如果我们真的要评估数字技术的'新特性'，我们必须透过这些技术元素本身看到变化，并将其与社会关系、价值观、目标和思维方式的变化联系起来"。娜塔莉·芬顿声称，数字技术的最显著特征（速度、空间、多样性、多中心、互动和参与），必须以实际应用的方式来评估。速度是指数字技术的即时性，而空间是指它们在全球网络中扩展的地理范围。但在新闻编辑室实际应用中，当记者被要求不断地发稿以保持网站更新时，速度会对新闻报道产生负面影响，妨碍了进一步扩展新闻故事并核实信息。在新闻人手少、发稿更频繁的背景下，这会把记者们限制在他们的办公桌上，减少了在新闻编辑室之外工作的记者数量，从而缩小了他们报道的地理范围。多样性和多中心性指的是越来越多的新闻提供者和多对多的信息传播。但正如一些研究所表明，这通常导致同样的故事以同样的方式出现在更多的新闻网站上。最后，芬顿认为，交互性和更多参与的好处被夸大了（芬顿，2010：559—564）。她坚称，"有关新媒介许多积极的断言都存在于一小部分非同寻常的例子中，而且在很大程度上仅仅是寄希望于新媒介重新激发民主的潜力，而不是在经济、文化和技术环境背景下对技术进行思考"（芬顿，2010：561）。

第十一章 全球化

概述

正如我们在第一章中表明并贯穿全书明确指出的,加拿大的传播实践、政府政策的制定以及我们文化产业的活动绝无可能受限于各省市甚或是国家的边界。在一个全球化的时代,国家传播体系可以被视为庞大的日益一体化的全球传播体系的子系统,受到超越国界的社会、政治和经济潮流以及媒介用户的影响和塑造。包括媒介用户的日常习惯,是否下载音乐或视频,访问社交网站,或从国外网站上阅读新闻。事实上,我们可以说,自20世纪70年代中期以来,信息新技术的发展一直是资本主义经济全球重组的重要组成部分。在本章中,我们将从广义的角度考察全球化,并探讨全球化对于我们每个人如何生活和沟通的意义所在。

我们在"加拿大的大众传播"标题下所描述的活动和机构并不是,而且从来都不是完全属于加拿大人的。加拿大的电视、广播、杂志和网络,外国(尤其是美国)的媒介比比皆是。同样,加拿大人的交流习惯(书信、电话、电子邮件、杂志、报纸、书籍、音乐录制、电视节目、电影、网页浏览),一直都与国际流通联系在一起。联邦和各省的文化政策始终贯穿着国际间协约(如言论自由,无线电广播频谱共享），以及类似的法律和政治管辖权的政策。加拿大媒介机构是在其他国家媒介（特别是美国媒介）的背景下成立并持续地发展。当今时代最明显的标志在于，大众媒介的传播范围和速度有了如此惊人的提升，以至于过去部分地隔绝一国与其他国家传播系统的边界已经变得越来越漏洞百出。距离不再是传播的障碍，"这里"和"那里"之间的区别日益模糊。全球化改变了我们的媒介地理，极大地变更了我们生活的世界特征以及我们从事传播活动的世界范围。

许多人试图将技术创新视为全球一体化的主要决定因素。但是，正如我们在前几章所述，如果技术在促进全球传播方面发挥了不可否认的重要作用，那么相关的传播法规和文化政策、贸易自由化，以及不断变化的社会和文化条件也同样不可或缺。依据第二章的论述，本章我们详细阐释全球化的含义，描述大众媒介充当全球化推手的方式，并简要记录全球信息和传播流动的一般模式。接着我们探讨理论家如何认识到全球化的重要性及其影响，然后关注20世纪80年代围绕新的世界信息和传播秩序的政策辩论，以及21世纪信息社会的世界首脑会议。最后探讨我们的全球化传播活动如何业已影响到了我们的存在感。

界定术语

虽然全球化一词常被用来指世界经济日益增加的相互依存（以正式协议确定的有世界贸易组织、北美自由贸易协定、东盟自由贸易区），我们把全球化定义为"社会、文化、政治和经济关系比以往任何时候都更加频繁、更加直接以及更加便捷地进一步扩展的一系列过程"。

更具体地说，全球化指的是随着通信和运输技术日益迅速而广泛的发展，以及人们获得这些技术的机会增加（尽管远未达到普遍或公平），那些与资本主义后工业化阶段相关的人员、资本、商品、信息和图像的流动性得到增强；简而言之，全球化意味着我们与世界上其他地区的联系比以往任何时候都更加紧密，即便这些联系仍有很多间隔，而且并非所有加拿大人都能够平等地分享，更何况惠及全世界的公民。即使方式千差万别，全球化影响着我们每一个人。我们在此探讨的核心问题是全球化如何改变我们生活的世界，并且这个过程如何影响加拿大人的传播方式，加拿大媒介企业如何参与全球网络，以及加拿大政府如何制定传播政策和文化政策。

在经济方面，全球化意味着我们许多人所工作的企业在世界各地众多国家都开展业务，并且我们在全球市场中消费产品和服务。当我们购物时，我们购买中国制作的服装、智利生产的葡萄酒，以及瑞典制造的家具。当我们外出就餐时，我们会选择中餐、日餐、泰餐、法国菜、意大利菜、黎巴嫩以及印度的食品。我们所做的具体工作，可能是作为一个跨国生产装配线进行组织的制造过程的一部分，由一个遥远的总部协调，我们提供的产品或服务可能以出口市场为目标。托马斯·弗里德曼（2005：414—438）引用了戴尔电脑的例子，它的准时化生产过程包括六个国家的设计师、零部件供应商和组装站点。这些国家企业的负责人，尤其是它们的工人，与其他来自世界各地的政府、投资者和工人进行竞争，以吸引并且（或者）维持当地的经济活动。全球化也意味着加拿大媒介生产商和分销商参与到一个日益全球化的市场之中。

在政治舞台上，全球化意味着各国政府越来越多地卷入超越本国边界的事件，无论是通过诸如联合国这样的国际治理机构间接参与其中，还是主动采取行动。无论是饥荒、疾病、战争还是自然灾害，政治领导人越来越感觉到必须援助那些我们许多人都无法轻易在地图上找到的国家。例如，当2014年俄罗斯试图进攻克里米亚和乌克兰东部时，加拿大是一些被迫采取外交和军事行动的西方国家之一，部分原因是加拿大人口成分中有相当数量的乌克兰人。全球化已经进一步加入到超国家治理层面，这意味着加拿大的传播和文化政策必须尊重越来越多的国际公约。

在社会领域，全球化意味着在世界范围内的友情和家庭纽带，我们的邻居来自几个不同的国家，讲着不同的语言，身着不同的服装，信仰不同的宗教。这意味着在个人层面上，我们越来越多地涉及世界事务，这在很大程度上是通过我们的休闲和消费活动进行的，包括媒介消费。2014年巴西世界杯期间，英格兰、巴西和意大利的球队在多伦多、蒙特利尔和温哥华同样受到密切关注，这与在伦敦、里约热内卢和罗马的情形别无二致。

在文化领域，全球化意味着一些好莱坞电影在东京和马德里就像在洛杉矶一样受欢迎。这也意味着我们通过社交媒介链接、度假旅行以及外语习得接触到越来越多的文化。互联网从那些我们从未去过的地方将我们连接到一个全球性的报刊亭、在线广播电台和网上播客。我们所认为的加拿大艺术和文化表演越来越感受到一系列国际化的影响。事实上，许多重要的加拿大作家和演员都来自菲律宾、加勒比地区、埃及、印度和斯里兰卡。同样，世界各地的人们也消费加拿大输出的文化产品，从电影和电视节目到流行音乐；2013年，艾丽斯·芒罗获得了诺贝尔文学奖，她的短篇小说集背景主要集中在安大略省西

第十一章　全球化

南部的一个小镇上。

在环境领域，我们越来越意识到我们在世界的一个角落如何利用自然资源（空气、水、土地、矿产、植物、鱼类）会对地球的其他地方具有重大的影响。围绕每一项应对气候变化的国际协议，《京都议定书》以及此后的《哥本哈根协议》的争论，都象征着对待我们不断恶化的全球环境，集体的努力既艰巨又重要。例如，在2013年，摇滚乐传奇人物尼尔·杨通过他穿越加拿大的巡演"向和解协议致敬"，促使公众注意阿尔伯塔北部原住民地区的沥青砂开发对于环境的影响（无论是在当地还是在全球范围内）。2011年3月，日本东北部发生强烈地震和随之而来的海啸，导致了福岛第一核电站熔毁，迫使世界各国对自身核能和安全的承诺进行审查；加拿大和美国对其西部海岸潜在的核放射性沉降物进行了监测。全球范围内，疾病也在迅速地传播。2014年，加拿大卫生部报告称，麻疹病例在加拿大的五个省有显著增加，这些病例与前往诸如菲律宾和荷兰等国旅行有关。

然而，如果全球化意味着所有重要的社会关系如今都在全球范围内发生，那么"全球化"这个术语可能会产生误导。显然，事实并非如此。首先，我们并不是全都参与了全球化带来的流动性。第二，我们生活的不同方面在当地、本地区、各省和（或）国家等各个范围内进行管理。更恰当地说，全球化是指社会活动在本地与全球范围之间的一种强化的关系（梅西和杰斯，1995：226）。曾经是以当地、当面和当时的社会互动为主，现在普遍延展超出了我们本地社区的边界，因此"这些关系被局限在自己地盘的情况越来越少"（梅西，1992：6—7）。上述趋势在这一定义被制定的20年里只增不减。尽管我们在街上遇到邻居时仍会与之交谈，但我们还会定期通过电子邮件、社交媒介、Skype与朋友、亲戚以及各类伙伴联系人进行交流，他们远在国家的另一端，或是地球的另一面。全球化极大地改变了人类流动性的本质概念，无论是对于经商、就学还是娱乐来说，旅行将我们带往越来越遥远的地方，扩展了我们大多数人生活的范围。

全球化的许多特征并非新生事物。事实上，一些理论家认为全球化的进程和人类本身一样古老（参见卢莱，2012：22—23）。例如，国际移民迁徙并非新生事物，同样还有资本投资的流动或全球文化产品的流通。全球化的新趋势在于它的强度：现代社会互动的延伸度、便利化和即时性。人们的迁移，无论是地区之间、国内各地或世界各国之间（无论是自愿的还是被迫的），已经成为一种更为普遍的人生经历，而且许多移民还经常往返他们的原籍国。20年前，罗素·金（1995：7）指出，"在当今西方国家里，只有少数人从生到死，终其一生只居住在同一个乡村社区或城市街区里"。如今人们为寻求改善生活出现了更大的人员流动，不管他们是逃避各种难以忍受条件的难民，还是远离家乡寻求教育和就业机会的年轻人，或者是金所谓的在全球市场上开展业务的"管理层游牧民"。

投资资本也变得越来越具有流动性，因为企业在寻找它们可以发现商业机会的地方，并且逃离那些被认为缺乏竞争力或对自由企业怀有敌意的地区。世界上的各个地区首先被视为市场（销售市场、资源市场、劳动力市场），而且企业高管对传统商业场所的忠诚度越来越低。例如，如果汽车和卡车能以更低的成本在加拿大或墨西哥以同等质量标准生产，美国汽车制造商并不需要将他们的业务经营局限于底特律地区。同样，如果好莱坞制片人寻求降低成本，他们可以在诸如加拿大或澳大利亚等地拍摄电影，可能会在货币汇率、劳动力成本、补贴和监管条件等方面取得优势。最近在加拿大拍摄的好莱坞电影包括《哥斯拉》《谍影重重》和《暮光之城》（《新月》《月食》和《破晓》的两个部分）。企业和它们的商业活动并不像它们的"总部"基地那样根深蒂固；它们寻求更大的生产力，并更好地进入国际市场，在其中能够发现这些优势。

相较于文化领域，资本在渗透世界市场方面更为成功。地理学家沃尔威克·默里（2006：232）援引六个因素对此进行解释：新的全球技术基础设施的出现；跨境文化交流速度的提高；西方文化的崛起成为全球文化互动的核心驱动力；跨国公司在文化产业中的兴起；商业文化的兴起成为文化交流的主要驱动力；以及文化交流在地理上的变化。戴维·莫利和凯文·罗宾斯（1995：1—11）所提及的一种"新媒介规则"，即媒介公司的首要逻辑是将它们的产品推向最大的消费者群体。通过降低分销成本和开放市场，人们在任何地方都可以接入有线或无线网络。降低新媒介生产商准入门槛，互联网和移动便携通信技术已经在相当程度上扩大了媒介分销网络的范围、速度和可能性。

媒介图像也时刻提醒我们社会互动能够延伸得有多远，以及这些关系在技术上被调和的程度和这种调和的含义。戴维·莫利和凯文·罗宾斯（1995：141）认为，对我们这个时代来说，屏幕具有很强的隐喻作用，它象征着我们如何在世界上存在，我们若即若离的矛盾状态。我们越来越多地通过屏幕面对道德问题，而屏幕上也提出了日益增加的道德困境。尽管如此，它同时也使我们摆脱了这些困境。透过屏幕，我们拒绝或否认在道德现实中我们人类承担的后果。

例如，思考一下电视和互联网新闻频道每天都为我们播放那些令人不快的画面，而这对于我们体验人物、地点和事件又意味着什么。

屏幕暗喻也适用于全球化本身，其过程滤除了人口中的大部分。这一点很容易被我们那些能够便捷、低廉、一周七天24小时接入通信技术的人们所忽视。我们可以假设每个人都享有这些好处，事实上，全球化的影响毫无疑问是不均衡的，尤其是在阶级之间进行了划分。尽管相对富裕、受过教育的城市居民有相当大的机会获得全球化的成果，但那些流动性较差且有更多迫切需求（食物、洁净水、住所、人身安全）的人，无论他们身居世界何处，在很大程度上都被排除在外。想想有多少次，当我们路遇一个无家可归的人沿街乞讨时，我们正在使用自己的智能手机。

并不是我们所有人都能从全球互联互通中获益，因为我们并不都享有同等程度的流动性，即便在像加拿大这样的国家也是如此。事实上，许多加拿大人因投资资本新出现的流动性而受到沉重打击。例如，不列颠哥伦比亚省的锯木厂被关闭，汽车制造厂商离开了魁北克和安大略，因为它们的所有者可以简单地关门闭厂、收拾行囊、转移搬迁，寻找更适宜投资的环境。在这种情况下，只有那些控制全球资本的人才是唯一真正的"全球公民"。正如齐格蒙特·鲍曼（1998：2）所说，"全球化所造成的分裂和形成的统一可谓等量齐观；分裂即是统一，因为造成分裂与促进全球一致性的原因相同"。企业越来越不受民族国家空间的限制。它们的流动性使得它们的经济实力和任何社会责任感之间产生了脱节，无论是在当地、本地区还是在全国（鲍曼，1998：8—9）。因此有一些人，例如跨国公司的主要股东，是全球化进程的全面参与者和主要受益者，而其他许许多多的人们则与利益无缘。事实上，即使有许多人被牵涉其中，他们是作为全球化所造成经济不稳定的受害者，而不是其所创造财富的受益者。

第十一章 全球化

大众媒介作为全球化的工具

完备而便利的交通运输和通信传播技术是全球化的推动者。如我们在第一章和第二章所述，运输和通信网络具有"聚合空间"的能力，为人们和各地带来更紧密的联系。它们能够使人们在彼此处于分离的情况下保持亲密联系。主要城市之间航班的空中连接使得企业负责人和政客们可以飞赴另一个城市参加会议，并及时赶回家吃饭。频繁的电子邮件或短信与地处偏远的朋友和同事进行联络，尽量减少实际分离对他们的影响。

企业中不再需要以福特制为基础的生产组织方式，在这种方式之下，流水线在一个单一的、无所不包的工厂中运转。现在，产品装配所涉及的具体活动可以分散在全球范围内进行，以充分利用低廉的劳动力、现成的资源供应以及（或者）宽松的监管环境。此外，生产过程可以更接近市场，以便减少流通成本。通过电话联系、电子邮件、发送短信和视频会议，管理人员可以保持与远程操作的双向通信，向下属管理人员发布指令，并从他们那里接收定期的进度报告。

自第二次世界大战结束以来，全球化推动了新一轮的国际治理，以协调日益增多的一体化活动领域。最初产生的结果是在1945年成立了联合国组织，处理国家间的军事、经济、卫生、教育和文化事务。如今，国际治理机构的名单包括，北大西洋公约组织、东南亚国家联盟、亚太经济合作组织、非洲联盟、七国集团、拉丁美洲一体化协会（LAIA）以及其他许多组织。

在国家利益相冲突的情况下，国际合作的另一面是国际干预。全球化意味着各国政府不再享有本国境内无可争议的主权。这在一些问题上具有重大的政策意义，比如有关加拿大内容的规定、电影放映配额的提议、文化生产的补贴、网络攻击性言论法律以及版权法规的执行。各国可能会选择无视国际法（不尊重国际版权协议），或者，它们可能会施加政治和经济上的权威，使其偏离立法发展的正轨。美国就采用了后一种策略，对付任何为保护本国电影产业而对抗好莱坞在商业影院放映上主导地位的企图。

大众媒介在全球化进程中扮演四个特定角色。首先，它们是造成相遇的介质，通过信件、电话、电子邮件、短信、社交媒介等方式，让我们彼此互相接触联系。其次，它们是治理的介质，无论是政府、企业还是非营利的服务性机构，都能集中管理广阔的地理空间和分散的地点场所。第三，它们使我们置身于世界之中，为我们提供了一个标准的描述：我们在哪里，我们是谁，以及我们如何与世界上的其他人和其他地方发生关联。第四，它们自身就构成了一个全球化的行业，从事信息和娱乐产品的交易。综上所述，这些角色从根本上改变了我们生活中的地理坐标。

即使在最全球化的环境里，面对面的互动（在大街上，在公园里，在工作中，在学校内）仍然是人际关系不可或缺的一部分。接近度不再是我们社会互动的制约。像移动电话和个人电脑这样的传播技术收缩了社会空间，让人们能够保持跨越距离的联系，使传播行业成为"社会互动的主要渠道"（杰克逊，2011：56）。尤其是当这些技术变得更加成熟，在经济性、便利性和可用性方面更容易获得，而且这些媒体已经进入了家庭的私人领域。高速技术解调的对话已接近于面对面的交流。这样的媒介使我们能够跨越遥远距离进行社会交往，而它们日益成熟使得物理隔离所固有的障碍趋于最小化。或许没有比脸书、领英和推特这样的社交网站更好的例子了，这些社交网站让朋友、亲戚、熟人和同事能够随时随地地保持联系。当然，这些媒介往往是面对面互动的补充。

与此同时，正如传播理论家哈罗德·英尼斯所指出，传播媒介使一个政治团体在现代民族国家规模上的集中式治理和一个跨国公司在全球范围内的集中式管理得以实现。无论是治理的国家化形式还是资本主义的全球化形式都需要有效的传播手段，以建立清晰连贯的议程，发布各种指示和信息，监督偏远部门的活动，并从当地管理人员或本地执政官员那里得到报告。这是一种权力关系，行政机构在其中对社会空间和社会秩序进行管控（见德拉赫，1995：xlv-xlvi），但它也越来越成为一种双向关系，在这种关系中，公民或劳动者可以使用相同的媒介对这些试图控制的尝试做出反应或应对。治理像加拿大这样幅员辽阔又如此多样化的国家非常困难，倘若没有现代通信和传输技术，进行治理实际上是不可能的。

让人感到自相矛盾的是，如今政府和组织行使职责的范围还可能孤立附近的地区和民众，如果这些地区不被认为是治理网络或商业网络不可或缺的组成部分，或者如果它们没有足够大的人口基数来构成一个重要的政治选区或确定的商业市场（见卡斯特尔，1999，2001）。就全球范围而言，默里（2006：225）指出，塔希提实际上是地球上最偏远的群岛之一，但却与工业化的西方保持着文化联系，反之，所罗门群岛和巴布亚新几内亚更加靠近西方国家，而在文化上却更孤立。德黑兰、巴格达和金沙萨等城市也同样被孤立，因为全球文化潮流避开它们绕行而去。即便是在加拿大，由于一些线路被认为不具有经济上的可行性，当运输公司因此中断对一些城镇的服务时，也会产生隔离。例如,国家铁路公司于2012年将从蒙特利尔至哈利法克斯之间客运列车的运行次数由六次减少到了三次,使得沿线依赖于这一联系的人们增加了隔离感。同样,当贝尔斯金航空公司于2014年在其位于安大略北部的航线上削减服务时,它实际上增加了像苏圣玛丽、诺斯贝、桑德贝和蒂明斯这些人口中心之间的距离,使旅行者在这些地方之间被迫选择更慢的长途汽车、火车或驾车旅行,或者根本就不出门旅行。

大众媒介也给我们提供了一种地位和身份。它们向我们呈现我们是谁,我们生活在哪里,我们如何相互联系,以及我们与其他民族和地方的区别。这些描述包含价值判断,有时是明确的表达,但更经常的是出自推断。媒介学者罗杰·西尔维斯通将媒介工作形容为"划界工作",媒介勾勒出国家和语言文化的"宏观"边界,但同时也绘制了"微观"的界限,"其工作涉及不断出现在各种不同媒介文本和话语中的界碑铭文"。这是"它们扮演的主要文化角色:没完没了、无穷无尽、充满差异又千篇一律"(西尔维斯通,2007:19)。广告往往试图描绘出从事"标准"的加拿大活动的"典型"加拿大人,向我们提供什么是典型而且标准的"加拿大人"的定义,并暗示我们的外表和行为应该如何。举例来说,这就是蒂姆·霍顿斯连锁店公司品牌的一个关键主题。再想想,大型零售商"加拿大轮胎"海报中的家庭形象,在莫尔森啤酒广告中加拿大男性的表演,或者在许多家用清洁产品广告中为男性和女性分配的性别角色。

最后,如我们在第二章中所述,媒介已经成为在所谓信息时代或网络社会里全球化的核心组成部分。首先,这意味着文化产业正在通过充当信息和娱乐商品的交换渠道进行更大比例的全球性贸易。这些贸易商品包括电脑、电视机和音响系统等硬件,以及诸如书籍、杂志、DVD光盘,还有音乐和视频下载等文化产品。它们不是在地区或国家间交易这些商品和服务,而是越来越多地在国际或全球范围内进行交易,全世界都是它们的市场。杰克·卢莱(2012:69)指出:"媒介现在本身就是巨大的全球性跨国公司,它们甚至在体现全球化的同时也促进了全球化。其次,对于现在依赖于所有工业部门进行创新的经济来说,信息和创意变得越来越重要。创意可以导致新产品的开发、生产率的提高以及市场的扩大,这对于保持资本主义经济的增长至关重要。甚至在世纪之交之前,当时企业管理大师彼得·德鲁克(1993:8)就坚称,现今经济中的"基本经济资源"不再是投资资本、自然资源或劳动力,而是知识。"价值如今是由'生产力'和'创新'创造的,而二者均是将知识应用于工作的结果。"

大众媒介所扮演的经济角色,对于我们如何将传播定义为"商品"或"文化形式"(见第二章和第九章),谁拥有发言权(无论是在个人还是集体的层面上),以及什么样的信息变为限定专属都具有相当的影响。爱德华·赫尔曼和罗伯特·麦克切斯尼(1997:9)说道:

> 我们认为全球化过程的主要影响是培植了传播的商业模式,这种模式扩展到广播和"新媒介",并且在竞争的推动和底线的压力下逐渐强化。商业模式有它自身的内在逻辑,而作为私人所有以及对于广告商支持的依赖,它倾向于侵蚀公共领域,并创造一种与民主秩序不相容的"娱乐文化"。媒介的产出是商品化的,初衷是服务市场,而不是公民的需求。

通过使信息成为一种有利可图的资源,最初的言论自由和信息自由流通的民主理想，已经转变成为媒介所有者利用这类言论和信息开拓世界市场的自由（至少在许多领域是如此）。这种转变创造了一个有利于全球娱乐和信息产业的网络。

　　这一问题在某种程度上因个人和公共服务组织的出现而有所抵消，也许是为了对抗经济全球化或军国主义思想，支持环境保护或人权保障措施，也许仅仅是为了创造他们自己的文化产品，这些组织试图利用相同的传播技术服务于完全不同的目的。戴维·肖利（2002：3）指出，这个问题是新媒介技术"成为一个自由的代言人，还是成为一种控制的工具"。劳伦斯·莱斯格（2008：29—33）发现，在20世纪大众文化历史上第一次形成专业化，艺术家和观众之间变得泾渭分明，他将此称之为"只读文化"。数字技术重新引入了一种更具参与性的"读写文化"，在这种文化中，人们有能力创造自己的艺术、音乐或电影，无论是完全的原创还是取自流行文化的成品（比如，混编、选录、混录、汇编）。比如，YouTube上就有无数这样自制视频的例子。媒介的消费者也变成了生产者，或者有时称之为"产消者"。

　　就更加政治化而言，同样的技术也能促使另类媒介机构的出现；它们之所以另类，是因为它们提出了一种非商业性的媒介模式，强调"促进公共对话、思想交流和促进社会行动"（斯金纳，2010：222）。这类媒介包括报纸（温哥华的《乔治亚海峡直击》，哈利法克斯的《海岸报》，里穆斯基的《黑羊报》），杂志（《本刊》《加拿大维度》《荆棘》），广播电台（蒙特利尔的"闹市电台"，温哥华的"协作电台"），电视台（IChannel，工作电视台），当然还有互联网（Rabble.ca，TheTyee.ca）。

第十一章 全球化

全球信息贸易

如同全球化的其他方面一样，文化领域正在见证一种趋势的扩张与强化，而这种趋势已经具有相当的历史了。这段历史表明，由于少量的传播资源服务于众多的目标，国际文化交流一直处于不均衡的状态。随着贸易流动变得日益集中，这种不对称在20世纪下半叶急剧增强，20个国家占国际商品贸易的75%，15个国家占国际服务贸易的65%（默里，2006：107—109）。默里认为，这种经济流动形成一个由欧盟、美国以及东亚与东南亚组成的"全球三合会"（2006：110—111）。但他补充说，当我们更关注全球经济时，"我们看到，大多数投资和贸易实际上发生在专业化的工业空间之间。这些经济活动的集合越来越多地界定了全球经济，并且意味着比国家宏观经济数据所显示的活动空间更高的集中度"（2006：110—112）。

特希·兰塔能（1997）指出，一些欧洲新闻通讯社（哈瓦斯、路透社、沃尔夫）于19世纪中期开始主导全球新闻报道，而且电报和海底电报电缆的发展，意味着信息第一次可以比人更快更可靠地传播。正如赫尔曼和麦克切斯尼（1997：12）就这一点所指出的：

> 全球的新闻通讯社从一开始就是以富裕国家的需要和利益为导向，这些国家向它们提供了收入。实际上，这些新闻通讯社一直就是全球的新闻媒介，直到真正进入了20世纪，甚至在广播开始出现之后，它们对全球新闻的重要性也未被超越。事实上，正是它们对国际新闻近乎垄断的控制，才激发了第三世界国家在20世纪70年代对现有的全球新闻媒介体制产生了很大的抵制。

赫尔曼和麦克切斯尼（1997：13—14）将电影行业描述为"第一个为真正的全球性市场服务的媒介行业"。到1914年，电影出现仅仅20年后，美国已经拥有了世界上85%的电影观众，而到了1925年，美国电影占英国、加拿大、澳大利亚、新西兰和阿根廷电影收入的90%，以及法国、巴西和斯堪的纳维亚国家超过70%的电影收入。好莱坞在电影界的霸主地位持续至今。

这些发展被当作媒介帝国主义的实例加以批判，利用全球媒介市场建立具有影响和控制力的政治、经济和意识形态的帝国。如果过去被称为媒介帝国主义，而现在通常被描述为使人欣然接受的"媒介全球化"，那么人们仍然会担忧大众传播领域已经被世界上最大的一些媒介公司所主导，其中大多数都是在西欧和北美。这些大型全球性媒介公司（如贝塔斯曼、甘尼特、哥伦比亚广播公司、英国天空广播公司、自由媒体集团、新闻集团、维亚康姆、时代华纳、迪斯尼、康卡斯特）的资源带给它们巨大的优势。它们在雇用有一技之长的专业人员（包括明星）的能力、作品的审美标准、企业的品牌力量、进入分销网络以及在全球范围内推广和宣传自己的产品能力等方面，都使那些较小的独立制片人望尘莫及（见麦克切斯尼，2003）。对数字平台的使用更增强了它们打入全球市场的能力。2012年，全球媒介和娱乐方面的支出为1.45万亿美元，最大的一块就是宽带服务。亚太、北美和西欧三个地区占了其中的88%（麦肯锡公司，2013：4—5）。

重要的是全球化所固有的相互依存关系很少是对称的。信息和娱乐产品显而易见的不均衡流动，造成了少数国家和相对少数的公司生产了绝大多数的媒介内容并从中获利，这在很大程度上使世界上的大多数都失去了发言权。如我们在本章下文所述，自20世纪40年代以来，

第十一章 全球化

美国采取了咄咄逼人的姿态，促进全球范围内的信息和娱乐产品不受限制地流动。一方面，好莱坞电影在世界各地票房排行中占主导地位。任何一期的《每周综艺》杂志都表明，全球各地的剧院因放映我们在北美观看的相同好莱坞电影而成为全球市场。尽管在一些国家，如法国和日本，观众支持本土电影。另一方面，国际流行音乐的景象更加多样化，即便大部分的音乐来自总部设在西方，尤其是美国和英国的跨国媒介公司（见默里，2006：252—258）。

以公共服务模式运营的公共广播系统，在加拿大和世界各地都遭遇到困境。尽管对加拿大广播公司（加拿大广播电台）的要求不断增加，但自20世纪90年代初以来，公共广播机构的议会拨款就不断减少，最近的一次是在2012年，削减了1亿1千5百万加元。2014年4月，加拿大广播公司宣布裁员657人，并决定放弃职业体育广播，预计2014至2015年度的收入将会减少1.3亿加元。2014年，一个重大的打击是将国家冰球联盟赛事的转播权以及随之而来的广告收入，拱手交给了私人广播公司罗杰斯通信公司（豪普特，2014；泰勒，2014）。

即便是作为最好的公共广播机构，一向备受尊敬的英国广播公司，也在其运营的某些方面采取了商业策略。1991年英国广播公司推出了其全球商业企业"英国广播公司全球电视频道"，谋求"利用英国广播公司的品牌名声，这在当时被认为是仅次于可口可乐公司的全球第二大品牌"。1996年，英国广播公司与两家美国企业成立了合资公司，为世界市场创建了商业电视频道。赫尔曼和麦克切斯尼（1997：46—47）写道："很显然，英国广播公司已经决定，它的生存更多地依赖于在全球媒介市场上找到一个合适的定位，而不是为公共广播争取政治支持。""英国广播公司全球公司"是英国广播公司的商业分支机构，2012至2013年度，该公司通过其播放频道、内容制作、数字媒介、销售和代理、杂志以及特许经营等，在北美、亚洲、拉丁美洲、西欧、澳大利亚和新西兰创造盈利1.56亿英镑（英国广播公司全球公司，2014）。

已经出现了一个由美国公司主导的分层次的全球媒介市场，它可以利用"迄今为止最庞大、最有利可图，可用作试验场并屈从于规模经济的本土市场"所具有的竞争优势（赫尔曼和麦克切斯尼，1997：52）。例如，近几十年来，由于美国电影公司利用了加元对美元的贬值，以及北方境外的摄制组毫不逊色的技术专长，加拿大成为好莱坞电影和电视制作的一个重要场所（见埃尔默和加什尔，2005；加什尔，2002；潘达可，1998）。好莱坞的动画产业同样利用了印度、韩国、澳大利亚、中国台湾地区和菲律宾等廉价而稳定的劳动力市场，完成那些最初在洛杉矶构思的耗时费力的动画项目（布林，2005；兰特，1998）。

大型跨国媒介公司对世界上最富有的观众特别感兴趣，因为这些观众可以把钱花在广告产品和服务上。这意味着比方说印度10亿人中最贫穷的那一半人口与全球媒介市场毫无关系，而所有撒哈拉以南非洲地区都被一笔勾销了。全球媒介最感兴趣的是北美、拉丁美洲、欧洲和亚洲的市场。

即便如此，全球媒介市场确实可以发现一些双向流动。例如，巴西的"环球"和"特莱维萨"电视网成功地占据了巴西国内市场可观的份额，而它们的电视肥皂剧则是主要的出口产品。环球是拉丁美洲最大的广播公司和世界第二大商业电视网络（按年收入）。提供优质电视服务的环球电视国际频道,在全球拥有70万客户,它最近拍摄的电视肥皂剧《巴西大道》被销往了125个国家(霍普韦尔,2014)。

加拿大也着手开发电影和电视产业的出口市场,并迅速成为仅次于日本和美国的世界第三大电子游戏生产国(加拿大电视网新闻频道,2013)。自20世纪80年代中期以来,加拿大故事影片生产的复兴意味着众多的导演在国际电影市场上扬名立万。这些导演如大卫·柯南伯格(《欲望号快车》《感官游戏》《暴力史》《星图》),阿托姆·伊戈扬(《阿拉若山》《莫失莫忘》《何处寻真相》《克洛伊》《人质》),迪帕·梅塔(《欲火》《大地》《祸水》《午夜的孩子》),丹尼斯·阿康特(《美洲帝国的衰落》《野蛮的入侵》),弗朗索瓦·吉拉德(《古尔德的32个短片》《红色小提琴》),丹尼斯·维伦纽瓦(《漩涡》《理工学院》《囚徒》《宿敌》),和泽维尔·多兰(《我杀了我妈妈》《妈咪》)在2014年的戛纳电影节上,柯南伯格、多兰和伊戈扬的三部加拿大故事片都在金棕榈奖评奖中榜上有名。并且,2012至2013财政年度,加拿大在情景剧、儿童节目和动画片的出口销售达到了4.54亿加元,成为这些类别世界领先的出口国(加拿大媒介制作协会,2013:9)。警匪剧《闪点行动》,在加拿大电视网上连播五季,现已销售到全球100个地区(黄,2014)。其他出口的电视产品有:《狼女》《妙医世家》《黑色孤儿》《超越时间线》《妖女迷行》,以及被艾美奖提名的《迪格拉丝中学的下一代》(加拿大媒介制作协会,2013:40—41;黄,2014)。

当然,所有这些商业活动既开放又限制了传播产品的流通。一方面,数字技术可以使无论是商业化的还是独立生产的文化产品和服务获得更大的多样性。美国《连线》杂志主编克里斯·安德森（2006），谈到了"长尾"现象，由于数字化减少了存储的成本，使企业能够增加书籍、电影和音乐的库存；例如，iTunes 可以提供那些年代更久、名气更小，或者不太受欢迎的音乐，因为仅为那些极少数可能想下载它们的客户而存储数字录音的成本是微乎其微的。与正在快速消失的本地音乐商店不同，音乐商店的展示架上只有一定的空间，所以不能容纳和 iTunes 范围相同的 CD 光盘，而 iTunes 的存储容量几乎是无限的。数字技术还使那些初出茅庐的音乐家得以经由他们自己的网站，通过社交媒介，以及（或者）他们自己的 YouTube 频道，直接将他们的音乐传播给听众。

即便如此，所有这一切仍然是有关于市场的；为了维持林林总总文化材料的生产，需要补偿内容制作商。媒介的企业架构使最具商业可行性的产品和服务在生产和销售方面享有特权。我们回顾一下文化理论家雷蒙德·威廉姆斯（1989：88）的评论，他强调了资本主义制度下言论自由受到商业的约束，"你可以说，有时在我们这种社会里，自由就是只要你能有利可图，自由地说出来任何你想要说的话"。如果那些产品或服务的吸引力不足或产品以某种方式受到批评或威胁，传播的企业架构也给予媒介公司权力限制甚至禁止产品或服务的生产和流通。

全球化理论

越来越多的团体从事全球化理论的研究，这其中有历史学家、经济学家，政治学家、地理学家、哲学家、社会学家和传播学学者。一些人大加赞赏，一些人批评指责。通过对主要理论家的全面研究，安德鲁·琼斯（2010：11—15）得出了关于全球化的三个方面共识以及三点争议。首先，理论家们认为全球化是社会融合漫长历史的一部分（至少早在罗马帝国时期就开始了），当代的全球化（自20世纪50年代以来）与以往的时期有质的不同，全球化对民族国家具有错综复杂的影响。然而，全球化是否构成一个连贯的系统，或者它是否由几个独立的过程组成，它最终究竟是正面的还是负面的，以及它背后的主要驱动因素是什么，理论界对于这些问题都存在着分歧。

迄今为止，全球化最有影响的解释是由伊曼纽尔·沃勒斯坦（1974，2007）所阐述的"世界体系理论"。沃勒斯坦的理论认为全球化是一种经济现象，正如该理论的名称所表明，他将全球化看作是系统性的。他认为，尽管人类已经从事了数千年的贸易活动（见伯恩斯坦，2008），欧洲资本主义的"世界经济"在15世纪晚期和16世纪早期方才出现。这种外溢的国家经济涉及远距离的贸易，建立起了欧洲与非洲各个部分，亚洲以及后来被称为西印度群岛和南北美洲地区之间的联系（沃勒斯坦，1974：15—20）。世界体系理论关注的是民族国家之间（世界体系）的关系，而不是民族国家本身，并在一体化的世界经济中划分出三个区域：中心国家，以工业化和商业阶层的崛起为特征；边缘国家，以资源开发为基础构成的国家经济；半边缘国家，这些国家介于两者之间，经济上兼具中心国家和边缘国家的一些特征（沃勒斯坦，1974：100—127）。沃勒斯坦提出，"世界经济的规模取决于技术的状况，尤其是在其范围内运输和通信的可能性。由于这是一个动态的现象，并非总是变得更好，世界经济的界线永远都不是固定的"（沃勒斯坦，1974：349）。他认为，资本主义需要一个世界体系（2007：24），因为它的参与者不断寻求扩大市场，并且利用最有利的劳动力市场、监管制度和基础设施，获取资源以及获得投资资本和政府的支持。

世界体系的不对称性，特别是在文化材料交易方面的不对称性，引起了战后时期传播学学者的关注，这导致了两种紧密相关理论的形成："媒介帝国主义论"和"文化依附论"。奥利弗·博伊德巴雷特（1977：117—118）使用"媒介帝国主义"一词形容来自少数宗主国的国际媒介所具有的单边性质。他以更为正式的表述将媒介帝国主义定义为，"任何一个国家媒介的所有权、结构、传播或内容，单独地或共同地受制于任何其他一国或多国媒介利益的强大外部压力，而受此影响的国家并无相应的反制影响力"。媒介帝国主义的研究是在第二次世界大战以后的大规模非殖民化斗争中发展起来的（莫斯可，1996：75—76）。

与媒介帝国主义论相比，文化依附论是对于文化贸易失衡的一种不太确定的定性方法。帝国主义意味着"以正式政治控制为目的的领土兼并行为"，博伊德巴雷特（1996：174—184）宣称，文化依附性表明了"事实上的控制"，并称其为"一个复杂的过程"，大众媒介对此产生影响的"程度尚不明确"。

尽管这两种方法都十分有助于证明世界经济中的传播流动，并引起了人们对一个突出问题的关注，但这两种理论既没有对国际文化贸易背后权力的相互作用给予足够复杂的解释，也没有对这种不对称交流的影响提供令人满意的描述。媒介帝国主义的论点往往被应用得过于生硬，体现了我们在第五章中所论述的效果理论原理，而且由此所呈现的享有无上权威的宗主国和它们那些孤立无援的殖民地之间的关系也过于简单。

特德·马格德（1993）通过强调以下四点来具体说明媒介帝国主义论：帝国的中心很少是无所不能的；对象国很少是全无防御能力的；对象国内的某些参与者可能会有望受益于媒介帝国主义；媒介帝国主义的影响往往并非有意为之，而且是不可预测的。根据马格德的说法，"以文化的各种形式来证明其国际化是不够的；相反，媒介帝国主义的局限、冲突和矛盾也必须加以评估（马格德，1993：XX）。

虽然略有细微的差异，但文化依附论同样具有许多媒介帝国主义论的不足之处。文森特·莫斯可（1996：125—126）认为，文化依附概念与媒介帝国主义一样，产生了既有宗主国也有对象国的相同性质的描述。它几乎完全集中在外部力量的作用上，忽视了"当地的生产力和生产关系的作用，包括其固有的阶级结构"。文化依附论将跨国资本主义也描绘成致使对象国无能为力。如同媒介帝国主义论一样，文化依附论没有充分说明对象国的受众如何使用或解读源自其他地方的媒介信息。目前的研究旨在说明民族文化的异质性，具体行业和企业经营的特殊性，以及接收方式的相应变化，即文化产品实际上如何被受众所使用，包括人们在多大程度上通过公民新闻、混搭式应用、采样和自制视频而变为积极的生产者（见莱斯格，2008）。

尽管如此，对于从一系列不同角度研究文化政策以及传播政治经济学的研究人员来说，全球化的明显不对称性仍然是一个重要课题。而且，这与我们在前面章节中所提到的加拿大案例尤其相关。加拿大相对稀少、分散的人口以及与美国拥有相同的主要语言并与美国接壤，使它成为美国媒介强大集团容易下手的目标；一个多世纪以来，加拿大公共政策背后的核心动机始终是促进和保护所有领域独特的和独立的文化生产。

新的媒介生态

安东尼·吉登斯（1990，1999）通过社会学的视角研究全球化。他认为，全球化已经改变了我们的时间和空间意识，将社会关系从它们所处的情境背景中"抽离"，并在"不确定的时空跨度"中进行重组（吉登斯，1990：21；亦见琼斯，2010：39）。他写道，"在现时代，时空虚化的程度远高于以往任何时期，而本地和远方的社会形态和事件之间的关系也相应地变得'延伸'了"，这种"拉伸过程"就是我们所谓的全球化。他将全球化定义为"世界范围内社会关系的强化，这种关系将相距遥远的地方联系在一起，在这样的情况下，此地出现的事件由遥远的彼地发生的事件所决定，反之亦然。这是一个辩证的过程，因为此地出现的事物可能会朝着相反的方向转变"（1990：64）。吉登斯脱离了沃勒斯坦对于经济学的执着，提出了一个全球化的四维模型，将全球资本主义经济、世界军事秩序、民族国家体系以及国际分工作为其组成部分。而媒介则被当作是"现代性制度的全球延伸"（吉登斯，1990：70—71）。

曼纽尔·卡斯特尔提出了另一种审视当代世界的方法，即把传播技术置于全球经济（并扩展到社会和政治）互动的中心。卡斯特尔描述了一个"网络社会"，顾名思义，这是一个网络的，或者是相互关联的世界，在这个世界中国际化不如互联节点化更重要，它将全球主要的城市而非国家置于其分析的中心。

卡斯特尔认为，互联网让人们建立了一种新的社交能力，"网络化个人主义"（卡斯特尔，2001：127—129），以及一个新的全球地理概念，"流动空间"（2001：2017—2018）。传播技术形成了连接全球化进程的"统一路径"，使"流动空间"形成了"一个聚集在节点和中心周围的分布式网络"（琼斯，2010：55—59）。也就是说，这个相互联系的世界将会对人员和地点纳入和排除全球信息流网络产生重大影响。他指出，互联网的使用高度集中于"都市节点"的网络中（卡斯特尔，2001：228），它成为经济、政治和文化新的主导中心。按照卡斯特尔的说法，"互联网网络提供了全球性的、自由的交流，这对所有一切都变得至关重要"。但是，网络的基础设施可以被占有，可以控制对它们的访问，如果不是被垄断的话，它们的使用也会因商业、意识形态和政治的利益而产生偏见（2001：277）。出于上述原因，卡斯特尔给民主政府施加了一项新的责任，以确保政治的代表性、参与的民主性、建立共识以及有效的公共政策（2001：278—279）。

萨斯基亚·萨森（1998：XXV）从这个网络社会中发现了"一种中心型的新经济地理"，某些全球性的城市集中了经济和政治势力，成为"全球经济的掌控中心"。即便萨森与卡斯特尔观点一致，认为这个新的地理是由互联网最著名和最活跃的用户产生的（1998：29），尽管如此，她还是关注必然随之而来的"场所局限性"和"虚拟化"之间的冲突，支持网络基础设施的人员、活动和机构往往被绑定在一个特定的地方，而另一方是能够利用卡斯特尔所谓的信息流虚拟空间的人员、活动和机构（1998：201—202）。

政治经济学家文森特·莫斯可描述了作为克服空间和时间限制的空间化过程，他认为传播作为促成机制起了主要作用。他提醒说，全球商业经济并没有消灭空间，而是"通过重构人员、商品和信息的空间关系来改变它。在重构过程中,资本主义做了自我改造"(莫斯可,2009:157)。这些转变的发生是由于流动性的不断增加,并且按照卡斯特尔的说法,在"聚集区"中从事围绕某些传播行为的活动(2009:169)。一个最长久、最明显的空间聚集区的例子就是好莱坞,它聚集了投身于电影和电视制作领域的公司和从业者,从作家、演员和导演到编辑、照明、场景设计与建筑以及服装设计等等的专业人士。

很显然,全球化背景下出现的是一种新的媒介生态。詹姆斯·凯瑞认为,互联网"应被理解为全球传播系统的第一个实例",它将国家系统取而代之,而这个国家系统出现于19世纪晚期并逐步发展起来,从最初的电报和铁路运输,到后来的全国性杂志、报纸、广播以及电视(凯瑞,1998:28)。他表示,我们正在见证一种"新的媒介生态的兴起,它改变了诸如印刷和广播等旧媒介的结构关系,并将它们整合到一个围绕以计算机和卫星技术为依托的新的中心"(1998:34)。

凯瑞在此强调指出,新的媒介生态需要一种文化层面来对其全球基础设施加以补充,在全球范围内建立起一种对社区的构想和阐述,而不是仅仅通过传播或运输技术本身自动产生。

这并不是说国家的边界或省市的交界已经废除,它们可能更容易被穿越,但这些划界内的政府仍然主要负责为全球化的各种活动创造经济、政治和文化条件。各国政府按照产业(包括那些文化产业)的需求,建立配套的基础设施、法律、政策、激励机制,以及健康、教育和安全的标准。同样,政府通过政策措施来决定什么是传播,并决定和保护公民参与传播活动时所享有的自由。在国际论坛上,民族国家也是其公民利益的代表。

我们想要在本节中确立的主要观点是，我们生活的社会环境时刻发生着变化，而传播技术及其进程正是这些变化的核心。

新的世界信息与传播秩序

西斯·哈姆林克（1994：23—28）注意到国际传播在20世纪后半叶出现的两个特点：全球传播体系的扩张以及跨越东西方和南北方轴线之间的紧张关系。东西方紧张（即由苏联领导的东方集团和以美国为首的西方国家之间的冷战紧张关系），在20世纪50年代和60年代尤为突出。南北方紧张（北半球富裕的工业化国家和南半球的后殖民时代的全球南方国家之间的紧张关系），出现在20世纪70年代，当时全球南方国家利用其在联合国大会上新获得的发言权，至今它们仍保持着相关的地位。联合国的一些倡议导致了一项"新的世界信息和传播秩序（NWICO）"的议案出台，它是美国倡导的信息自由传播和全球南方国家期望的平衡传播之间寻求妥协的结果。

美国推行自由传播主义始于第二次世界大战期间，当时美国的报纸行业为了新闻采访自由而进行抗争；1944年6月，美国报纸编辑协会通过决议，要求"不受限制地在全世界传播新闻"。1948年，联合国在日内瓦举行了信息自由的会议。

在此阶段，自由传播的原则遭到了苏联的强烈反对，苏联坚持对信息传播的管制，并指责美国的信息自由立场实际上是支持少数进行商业性垄断传播的自由。然而，自由传播原则得到了联合国的广泛赞同，并且写进1948年《世界人权宣言》第19条，"人人有权享有主张和发表意见的自由；此项权利包括持有主张而不受干涉的自由，和通过任何媒介和不论国界寻求、接受和传递消息和思想的自由"（哈姆林克，1994；152—155）。

20世纪70年代，在全球南方国家的督促下，人们重新审视了关于传播流动的问题，而正如苏联人所预料的那样，自由传播主义明显变成了西方文化霸权的秘方。从20世纪60年代中期开始，通信卫星成为新兴的全球媒介系统的一个关键组成部分。因为它们提供了建立国家电信系统的手段，而不需要大规模投资于地面线路和设备，各国很快就发现了它们的优势所在。但卫星也为发展中国家带来了可能的问题。正如赫尔曼和麦克切斯尼所指出，20世纪60年代和70年代地球静止和地球同步通信卫星的开发和发射，"激发了对全球媒介关注的热情"。

> 卫星为第三世界（现称为"全球南方"）国家展现了跨越自身困境，进入基本上更为先进的媒介系统这一前景的可能性，但与此同时，卫星构成了跨国商业广播公司最终控制全球传播的威胁，它绕过所有国内行政当局，直接面向第三世界的家庭进行广播（赫尔曼和麦克切斯尼，1997：23）。

解决传播问题的主要全球性机构是联合国、联合国教科文组织和国际电信联盟，那时包括了大多数的全球南方国家以及同情极权主义的国家。而重新就国际传播进行讨论的推动力来自拥有90个成员国的不结盟国家运动。

国际上的讨论当时集中于三点，而在某种程度上至今仍然如此。首先，从历史上看，传播服务连同发达的信息技术能够使占主导地位的国家利用它们的政治和经济实力。凭借历史态势和可靠技术，比如

第十一章　全球化

通信卫星，这些占优势的国家在那些非主导地位国家的文化和意识形态中占据一席之地。这种存在感，无论是来自作为国外新闻的主要来源，还是来自将卫星信号发送到另一个国家，都能被发展中国家强烈地体会到，加拿大也是感同身受。

其次，在信息的生产和分配中，规模经济有可能强化这种优势地位。从事文化产品的大规模生产、流通和推广，需要大量的资金和基础设施。这就是为什么如此众多的国家竭尽全力建立能够独立发展的电影产业的原因。而任何试图抵消日益恶化状况的努力，都必须避免落入专制政府的手中，这些政府将限制言论自由和信息流通。

第三，一些跨国公司调动技术作为开发市场的工具，而不是作为服务国家文化、社会和政治需求的手段。换言之，大型企业抓住时机开发和使用传播技术，但使用这些技术主要是利用观众对于广告商的价值，而不是为了这些观众的自身利益提供信息、教育、娱乐，或者为了更大的整体文化利益。

来自全球南方国家的压力迫使联合国扩大了自由传播的概念，将"自由和平衡的信息传播"包括在内。关于构思"新的世界信息和传播秩序"的国际辩论围绕着"国际传播问题研究委员会"（麦克布赖德委员会）的最终报告被敲定，起草该报告的委员会是由联合国教科文组织于1977年12月设立并由16名成员组成（联合国教科文组织，1980）。

麦克布赖德委员会倡导"自由、开放和平衡的传播"，并得出结论认为："最为紧要的是要消除传播及其结构中的不平衡和巨大差异，尤其是在信息传播方面。"发展中国家需要减少它们的依赖性，并在传播领域中主张一种更加公正和更加平等的新秩序（联合国教科文组织，1980：253—268）。麦克布赖德委员会的结论是基于"坚定的信念，即传播是一项基本的个人权利，也是所有社区和国家所要求的集体权利。信息自由（更具体地说，寻求、接收和传递信息的权利）是一项基本人权；事实上，对于许多人来说，这是一个先决条件"（联合国教科文组织，1980：253）。

认识到把传播系统的发展完全交给市场力量，特定的人群和思想将会被排除在外，麦克布赖德委员会指出，商业化与传播的民主化之间存在着本质的冲突。因此，麦克布赖德委员会显然赞成一项民主化的运动，这将包括尊重文化政策领域的国家主权，并承认"传播用于教育和信息方面应与娱乐同等优先"。报告指出，"每个国家都应根据自己的国情、需要和传统发展其传播模式，从而加强其完整性、独立性和自力更生的能力"（联合国教科文组织，1980：254）。

麦克布赖德报告还批评了在不同国家的技术能力之间存在的显著差距，并将传播权形容为民主政治的根本："在民主社会中，传播需要应该通过扩展特定的权利加以满足，如知情权、告知权、隐私权、公共传播参与权等，所有各个部分构成传播权这一新的概念。"（联合国教科文组织，1980：265）

从"新的世界信息和传播秩序"到"信息社会世界峰会"

事实证明，麦克布赖德报告是一份关于传播民主化相当好的宣言，而不仅仅是重构国际传播交流的蓝图。尽管联合国教科文组织采纳了它的主要原则（消除全球媒介的不平衡，并使传播服务于国家的发展目标),但"新的世界信息和传播秩序"在西方难以被接受,"因为它赋予政府而非市场对社会媒介的性质的终极权力"(赫尔曼和麦克切斯尼,1997:24—26)。传播学者卡拉·诺顿斯登认为,新的世界信息和传播秩序被其反对者视为对媒介自由的限制,"而在现实中,这一概念旨在通过增加全球范围的平衡和多样性来扩大和深化信息自由"(诺顿斯登,2012:37)。

20世纪80年代,以罗纳德·里根领导的美国和玛格丽特·撒切尔领导的英国为首的西方国家,选择了更为进取的道路,追求自由化的全球贸易。面对"新的世界信息和传播秩序"的改革将会影响其媒介行业的担忧,美国和英国于1985年退出了联合国教科文组织,严重地削减了该组织的预算,并使得拟议中的改革无法进行(诺顿斯登,2012:34)。如诺顿斯登所述,美国采用了自己的"新的世界秩序"版本,包括新自由主义和美国例外论(2012:35)。即使是麦克布赖德委员会认定的富裕工业化国家加拿大,由于被文化输入所主导,在20世纪80年代布赖恩·马尔罗尼的进步保守党政府时期,开始推行自由贸易和预算紧缩的新自由主义主张。1993年,让·克雷蒂安的自由党上台后,加拿大政府的政策几乎没有发生变化,而无论是保罗·马丁的自由党还是斯蒂芬·哈珀的保守党当政,这种态势仍然继续。诸如削减赤字和自由贸易等问题继续主导着政治议题,而且工业、国际贸易和金融部长们在文化政策上的影响力并不逊于文化部长一职(见加什尔,1995)。

对于主要文化生产者来说,国际组织,如世界贸易组织(其前身是"关税和贸易总协定"),已经变得比联合国更为重要,而国际传播的游戏规则已经写入了像《北美自由贸易协定》和《欧洲联盟条约》等国际条约之中。赫尔曼和麦克切斯尼（1997：30—31）写道："所有这些区域性和全球性贸易协定的政治意图就是要取消地方和国家立法机构的决策权，支持客观市场力量以及（或者）跨越通行管理权的超国家机构。"例如，《北美自由贸易协定》"要求政府机构在严格的商业基础上运作，并明确排除了政府可以承担任何新职能的可能性"。

换句话说，新的世界信息和传播秩序几乎迅速被赫尔曼和麦克切斯尼（1997：35）所谓的"新的全球企业意识形态"取而代之。"随着传播媒介与全球经济愈加紧密地联系在一起，媒介政策越来越受到国际金融和贸易治理体系的管制，比如国际货币基金组织和世界贸易组织的管制。"

尽管如此，就像莫斯可（2009：178）所说，这场斗争仍然是"在真正的全球治理中建立一个更加民主的进程"。20世纪90年代，随着数字信息网络的兴起，网络空间的创建和扩展，有关互联网治理的难题，以及数字活动的融资行为等的出现，引发了全球南方国家新的担忧（马斯穆迪，2012：25）。国际电信联盟发起召开"信息社会世界峰会"（信息社会世界峰会，2010），它以国际会议的形式将学者、公民社会团体、政府以及政策专家聚集在一起，并于2003年在日内瓦和2005年在突尼斯举行了会议。日内瓦会议制定了一份67点原则宣言和一个行动计划，而突尼斯会议讨论了该行动计划的资金实施情况，包括建立"数字团结基金"。

日内瓦宣言推崇将信息理解为促进自由、平等、和平和民主的一种资源，并非仅仅作为一种消费产品，而且主要抨击的对象是世界上人与人、组织与组织、国与国之间的数字鸿沟。一边是可以随时使用的传播技术，以及具备充分利用这种技术的能力；另一边则是缺乏使用传播技术的机会和技能。在召开信息社会世界峰会会议之前，已经有了1984年的梅特兰报告和联合国千年发展目标的2000年宣言。由国际电信联盟独立的委员会所编撰的梅特兰报告，主要关注"扩大电信网络并缩小贫富之间的技术差距,这在后来又被称之为'数字鸿沟'"（曼塞尔，2012：125—126）。

三十年之后，信息富有和信息贫困之间的数字鸿沟仍然是一个核心问题。根据2014年国际电信联盟的数据，发达国家有78%的人口上网，而发展中国家只有32%。非洲互联网用户的普及率为19%，而世界平均水平为40%。在移动设备的普及率方面也有类似的差距，发达国家的普及率为84%，发展中国家的普及率为21%（国际电联，2014）。获取信息和传播技术的成本"与本土的经济财富成反比"。例如，在发达国家，宽带接入费用平均为每月28美元，而发展中国家则为190美元（尼塞，2012：16—17）。然而传播学学者杰雷米·尼塞认为，计算机扫盲比使用数字网络更需要被视为一种基本的人权。"教科文组织和其他一些机构现在强调比获取信息和知识更重要的当务之急是'信息扫盲'"（2012：172）。

与产生全球信息不平等密切相关的国际新闻机构，一如既往地在数字鸿沟中发挥作用。世界三大通讯社，美联社、路透社以及法新社，利用了互联网巩固它们的优势地位，并且开发视听服务系统，供应美国有线电视新闻网、英国广播公司和半岛电视台等国际新闻电视网络（拉维尔和帕尔默，2012：179—184）。由于报纸和全国性的电视网从国际新闻报道中全面地撤出，这一优势得到了加强。

日内瓦宣言表达了建立一个信息社会的愿望，"每个人都可以创造、获取、利用和分享信息和知识，使个人、社会团体和全体人民能够充分发挥他们的潜力，促进他们的可持续发展并提高他们的生活质量"。在其具体原则中，观点自由和言论自由；更多地获取技术；更多地获取信息和更好地共享信息和知识；以及需要解决由于"基础设施、技术资源和人类技能开发"所带来的媒介不平衡问题等都有所体现（信息社会世界峰会，2010）。

然而，正如罗伯特·萨维奥（2012：237）所说，令人遗憾的是，取而代之出现的是一种以企业集中化和商业化为特征的"新的信息市场秩序"。

地域观念的改变

许多学者将我们对于地域的设想、界定、理解和体验归结为传播媒介的一大作用。哲学家查尔斯·泰勒（2005：23）将此称之为"社会想象"，他以此来确定"人们想象他们社会存在的方式，他们如何与他人相互适应，他们之间以及与同伴之间的关系如何相处，通常所达到的期望，以及存在于这些期望之下更深层次的规范性观念和意向"。文化生产、传播和信息交流的广泛商业化，以及我们依赖这些媒介进行传播活动的程度，引发了许多关于传播与文化之间关系的问题。以人员、资本、商品、服务和观念的永恒流动为特征的全球化，对我们如何体验和设想地域、如何界定社区以及如何构成身份等具有重要意义。杰克·卢莱（2013：50）写道，媒介全球化"影响了对世界的'想象'，让人们可以想象一个世界，一个不同于他们所在的世界，而且这个世界是触手可及的"。

第十一章 全球化

社会人类学家阿尔君·阿帕杜莱（1996）认为，我们当今生活的世界是以社会生活想象力的新角色为特征，并且他发现全球化是由互不相同的过程构成，而非一个一以贯之的系统。对于阿帕杜莱来说，想象力是一种"社会实践"，而且他提出五种"景观"造就了经济、文化和政治之间的基本"断裂"（1996：31—33）。族群景观是"人的景观，构成了我们生活其中的不断变化的世界"。技术景观是由全球技术格局形成的。金融景观是"全球资本的配置"。媒介景观是"以形象为中心"并"对一系列现实进行叙述"。最后，意识形态景观是反映主流意识形态和反意识形态的"一连串相互关联的概念"（1996：33—36）。这五种景观形成了我们"想象世界"的"积木"，而"想象的世界是由遍布全球的个人和群体那些与经历紧密相连的想象所构成的多重世界"（1996：33；亦见阿帕杜莱，1990；琼斯，2010：209—226）。

这些相互竞争的景观，对于我们如何找到自己在世界上的位置，以及我们如何与自己目前的社区和世界其他地区和人们发生联系都有着深远的影响。多琳·梅西（1991：24）问道："面对这种趋势以及彼此混杂的所有一切，我们如何才能保留本土的意识和它的独特性？"全球化加强了争取本土意义的抗争。在加拿大这样的国家，情况尤其如此，它的国民往往更熟悉外来输入的文化，而不是他们自己艺术家和知识分子的思想和表达方式。这种矛盾的现实还来源于加拿大的多元文化政策，因为加拿大（特别是加拿大城市）成为不同背景、信仰和传统的人民混居之地。倘若针对加拿大的特性，文学批评家诺斯罗普·弗莱提出了他那著名的问题"这里是哪儿？"我们可以用一个密切相关的问题接着问："我们是谁？"对于这些问题，我们通过我们的传播媒介寻求答案。

　　本尼迪克特·安德森将民族定义为"想象的政治共同体",并将18世纪的报纸和小说描绘为具有国家构建和民族主义的目标。他写道,民族"是想象出来的,因为即使是最小民族的成员,也永远不会认识自己所有的同胞,不会与他们相见,甚至从没听说过他们,但却在每个人的心中都存有他们之间彼此交流的景象"(安德森,1983:15)。他把小说和报纸形容为一种新的想象形式,它提供了在人们身上产生一种"民族"感的技术手段。如果小说通过对同时发生的事件进行描述,将一群虚构的人物联系在一起,就创造出一种"社会学景观"(安德森,1983:35—36),而报纸刊登的各种新闻报道,它们共享的新闻周期(在"日历上的巧合")以及在报纸版面上的并列,创建了它们之间的联系(1983:37—38)。报纸由于保存期限短(它"过时则弃"),因而造就了"一个非同寻常的大规模活动:几乎恰好同时将报纸作为对于虚构事件的消费('想象')"(1983:39)。

　　同样,约翰·哈特利(1992,1996)坚称,公众是由组织和话语所创造的,认为"媒介同时具有创造性和参与性"。它们创造了一幅公众的画面,恰如以往的经验,只有在人们参与其创作时媒介才得以生存,而不能仅仅将自己变成观众"(1992:4)。因此,观众是"话题的产物"(哈特利,1996:67)。但哈特利指出,媒介既可以置身事外,也可以涉及其中,在那些从属不同社区的人之间产生分歧。而社区更确切地说,在很大程度上是由它们区别于其他社区以及特定的成员标准来界定的。例如,报纸面向特定读者受众发声,其结果是"新闻日复一日的报道,这使得每个人都认可一个更大的联合体或社区,而不只是他们自己周边接触到的人和事,并将新闻渠道视为'我们的'

故事讲述者"（哈特利，1992：207）。哈特利认为，新闻是围绕着包容和排斥我们社区的策略而制定的，造就了我们的和他们的范畴，将人们划分为"我们"和"他们"。"我们的"和"他们的"这两个范畴的边界并不等同于任何正式的政治边界，但它们可以按照很多依据进行划分：不仅是公民身份，还包括性别、种族、阶级、族裔、性取向等等（哈特利，1992：207）。于是，新闻媒介不仅可以协助界定和建构社区，而且还能将社区分为我们的和他们的范畴并划定界限。

如上所述，我们与全球化相关的各种流动并非新事物。然而，全球化所做的是增加跨境交通（人员的、物资的、电子的），并重新配置对方。例如，《美加自由贸易协定》旨在促进两国的跨境贸易。尽管法律边界依然存在，但边界的意义已经改变，至少就贸易关系而言确实如此。袭击纽约和华盛顿特区的9·11事件发生后，2001年12月加拿大与美国签署了《智能边境宣言》，使用最新的通信技术创建一个更安全的共同边界。它意味着"边界"一词的含义已经出现了变化，在可预见的将来，加拿大人所认为的边界含义变得更少了。这同样也适用于文化交流；对加拿大来说，在市场上为本土文化产品保留一些空间变得更加困难，像互联网这样的技术完全忽略了地球上的边界线。

在一些人看来，强化边界的渗透性满足了对于更根深蒂固或更安全地域感的渴求。吉莉安·罗斯（1995：88—116）指出，地域是身份特征形成的隐秘成分。"身份特征是我们对自己的理解，包括地理学家、人类学家和社会学家在内的许多人都认为，赋予一个地域的含义可能是如此强烈，以至于这些含义成为体验它们的人们其身份特征的核心部分"。"地域以及我们与之相关的经历，无论是作为个体还是作为一个群体的成员，都给予我们记忆和归属感"。这种归属感对于理解身份特征和特定地点之间的关系至关重要。"身份特征与某一特定地方有关的一种方式是,感觉你属于那个地方"。因此,我们可能会发现一种本地居民与外来移民之间非常不同的归属感。像难民和流亡者这样并非出于自愿的移民,可能对他们新居住的地方并没有什么归属感。

另一种方式是文化,通过这种方式,地域特性被建构并延续。斯图尔特·霍尔认为,我们往往以两种方式将文化想象为"地域性的"。首先我们将地域性与一个具体地点联系在一起,社会关系随时间推移而演变发展。第二,地域性"在某种文化周围建立了符号边界,将属于该文化的人从那些不相干的人中间标记出来"。

> 殖民的开拓,永久的居留,地理位置和自然环境的影响塑造,对生活方式产生了长期持久的作用,加之这种通过婚姻和血缘的关系,在安家落户和盘根错节的群体中发挥文化影响的观念,正是我们与文化理念紧密联系的意义所在,并且提供强有力的方式形成了"文化"究竟是什么,它是怎样运作的,以及它是如何传播和保存的这样一些概念。(霍尔,1995:177—186)

与此同时,霍尔解释说,"有一种强烈的关于'景观'文化身份的倾向,给予他们一个想象中的地方或者说一个'家',这些特征再现或反映了上述这种身份的特征"。

人口的广泛流动在我们这个时代是如此的普遍,截至2011年,加拿大人中有20%以上是移民(加拿大统计局,2011a),汇聚了有着完全不同的祖先、历史、传统和价值观的人们。在某些情况下,这些差异被吸纳接受。但在其他时候,它们会被视为对我们的社区、地

第十一章　全球化

域、文化、身份等方面意识的威胁；回想一下"魁北克人党"在2013年提出的一项"价值观宪章"，将禁止魁北克公职人员佩戴其宗教信仰的明显标志。同样，我们与社区的许多交往都是通过媒介进行的，而且我们对于加拿大历史、传统和价值观的理解不仅来自新闻报道，也来自音乐、电影、电视和印刷资料（如书籍、杂志）。我们经常是通过各种媒介第一次遇到与我们不同的人，并且从中得到我们对这些人最初的了解。

如果说全球化的影响之一就是质疑将"地域"概念作为身份和（或）文化的基础，后现代主义和完善的交通和通信网络，促进了基于性别、种族、族裔、性取向、社会阶层等的社区想象。换言之，距离不是身份形成的必要因素。如果文化和身份不局限于某个特定的地域，那么任何一个地域也都不局限于单一的文化或身份。因此，有了魁北克的跨文化主义以及作为一个独特社会的难题。这一身份形成的问题在移民和语言、城市发展、建筑和外国投资等方面引发了地域性的争斗。麦克·费瑟斯通（1996：66）评论说，"文化差异曾经保持在地域之间，如今存在于地域之内……例如，移民不愿被动地灌输民族性或地域性主流文化神秘光环，这引发了多元文化主义以及身份碎片化的问题"。梅西认为，"我们界定'地域'以及个别地域具体特征的方法，对于从围绕发展和建设的斗争到哪些社会群体有权居住在哪里的问题来说，都可能是很重要的议题"（1995：48）。

身份和文化的传统载体面临的最大挑战，来自因全球化推动所重新想象的社区变成了民族国家。公民身份问题和身份特征问题渐行渐远（莫利和罗宾斯，1995：19）。欧洲、亚洲和北美的贸易集团的出现，加上无论是国际的还是地区的文化网络普遍存在，削弱了当代对社区、身份和文化的想象中民族国家的首要地位。

  然而，我们不应对这些变化反应过度。正如我们在第七章和第八章所论述的，加拿大人仍然拥有民主选举产生的国家、省级以及市级政府，继续通过法律和推行政策，构成了媒介组织在加拿大运作的基本框架。这些法律和政策回应了来自全球经济以及当地文化的压力。诸如广播、电信和所得税法案等法律，加拿大电视电影协会和加拿大文化委员会的资助计划，以及加拿大广播公司等文化机构在组织加拿大文化生产方面仍然表现出色，没有一个媒介行业不受它们的影响。全球化改变了大众传播发生的背景，但文化生产的本土条件对于所采取的生产方式而言仍然是既紧密相连又十分关键的。

第十二章　数字时代的大众传播

概述

传播媒介几乎遍及我们生活的方方面面，包括传统媒介（电影、图书、杂志、电视和广播、报纸、电信），以及范围越来越广泛的新的电子信息与传播技术。随着计算机、平板电脑、iPad、互联网媒介、智能手机，以及像苹果手表这样新涌现的技术，传播媒介正在改变我们对世界的认知以及我们在其中的处境。

通过探究传播技术不断改变的性质，反思媒介和传播系统如何对于社会功能和运行发挥至关重要的作用，并审视它们如何引导我们认识世界以及我们身处其中的行为。我们着手研究媒介和传播，我们探讨了大范围的媒介历史，以及它们在政治、经济和社会发展中的参与方式。我们研究了领域宽阔的媒介理论，思考它们在广泛传播过程中所提供的不同视角（尤其是编码和解码），并且权衡斟酌它们不同的侧重对于结构和组织的重要性。我们还研究了正规的传播机构以及职业价值观对其经营的影响，并探讨了诸如政治和经济等强大的社会力量在塑造这些活动的发展和性质方面所起的作用。

如前所述，这些媒介所产生的影响范围涉及社会的各个方面：政治、经济、教育、文化、家庭以及个人生活。媒介也对我们的世界观和我们对各类事件的观点看法产生巨大的影响。而且如前所述，对于我们认识世界来说，媒介是不完备和不完善的工具。如本书前文所述，研究媒介的相互作用正是为了试图理解表现的相互作用，它揭示了我们对世界的认知方式以及我们在其中的地位。

本书最后一章总结我们所研究的有关媒介和传播的各种理论和观点，并指出该领域未来研究以及发展进步的方向。

媒介的变化特征

媒介是我们如何理解文化和社会并参与其中的核心。在这种背景下，我们从批评的角度探讨了媒介和传播的研究。也就是说，我们一直在认真思考媒介如何牵涉到我们对世界的认知和了解。

我们对口头、书面和电子形式传播的讨论，介绍了传播媒介如何影响社会形态和结构。例如，我们对口头传播的讨论表明，媒介造就了知识的生产和传播。通过对文字或书面传播的探讨，显示媒介能够如何缩小社会距离，改变政治权力的关系。数字电子传播在此基础上更进一步，由于跨越空间构建关系的障碍瓦解，它既拥有聚合作用，又具有割裂效果。尽管许多数字鸿沟在国内和国际上继续造成不平等，但总体上，电子媒介有助于社会、政治、经济和地理距离的缩减。谁将从这些改变中获得大部分好处，我们拭目以待。

如前所述，技术并不是媒介系统唯一的定义特征。虽然具体的媒介类型可能具有特定的倾向性，但媒介系统是一系列更庞大的政治、经济、社会和文化势力的产物。广义上讲，在西方社会的背景下，当代媒介反映了由封建社会向工业社会转变而产生的文化形式和社会实践，以及以这种转变为特征的劳动力的迁移和分工。此外，在加拿大这样的大型工业国家，媒介也被完全交织在社会和文化的结构之中。加拿大独有的特征，如幅员广阔，人口稀少且主要分布在与美国的边界沿线，它的地方主义，两种官方语言以及多元文化政策，都在加拿大媒介的结构和特征上留下了印记。

从这些情况出发，媒介既引导又推动社会生活。一方面，它们反映了规范我们生活的更大范围的社会和文化价值观。另一方面，在很大程度上我们是通过媒介和我们的参与开始了解我们的社会（它的制度、组织、关系），以及构成我们文化的思想观念、价值观、信仰和各种艺术形式。在此背景下，我们思考了如下一些问题：由谁拥有媒介很重要吗？广告如何影响我们在媒介上见到的内容？媒介在经济中扮演什么角色？在全球化中又是如何？媒介在我们的品位、愿望和个性的建构中有何影响？如果加拿大媒介以国外（主要是美国）媒介产品为主，这存在问题吗？电视情景喜剧、名人访谈，以及其他看似无害的节目仅仅只是娱乐，还是在我们的生活中起着其他作用？换句话说，媒介为谁或什么利益服务，它们在创造和维系社会关系，尤其是财富和权力关系方面发挥了什么作用？

在思考这些问题时我们发现，由于一些社会利益集团在不断变化的社会环境中争夺地位，传播技术目前是社会变革和斗争的一个重要场所。有些人可能会刻意回避像"社会斗争"这样的词语。新自由主义的批评家可能更喜欢"全新的、开放的、更具竞争力的市场"，或者像一个更具有理想主义信念的人所谓，一个"民主的新机遇"。但这就是一场社会斗争。

由于它们嵌入在更大规模的社会和政治背景之中，我们媒介系统的变化标志着更广泛的社会变迁。在当前的环境下，我们不是仅仅扔掉一堆旧机器，引进一些新型、美观、噪声小、效率高的机器。相反，我们正着手制定与这些机器相关的修正和革新工作。我们正在鼓励重组，抑或是重新建立相关的组织和机构。我们对于重新研究管理这些活动和机构的公共政策基础持开放态度，而且我们正在重塑经济的维度，劳动的场所，以及消费者的角色。在某些方面，我们也在重铸公民身份的概念。

大众传播的实践和制度目前正在被媒介市场的碎片化以及成熟的、可公开访问的传输系统，即互联网的兴起所破坏。例如，网络电视、广播和播客可以绕过国家和商业机构，控制大众广播。通过互联网，销售音乐的独立唱片公司和乐队已经能够避开唱片业巨头的控制，如索尼、百代、环球和华纳。同样看看开放源代码软件，这是数字劳动者们齐心协力的结果，目的是削弱微软等少数公司的集中生产和市场支配地位。新闻制作，曾经通常是大型媒介公司的业务范围，正在被博客写手、公民记者以及一大批规模小且财力不足的新闻制作公司所占据。同样，脸书、推特、Instagram 和 Tumblr 等社交媒介网站提供了范围不断扩大的新型社交互动形式，这些只不过是互动传播不断扩大范围中少数的几个例子而已。

与此同时，媒介行业结构和特性的转变正在引发许多新的政治、经济和文化问题。像奈飞、谷歌和苹果电视这样的顶级节目发行商正在规避监管，破坏了加拿大屏幕产业的生存能力，并引起了新的对于文化主权的担忧。传统的新闻和媒介工作正变得越来越不稳定。无论是在国内还是在国际上，都存在着不断扩大的数字鸿沟，由于行业和政府都在竭力更加密切地追踪我们的活动，人们对隐私的担忧倍增。

第十二章　数字时代的大众传播

通过回顾第一章中提出的定义，可以理解从集中生产的媒介产品的大规模发行，到通过不断扩展人员和机构范围的大众传播这种变化的基础：

- 大众传播是大量信息和娱乐的集中生产和散播；
- 大众传播是信息和娱乐通过互联网的公共接入而分散的生产并广泛的获取；
- 大众传播是信息（或讯息或消息）与众多接受者之间的互动交换。

如前所述，"大众传播"一词的后两种含义是相对较新的。它们描述的传播过程并无新意：各自分散、遍布四方的内容制作是对早期的报纸和小型文学杂志的描述；借助于传邮系统进行广泛的人对人之间的传播源远流长；而分别自1846年和1876年以来，电报和电话就一直伴随着我们。就遍布式的文化产品生产而言，真正具有新意的是大大增加了获取和互动的便利。媒介文本、声音和图像的更多变化形式，连同即时传输、存储和操控能力，极大地扩展了传统媒介的功能。新媒介所面临的社会挑战是，如何才能将它们的工作投入到更广泛的公共利益，而非大型私人企业的利益，尤其是那些绝少关心加拿大主权问题的外国公司。

传播与民主

传播媒介的发展可能与民主的基本原则相互影响，特别是在媒介的所有权和控制权如何能够使存在于那些媒介中的思想和观点的范围得以实现或受到约束的方面。

这种相互作用的历史至少可以追溯到15世纪中叶的印刷机时期，其最初是由国家或统治精英控制的。但是，由于传播技术在削弱和改变政治权力基础方面的潜力变得显而易见，对其控制权的争夺随之而来。首先以宗教为例，16世纪的欧洲，像马丁·路德这样的新教徒试图削弱天主教会对社会的控制。此后，各国政府都企图控制新闻以及可能因其造成的思想传播。而在20世纪，企业对媒介的控制成为受关注的重要问题。媒介机构是否应该随意发挥其潜能，以增加其对于商业、某些政党和特定政策（如商业言论自由）的偏袒？或者，它们应该以一种更受约束的方式行事，作为具有社会特权地位的自觉机构，因而有责任为所有人的社会福祉采取能够获得更大的公共利益的行动？这些问题都是传播如何与民主观念相互作用的例证。

我们在第三章中阐述了社会责任论，它提供了一个背景，使媒介在这方面的表现可以被衡量（至少直到20世纪末还是如此），尤其是在加拿大，不仅在新闻出版领域，而且在创建广播方面，加拿大政府专门成立了一个全国性的公共广播服务机构。广播甚至超过了新闻出版，被视为可能预示着一种更大的社会凝聚、公众舆论和媒介责任，为个人提供启迪并鼓励对民主理想的追求。借鉴了加拿大的政府企业或公共企业的传统，加拿大广播公司给国家提供了一个代表民众和国家本身资助传播媒介的机会，用以抗衡那些通常依靠商业部门的广告获得至少80%资金的商业媒介。

在国际层面上，从20世纪70年代开始一直延续到本世纪的头十年，联合国教科文组织通过一种基于类似社会责任理念的世界新秩序，努力推广公共传播的理想。因新的传播技术可能的影响和潜力，由联合国教科文组织在20世纪80年代大力支持的"新的世界信息和传播秩序"正在逐渐成形，称之为"信息的公平流动"而不是"自由流动"（市场是强者的自由支配）。然而，这些努力在很大程度上受到了美国和英国的压制，它们撤回了对教科文组织的支持。这两个国家具有保持向世界输出信息、娱乐和意识形态优势地位的强烈愿望，并将此凌驾于任何其他意义之上，无论其是社会正义，还是在世界范围内颂扬多样性的价值。加拿大的政策主要是与这种强权主义进行抗争，并且在政府有利政策的扶持下，面对美国媒介产品在加拿大市场的主导地位，建立起能够将加拿大的创意内容带给国内观众的本国文化产业。最近，鉴于美国和其他外国媒介生产商所拥有的持续优势，我们需要重新审视目前加拿大的监管政策，这些政策允许更加开放的市场。批评者一直在质疑加拿大的观点能否继续在加拿大的媒介景观中占有一席之地。

在数字时代，由于新媒介的出现，为公众扩大参与从前只在密室进行的决策提供了机会，而问题有可能是大企业将如何迅速和广泛地采取行动，巩固其优势地位，进而控制不断变化的媒介和媒介市场。这种情况在一些方面已经发生：传统媒介所有权的集中；电视网络和报纸等内容制作者与提供互联网接入的电信公司的垂直整合；以及谷歌、脸书和奈飞等基于网络的媒介机构的企业化合并和管理。面对这种持续的整合，媒介政策成了一种特别重要的手段，确保在新媒介的发展以及在普遍的治理问题上公众所应有的参与权和代表性，这一点更为重要。"倡导变革"，努力争取确保媒介对更大的公众利益负责，这在加拿大有着悠久的历史并延续至今。

内容与受众

当我们研究传播，尤其是传播内容时，我们一般是在研究表达的实施或过程，即把理念投入文字、绘画、雕塑、电影、戏剧、电视节目、网站、播客或任何其他传播媒介的行为。在这种语境下，传播，或者说是意义的生成，是一个积极的过程，需要在编码和解码的层面上进行具体的实施。

在传播的研究中，表达的重要性不仅限于它预测事件，也可以任由他人反驳，或者产生其他有趣的假设（所有的标准都是在科学中使用）。重点在于，一种传播的行为是如何表现或重构某些事物，以及什么使得某种表现形式具有说服力或令人信服。无论是什么使得某本小说、某幅绘画或某部电影比另一个作品更受欢迎或更受推崇（或者甚至一本小说比一部电影更有影响力），都不能通过参考每一种传播的相对真实来得到满意的论述。这类媒介和个人作品是由传播学学者按照其修辞用意或其表现形式的性质或风格进行论述的。

传播研究人员使用了一系列的分析方法，努力将内容置于一些有意义的框架中加以思考，便于更好地理解它是如何产生的，以及它如何构建我们对世界的认知。每一个理论视角都提供了一个理解内容的特定观点。不同的观点可以根据情形的需要加以展开。然而，从批判的理论角度来看，我们的任务不是去理解影响传播的各种变量，以达到看似完美的传播，因为数学模型可能会引导我们在另一个领域进行研究。如前所述，事实上由于每个人都使用不同的阅历和假设探讨传播行为，达到理想的结果是不可能的。与此相反，我们的任务是认识意义生成和散播中所涉及的社会过程。

在着手处理这项任务时，我们可以把重点放在生产者个体的主观能动性上，例如作者的生活和意图，以及与出版某一具体媒介文本相关的驱动力。从另一个方面开展研究，我们可以探讨更大的社会结构与过程对于媒介和媒介信息所施加的限制与压力的方式。像结构主义学派和符号学派一样，我们可以探究一个故事的组织维度和能指设置如何溯及一系列更大的社会环境和理念，符号系统本身如何是一系列更大的社会过程和环境的一部分，或者因循后结构主义学派，我们可以深入研究受众在诠释行为中所创造的意义系统的特殊性。

同样，政治经济学也为政治和经济如何赋予媒介内容以形式提供了深刻的见解。从这个观点来看，我们可以从生产者的利益和生产成本的角度来考察内容的产生，以及政府监管、职业规范和价值观念对于内容的影响，尤其是利润动机。这种观点解释了为什么某些种类的内容被制作和传播，而其他的种类却没有。

组织分析从另一个完全不同层面上提供了对于特定组织的特征（如组织是权威驱动还是利益导向）如何影响媒介内容的深入观察。我们还可以通过分析新闻报道、广告、肥皂剧、纪录片和音乐视频等特定媒介形式的特征来了解内容：如何构思广告吸引我们的注意；新闻播报中如何突出新闻主播或新闻故事中的某个主角；电视追踪调查如何呈现出一种可能根本就不存在的令人信服的真实性；以及肥皂剧如何以它们那些虚构人物的表演牢牢吸引住观众。每一种观点都有助于丰富我们对于用来代表它们的指称（所指）和符号（能指）的理解。

随着对这些不同观点的全面理解成为可能，我们可以进一步了解媒介在社会中的性质和作用。例如，我们可以理解媒介是如何独立于社会的，而不是其固有的一部分。我们可以体会到它们在融合亚文化的内容中所扮演的角色，使之成为整个文化的一部分，或者它们如何能够拒绝作为任何文化一部分的合理合法的完全正常的生活方式。我们还可以感受到媒介如何以它们的能力自主地创造自身的现实，它们固有的缺陷是什么，甚至于我们为什么可能需要一些机制以便于确保它们在自我构造的领域里不使我们陷入困境。

但是，媒介信息的编码或构造仅仅是问题的一面。解码，或者它们是如何被接收的则是另一面。因此，我们也探讨了受众是如何与媒介建立关系的，他们从媒介那里得到什么，以及如何得到的。

理解内容与受众互动的第一个原则，就是认识到它是一个活跃的过程。即使在注意力分散的时候，受众也是意义生成的主体。也就是说，他们通过自己的阅历和对世界的理解，通过既有的观点和知识，以及通过情境变量（疲劳度，对表现的评价，当时其他紧迫的关注，他们对某些事件的预期，他们在员工中的地位等等），用以过滤这些信息和娱乐。同样，媒介也是意义的主动生成者，只要它们创作的节目针对特定观众，具有一定感染力，并以某种方式吸引受众。

早期对观众的研究认为他们是相对被动的，而媒介则直接影响人类的行为和态度。虽然后一种观点的证据充其量是有争议的，但媒介服务于某种议程设置功能，或者致力于培养特定的观念或态度，这一观点在研究人员中获得了一定的可信度。由此看来，媒介并没有过多地告诉人们应该思考什么。另一种从早期效果研究中得出的思考方法是我们所探讨的使用和满足研究，该方法分析了受众对媒介内容的使用情况，以及受众感受到来自媒介内容的满足和回报。

从不同的出发点研究，我们也探讨了那些侧重媒介对待观众的方式以体现主流社会观念和价值观的理论。譬如，马克思主义关于媒介

第十二章 数字时代的大众传播

的观点,揭示了它们如何往往服务于促进与资本主义相关的思想和价值观,而法兰克福学派对信息和娱乐生产产业化的研究,则阐明了经济体制通常如何构建文化形态。

面对这些批评,英国文化研究的研究者力求更好地理解媒介和观众之间的动态复杂性。研究青年亚文化和社会运动,他们强调受众作为活跃的因素,而不同群体的人们则以多种方式与媒介内容互动。女性主义研究表明,媒介和传播方式如何在性别方面造成社会不平等。

以行业为基础的研究,是从另一个方面探讨受众如同商品一样被卖给广告商。这样的观点强调了完全不同的可变因素。从第一个层面上说,受众的人数是至关重要的。然后是他们的年龄、教育程度、性别、收入水平、居住地点等等,接着考虑这些因素是如何表明某些特征,比如特定的态度;具体产品的消费模式;以及他们用于收听、阅读、观看的时间。这样的信息对于买卖、租赁和吸引受众的经营活动是有价值的,而且对于了解社会的普遍模式也很有价值。

媒介和受众往往以多种方式彼此建立起密切的关系,由此产生的互动造成了许多社会议题。我们以各种各样的出发点和观点来深入了解受众对内容的看法,则反映出了这种多样性。简而言之,媒介内容,比如仇恨言论,可能会成为反社会行为的导火索,这是我们关注内容的生成以及媒介可能如何助长反社会行为的一个很好理由。但媒介内容也可能激发人们毕生的志向抱负、宏大的人道主义姿态、尊重个人自由、社会多元化、文化价值以及社区建设。理解这些积极的闪光点更加重要。

由于交互式公共传播系统在社会中愈加普遍,理解媒介系统和媒介内容如何表达和呈现社会生活变得越来越重要。

媒介和传播的社会维度

对于媒介的特征和历史，以及有关媒介内容与观众互动的一些重要观点有了一定的了解，我们可以面向媒介和传播的一些更大的社会层面：（1）政策，或者说得更全面，法律与政策；（2）传播机构的所有权与控制权；（3）专业人员的作用与行为；（4）信息和传播技术与全球化。

公共政策

政策为这些因素如何发挥作用创造了一个框架。它提供了一整套规章制度用以管理信息和媒介产品的创建和消费的方式。例如，《广播法案》描述了广播系统各种要素的作用和职责，有助于确保加拿大的理念和观点在加拿大媒介的内容中得到体现。版权立法致力于为媒介产品和其他形式的知识产权开发市场。个人隐私立法致力于保护个人的权利。广告法规规定广告商可以做广告的种类，以及他们可能做广告的产品种类。诽谤法律制定新闻记者和新闻机构运作的方式。而所得税政策鼓励广告商将其广告费用投放在加拿大媒介渠道，并且确保加拿大报纸的所有权。

为加拿大开辟一席之地

在更基本的层面上，政策也为加拿大媒介制作者创造了机会。如前所述，市场本身就是一种监管形式，而且留给自己的策略手段偏袒某些利益集团甚于其他。由于涉及规模经济，加拿大的广播公司购买外国节目比自己制作节目简直要便宜得多。因此，尤其是在加拿大英语区，如果没有关于加拿大内容的规定，美国电视节目将比现在更多。

同样，如前所述，在20世纪70年代颁布无线电广播内容规定之前，国内广播电台播放的音乐中只有不到5%是加拿大音乐。这并非因为加拿大人不擅长音乐，而是因为来自美国市场的推广营销和宣传效应以及其他因素对加拿大的影响。对加拿大的电台所有者来说，播放美国音乐更加有利可图。此外，加拿大文化材料在美国却没有美国产品在加拿大那样的市场。同样，这也不是因为加拿大的产品质量低劣，而是经济单薄的结果。美国生产商所提供的产品满足其国内市场的需求绰绰有余，而且（由于规模经济）使用这种产品比采购加拿大内容要便宜。如果加拿大媒介产品要在本国市场的货架上寻找空间，这一经济状况就需要某种形式的监管。但魁北克的情形有所不同，当地一系列文化因素使得本土产品在与国外产品的竞争中取得成功。

总之，公共政策塑造了媒介产品被创造的基础（尤其是经济基础），而这反过来又影响了这些产品的性质以及它们反映世界的方式。

所有权

长期以来，加拿大媒介政策始终关注着所有权的形式，而所有者的利益被认为对媒介的内容和性质有显著影响。面对廉价的美国媒介产品，加拿大所有权和内容的法规已经被用来促进加拿大本土生产，并防止加拿大媒介公司和市场成为它们美国同行的简单延伸。在广播、有线和电信行业内，立法对外国所有权施加限制。就报纸行业而言，税收政策确保了报纸掌握在加拿大人手中。

然而正如我们在第七章所述，与此同时，一些有关公众意愿的调查显示，对于以私有制为基础的经济力量如何导致所有权集中度上升，以及媒介的呼声和观点的范围缩小，人们表达了担忧。因此，加拿大的所有权问题已经受到各类政府法令的规范，一方面试图使加拿大媒介的所有权掌握在加拿大人手中，而另一方面，一直纠结于允许大型私有媒介公司在行业中立足的利弊得失。其结果是，在加拿大，没有一个媒介行业完全由自由市场经济管理；这些行业受到大量法规的约束，在某些情况下，其显示出一种公营和私营企业的复杂混合。

公有和私有所有制形式的核心区别在于指导其经营的任务或目标。与私营媒介强调利润动机截然不同，公共媒介和社区媒介被赋予广泛的服务社会目的。例如，1991年制定的《广播法案》第3.1（1）规定，加拿大广播公司"提供广播和电视服务，包含范围广泛的信息传播、教育指导和休闲娱乐节目"。恰如加拿大广播公司在电视发展过程中曾经所做的那样，面对当今不断变化的技术，它已经着手开发一系列基于网络的服务。其中最主要的有，官网（www.cbc.ca），可以下载越来越多的电视节目；CBC音乐网，提供超过50个流媒体广播的在线站点；ICI音乐网，法语流媒体服务；CBC广播3台网，一个致力于新兴自主的加拿大音乐的在线广播服务。

对于实现社会目标来说，社区媒介也被寄予厚望。例如，虽然社区电视台的宗旨未经立法明确，加拿大广播电视与电信委员会在其2010年社区电视政策中具体说明，"社区电视频道的作用应该主要是公共服务性质，通过自由和开放的使用，促进社区成员的自我表达"（加拿大广播电视与电信委员会，2010a）。全国校园和社区广播协会的《原

第十二章 数字时代的大众传播

则声明》是在机构的层面上以相同的观点加以确定,这一组织代表了全国80个校区和社区电台,该声明指出,"主流媒介不承认,或在许多情况下强化了社会和经济的不平等,压迫我们社会中的妇女和少数群体",声明承诺保证各成员"为听众提供一种有别于传统的广播,在这里,族裔、文化、性别、性取向、年龄以及身心能力的多样性获得认可"(全国校园和社区广播协会,1987)。

然而,私人所有权在媒介体系中仍是主要的所有权形式,而且,面对目前加拿大媒介受利益驱动所带来的扩张压力,这个体系能够在多大程度上维持大量的公共目标成为议论的话题。

加拿大媒介政策的一个核心特点是保护加拿大媒介制作者的收入,从而确保他们有足够的利润来投资于生产。然而,如我们所述,尤其在广播行业,争取大型私有企业投资于高质量的加拿大节目始终是一件难事,科技的变革正在竭力缩小加拿大媒介景观内私营企业影响的范围。

随着信息的数字化,曾经只能传送一种信息类型的传播系统现在可以传送一系列的信号。电话、有线电视和卫星电视系统都可以用来传输电视、电话和计算机数据。网络广播有望取代传统的电视和无线电广播以及传统的报纸和期刊发行。像新闻和广告这类基于信息的产品,以往只能用于一种媒介,现已被量身定做适用于各种媒介。在这种技术融合的刺激下,那些曾经分属不同行业的公司,如报纸、电视、有线电视、电信等,都在竞相闯入彼此的市场并加速企业融合,换句话说,也就是所有权的集中。

由于企业试图通过打造新的规模和范围的经济来节约成本,近期所有权集中的趋势引起了特别的关注。这些公司所寻求的一些重要协同效应（有时也被称之为合并效率），其目的是减少劳动力需求；交叉推广媒介产品；寻求更大更灵活的广告市场；对用于另一个媒介的创作内容进行再利用；管理人员和行政职能的整合；以及大大增加潜在竞争对手的准入门槛。因此，所有权的集中被视为缩小了媒介所具有的视角及不同声音的有效范围，而通过这些变化所逐步形成的新的编辑政策和处罚措施正不断增加对编辑独立性的担忧。

如前所述，尽管互联网给媒介提供了许多新的机会用于制作和传播媒介内容，但它并非一些权威人士所声称的替代传统媒介的源泉。高质量的媒介内容是昂贵的产品。互联网上的大多数新闻都来自专业机构，大多数博客和文章只是转发或评论。

专业化

专业化是以自己的方式管理传播和文化的生产。严格地说，文化生产者并不是像律师和医生那样的"专业人士"。法律和医学需要正规训练获得资质，从官方认可注册机构取得执业许可，并接受他们自己专业的有关机构监管。然而，文化生产者的专业意识却来自他们的专业技能、他们职业特点的道德规范、约定俗成的准则，而从更高的意义上讲，他们尤其笃信自己的工作是对文化的重要贡献。与其他类型的专业人士一样，文化生产者对他们的雇主或他们的客户怀有一定的忠诚度，但他们依然受到传播领域特定法律的约束，例如涉及诽谤、版权、隐私和信息获取的法律。但他们的专业精神意味着，文化生产者尤其要肩负维护和提高公认职业标准的责任，并赢得同时代人的尊重。

第十二章 数字时代的大众传播

文化生产者的专业意识与启蒙运动言论自由、表达自由、新闻自由的理想，议论和质疑被普遍接受的知识以及其他形式的权威等等密切相关。就大众传播所有表现形式而言，他们所提倡的大众传播是民主社会的一个重要组成部分。虽然我们可以很轻而易举地将这些理想加在新闻记者身上，但大多数文化生产者可能会声称他们的传播活动服务于社会的文化、政治、社会以及（或者）经济目标。

然而，这种专业精神正在被侵蚀。雇主越来越多地将文化生产者等同于任何一般的工人，就像其他工人一样，在生产流水线上装配零件，可以随时被解雇和买断，被贬去做外包合同工作，不得不强调量化效率，而不是质量上的优势。在所有的媒介平台上，新闻编辑部都在缩小，电视连续剧与真人秀节目安排分享黄金时间，电台主持人被计算机编辑的音乐节目所取代，杂志自由撰稿人的稿酬与30年前相比毫无变化。如我们在第七章和第八章所述，促进加拿大文化生产的政府政策，对于保护本国产业中的文化生产者几乎没有产生什么作用。

面对碎片化的观众和不断缩水的收入，媒介公司正在解聘全职员工，转向合同工或自由职业者，这些人的薪酬普遍较低，基本上没有任何工作保障，也几乎没有福利。对于那些试图在媒体上获得第一份工作的人来说，无薪实习似乎已经成为一条必由之路。只是因为对于许多人来说，找到带薪岗位实属不易。最近政府已经开始严厉打击被认为是非法和存在剥削的实习工作（加拿大电视网，2014b）。与此同时，加拿大媒体协会（cmgfreelance.ca）等工会组织，一直致力于通过提供辅导、培训和帮助改善工作条件等一系列支持，帮助大批新的兼职员工改善工作环境。

信息与传播技术和全球化

技术并非存在于真空之中或作为一种社会力量独立存在，尽管有关技术的不同理论观点为开发者和采用者提供了不同层次的主观能动性，但如前所述，技术是在其开发过程中一系列复杂的政治、经济和社会力量共同发挥作用进行塑造和配置的产物。政策也有助于为技术设置背景环境。无论是政府提供研究和开发援助，特许机构提供专门的技术服务（例如，移动电话、有线电视或卫星电视），税收部门鼓励个人或机构采用特定技术（或所有权授权）等方面，政策都能在技术发展中发挥重要作用。就传播而言，各种政策问题，比如谁可以使用什么技术来达到什么目的，谁可以掌握技术，以及如何使掌握的技术充分发挥作用，这些都是至关重要的。

由于技术涵盖了机器、技能和社会机构，所以它作为变革因素对社会结构和功能具有重大的影响，但技术也是把双刃剑。虽然我们经常从电影、视频、电视或音乐等内容方面对信息和通信技术（ICT）进行思考，但是它最显著的变化之一可能是涉及控制中心的转变：传播能力越强，控制系统就越能从被控制的现象中得到进一步加强。正如通信的历史所表明的，通信的发展往往会导致控制的集中化。无论是在政治控制的集权化方面，比如铁路和通信技术使早期加拿大政府建立起对北美地区北部横贯东西的控制，还是就经济控制的集中化而言，当今的跨国公司利用信息技术来协调全球市场（媒介市场及其他）的供给和需求，信息和通信技术通常是解决空间化问题的一个重要工具。

信息和通信技术并不是第一批被认为是重塑社会的技术，但信息通信技术的广泛应用所带来的社会变革是深远的，而且这些技术也是

第十二章 数字时代的大众传播

国内外进行产业结构调整的核心。

全球经济并非是从未有过的新生事物,全球贸易至今已有500多年的历史了。但自20世纪70年代中期以来,经济衰退和廉价劳动力的诱惑,助长了国际贸易协议以及制造业资本在东南亚、中国、墨西哥北部和美国阳光地带等地的投资。为了应对这种竞争,仍留在传统工业中心的企业进行了重组、减员,并采用了节省劳动力的技术。

通过促进资本和货物的流动,信息和通信技术对促进这种劳动过程的转变起到了至关重要的作用,为目前生产商品的新兴工业化国家与消费商品的北美和西欧等老工业化中心的市场之间提供了重要的联系。信息通信技术也是这些老工业中心进行产业重组的核心,在这些老工业中心,信息和通信技术已经被用来集中控制运营,合并责任和职能,并且在企业完成重组以应对新的全球竞争对手时,更加密切地监督和协调公司员工的工作。

随着信息经济的形成,产生了越来越多种类的信息商品,包括产品和服务。例如,版权立法出现变化,对于非法复制计算机软件、视频和录音、电视节目和其他形式的数据给予法律制裁,而且这些变化对这些相关产品开发和拓展数百万加元的市场起到了重要作用。同样,针对超出个人使用影印件的制裁和对公共复印机及空白光盘征收的版税,为媒介公司和创作者创造了新的收入来源。25年前,教授们经常复印课堂阅读材料和其他课程材料,只需支付复印费用就可以把它们发给学生。如今,这种行为可能会被罚以重金甚至受到监禁。通过有线电视、卫星电视和互联网,获得的电视体验急剧增加,当然也要付出成本。电子游戏已经成为一项大生意。教育作为一种必然基于信息的活动,已日益商业化,并对市场力量负责。互联网已经催生了一系列新的基于网络的企业和服务的扩展,而接入互联网本身已成为一项日益昂贵的服务。随着一套全新的移动通信以及基于互联网的服务和产品即将上市,信息经济正在迅速腾飞。

问题与政策走向

在不断变化的传播领域,各种新问题层出不穷,而旧的问题也变幻出新的形式。

互联网视频

如我们在第八章所阐述,互联网或 OTT 视频传送服务,如奈飞、谷歌电视和苹果电视都威胁着加拿大的电视体系。由于加拿大广播电视和电信委员会已经预先裁定不会监管互联网内容,这些服务不在监管体系的范围之内。因此,它们没有义务为加拿大节目制作出力,甚至没有义务确保加拿大节目在它们的系统上出现,它们避开了真正实现加拿大电视节目的规定。

对于广播监管面临的诸多问题,包括这些服务日益增长的影响力,加拿大广播电视和电信委员会于 2014 年秋季,举行了名为"电视大家谈"的公开听证会(www.crtc.gc.ca/eng/talktv-parlonstele.htm)。范围广泛的组织和个人,通过发表评论对加拿大广播电视和电信委员会的呼吁作出响应,这其中包括电视台、有线频道和卫星频道公司、节目制作人、媒介工作者工会、游说组织,以及数千名个人。数百人前往位于魁北克省赫尔市的加拿大广播电视和电信委员会总部,并在

第十二章 数字时代的大众传播

听证会上发言。虽然参加了听证会,但无论是奈飞还是谷歌,都拒绝向加拿大广播电视和电信委员会透露加拿大人订阅服务数量等重要信息。由于这种不妥协,加拿大广播电视和电信委员会从公开记录中删除了它们的证词(布莱德肖,2014b)。

在本书付印之时,加拿大广播电视和电信委员会尚未对听证会上提出的问题和关切作出回应。然而有些人认为监管互联网是不可能的,我们应该最终屈从于市场的逻辑,正如我们在前几章中所述,新技术长期以来一直存在着国外节目压垮加拿大广播系统的威胁。不过,随着不同程度的成功,监管机构已经找到了应对这些挑战的方法。

例如,在1932年,由于美国无线电信号的大量涌入,预示着要将新生的加拿大无线电广播系统扼杀在萌芽状态,加拿大无线电广播委员会也付诸行动应对这种威胁。1952年,随着美国电视信号跨越边境,吸引加拿大电视观众,加拿大广播公司和政府发起了一场狂热的运动,旨在建立起一个加拿大的电视系统。而在20世纪60年代中期,当有线电视将以流行的美国频道压倒羽翼未丰的加拿大系统时,1968年的《广播法案》迫使有线电视公司对广播的广泛社会目的负责,并制定了一系列的法规,如"同时置换制度",使该行业成为体系内负责任的参与者。20世纪80年代以及90年代初,美国卫星广播公司发出的接收信号,让监管机构仓促上阵,寻找阻止加拿大人接收该系统的方法。众多新的付费电视频道以及政府对加拿大生产行业的提振就是为了应对这场危机。

面对所有这些对国内媒介景观的技术威胁,监管机构有能力建立一个向加拿大观众提供加拿大观点的体系。正如众多批评者指出的那样,现行的监管体制并不完善。如果我们以史为鉴,那么对于当前体制所面临的问题，任何监管解决方案都将不可避免地沦为权宜之策。然而，屈从于最新的技术，很可能会导致加拿大理念和价值观被外国节目所淹没，而这些节目在加拿大的收视率呈持续增长的态势。解决这些关切的方法确实存在，比如实行地域阻隔，但加拿大无线电广播委员会以及（或者）联邦政府是否采用行使这些选择还有待观察。

外国所有权

加拿大媒介中越来越多的外国所有权是一个不断加剧的问题。目前的保守党联邦政府及其盟友认为，增加外国对电信部门的所有权将促进对该行业的投资，并导致移动电话价格的下降和服务质量的提高。然而，批评者指出，这一计划存在诸多问题。首先，鉴于电信和广播公司之间的跨媒介所有权日益增长，允许外国拥有电信方面的所有权，将不可避免地造成广播方面的外国所有权，并且会减少对加拿大媒介生产的投资。其次，他们认为，外国公司没有动力在缺少回报的地区投资以提供服务，比如在乡村社区和遥远的北方，而这正是最需要投资来弥合数字鸿沟的地区。第三，有人担心，监管机构对外资企业施加控制的能力低于国内同行。这一问题如何演变将影响加拿大对电信和广播领域长期发展的把控。

数字鸿沟

在另一个层面上，本地、地区、国家和全球层面上的数字鸿沟，将信息社会分裂成一个富人与穷人的世界。如果没有计算机，不能够高速上网，或者不知道如何有效地使用这些技术，许多人就会被排除在这些技术所带来的政治、经济和社会效益之外。由于获得信息越来越多的依赖于支付能力，中小学、大学和公共图书馆很难跟上不断上涨的成本。因此，教育质量以及信息的普遍可及性正在降低，那些无法支付费用的民众和机构正处于被剥夺这些关键传播资源的危险之中。（正如詹妮弗·派伯斯所指出的，在互联网上传播个人信息与理解信息对我们生活的影响之间也存在着重要的分野）

世界上仍有许多地方游离于连线世界之外，因而也是游离于信息技术之外。在加拿大，像大草原和北部这样人口稀少的农村地区，投资于通信基础设施并提供服务无法带来使大公司有利可图的规模经济。那么这样的地区，有时会被遗忘在数字世界之外。同样，在全球南方国家的许多地区，人们根本无力承担传播转型的费用。

隐私

隐私问题也日益受到关注。随着社会生活越来越受到信息通信技术的影响，关于我们活动的信息正在被许多组织和政府机构所监测和收集。未经授权使用这些信息会以多种方式威胁到我们的隐私。在工作场所，信息通信技术可以用来监视电子邮件和电话交谈，或计算按键次数并试图衡量员工承担的工作量。（那位20世纪初职场科学管理的创始人，查尔斯·弗雷德里克·泰勒应该会很欣慰！）保险公司购买医疗和事故记录，试图评估申请者的潜在风险，有时会据此拒绝承保。执法机构正在研究如何利用数据库中包含的信息来确定潜在的犯罪嫌疑人的方法。在加拿大和美国，执法机构和公共利益团体之间正在就政府机构监控电子谈话内容和数据流动的权利进行辩论。

无论是个人信息，还是重要的社会、法律和经济信息，经常会在境外进行储存和处理，这种情况更加重了人们的担忧。所有私营企业、政府、大学、图书馆以及法律和工程专业的人士，有时使用加拿大境外的数据服务和网络来处理和储存个人税收、信贷和医疗数据，以及教学资料和国家进口的自然资源与其他材料的信息。由于跨境的数据流将信息置于国家的法律法规范围之外，它给加拿大的主权和经济带来了诸多难题，使加拿大人容易受到贸易制裁、破产和失窃等一系列潜在问题的影响。

对于个人隐私权的侵犯，重点强调自决权的问题。由于私营企业和政府提高了监督和管控个人行动的能力，个人自由沦为由那些个人知识和控制能力之外的势力所预先设定的一系列选择。然而，随着联邦政府决定停止加拿大统计局人口普查中的长表统计，有关这一问题的争论一直不断，整个人口的综合信息对于周密的社会规划和高效的政府来说也是至关重要的（《环球邮报》，2010）。因此，信息的收集和追踪调查是一把双刃剑。

其他问题

在持续的技术变革中，监管机构也面临着许多其他问题。例如，随着融合的加速，加拿大广播电视和电信委员会面临着努力改善监管架构的整体一致性，并围绕合并广播和电信法案进行讨论。这里存在着一个隐忧，如果发生这种合并，广播的文化目标可能会出现怎样的变化。

对加拿大广播电视和电信委员会来说，保护对互联网的访问也一直是它的关注点，而且网络中立和传输节流仍然存在问题。为了应对持续的所有权整合和快速的技术变革，加拿大广播电视和电信委员会还向议会要求拥有更大的权力，特别是在能够向不遵守法规的公司课以罚款的方面。虽然加拿大广播电视和电信委员会有能力暂停一个屡教不改公司的牌照，但它并不愿意这样做，因为如果它们被意外地关闭的话，可能会给那些公司的客户带来严重的问题。因此，加拿大广播电视和电信委员会正在寻找更灵活的纪律手段。

转变经济趋向

不断变化的媒介环境不仅反映了公共政策领域内的改变，而且正如一些批评人士所指出的，这也改变了媒介生产的经济环境。

长尾理论

长尾现象是由《连线》杂志的主编克里斯·安德森在一本同名书中提出的，它是指由媒介产品的电子化储存和流通所带来的媒介生产经济中呈现出的变化。

该书以向风靡一时的热卖畅销书致敬开始，正如安德森所指出的，这是大型媒介和娱乐产业的基础。他说道，畅销规律，也就是说，造成畅销的最基本因素也有规律：集中制作，名人效应，庞大的制作预算，大规模的营销活动，限定的发行系统，以及吸引那些正在寻求娱乐的一干大众的套路。当畅销的东西出现时，每个人都能赚到钱。像J. K. 罗琳这样的作家，出版《哈利·波特》系列丛书中的每一部新书都能赚一大笔钱，她的经纪人一夜暴富；她的出版商遍布世界各地；装帧设计，编辑，仓库工作人员，书商，电影制片人，制定电影放映权、玩具特许权以及产品经营权的律师，演员，以及电影院的东家，事实上，每个人都能在经济上受益，包括临时代替照看孩子的人，因为保姆也一定去看最新一部小说改编的电影。

这些炙手可热的产品如此有利可图，以至于整个行业都迷上了寻找下一部能风靡一时的大片。潜在的销售渠道，确定各种零售机会，无论是书店的书架、音乐商店的货架，还是杂志摆放架上的空间，不管是电影院里的放映档期，还是电视播出时段或无线广播的播放顺序列表。为了获得曝光度，产品必须符合既定的销售类别。就图书而言，这些类别有传奇灵异、人物传记、爱情浪漫、政治内幕、励志教育；电视节目则有情景剧、电视真人秀、新闻、时政、游戏节目和体育赛事。一旦顺畅地进入了消费者类别，产品必须对照既定的规范标准加以操作，它必须从其推出使用之日开始以一定的步骤进行推销，否则它将从主流销售市场中消失。

文化市场以这种方式运作，分销和展示系统既昂贵又竞争激烈。"热销产品"高不可攀，但对于正常销售缓慢出货的商家而言，这是一个自相残杀的世界；每周的销售记录，说明了什么样的产品能够生存，而哪些产品将会消失。如果一件产品的销售速度没有零售商预期的那样快，那么它就会下架，取而代之的是新品上市。

安德森在他的书中提出的观点是，在网络世界中，分销和展示的成本要宽松得多。一旦将一段音乐、一本书、一部电影或一款游戏的数码拷贝上传到网上存储清单中，它们就能以极低的成本无限期地保持下去，或许每年也只能卖出几笔。图12-1取自安德森通过"知识

第十二章 数字时代的大众传播

共享协议"发表的一篇网络文章，它就这一观点进行了说明（www.changethis.com/manifesto/show/10.LongTail）。该文描绘出一个典型的长尾分布，描述了沃尔玛（一个"实体"连锁店）和瑞普瑟迪（一个在线经销商）之间销售和效用的不同：沃尔玛有3.9万种商品；而瑞普瑟迪超过20万种。在图的左边是热卖品和其他畅销品，纵轴代表销售的数量或频率。向右移动，我们看到了那些非畅销品的销售模式。

如曲线所示，最令人惊讶的是，曲线右侧提供的各种产品获得消费者访问的比例相当高。换句话说，大量的销售来自于这个扩展的存储清单。数字音乐公司Ecast也公布了类似的数据模式。该公司一度发现，在一万个专辑中，其中有98%的专辑每三个月至少售出一次。换句话说，当一个供应商的展示、分销成本很低，而且货品价格低廉，购买方便，消费者的选择就会更广泛而不仅是紧盯着畅销品。苹果公司的iTunes服务也公布了同样的模式。

图12-1中的饼图显示，在沃尔玛和其他主要音乐商店以外销售的音乐并非微不足道。它们占了像亚马逊等网上零售商的20%至25%的利润。事实上，它们可能占了库存清单的90%，由于能够以数码产品形式存在并由电脑控制，当持有和管理库存的成本降低到接近于零的时候，这就是一笔合算的生意。

网上服务比传统零售商拥有更多的库存。举例来说，在安德森的例子中，瑞普瑟迪提供的歌曲是沃尔玛的3.9万首歌库存的19倍，人们对瑞普瑟迪那些声名平平歌曲（图中以阴影表示）的爱好构成了所谓的长尾巴。这种库存的选择为网上零售商提供了一个明显强于实体零售商的优势。此外，有了这样一个扩展的库存，也提供了更多的销售机会，当消费者购买了当前流行的歌曲、电影或书籍的拷贝时，可以被自动导向长尾中的类似产品。当你在网上购物时自动收到如下信息，"对购买（插入你在该网站购买的流行歌曲、图书、电影商品）感兴趣的顾客，还对（在这里插入长尾商品）感兴趣"。

库存合计
*一家典型商店的库存

- 瑞普瑟迪　735,000 首歌
- 沃尔玛　39,000 首歌*
- 亚马逊　2,300,000 本书
- 巴诺书店　130,000 本书*
- 网飞　25,000 部光盘*
- 百视达　3,000 部光盘*

新型增长型市场
只能在网上买到的虚拟产品

□—无法在线下零售商店购得的产品（占总销量的百分比）

- 瑞普瑟迪 22%
- 亚马逊 25%
- 网飞 20%

瑞普瑟迪每月平均播放量

- 6,100
- 2,000
- 1,000

在瑞普瑟迪和沃尔玛都能获得的歌曲
只能在瑞普瑟迪获得的歌曲

按受欢迎程度排序

39,000　100,000　200,000　500,000

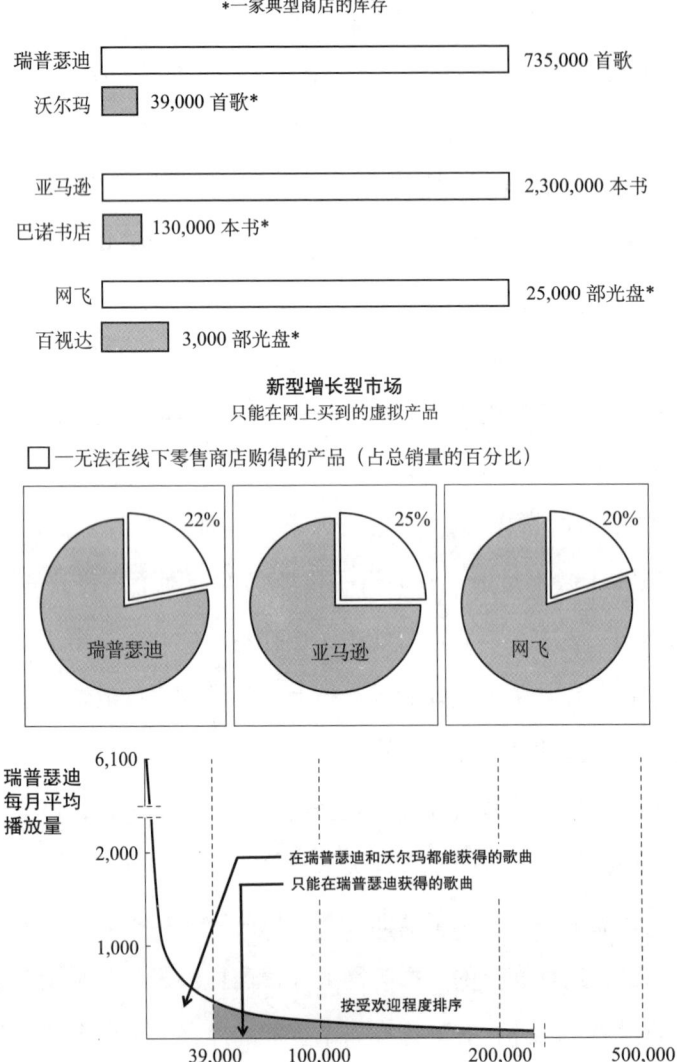

图 12-1　剖析长尾效应

与此同时，在这个扩张的选择范围内，低成本投入和低进入门槛相结合产生了试探性行为。大批人的探索产生出各种各样产品的销售。鉴于消费者选择的日益改变，安德森表示，我们需要了解，相比一个由稀缺而昂贵的展示空间支配的零售，网上零售的经济性从根本上更具有包容性和多样性的选择。长尾效应对加拿大媒介产品市场的影响还有待观察。然而，与此同时，它表明，即使在一个看似开放的市场中，供给和绩效也不是由简单的消费需求所产生的，而是由生产、分配和零售系统的结构所决定的。

更多的选择是糟糕的吗？

虽然看起来越来越多的媒介选择对消费者来说，恰如拿波里（2011）所表明的那样似乎是一大福音，但具体在广播媒介方面，它可能对可用产品的范围和质量产生负面影响。这种担忧至少包括两个方面。

首先，尽管可能有大量的频道和网络可供选择，但其中许多频道的受众很小。如拿波里（2011：67）所指出，"美国家庭平均收到超过120个电视频道……（但是）其中90%……只有低于1%的观众"。很明显，这些频道的受众很少，意味着它们几乎没有资金投入到原创节目中去。

其次，由于这些频道的观众数量萎缩，它们的节目预算迅速缩减到不成比例，这使问题变得更加严重。拿波里继续说道，行业数据显示，随着有线电视网络潜在受众群体的减少，用于制作节目的资金则减少得更多。例如，像探索频道、尼克儿童频道以及音乐电视频道这些拥有超过9千万用户的电视网络,在制作节目上花费了大约2.5亿美元。当我们考虑到有线电视网络(如彭博、尼克卡通以及国家地理频道)大约有一半的用户时,年度节目预算则下降到大约3500万美元。而当我们再次将潜在的观众(如经典卡通频道或日本动漫网络,其只有2000至2500万订户)消减到一半的时候,年度节目预算下降到大约只有1200万美元(2011:67—68)。

换句话说,相对于只能吸引少量受众的电视网而言,看起来更大的受众群体所创造的规模经济似乎能让大型电视网在节目制作上在每个观众身上花费更多资金。

这些现象的最终结果是,许多电视台或电视网几乎没有资金用于原创节目上。因此,它们采用一系列的策略来填充它们的节目播放表。例如,一个常见的策略是在不同的时间段重播相同的节目,可能每天不止一次,或者每周不止一天地播放同一个节目。另一种常见的策略,特别受到那些拥有不止一个频道或电视网的公司青睐,就是将节目改头换面,从一个频道转移到另一个频道。换言之,它们只是将相同的节目用于不同的频道,或者按照最近的做法,用于不同的平台。拥有体育节目转播权的广播公司越来越多地采用这种策略,它们在不同类型的屏幕上播放比赛,比如电视、平板电脑或移动设备。已经变得非常普遍的第三种选择是安排重播老节目,而播映权的费用只相当于创作或购买新节目的一小部分。最近发现了这一策略的一个例子,镜像电视台定期安排播放20世纪70年代至80年代的节目,比如《神探可伦坡》和《女作家与谋杀案》。

如果像布鲁斯·斯普林斯汀在他1992年的歌曲中所说的那样,"有57个频道(但什么内容也没有)",如今已经超过了150个频道,内容甚至可能比以往更少。

文化产品的"自由"市场？

不受约束的市场是生产和消费社会资源的最佳方式吗？作为一个社会，我们认为在诸如医疗、教育和环境等重大问题上似乎并非如此。事实上，将如此重要的社会资源交由重商主义进行纯粹的盘算，必然会导致更大的社会不平等和环境的破坏。因为市场是在最有利可图的服务和活动之间，以及那些有能力支付这些服务和活动之间进行划分。换句话说，特别在教育和医疗保健方面，我们将最终变得选择更少，能够享受这些服务的人也更少。一言以蔽之，我们得到更多的愚昧和疾病。就环境方面而言，这样的理论将使自然资源变为出价高者用，几乎不考虑那些依赖自然世界生存的人们或其他动植物种群的利益。全球变暖以及森林、鱼类和其他野生物种的大规模破坏，都清楚地表明了这条道路将通往何方。

出于同样的原因，在信息通信技术背景下和处于媒介环绕之中，我们的观点、知识和对世界的认识是否会受到纯粹的经济规律的影响，从历史上看，正如我们在第七章中所述，加拿大的公众和政策制定者已经以一个响亮的"不"作了回答。一个多世纪以来，政府和其他人已经认识到，如果加拿大人想要享有公平和价格合理的传播服务和媒介，并让其传达加拿大观点的文化内容，监管必不可少。电信领域的公共运营法规、加拿大广播公司的建立、对所有权的限制、加拿大内容的规定、生产制作的基金，以及其他许多监管措施的实施，均有助于确保这些目的得到满足。

然而在过去的几十年里，出现了一种减少对各种形式媒介进行监管的模式，支持企业独立面向市场。削减加拿大广播公司的预算，逐步放宽所有权法规，包括那些对外资所有权和集中度的管理，选择性地支持社区和原住民的广播，以及加拿大广播电视和电信委员会不愿监管互联网都是这一趋势的例证。

虽然互联网经常被吹嘘为处理媒介系统传统难题的解决方案，但就纯粹市场经济而言，互联网对我们来说几乎没有什么希望来增加媒介产品范围和视角。以影视产品为例，互联网并没有解决规模经济所带来的经济优势，正如我们的电视、电影和电脑屏幕现在仍由美国产品主导，随着互联网在发行这类产品方面作用不断加大，这种情况因而可能还会延续。尽管博客作者、公民记者以及一些网络新闻网站似乎为我们增加了可以利用的新闻范围，但高质量新闻的产生需要制作人员具有高度的知识和技能，由于费用原因，大多数互联网新闻网站仅充当各种新闻的汇编者，而不是原始新闻报道的制作者。博主们往往只提供从专业制作的新闻中收集到的观点。与此同时，或许最重要的是，那些将报纸、广播和基于网络的媒介纳入其资产的跨媒介公司，其商业策略有赖于将用于一种媒介的内容转换生成另一种媒介使用的内容。因此，无论我们转向哪种媒介看新闻，内容几乎都是千篇一律的。

文化商品？

问题的复杂性实际上在于，作为商品，信息和文化产品与其他产品，比如肥皂、服装或者轿车等具有完全不同的经济特征。正如加拿大律师彼得·格兰特和新闻记者克里斯·伍德在他们的《电影大片与

第十二章 数字时代的大众传播

贸易战：全球化世界中的流行文化》（2004）一书中所指出的，经济思维的基本规律并不适用于信息和文化生产。相反，信息和文化产品与其他类型的商品相比，显现出一些差异或不同的经济特征。

● 差异一：文化产品，例如电视节目、电影和音乐，在我们的使用中并没有被破坏，从这个意义上讲，它们并没有被消费掉。你听音乐并不会剥夺下一个人在同一个光盘上听相同音乐的能力。文化产品的市场行为与普通商品的市场行为不同。

● 差异二：在文化生产中，初版成本与运营成本之间的关系明显不同于其他商品的生产。换句话说，制作文化产品"初版"的成本，比如电影、电视节目、音乐会、小说或教科书的成本，与随后的拷贝成本相比完全不可同日而语。例如，电影《霍比特人：史矛革之战》的预算据报道为2.25亿美元，这是"初版"的成本。然而，制作该电影一个电子拷贝比下载电影或买一张光盘（几美分）的花费贵不了多少。将这一变化与戏剧演出相比较，每晚的演出都必须聚集演员们在一起进行表演；或者像制造汽车，每个"复制品"都需要耗费大量的零部件和劳动力。倘若使文化产品的成本与其他商品变得一致，创作每一张光盘都需要艺术家重新进行录制。同样，按照一般经济规律来说，演唱会的每个观众都要消耗掉少许声音，如此一来，在人数众多的情况下，所有的声音则被消耗殆尽了。就图书而言，消费的含义在于每一页内容都被阅读（也许不是第一位读者，让我们假定是第50位读者），那么字迹将会消失，而最终这本书就会化为尘埃。

● 差异三：文化产品和服务的消费模式也不同。某些文化产品，比如大片，占据了市场的主要份额，而另外一些文化产品却连制作成本都收不回来。例如，十部故事片中只有一部能赚到高额利润，三到五部电影可能收支相抵，而其余的电影则亏损。此外，要说服一个人去看一部不受欢迎的电影、读一本糟糕的书，或者听一曲枯燥乏味的音乐，单靠降低价格是很难奏效的。

● 差异四：以广告或赠款（政府或既得利益者出资）形式出现的隐形消费者补贴，可以用比生产成本低得多的价格获得文化商品（比如杂志、报纸），或者，有时甚至对消费者"免费"（比如电视）。事实上，那些既得利益者在文化产品上花钱是另有所图（比如电影中进行产品植入），这样文化消费者在不经意间消费的印象，导致他或她将产品与某种社会形态联系了起来（例如，苹果笔记本电脑和强势的群体）。

● 差异五：任何一种具体的文化商品的吸引力都是难以预测的，格兰特和伍德将这一特征形容为"天晓得"（文化产品是否会在市场上取得成功）和"所有走红都是侥幸的"。而对普通商品来说，大多数情况都是设法以一定的价格占据市场的一定份额。

这些差异说明了文化产品与标准工业化商品有很大的不同。它们质疑将正规经济理论应用于文化产品的适用性，并强调相关法规的重要性，这些都有助于培育和支持当地、本地区以及国家各级文化产业的经济发展。

另一个特别重要的差异是，信息并非价值中立。经济分析通常假定相类似的商品是相互替代的。例如，在所有条件相同的情况下，来自美国的炉灶被认为和产自秘鲁的同样好用；或者在中国制作的服装和在蒙特利尔生产的一样漂亮。虽然这一假设存在许多问题，但将这种观点应用于媒介和信息产品时，一个关键的问题是，这些产品所包含的信息并非价值中立的。

第十二章 数字时代的大众传播

如前所述,加拿大人对美国政治、历史和文化的了解,往往超过对他们自己的了解。在这方面,媒介和信息产品反映了特定的观念和态度,而这些观念提供了接近和思考世界的具体方式。例如,进口的教学资料真的是纳入了多元化、包容性以及共同目标的加拿大价值观,还是它们赞同将个人利益凌驾于整个社会之上的竞争性个人主义观念?加拿大政府和业界使用世界其他地方撰写的报告和研究结论来制定政策和投资决策时,是否考虑到了当地以及(或者)国家的环境和社会问题,或是仅仅基于抽象的全球经济?

随着加拿大人的生活被卷入到日益增长的全球网络依赖之中,我们有必要认真地思考媒介和信息产品是如何塑造我们对世界的认知。加拿大独特的思想观念和价值观在将来能够得到培育和传承到何种程度,至少部分地取决于媒介监管的未来以及继续在媒介中将这些观念进行传播的能力。